rororo computer

Herausgegeben von Ludwig Moos

Adobe Illustrator ist ein Grafik-Programm, das mit Photoshop, Indesign und mit den Webprogrammen der Adobe-Familie vorzüglich zusammenarbeitet. In seiner neuesten Version läßt Illustrator beim Anwender kaum Wünsche offen. Ob exakte Zeichnung, eigene Muster, Farben und Füllungen,ob dreidimensional wirkende Verläufe oder Airbrush-Effekte, ob kreatives Gestalten mit eigenen oder importierten Bildern und Texten – dieser handliche Begleiter für die tägliche Praxis läßt Sie mit einer Fülle von Hilfen, Tipps und Ideen nicht im Stich.

Andreas Pankalla beendete sein Studium für Produktgestaltung 1984 an der Fachhochschule Hildesheim/Holzminden. Seitdem ist er als freiberuflicher Designer und Grafiker tätig. 1990 machte er eine Ausbildung für Computergrafik. Er unterrichtet seitdem unterschiedliche Grafik- und CAD-Programme. Bei *rororo computer* sind außerdem von ihm erschienen: *Free Hand. Version 9 und 10* (60097) und *Free Hand: gewusst wie* (60083, zusammen mit Harald Donner und Hans-Christian Kuhnow)

Harald Donner hat Produkt-Design studiert und arbeitet mit Grafik-, Bildbearbeitungs- und Layoutprogrammen, auch in den Bereichen 2D-Animation und Digitaler Filmschnitt. Er ist zudem als Dozent für diese Programme tätig.

Andreas Pankalla

Harald Donner

Illustrator 10

Lösungen für Anwender

Für Mac und PC

Rowohlt Taschenbuch Verlag

Originalausgabe
Veröffentlicht im Rowohlt Taschenbuch Verlag GmbH,
Reinbek bei Hamburg, September 2002

Umschlaggestaltung Walter Werner
Layout und Typosystem der Buchserie:
Anna Wagner/Guido Englich, Berlin
(Buchgestaltung durch den Autor)
Herstellung Joachim Düster
Gesetzt aus der Stone Serif und Stone Sans
auf Apple Macintosh, QuarkXPress, 4.0
Druck und Bindung Clausen & Bosse, Leck
Printed in Germany
ISBN 3499 61212 7

Die Schreibweise entspricht den Regeln
der neuen Rechtschreibung.

Inhalt

Einführung

Broschüren, Zeitschriften und Bücher enthalten häufig professionelle Grafiken mit dreidimensional wirkenden Verläufen und Airbrush-Effekten, die eine einfache und schnelle Erstellung suggerieren. Wenn Sie wissen möchten, mit welchen Mitteln und Kniffen diese Gestaltungselemente geschaffen wurden, sollten Sie dieses Handbuch gut durchlesen und versuchen, die aufgezeigten Beispiele nachzuvollziehen.

Sie werden lernen, wie Sie mit den Werkzeugen und Befehlen des Illustrator eine Zeichnung erstellen und wie Sie diese anschließend in anderen Dokumenten und Programmen weiterverwenden können. Sie werden erfahren, welche verschiedenen Möglichkeiten Ihnen für die Bearbeitung völlig unterschiedlicher Illustrationen zur Verfügung stehen und wie Sie diese miteinander kombinieren können.

Im Laufe der Jahre hat sich Illustrator weiterentwickelt und ist aus seinen Kinderschuhen herausgewachsen, was in der Komplexität der Werkzeug- und Befehlsstrukturen sichtbar wird.

Dieses Handbuch wird systemübergreifend angelegt, jedoch wurde als Computer, auf dem es erstellt wurde, ein Apple Macintosh eingesetzt, da dieser Computertyp vorzugsweise für Layout, Illustration und Bildbearbeitung benutzt wird. Trotzdem sollen die Erklärungen sowohl für einen Apple Macintosh als auch

Für die Darstellung der Menüs,Paletten, Dialogfelder und PopUp-Menüs wurden die Screenshots unter Mac OS 9 und Windows 98 hergestellt.

für einen auf Windows basierenden Computer gelten. Aus diesem Grund müssen einige Schreibweisen geklärt beziehungsweise festgelegt werden. Die Abbildungen stammen vollständig vom Apple Macintosh. Paletten und Dialogfelder sehen demnach also „Mac-like“ aus. Erschwerend kommt hinzu, dass Adobe das Programm Mac-OS-X-optimiert hat und somit Paletten, Dialogfelder und PopUp-Menüs dem Aussehen des Betriebssystems angepasst wurden. Leider sind diese Darstellungen drucktechnisch schwer umsetzbar, sodass die Screendarstellungen des Betriebssystems Mac OS 9 verwendet wurden. Auf die Darstellung unter Mac OS X wird im Kapitel „Palettenübersicht“ (ab Seite 103ff) noch eingegangen. Auch auf den Farbseiten im Innenteil des Buches ist die Darstellung zu sehen.

Paletten und Palettenkombinationen

Im Allgemeinen funktionieren alle Veränderungsmöglichkeiten über Paletten, die jeweils über das Programm-Menü geöffnet und geschlossen werden können. Zudem können sie miteinander kombiniert werden, was diverse Anwendungen vereinfacht. Eine Übersicht der einzelnen Paletten ab Seite 103ff soll die Suche nach ihnen erleichtern.

Schreibweise der Befehle

Im Text wird häufig auf Befehle im Menü hingewiesen. Die Schreibweise des Menüs und der Befehle ist dann jeweils kursiv. Auch eventuell genannte Untermenüs werden in dieser Form bezeichnet. Die entsprechende Benennung lautet dann zum Beispiel folgendermaßen:

Objekt ➛ Transformieren ➛ Drehen

Werden Befehle oder Optionen im Text direkt genannt, werden diese fett hervorgehoben, wie zum Beispiel:

Wird die Option **Bilder** in **Pfadansicht anzeigen** eingeschaltet, ...

oder

Der Befehl **Platzieren** importiert ein ...

Weiterhin lassen sich viele Befehle auch per Tastenkürzel nutzen. Die entsprechenden Tasten werden durch ihre Symbole auf der Tastatur dargestellt. Zwischen einer Macintosh- und einer Windows-Tastatur gibt es jedoch zwei wesentliche Unterschiede. Den größten Unterschied stellt die Befehls- (Command) und die Steuerungs-Taste dar. Der Einfachheit halber wird hier ein Gemeinschaftssymbol benutzt: [⌘]. Den zweiten Unterschied stellt die Alt-Taste dar. Auf dem Macintosh wird sie als Options- oder Wahl-Taste bezeichnet. Die Macintosh-Tastatur besitzt sie zweimal, wogegen Windows-Tastaturen sie nur einmal zur Verfügung stellen. Die zweite Alt-Taste auf Windows- Tastaturen heißt Alt Gr und steuert die dritte Tastaturbelegung. Die Alt-Gr-Taste gibt es auf der Macintosh-Tastatur nicht. Das für die Alt-Taste verwendete Symbol sieht folgendermaßen aus: [⌥]. Eine vollständige Liste der Tastaturkürzel, die vom Hersteller bereitgestellt wird, ist auf Seite 68 abgedruckt. Das Ändern und Anpassen der Tastaturkürzel wird im Abschnitt „Voreinstellungen" (Seite 47) beschrieben.

Verwendete Tastatursymbole

[⌘] ➛ Befehls- und Strg-Taste
[⌥] ➛ Options-, Wahl- oder Alt-Taste
[⇧] ➛ Umschalt- oder Shift-Taste
[⇪] ➛ CapsLock-Taste (Feststell-Taste)
[↵] ➛ Return-Taste
[⇥] ➛ Tabulator-Taste
[⌫] ➛ Löschen-Taste (Entfernen)
[␣] ➛ Leer-Taste (Space)

Cursor-Tasten
[←][↑][↓][→]

Windows-Tastatur

[⌥] ➛ enspricht ➛ [Alt]

Merkzeichen

An einigen Stellen im Buch werden Hinweise gegeben, die möglicherweise das Arbeiten erleichtern oder auf Gefahren hinweisen.

! → Achtung

Tipp → Hinweis

X → Mac OS X

Mac → Mac OS

→ Windows

Hierfür werden besondere Zeichen benutzt. Das „Ausrufezeichen“ zum Beispiel weist auf eine Gefahrenquelle hin.

Systemanforderungen

Adobe Illustrator in der Version 10 ist nicht mehr auf allen Rechnersystemen lauffähig. Es gibt mittlerweile einige Einschränkungen. Folgende Systeme werden unterstützt, wobei nicht auf allen Systemen der vollständige Funktionsumfang gewährleistet ist:

Apple Macintosh:

- PowerPC - Prozessor G3, G4 oder G4 Dual
- Mac OS Version 9.1, 9.2 oder Mac OS X 10.1
- Mindestens 128 MB Arbeitsspeicher (RAM). Der Wert stellt nur einen absolut minimalen Wert dar, der noch nicht das gleichzeitige Arbeiten mit anderen Programmen berücksichtigt.
- 180 MB verfügbarer Festplattenspeicher
- Bei Verwendung von Adobe PostScript®-Druckern: Adobe PostScript Level 2 oder Adobe PostScript Level 3™.

Windows:

- Intel®Pentium®-Prozessor der Klassen II, III oder 4
- Microsoft Windows 98, Windows 98 Special Editon, Windows Millennium Edition, Windows 2000 mit Service-Pack 2 oder Windows XP
- Mindestens 128 MB Arbeitsspeicher (RAM). Der Wert stellt nur einen absolut minimalen Wert dar, der noch nicht das gleichzeitige Arbeiten mit anderen Programmen berücksichtigt.
- 180 MB verfügbarer Festplattenspeicher
- Bei Verwendung von Adobe PostScript®-Druckern: Adobe PostScript Level 2 oder Adobe PostScript Level 3™.

Tipp Das Wort „Tipp“ gibt Hinweise auf eventuell einfache Lösungen oder Erfahrungswerte der Autoren. Systemabhängige Bereiche des Programms werden mit dem Systemlogo gekennzeichnet.

Programmumgebung

Auf der Festplatte existiert nach der Installation ein Ordner namens Adobe Illustrator® 10, in dem sich das Programm befindet.

Adobe Illustrator 10

Auf einen Doppelklick hin findet man dort das Programm vor. Genauso wie der Ordner besitzt auch das Programm ein eigenes Symbol. Ein Doppelklick auf das Programmsymbol startet das Programm und die dazugehörige Benutzeroberfläche.

Adobe Illustrator 10

Die Dateisymbole von Illustrator sind ähnlich gestaltet. Das normale Dokumentsymbol besitzt den Symbolzusatz „**AI 10**“, wohingegen das Symbol für ein Illustrator-EPS den Symbolzusatz „**EPS**“ besitzt. EPS bedeutet Encapsulated PostScript File und ist eine Exportdatei, die es anderen Programmen ermöglicht, mit in Illustrator erstellten Grafiken zu arbeiten bzw. diese zu benutzen.

Erstes Dokument.ai

Erstes Dokument.eps

Starten des Programms

Wird das Programm mit einem Doppelklick auf das Programmsymbol gestartet, wird nach ein paar Sekunden die Programmoberfläche sichtbar. Sie ist erkennbar durch die veränderte Menüstruktur und die Paletten, deren Sichtbarkeit voreingestellt ist. Dazu gehören standardmäßig die **Werkzeug-Palette** sowie einige andere Paletten.

Die Menüleiste

Wie schon erwähnt besitzt Adobe Ilustrator eine zum Betriebssystem unterschiedliche

Menüleiste. Je nach Befehlsstruktur sind die einzelnen Menüs in zusätzliche Untermenüs gegliedert. Generell sind jedoch die zehn Hauptmenüs sichtbar.

Die Menüleiste nach dem Öffnen des Programms Adobe Illustrator

Im Menü des Betriebssystems sind nur die grundsätzlichen Befehlsstrukturen des Betriebssystems enthalten. Dies sind zum großen Teil Funktionen zur Verwaltung der Ordnerstrukturen.

Die Menüleiste des Betriebssystems MacOS X

Adobe Illustrator öffnet nach dem Starten oder Laden des Programms jedoch noch kein neues Dokument.

Speichereinstellung unter MacOS 9

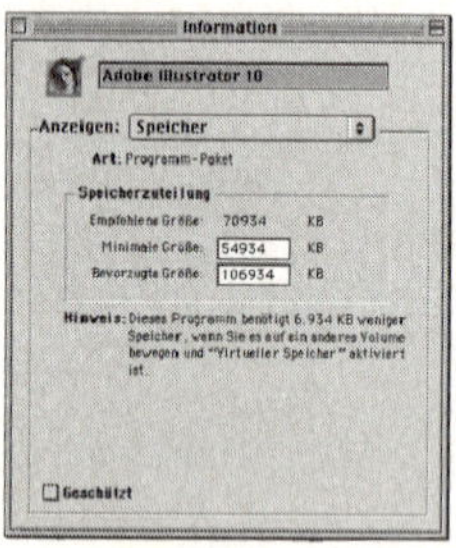

Vor dem ersten Starten des Programms sollte man die Speicherzuteilung überprüfen und den zukünftigen Arbeiten anpassen. Wird sehr viel mit Bildmaterialien und Mengentexten gearbeitet, muss unter dem **Classic MacOS** die Speicherzuteilung erhöht werden. Das Programm darf für die Zuteilung der Speichergröße auf dem Macintosh nicht bereits gestartet worden sein. Wählt man das Programmsymbol mit dem Mauszeiger aus und im Menü *Ablage* ➛ *Information*, kann man im letzten Eingabefeld der Rubrik *Speicher* den Zuteilungswert verändern. Arbeitet das Programm bereits, ist dies nicht möglich.

Unter **Windows** und unter **MacOS X** übernimmt die Speicherverwaltung das Betriebssystem. Der Anwender hat hier wenig Einfluss auf diese Ressource.

Illustrationen erstellen

Das zuvor beschriebene Öffnen des Programms reicht leider nicht aus, um eine Illustration zu erstellen. Es muss auch noch ein Arbeitsblatt eingerichtet werden. Erst nach Eingabe des Menübefehls *Ablage* ➛ *Neu* wird ein neues Dokument erstellt. Illustrator bezeichnet diese Arbeitsblätter als Dokumente. Darauf können unterschiedlichste Informationen enthalten sein.

Pfade

Pfade sind Vektorinformationen, das heißt, im Unterschied zu den Pixeln eines Bildschirms oder eines Bildes aus einem Bildbearbeitungsprogramm bestehen Vektoren aus mathematischen (geometrischen) Informationen. Diese Pfade lassen sich nach Belieben verändern, sind aber den Möglichkeiten des Programms unterworfen. Auch später, wenn solche Pfade zum Beispiel einem Layoutprogramm als Information übergeben werden, lassen sich diese Informationen beliebig vergrößern, ohne dass ein Qualitätsverlust eintritt.

Pixel:

Abkürzung für Picture Element. Ein Pixel ist ein einzelner Punkt einer Bildschirmabbildung – die kleinste Einheit auf einem Bildschirm, die erkannt, bearbeitet und erzeugt werden kann. Normalerweise kommen bei Macintosh- und Windows-Rechnern 72 Pixel auf einen Zoll. Bei Windows kann man jedoch auch 96 Pixel pro Zoll einstellen.

Schrift

Auf der Arbeitsfläche des Dokuments können neben Pfaden auch Textinformationen eingegeben und eventuell mit bereits bestehenden Pfaden kombiniert werden. Die Texte lassen sich einerseits per Eingabe erstellen und andererseits über eine programmeigene Importfunktion aus Applikationen, wie zum Beispiel

Microsoft Office, importieren. Man sollte hier jedoch bedenken, dass ein Illustrationsprogramm, wie es Adobe Illustrator ist, nicht dazu gedacht ist, umfangreiche Mengentexte zu handeln. Somit wird bei einer großen Anzahl von Textinformationen die Arbeitsgeschwindigkeit des Programms drastisch nachlassen. Trotzdem kann das Programm mit diesen Texten umgehen und entsprechende Formatierungen wie Schriftart, Schriftgröße und -stile etc. vornehmen.

Bilder und Grafiken

Adobe Illustrator kann mittlerweile mit unterschiedlichen Bild- und Grafikformaten umgehen. Die gängigsten Bildformate für den Printbereich sind nach wie vor TIFF- und EPS-Formate. Aber auch PICT- (Macintosh) und BMP- Formate (Windows) wie auch Windows Metafile stellen kein Problem dar. Selbst Bildformate, die im klassischen Printbereich keine Bedeutung haben, dafür aber für Web- und Multimedia-Bereiche wichtig sind, kann Adobe Illustrator importieren. Zu diesen Formaten zählen JPEG- und GIF-Formate.

! **Achtung**: Öffnen sollte man weder Text- noch Bildformate, denn damit ist die Gefahr sehr groß, diese Dateien und deren Inhalt unwiederbringlich zu zerstören.

Eine Pixelgrafik um Vektor- und Textinformationen erweitert. Über dem Bild wurden weiße Streifen platziert, denen der **Transparenz-Modus Ineinanderkopieren** zugewiesen wurde.

Dokumente einrichten

Soll ein neues Dokument erstellt werden, muss der Befehl *Ablage* ➛ *Neu* ausgewählt werden. Hierauf erscheint ein Dialogfeld, in dem man nähere Angaben zum Dokument machen kann.

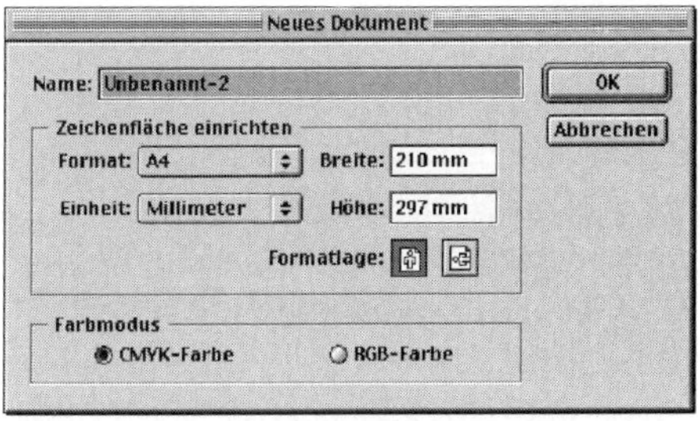

Im Dialogfeld können Angaben zum **Namen** (Standard: Unbenannt), zum **Format** (Standard: A4) und zu dem im Dokument gültigen **Maßsystem** (Standard: Millimeter) gemacht werden. Zudem kann der voraussichtliche Farbmodus voreingestellt werden. Zur Auswahl stehen hier **CMYK-** und **RGB-Farbe**, wobei CMYK die Vorgabe ist. Die Schaltfläche OK bestätigt dann die Angaben.

! Die richtige Maßeinheit einstellen

Dokumentformat

Die Angaben, die im Einrichtungsdialog gemacht wurden, können im Nachhinein jederzeit im Dialogfeld *Ablage* ➛ *Dokumentformat...* verändert werden. Zusätzlich zu den Umgebungsparametern bietet dieses Dialogfeld jedoch weitere Optionen, die das Zeichnen im Dokument beschleunigen können. So

zum Beispiel das PopUp im oberen Teil des Dialogfeldes, durch das auf weitere Einrichtungsbereiche wie **Drucken und exportieren** oder **Transparenz** zugegriffen werden kann.

Im Einzelnen bedeuten die Optionen Folgendes:

Bereich Zeichenfläche

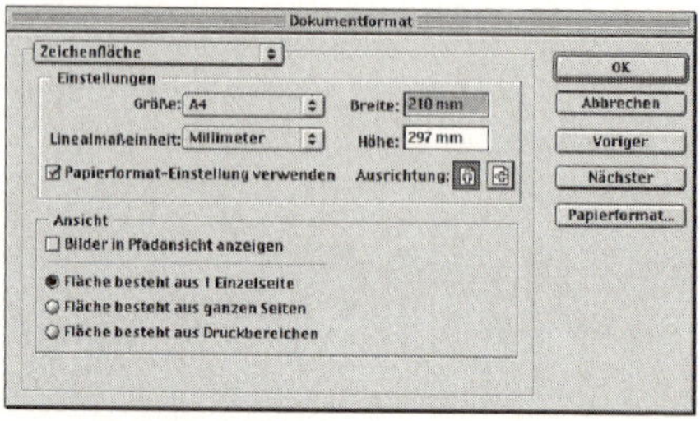

Kategorie: Einstellungen

Dort werden grundlegende Einstellungen hinsichtlich der Dokumentfläche getätigt.

Papierformat-Einstellung verwenden

- Im Papier- oder Seitenformat lassen sich grundsätzliche Einstellungen des zu druckenden Dokumentes in Bezug auf den Druckertreiber voreinstellen. Werden diese Einstellungen vorgenommen, während kein Dokument geöffnet ist, gelten sie als Voreinstellung für neue Dokumente.

Größe

- Das PopUp-Menü stellt einige Standardformate zur Verfügung.

Linealmaßeinheit

- In diesem PopUp-Menü kann das für das Dokument geltende Maßsystem ausgewählt werden.

Kategorie: Ansicht

Die Montagefläche in einem Illustrator- Dokument kann leider nur ein Blatt beinhalten. Ist dieses jedoch ausreichend groß, kann es in einzelne Bereiche aufgeteilt werden.

Bilder in Pfadansicht anzeigen

- Platzierte Bilder werden normalerweise anhand ihrer Pixelvorschau im Dokument angezeigt. Ist *Ansicht* ➛ *Pfadansicht* eingeschaltet, geschieht das jedoch nicht. Sie werden dann nur durch einen Positionierungsrahmen angezeigt. Der Bildschirmaufbau wird dadurch wesentlich beschleunigt. Ist die Option **Bilder in Pfadansicht anzeigen** eingeschaltet, werden sie in einer Schwarzweiß-Vorschau angezeigt.

Fläche besteht aus 1 Einzelseite

- Wird diese Option aktiviert, gibt es auf der Zeichenfläche nur einen druckbaren Bereich, der die Größe des im „**Papierformat...**" eingestellten Formates besitzt. Adobe Illustrator zeigt diesen Bereich auf der Dokumentseite durch eine gestrichelte Linie an.

Fläche besteht aus ganzen Seiten

- Bei aktivierter Option wird die vorhandene Zeichenfläche auf mehrere druckbare Bereiche aufgeteilt, die jeweils die Größe des im „**Papierformat...**" eingestellten Formates besitzen. Hiermit lassen sich so mehrere Seiten einrichten. Die einzelnen Bereiche werden auch hier durch eine gestrichelte Linie angezeigt. In Verbindung damit ist auch das **Seitenpositionierungs-Werkzeug** zu gebrauchen. Damit lassen sich die Seitenbereiche nachträglich korrigieren.

Tipp Eine weitere Möglichkeit, mit mehreren Seiten zu arbeiten, bietet die Ebenenverwaltung. Hierzu müssen für die einzelnen Seiten Ebenen oder Ebenengruppen angelegt werden.

Fläche besteht aus Druckbereichen

- Die vorhandene Zeichenfläche wird auf mehrere druckbare Bereiche aufgeteilt, die jeweils die Größe des Druckbereiches des angeschlossenen Druckers beziehungsweise des im „**Papierformat...**" eingestellten Seitenbereichs besitzen. Diese Option hat nur einen Sinn, wenn das Ausgabeformat des Druckers kleiner als das eingestellte Dokumentformat ist. Alternativ dazu kann das Dokumentformat in den Papierformat-Einstellungen auch hochskaliert werden.

Bereich Drucken und exportieren

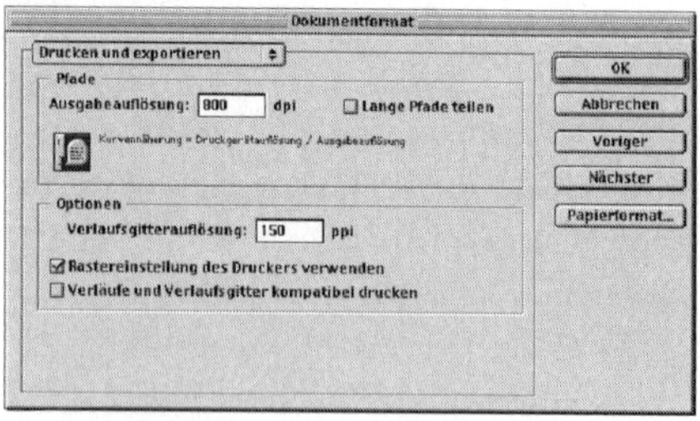

Kategorie: Pfade

Kurven in einer Zeichnung werden vom PostScript-Interpreter als kleine Liniensegmente definiert. Je kleiner die Segmente sind, desto genauer ist die Kurve. Wenn jedoch sehr kleine Liniensegmente für die Darstellung einer Kurve verwendet werden, erhöht sich die Gesamtzahl der Liniensegmente und damit die Komplexität der Kurve. Wenn eine Kurve zu komplex ist, um durch den PostScript-Interpreter in Pixel umgewandelt zu werden, kann ein PostScript-Fehler auftreten. In diesem Fall wird die Kurve nicht gedruckt.

Um Ausgabeprobleme zu vermeiden beziehungsweise die Ausgabequalität und -geschwindigkeit zu verbessern, wird es wahrscheinlich notwendig sein, die in dieser Kategorie aufgeführten Optionen zu aktivieren oder zu modifizieren.

Ausgabeauflösung

- Die Ausgabeauflösung bestimmt die Kurvennäherung: Eine niedrige Ausgabeauflösung hat eine niedrige Kurvennäherung zur Folge, wodurch weniger und längere Liniensegmente entstehen. Auf diese Weise verringert sich zwar die Genauigkeit der Kurve, die Ausgabegeschwindigkeit wird damit jedoch erhöht. Eine optimale Ausgabequalität und -geschwindigkeit wird mit dem eingestellten Wert von 800 dpi in Adobe Illustrator erreicht.

- Werden in einem Dokument unnötig lange und komplexe Pfade benutzt, wird das Dokument eventuell nicht gedruckt werden können. Stattdessen wird auf dem Drucker oder dem Bildschirm, je nach Einstellung des Druckertreibers, eine Limitcheck-Fehlermeldung ausgegeben. Durch Aktivieren der Option **Lange Pfade teilen** kann dem entgegengewirkt werden.

Lange Pfade teilen

Limitcheck-Fehler: Diese Fehlermeldung weist im Allgemeinen darauf hin, dass ein Teil des Dokumentes zu komplex ist, um im zur Verfügung gestellten Teil des Arbeitsspeichers des Druckers verarbeitet zu werden.

Kategorie: Optionen

Dateien, die Verläufe, Verlaufsgitter oder Farbübergänge (Überblendungen) beinhalten, können nicht auf allen Ausgabegeräten ohne sichtbare Farb- beziehungsweise Grauabstufungen gedruckt werden. Es ist jedoch möglich, bei entsprechenden Objekten die Ergebnisse zu verbessern. Beachten Sie Folgendes:

- Verwenden Sie Farbübergänge, in denen sich zwei oder mehr CMYK-Farben um mindestens 50 % ändern.
- Verwenden Sie kürzere Farbabgleichungen. Die optimale Länge hängt von den Farben innerhalb der Übergänge ab. Eine Länge von 19,5 cm (7,5 Inch) sollte jedoch nicht überschritten werden.
- Verwenden Sie helle Farben oder verkürzen Sie die Übergänge bei dunklen Farben.
- Verwenden Sie eine geeignete Rasterweite, die 256 Grau- oder Farbstufen zulässt.

Tabelle mit gängigen Belichterauflösungen und den maximalen Rasterweiten, mit denen noch 256 Graustufen erzeugt werden können.

Endgültige Belichterauflösung (in dpi)	Maximale Rasterweite (in lpi)
300	19
400	25
600	38
900	56
1000	63
1270	79
1446	90
1524	95
1693	106
2000	125
2400	150
2540	159
3000	188
3252	203
3600	225
4000	250

Die Formel, mit der die maximal möglichen Graustufen zu errechnen sind, lautet:

$$\left(\frac{\text{Ausgabeauflösung in dpi}}{\text{Rasterweite in lpi}}\right)^2 +1 = \text{mögl. Graustufen}$$

Rastereinstellung des Druckers verwenden

Standardmäßig ist diese Option aktiviert. Werden Verläufe, Verlaufsgitter oder Überblendungen auf Objekte angewendet, benutzt Illustrator die Rastereinstellung des Druckers, um das bestmögliche Ergebnis zu erzielen. Bei manchen niedrig auflösenden Druckern (600 dpi und weniger) ist jedoch möglicherweise ein besseres Ergebnis zu erzielen, wenn die Option deaktiviert ist. Dann verwendet Illustrator die Adobe-Rastereinstellung.

Verläufe und Verlaufsgitter kompatibel drucken

! Verwenden Sie diese Option nur mit Belichtern, die Probleme bei der Ausgabe von Dateien mit Verläufen und Verlaufsgitterobjekten bereiten. Diese Option kann die Ausgabegeschwindigkeit auf Ausgabegeräten, die keine Probleme mit Verläufen haben, deutlich herabsetzen.

Bei einigen Druckern können Probleme beim Drucken von Verläufen und Verlaufsgitterobjekten auftreten. So kann bei älteren PostScript-Level-2-Druckern beispielsweise Streifenbildung entstehen. Auch werden auf manchen PostScript-Level-3-Geräten Verlaufsgitterobjekte eventuell nicht richtig gedruckt. Bei aktivierter Option können diese Drucker Ihre Dateien ausgeben, indem die Objekte in das JPEG-Format konvertiert werden.

Verlaufsgitter-Auflösungen

Da fast alle komplexen Gitterobjekte auf PostScript-Level-3-Druckern als Vektorobjekte ausgegeben werden, können die Druckergebnisse bei der Verwendung von Level-3-Druckern in der Regel optimiert werden. Beim Drucken transparenter Gitterobjekte oder beim Drucken auf Level-2-Druckern werden Gitterobjekte sowohl als Vektorobjekte als auch als JPEG-Bilder geschrieben. Die Auflösung des JPEG-Bildes wird mit dem Wert unter **Verlaufsgitterauflösung** festgelegt.

Bereich Transparenz

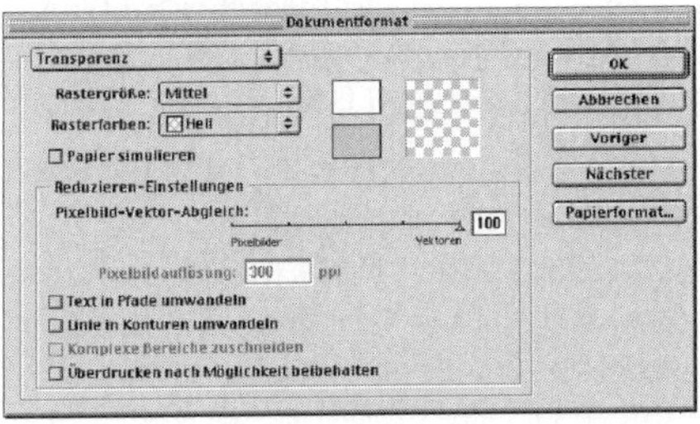

Illustrator kann Transparenz in Bezug auf den Hintergrund am Bildschim sichtbar und besser kontrollierbar machen. Hierfür wird ein regelmäßiges Raster erzeugt.

Rastergröße

- In diesem PopUp-Menü kann zwischen drei Größen der Transparenz-Darstellung gewählt werden. In eingeschränktem Maß können die Rasterkästchen auch als Orientierungshilfe benutzt werden.

Rasterfarben

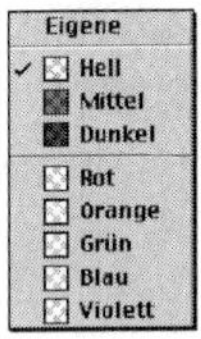

- Hier kann aus bereits vordefinierten Farben eine Rasterfarbe ausgewählt werden. Die nebenstehenden Farbfelder lassen das Definieren eigener Rasterfarben zu. Klickt man mit der Maus auf eines der Farbfelder, kommt man unter Mac OS in den Apple-Farbwähler (unter Windows kann der Windows-Farbwähler benutzt werden) und kann sich jede beliebige Farbe anmischen.

Papier simulieren

- Diese Funktion zeigt die Problemsituation, wenn im Druck auf einem farbigen Papier gedruckt wird, was bedeutet, dass sich die Farben addieren beziehungsweise mischen. Wird Gelb auf blauem Papier gedruckt, entsteht grün.

Reduzieren-Einstellungen

Wenn Bildmaterial Transparenz enthält, führt Adobe Illustrator vor dem Drucken und

Speichern einen Vorgang aus, der Reduzieren genannt wird. Beim Reduzieren wird nach Bereichen gesucht, in denen transparente Objekte andere Objekte überlappen. Diese Bereiche werden dann durch Aufteilen des Bildmaterials in Komponenten isoliert. Anschließend wird von Illustrator jede dieser Komponenten analysiert, um zu überprüfen, ob das Bildmaterial mit Vektordaten dargestellt werden kann oder ob es in ein Pixelbild umgewandelt („gerastert") werden muss.

Das Reduzieren führt meist zu ausgezeichneten Ergebnissen. Wenn Ihr Bildmaterial allerdings komplexe überlappende Bereiche enthält und Sie eine Ausgabe mit hoher Auflösung benötigen, können Sie selbst bestimmen, in welchem Maß das Bildmaterial in ein Pixelbild konvertiert wird.

Pixelbild-Vektor-Abgleich

- Mit diesem Regler können Sie festlegen, in welchem Umfang reduzierte Zeichnungen in Pixelbilder umgewandelt werden. Mit Hilfe der fünf Reglereinstellungen legen Sie fest, in welchem Verhältnis Pixelbilder und Vektorgrafiken verwendet werden.

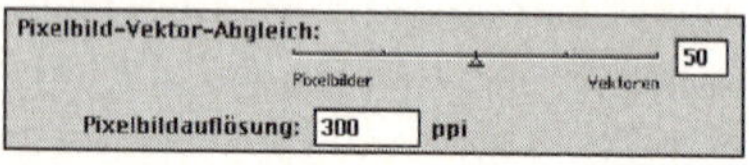

Soll Illustrator eine komplette Umrechnung in Vektoren vornehmen (der Regler steht also bei 100 % Vektoren), sind die Optionen **Pixelbildauflösung** und **Komplexe Bereiche zuschneiden** nicht zugänglich. Steht der Regler links davon, reicht im Allgemeinen ein Wert von 300ppi für **Pixelbilder** aus, um hochwertige Ergebnisse im Ausdruck auf PostScript-Belichtern zu erhalten oder entsprechende

Illustrationen als EPS zu exportieren. Je höher der Wert des Pixel-Vektor-Abgleichs ist, desto aufwendiger sind die Umrechnungsalgorithmen.

- Mit Position 1 werden alle Objekte in der Zeichnung in Pixelbilder umgewandelt. Wählen Sie diese Einstellung, wenn Sie sehr komplexe Zeichnungen mit vielen transparenten Objekten drucken oder exportieren möchten.
- Mit Position 2 bleiben einfache Vektorobjekte erhalten, wobei die meisten komplexen Bereiche in Pixelbilder konvertiert werden. Diese Einstellung eignet sich besonders für Objekte mit nur wenigen transparenten Objekten.
- Mit Position 3 erhalten Sie die meisten Vektorobjekte, nur die komplexesten transparenten Bereiche werden in Pixelbilder umgewandelt. Diese Einstellung liefert bei den meisten Zeichnungen die besten Ergebnisse.
- Position 4 bewahrt den größten Teil der Zeichnung in Vektorform, sehr komplexe Bereiche werden jedoch in Pixelbilder umgewandelt. Bei dieser Einstellung kann die Verarbeitung länger dauern, wenn eine Zeichnung viele transparente Bereiche enthält.
- Mit Position 5 bleibt ein möglichst großer Teil der Zeichnung in Vektorform erhalten (Standardeinstellung). Sehr komplexe Zeichnungen werden jedoch gegebenenfalls trotzdem umgewandelt. Diese Einstellung erfordert viel Zeit und Arbeitsspeicher, führt aber i. d. R. zu den qualitativ hochwertigsten Auflösungen.

! Bei Position 2, 3 oder 4 können zwischen Vektorbereichen und Bereichen, die in Pixelbilder umgewandelt werden, auf einigen Druckern harte Übergänge entstehen. Wenn Sie diese bei Zeichnungen feststellen, die auf eine Hintergrundebene reduziert wurden, können Sie die Farboptimierungseinstellungen für Ihren Drucker oder Druckertreiber deaktivieren. Besteht das Problem danach weiterhin, stellen Sie den Qualität/Geschwindigkeit-Regler vor dem erneuten Drucken auf 1 oder 5 ein.

Text in Pfade umwandeln

Wird auf Textelemente die Transparenzfüllung angewendet, wird Illustrator, falls notwendig, die betroffenen Textinformationen in Pfade umwandeln, um eine möglichst hohe Qualität zu gewährleisten.

Linie in Konturen umwandeln

- Falls notwendig, werden Linienobjekte, die besonders aufwendig in der Umsetzung sind, zum Beispiel überdruckende oder transparente Objekte, in Pfadflächen umgewandelt, um die bestmögliche Qualität zu gewährleisten.

Komplexe Bereiche zuschneiden

- Diese Option wird bei sehr komplizierten Transparenzeffekten angewendet, wodurch einzelne Bereiche zu Deckkraftmasken (siehe auch Kapitel „Masken“ ab Seite 362ff) konvertiert werden.

Überdrucken nach Möglichkeit beibehalten

- Besitzen Objekte vor dem Einstellen der Transparenz Informationen zum Überdrucken, wird bei aktivierter Option versucht, diese Einstellung beizubehalten. Die Anzahl der Objekte steigt jedoch dadurch an.

Ändern des Farbmodus

! Es besteht die Möglichkeit einer sehr starken Farbverfälschung, wenn der Dokumentfarbmodus von RGB auf CMYK geändert wird.

Weiterhin lässt sich auch der Farbmodus des Dokumentes im Nachhinein verändern. Die Vorgabe des Dialoges **Neues Dokument** (*Ablage* ➛ *Neu...*) ist nur solange gültig, bis die Einstellung verändert wird. Man sollte sich jedoch darüber im Klaren sein, dass eine Änderung des Farbmodus bei bereits benutzten Farben möglicherweise extrem starke Veränderungen der Farbdarstellung zur Folge haben kann. Um den Farbmodus des Dokumentes zu verändern, wählen Sie im Menü *Ablage* ➛ *Dokumentfarbmodus*. Das sich öffnende PopUp-Menü stellt die Farbräume **RGB** und **CMYK** zur Verfügung. Je nach bestehendem Farbraum ist ein Wechsel in den anderen möglich.

Das Dokument

Wurde das Dokument eingerichtet, können auf der Dokumentseite, die zwischen 0,36 mm und 5779,55 mm groß sein darf, Pfade und andere Gestaltungselemente platziert beziehungsweise erstellt werden. Pfade werden im Großen und Ganzen mit entsprechenden Werkzeugen aus der Werkzeug-Palette erzeugt. Illustrator stellt hier mehrere Werkzeuge zur Verfügung. Als wichtigstes Werkzeug ist der Zeichenstift anzusehen. Er ist extrem funktional und zudem kompatibel zu den gleichnamigen Werkzeugen der anderen Adobe-Produkte. Selbst FreeHand aus dem Hause Macromedia nutzt seit der neuen Version 10 die spezielle Funktionalität des Werkzeugs. Weitere wichtige Pfad-Werkzeuge sind das **Ellipsen-**, das **Rechteck-**, das **Pinsel-** und das **Buntstift-Werkzeug**. Die Zeichen-Werkzeuge werden ab den Seiten 227ff näher beschrieben.

Zeichenstift

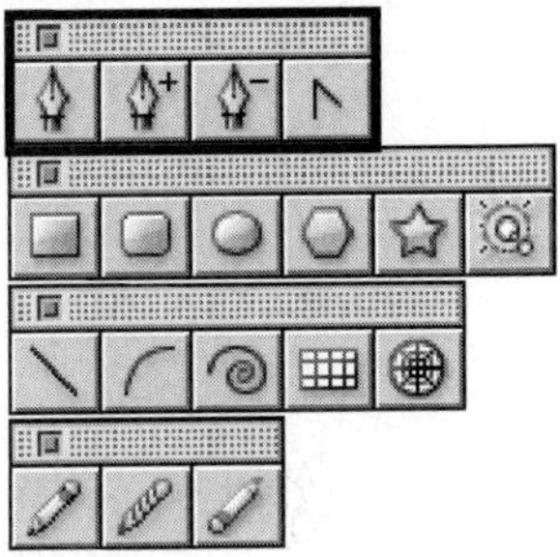

Pfaden können in Adobe Illustrator so genannte Attribute zugewiesen werden; das können Farbflächen oder -Konturen sein. Pfade können auch als Maskierungen benutzt werden, um zum Beispiel Pixel-Bilder zu beschneiden. Werden solche Pfade zu komplex, ist es häufig notwendig, die Attribute des Pfades auszublenden, damit der Bildschirmaufbau beschleunigt wird. Mit dem Befehl *Ansicht ➛ Pfadansicht* (⌘Y) können Sie zwischen der reduzierten (**Pfadansicht**) und

Nächste Seite: Der Aufbau des Dokumentfensters. Die Darstellungsform entspricht der unter Mac OS X

Nullpunkt Fadenkreuz

Der Nullpunkt einer Seite im Adobe Illustrator liegt normalerweise in der linken unteren Ecke der Dokumentseite. Man kann den Nullpunkt neu platzieren, wenn bei gedrückter Maustaste das Fadenkreuz auf eine neue Position gezogen wird.

Schließen-Schalter

Ein Klick auf diesen Schalter schließt das Dokumentfenster. Ist noch nicht gesichert worden, wird darauf hingewiesen.

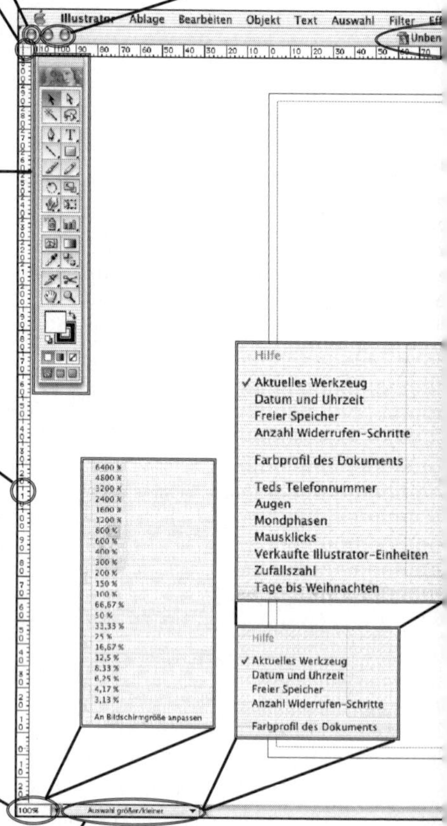

Werkzeug-Palette

In der Werkzeug-Palette befinden sich alle wichtigen, für die Arbeit im Illustrator benötigten Werkzeuge.

Seitenlineale

Die Lineale zeigen das momentan eingestellte Einheitssystem. Das Einheitssystem lässt sich entweder zu Beginn eines neuen Dokumentes festlegen oder kann im **Dokumentformat**-Dialog nachträglich umgestellt werden (siehe Seiten 17 u.18).

Ansichtsfeld

Das Ansichtsfeld zeigt die aktuelle Größe der Dokumentdarstellung. Ein Klick auf den prozentualen Wert lässt eine Änderung zu. Ein Return [↩] schaltet dann in eine neue Ansichtsgröße. Ein Klick auf den nebenstehenden Pfeil öffnet das Ansichten-PopUp-Menü, in dem vordefinierte Ansichtsgrößen ausgewählt werden können.

Statuszeile

Die Statuszeile gibt wichtige Informationen über den aktuellen Dokumentstatus. Zum Beispiel den freien Speicher, die Anzahl der widerrufbaren Schritte und so weiter. Weitere Informationen können aufgelistet werden, wenn bei gedrückter [⌥]-Taste die Statuszeile betätigt wird. Dann bekommt man Auskunft über so wichtige Dinge wie Teds private Telefonnummer oder wie viele Einkaufstage es noch bis Weihnachten sind.

Optimierungs-/Minimierungsschalter

Diese beiden Schalter dienen der Platz sparenden Darstellung des Dokumentfensters am Monitor. Der Optimierungsschalter schaltet zwischen optimaler und monitorfüllender Fensterdarstellung hin und her, wogegen der Minimierungsschalter das Fenster in das MacOS-X-eigene Dock schickt. Unter Windows und Mac OS 9 verkleinert der Minimierungsschalter das Fenster auf die Titelleiste.

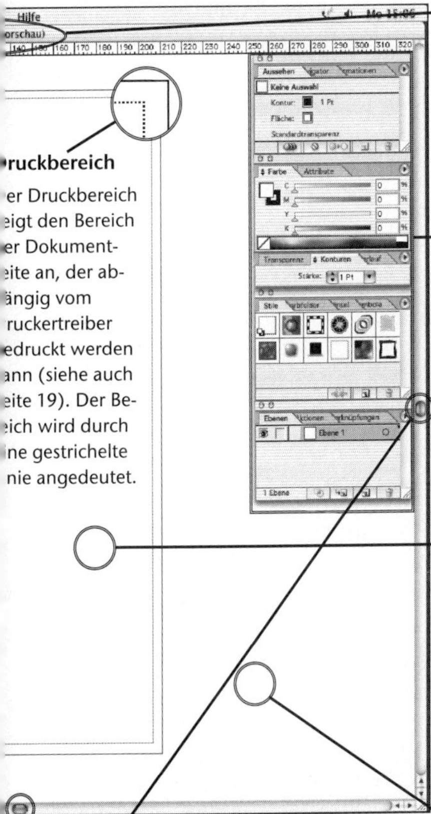

Dokumenttitel

In der Mitte der Titelleiste wird der Name des Dokumentes plus das aktuelle Farbsystem genannt.

ruckbereich

er Druckbereich eigt den Bereich er Dokumentseite an, der abängig vom ruckertreiber edruckt werden ann (siehe auch eite 19). Der Beeich wird durch ine gestrichelte nie angedeutet.

Paletten

Die Paletten können im Menü **Fenster** oder über diverse Kurzbefehle ein- und ausgeschaltet werden. Sie beinhalten alle wichtigen Modifizierungsmittel. Zum Beispiel Grafikattribute, Absatz- und Zeichenformatierungen, Ebenen und so weiter.

Dokumentseite

Auf der Dokumentseite können druckbare Illustrationen angefertigt werden. In einem Dokument kann immer nur eine Seite angelegt werden. Sie kann zwischen 0,36 mm und 5779,55 mm groß sein. Bei einer Größe von 5779,55 x 5779,55 mm gibt es keinen Montagebereich mehr.

Montagefläche

Die Montagefläche ist der die Seite umgebende Bereich, der zum Vormontieren und Ablegen benutzt werden kann. Der Montagebereich ist nicht druckbar.

Rollbalken (Scrollbalken)

Die Rollbalken steuern das komfortable Hin- und Herbewegen im Dokument. Alternativ kann jedoch auch die Hand benutzt werden, mit der ein effizienteres Bewegen möglich ist. Kurzfristig ist die Hand bei gedrückter ⌥-Taste zu benutzen.

der normalen Ansicht (**Originalansicht**) umschalten. Wird der Befehl ausgewählt, verlieren Pfade und Bilder sofort ihre farbige Darstellungsform. Pfade werden dann nur noch als schwarze Striche ohne Füllung und Bilder anhand ihres Positionierungsrahmens (Bounding Box) dargestellt. Wurde unter *Ablage ➛ Dokumentformat...* (⌥⌘P) **Bilder in Pfadansicht anzeigen** aktiviert, besitzen Bilder auch in der **Pfadansicht** eine Sichtbarkeit, allerdings nur Schwarz/Weiß.

Eine Original-Adobe-Illustrator-Übungsdatei in der Originalansicht, die dem Programm beiliegt. Die Überblendungen sind stufenlos und verleihen der Illustration einen qualitativ hochwertigen Ausdruck. Auch Muster und Verläufe sind vollständig zu sehen und gestalten die Illustration plastisch.

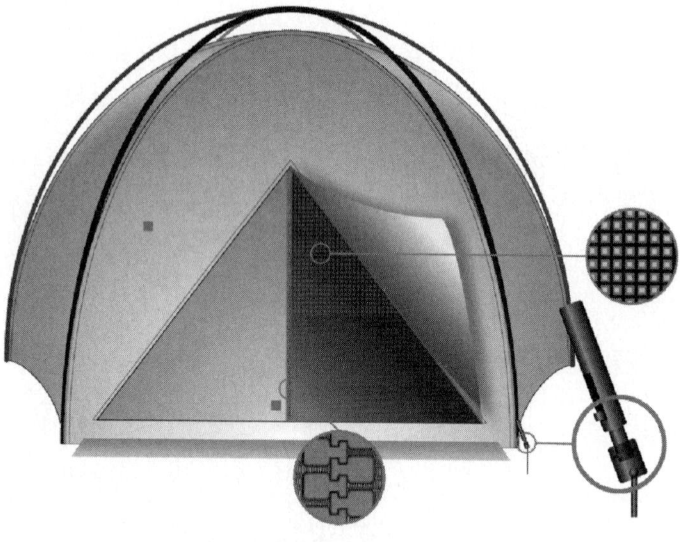

artwork created with Adobe® Illustrator®

Ein Startdokument erstellen

Viele der gerade besprochenen Möglichkeiten zum Gestalten einer Illustration und dem effizienten Umgang mit dem Programm können in einem Startdokument voreingestellt werden. Das Startdokument ist zuständig

Die gleiche Datei wie gegenüber in der **Pfadansicht**. Überblendungen und Füllungen sind verschwunden. Von Pfadobjekten wie Rechteck oder Ellipse bleibt nur eine schwarze Kontur mit Mittelpunktskreuz übrig. Stile, Verläufe und Muster sind verschwunden oder es werden davon nur Konturen gezeigt.

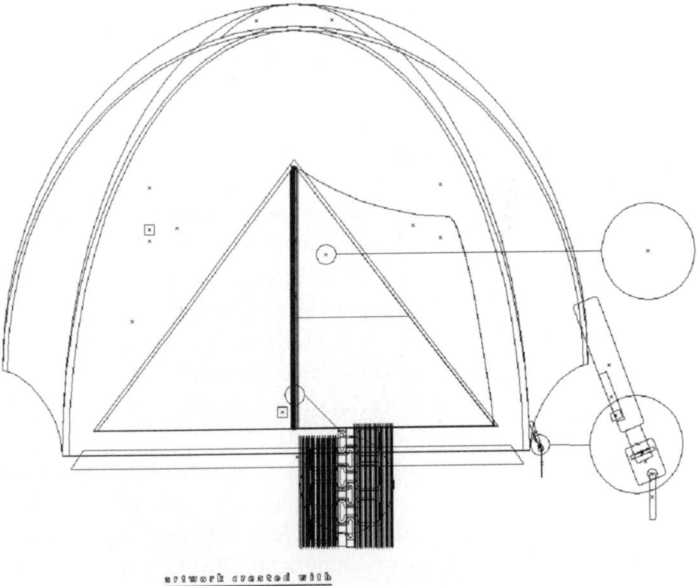

für den Spielraum, den das Programm in einem neuen Dokument zur Verfügung hat. Unter anderem regelt das Dokument den Farbmodus, die Sichtbarkeit von Paletten, das Vorhandensein von bestimmten Farben, Mustern und so weiter. Adobe Illustrator stellt zwei prinzipiell unterschiedliche Startdokumente zur Verfügung: ein Dokument für den Printbereich mit CMYK-Farben und ein Dokument für den Screenbereich mit entsprechenden RGB-Farben. Wenn ein neues Dokument erstellt wird, hat man die Wahl zwischen diesen beiden Farbmodi. Verändert man nun die beiden Startdokumente, so greift Adobe Illustrator trotzdem auf diese zurück. Folglich können alle Inhalte dieser Startdokumente verändert werden. Was nicht funktioniert, ist das Platzieren von Objekten. Illustrator akzeptiert keine Objekte in einem Startdokument. Weder Pfade noch Bilder. Pfade können im Startdokument nur als Träger von Attributinformationen benutzt werden.
Um ein neues Startdokument zu erstellen, gehen Sie wie folgt vor:

- Erstellen Sie sich einen Sicherheitsordner in oberster Hierarchie des Programmordners und kopieren Sie sich die original Startdokumente in diesen Ordner. Das dient der Sicherheit. Falls mit den von Ihnen geänderten Dokumenten etwas nicht stimmt, kann auf die Originale zurückgegriffen werden.
- Öffnen Sie dann die original Startdokumente. Diese Startdokumente enthalten Farbflächen mit den Standardfarben und Mustern. Löschen Sie alle Farben, die Sie nicht benötigen. Fügen Sie danach alle Farben, die Sie zusätzlich zur Verfügung haben möchten, der Farbpalette hinzu.

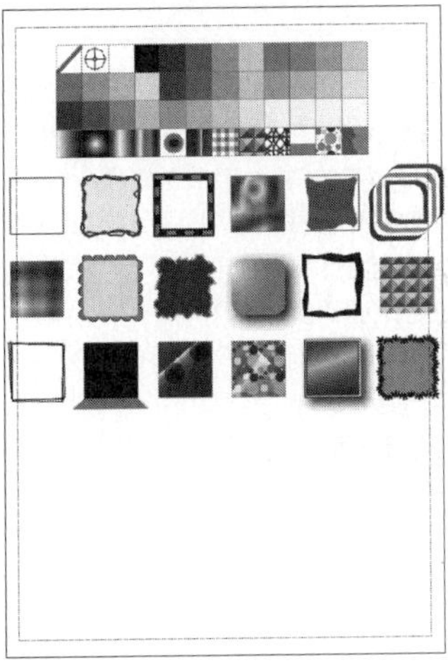

Original CMYK-Startdokument

Genauso müssen Sie auch mit Pinseln, Mustern, Verläufen und Symbolen verfahren. Sie können hierfür auf die von Adobe Illustrator bereitgestellten Bestände zugreifen oder eigene Attribute erstellen.

Verändertes CMYK-Startdokument

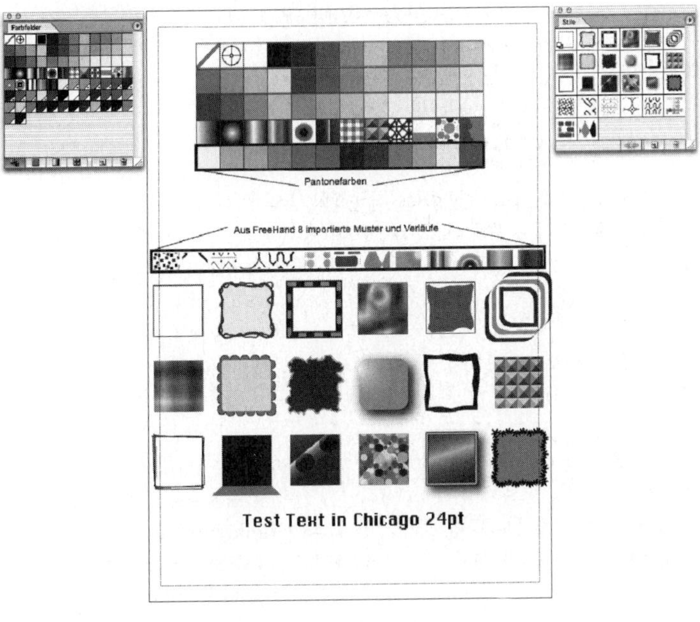

- Wählen Sie in den Dialogfeldern **Dokumentformat...** und **Papierformat...** die Optionen aus, die standardmäßig aktiviert sein sollen. Das können zum Beispiel Papiergrößen und -ausrichtungen oder die PostScript-Optionen sein, die Sie im entsprechenden PopUp-Menü aktivieren oder deaktivieren können. Im Menü **Ansicht** können ebenfalls einige Optionen voreingestellt werden. Dazu gehören zum Beispiel die Sichtbarkeit von Druck- und Seitenbereich sowie der Hilfslinien, Raster und Lineale, Punkt- und Pixel-Magnetismus (all diese Voreinstellungen ermöglichen im Endeffekt ein unproblematisches Arbeiten mit Adobe Illustrator).

Beliebige Standard-Dokumente

Sollen Standard-Dokumente erstellt werden, die unabhängig vom Illustrator-Startdokument nutzbar sein sollen, steht nur eine Möglichkeit zur Auswahl. Man erstellt sich ein neues Dokument und richtet es so ein, wie man es für den einen bestimmten Zweck benötigt. Anschließend speichert man es in einem zuvor erstellten Ordner unter einem sinnvollen Namen ab. Auf diese Weise können für unterschiedlichste Anforderungen Standard-Dokumente erstellt werden. Für Plakate unterschiedlicher Größe ebenso wie für kleine Broschüren oder Flyer. Auch Internet-Layouts gehören natürlich zu den möglichen einzurichtenden Dokumenten.

Der Druckbereich

Der Druckbereich ist der Bereich eines Dokumentes, der auf einem Ausgabegerät in Abhängigkeit von dessen Möglichkeiten tatsächlich gedruckt werden kann. Office-Drucker, ob Laser oder Tintenstrahl, können ein Blatt im Allgemeinen nicht randlos bedrucken. Der nicht druckbare Rand heißt Druckrand, der zu bedruckende Bereich Druckbereich. Mittlerweile gibt es Drucker, die randlos drucken können; Standard ist das aber nicht. Belichter und Druckmaschinen können in Bezug auf Standardformate wie DIN A4, DIN A3 und so weiter randlos drucken. Bei Belichtern hängt das sicherlich damit zusammen, dass die verwendeten Folien sehr viel größer sind als diese Standardforma-

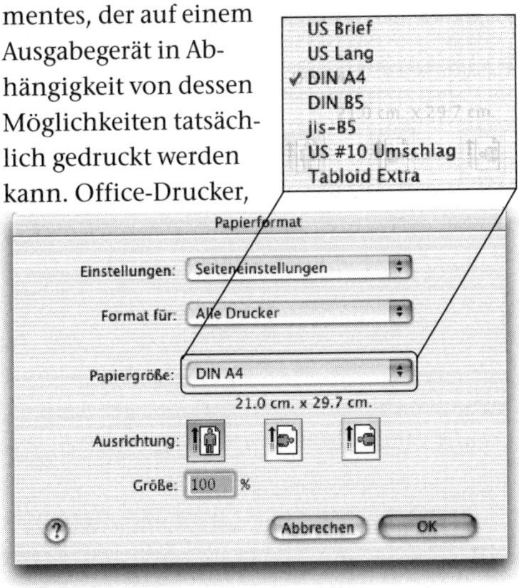

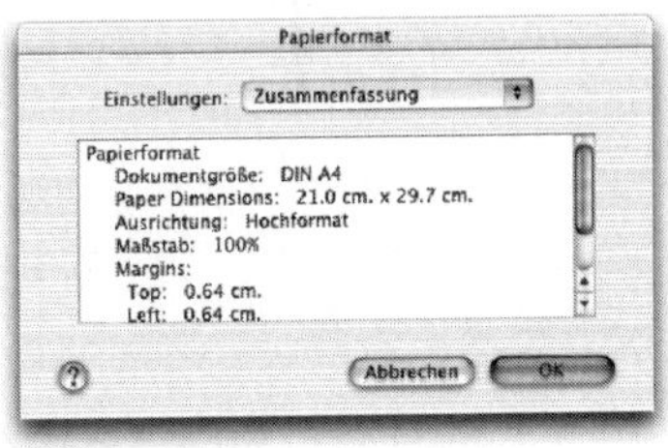

Die Ränder im Papierformat-Dialog eines PostScript-fähigen Druckers geben an, wie groß der nicht druckbare Bereich des ausgewählten Druckers ist. In das gezeigte Papiergrößenfenster gelangt man, wenn im PopUp-Menü **Einstellungen** der Bereich **Zusammenfassung** ausgewählt wird.
Die Screenshots zeigen das Dialogfeld Papierformat, wie es sich unter Mac OS X darstellt. Auf Seite 452 hingegen wird das unter Mac OS 9 zu benutzende Dialogfeld abgebildet.

PostScript RIP

RIP steht für **R**aster **I**mage **P**rocessor. Das ist ein Mikroprozessor, der dafür zuständig ist, dass die PostScript-Befehle, die von einem Programm an den Drucker geschickt werden, in Rasterpunkte umgesetzt werden, die dann auf einem eingelegten Material wiedergegeben werden. Der RIP-Prozessor wird auch als PostScript-Interpreter bezeichnet.

te. Druckmaschinen ihrerseits werden mit Druckplatten bestückt, die anhand belichteter Filme erzeugt werden. Somit muss man sich als Programm-Anwender, der auf einem Office-Drucker druckt, eher mit der Situation abfinden, dass die bis zum Papierrand erzeugten Daten für das Druckerzeugnis zu groß sind. Adobe Illustrator kann diese Situation auf der Dokumentseite anzeigen. Im Dialogfeld **Dokumentformat...** kann mit drei Optionen diese Unzulänglichkeit der Ausgabegeräte ausgeglichen beziehungsweise zum Vorteil genutzt werden. Die Optionen heißen **Fläche besteht aus 1 Einzelseite, Fläche besteht aus ganzen Seiten** und **Fläche besteht aus Druckbereichen.** Die Optionen bedeuten im Einzelnen:

Fläche besteht aus 1 Einzelseite

- **Fläche besteht aus 1 Einzelseite** erzeugt auf der Dokumentseite eine gestrichelte Linie, die so groß ist wie die im **Papier-**

format... eingestellte Seite abzüglich Druckrand.
Der Druckbereich kann anschließend mit dem **Seitenpositionierer-Werkzeug** neu platziert werden. Das macht Sinn, wenn man nur einen kleinen Teil der Seite ausdrucken möchte, zum Beispiel zum Überprüfen der Pfadgenauigkeit. Mit dem Werkzeug wird dabei die Stelle angeklickt, an der später im Ausdruck die untere linke Ecke sein soll.

- **Fläche besteht aus ganzen Seiten** erzeugt auf der Dokumentseite mehrere Einzelseitenbereiche, die die Größe des Papierformates besitzen und durch eine gestrichelte Linie angedeutet werden. Die Bereiche werden jeweils mit einer Seitenzahl

Fläche besteht aus ganzen Seiten

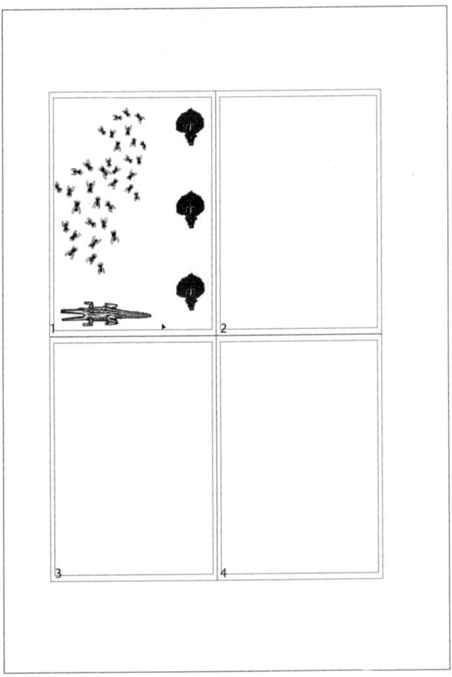

Tipp Soll ein Multiblattausdruck erfolgen, zum Beispiel bei einem Plakatdruck, ist es sinnvoll, mit eingestellten Druckzeichen zu drucken. Das Anpassen der einzelnen Seiten gelingt dann besser, da die Seitenbegrenzungen besser zu erkennen sind.

versehen. Dies stellt eine der beiden Möglichkeiten dar, mit denen man in einem Illustrator-Dokument mit mehreren Seiten arbeiten kann. Auch hier wird das **Seitenpositionierer-Werkzeug** benötigt, um die Seitenbereiche anzuordnen. Diese Option macht nur Sinn, wenn das Dokumentformat größer als das Papierformat ist. Im Dialogfeld *Ablage ➛ Drucken...* können die einzelnen Bereiche dann über die Benennung der Seitenzahlen angesprochen werden.

Fläche besteht aus Druckbereichen

- **Fläche besteht aus Druckbereichen** erzeugt ähnlich der Option **Fläche besteht aus ganzen Seiten** auf der Dokumentseite mehrere Einzelseiten, wobei die Aufteilungen so groß sind wie die tatsächlich druckbare Fläche des Papierformates, also Papiergröße abzüglich Druckrand.

Tipp Soll ein Multiblattausdruck erfolgen, zum Beispiel bei einem Plakatdruck, ist es sinnvoll, mit eingestellten Druckzeichen zu drucken. Das Anpassen der einzelnen Seiten gelingt dann besser, da die Seitenbegrenzungen besser zu erkennen sind.

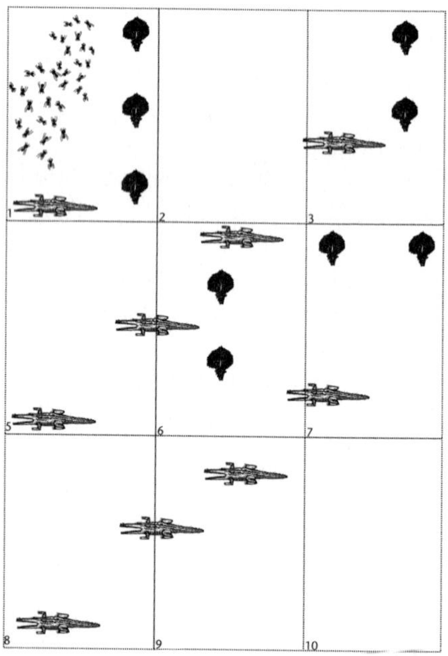

Illustrationen sichern

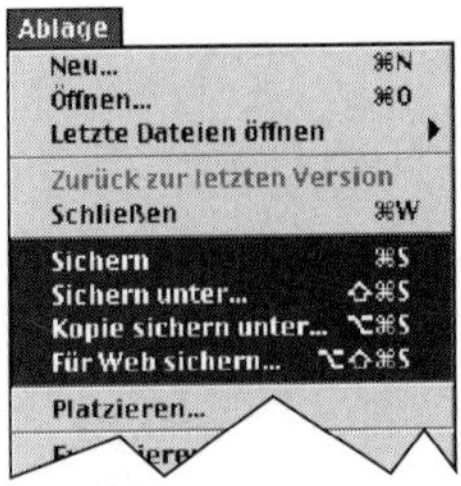

Der Befehl **Für Web sichern** wird im Kapitel Exportieren ab Seite 444ff erklärt.

Wird eine neue Datei (Illustration) in Adobe Illustrator angelegt (*Ablage* ➛ *Neu*), steht in der Titelleiste zunächst *Unbenannt-n*. Jede neue Illustration, die während einer Arbeitssitzung erstellt wird, bekommt eine fortlaufende Nummer (*Unbenannt-1, -2, -3* usw.). Solange die Datei nicht gespeichert wird, hat sie weder einen Namen noch einen Platz auf einem Speichermedium (zum Beispiel Festplatte oder Diskette). Die unbenannte Datei existiert nur im Arbeitsspeicher, auch RAM genannt. Da RAM ein temporär eingerichteter Speicherbereich ist, können dort keine Daten gesichert werden.

Der Befehl *Ablage* ➛ *Sichern unter...* oder ⇧ ⌘S könnte auch heißen *Sichern unter dem Namen...*

Sobald eine Illustration einen Namen hat, sollte sie so oft als möglich durch den Befehl ⌘S zwischengesichert werden.

In dem sich öffnenden Dialog sucht man zuerst den richtigen Ordner – er muss in dem Feld ganz oben stehen – und vergibt dann den Namen. Wird der Name *Unbenannt-1* beibehalten, läuft man sehr schnell Gefahr, diese Illustration durch eine alte, während einer anderen Arbeitssitzung erstellte zu überschreiben. Der Begriff „Überschreiben" bedeutet in der Computersprache immer, etwas Altes durch etwas Neues zu ersetzen.

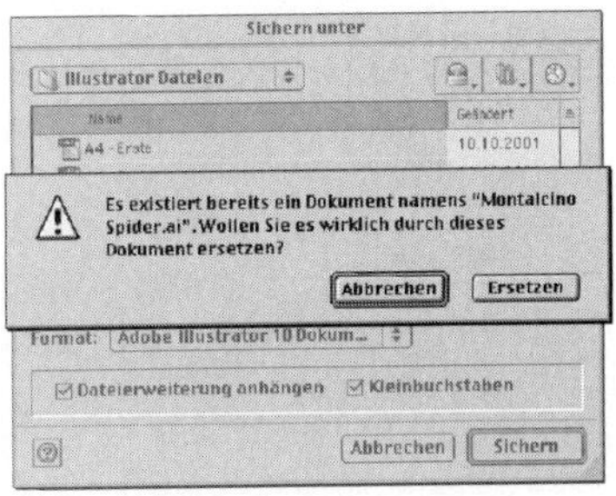

In einem Ordner können niemals zwei Dateien gleichen Namens sein. Vergibt man einen

Namen, der schon existiert, erfolgt nach dem Bestätigen mit **Sichern** eine Nachfragemeldung.

Wird die Frage mit **Ersetzen** beantwortet, wird die alte Fassung durch den aktuellen Stand ersetzt; antwortet man mit **Abbrechen**, erwartet der Rechner entweder einen anderen Namen oder einen anderen Ordner.

Wenn das Dokument das erste Mal gespeichert wird, ist neben der sinnvollen Benennung auch das richtige Dateiformat wichtig. Unterhalb der Eingabezeile des Dialogfeldes befindet sich ein PopUp-Menü mit der Bezeichnung Format.

Soll es sich um ein Standard-Adobe-Illustrator-Dokument handeln, ist hier natürlich **Adobe Illustrator 10 Dokument** einzustellen.

Soll das Dokument programmübergreifend genutzt werden, stehen hier weitere Adobe-Dateiformate zur Verfügung, die jedoch erst im Kapitel "Import/Export" ab Seite 429ff. erklärt werden.

Verlässt man den Dialog mit **Sichern**, verzweigt Illustrator automatisch in einen zweiten Dialog, in dem formatabhängige Optionen aktiviert oder deaktiviert werden können.

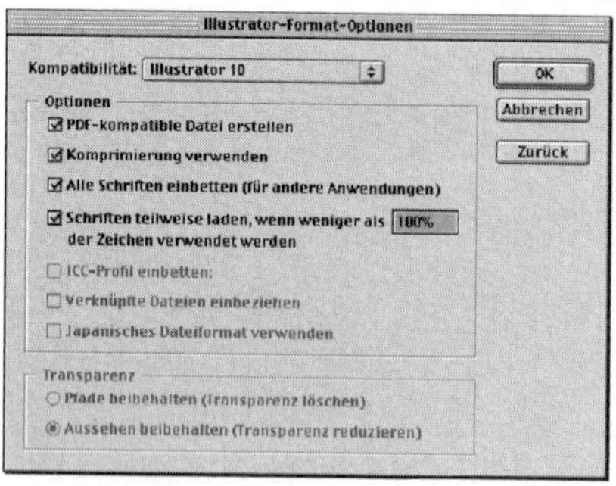

Viele der Optionen sind nur anwendbar, wenn bestimmte Voraussetzungen erfüllt sind. Auch lassen sich nicht alle Möglichkeiten des Programms nutzen, wenn in einem anderen Format als Adobe Illustrator 10 gespeichert wird. Sollen spezielle Effekte, Transparenzen usw. abgespeichert werden, muss das aktuelle Adobe-Illustrator-Format gewählt werden. Soll das Dokument in einer niedrigeren Programmversion weiterbearbeitet werden, ist ein anderes Dateiformat aus der Liste auszuwählen. Dabei kann es jedoch zu unerwünschten Reduzierungen kommen.

Kompatiblität

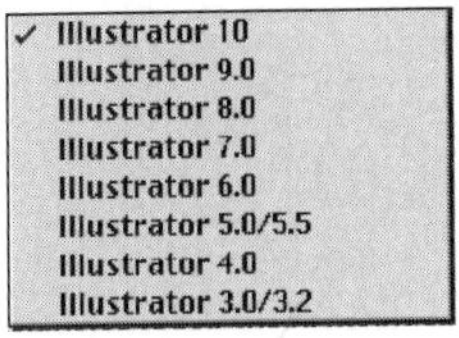

Optionen

PDF-kompatible Datei erstellen

- Es wird in der Datei eine PDF-Version des Dokumentes mitgespeichert. Diese Option steht nur für das Adobe-Illustrator-10-Format zur Verfügung.

Komprimierung verwenden

- Ist die Option **PDF-kompatible Datei erstellen** eingeschaltet, können die PDF-Daten im Dokument komprimiert werden. Diese Option steht nur für das Adobe-Illustrator-10-Format zur Verfügung.

Alle Schriften einbetten (für andere Anwendungen)

- Es werden alle Schriften, die im Dokument benutzt werden, mit in das Dokument aufgenommen. Hiermit wird gewährleistet, dass das Dokument auch auf einem anderen Rechnersystem bearbeitet und gedruckt werden kann.

Schriften teilweise laden, wenn weniger als 100 % der Zeichen verwendet wird

- Hiermit wird festgelegt, ab welcher Anzahl von Zeichen einer Schrift diese in das Dokument eingebettet werden soll. Bei einer geringen Anzahl von Schriftzeichen ist es nicht unbedingt ratsam, die Schrift einzubetten, da damit die Dateigröße unverhältnismäßig in die Höhe schnellen würde.

ICC-Profil einbettten

- In das Dokument wird das vom Programm benutzte Farbprofil mit aufgenommen. Siehe Kapitel Rahmenbedingungen auf Seite 47ff.

Verknüpfte Dateien einbeziehen

- Mit dem Dokument verknüpfte Bilddaten werden in das Dokument eingebettet.

Japanisches Dateiformat verwenden

- Das Dokument wird als japanische Sprachversion, die mit den Illustrator-Versionen 3, 4, oder 5 kompatibel sind, gespeichert. Diese Option ist für spätere Adobe Illustrator-Versionen nicht verfügbar.

Transparenz

Hier wird festgelegt, was mit transparenten Objekten geschehen soll, wenn in einem Dateiformat vor Adobe Illustrator 9.0 gespeichert werden soll.

Pfade beibehalten (Transparenz löschen)

- Diese Option löscht die Transparenz der Objekte. Die Deckkraft der Objekte wird auf 100 % zurückgesetzt.

Aussehen beibehalten (Transparenz reduzieren)

- Das Aussehen wird durch Reduzieren der transparenten Bereiche beibehalten. Enthält das Dokument komplexe überlappende Bereiche und benötigen Sie eine hoch auflösende Ausgabe, sollten Sie zuvor die Einstellungen für Pixel-Bildumwandlungen festlegen.

Eine Illustration kopieren

Will man eine Kopie einer Illustration erstellen, die sich im gleichen Ordner befinden soll wie das Original, wird zuerst die Original-Illustration gespeichert oder mit ⌘S zwischengesichert. Wird diese dann unter einem anderen Namen gespeichert, bleibt der „alte" Zustand unter dem ersten Namen erhalten, und an der neu benannten kann weitergearbeitet werden. Das ist sehr nützlich, wenn man zum Beispiel verschiedene Varianten eines Entwurfs erstellen möchte.

Ablage ➛ *Sichern* (⌘S) schickt den neuesten Stand zur Platte, und dieser ist bei Bedarf mit dem Befehl *Datei* ➛ *Wiederherstellen* wieder abrufbar.

Zwischensichern

Es ist durchaus sinnvoll, eine Datei, nachdem sie erstellt wurde, sogleich zu sichern. Sobald sie einen Namen hat, kann sie jederzeit zwischengesichert werden, das heißt, der aktuelle Stand wird jeweils an die Platte geschickt und ist im Falle eines Absturzes in Sicherheit.

Oft zwischensichern!

Grundsätzlich sollte das Zwischensichern mit der bequemen und in allen Macintosh- und Windows-Programmen gleichen Tastenkombination (⌘S) zu einer lieben und ständigen Gewohnheit werden (ruhig alle fünf Minuten, während man nachdenkt, einen Kaffee holt, zum Telefon greift ...).

Trotzdem muss fast jeder Lehrgeld bezahlen, weil der Rechner möglicherweise nach drei Stunden abstürzt, ohne dass man zwischengesichert hat, während die Druckerei doch schon längst auf die Filme wartet.

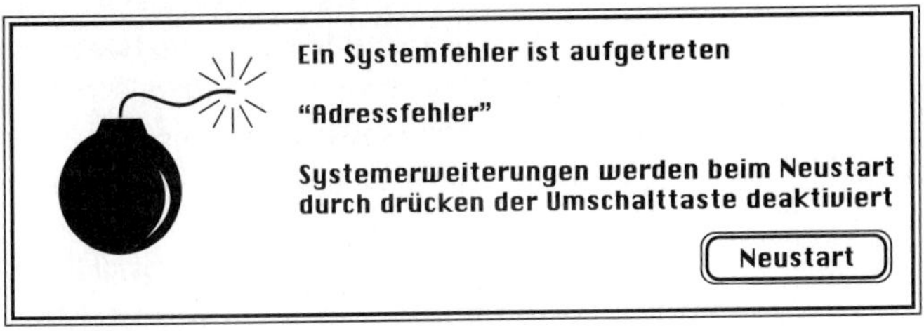

Zurück zur letzten Version

Das Zwischensichern kann auch bewusst als Arbeitsmittel eingesetzt werden, da der Befehl *Ablage ➛ Zurück zur letzten Version* es erlaubt, auf den letzten gesicherten Stand, also den beim letzten ⌘S-Vorgang, zurückzugreifen.

Dieses Vorgehen ermöglicht es, Dinge auszuprobieren, die die Illustration grundlegend verändern könnten, mit der Sicherheit, auf den zuletzt gespeicherten Zustand zurückgreifen zu können.

Arbeitsschritte rückgängig machen (⌘Z)

Der Befehl *Bearbeiten ➛ Widerrufen:* „Vorgang" oder ⌘Z macht den letzten Arbeitsschritt rückgängig (auch das Verschieben von Hilfslinien gehört dazu). Es kann die Anzahl von Schritten widerrufen werden, die im Dialog *Bearbeiten ➛ Voreinstellungen ➛ Einheiten und Widerrufen...* eingetragen wurde. Zwar sind bis zu 200 Schritte möglich, eine so hohe Anzahl ist jedoch nicht sinnvoll, da das den Arbeitsspeicher enorm belasten würde.

Der Befehl *Bearbeiten ➛ Wiederherstellen:* „Vorgang" oder ⇧⌘Z annulliert den letzten Rückschritt.

Illustrationen als EPS sichern

Sollen Dokumente programmübergreifend genutzt werden, also zum Beispiel als Grafik in einem Layout-Programm wie Adobe InDesign oder QuarkXPress eingesetzt werden, benötigt man Dateiformen, die auch in diesen Programmen verwendet werden können bzw. die diese Programme interpretieren können. Ein im Printbereich übliches Dateiformat stellt das **EPS-F** (Encapsulated-PostScript-Format) dar. Mit diesem Format lassen sich alle üblichen Grafikinformationen an Layout-Programme übergeben. Dateiänderungen können in den Zielprogrammen jedoch nicht vorgenommen werden. Hierzu muss das Dokument noch einmal in Adobe Illustrator geöffnet werden. Um eine Illustration als **EPS-F** zu speichern, muss im **Sichern unter...**-Dialog das Format **Illustrator EPS (EPS)** ausgewählt werden. Nach dem Bestätigen durch die Schaltfläche **Sichern** wird man auch hier, ähnlich dem normalen Sichern des Dokuments, in ein Dialogfeld mit Optionen geführt. Auch hier gibt es einige Optionen zu beachten , da davon ausgegangen werden muss, dass beim Datenaustausch Unzulänglichkeiten auftauchen.

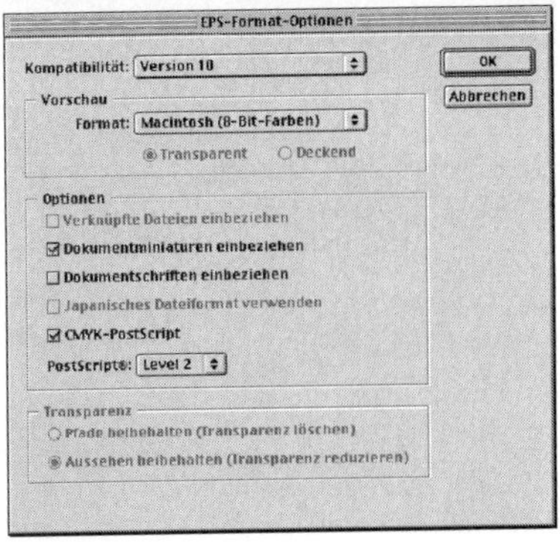

Das Format der Vorschau ist sehr wichtig, wenn man sicherstellen möchte, dass zum Beispiel auch transparente Bereiche am Monitor korrekt dargestellt werden sollen.

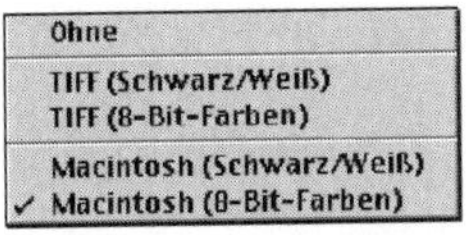

- Von der Einstellung **Ohne** ist auf jeden Fall abzuraten, da man sonst am Monitor keine Bilddarstellung bekommt.
- Die Formate TIFF und Macintosh können jeweils eine **Schwarz/Weiß**- oder **8-Bit-Farbdarstellung** generieren. Die **Macintosh-Vorschau** kann auf einem Macintosh-Computer transparente Bereiche darstellen. Sie ist aber auf einem Windows-Computer nicht zu gebrauchen. Für Windows-Computer muss die **TIFF-Vorschau** benutzt werden. Leider kann sie normalerweise keine Transparenz darstellen. Erst ab dem Format **Illustrator 8.0** ist es möglich, auch einer **TIFF-Vorschau** Transparenz zuzuweisen. Ansonsten ist es deckend.

Illustrationen öffnen

Öffnen bedeutet, etwas Bestehendes in den Arbeitsspeicher zu laden, sodass es bearbeitet werden kann.

Eine Datei kann immer nur dann geöffnet werden, wenn das Programm, in dem sie erstellt wurde, aktiv ist.

Alternativ zum Öffnen aus dem Menü *Ablage ➛ Öffnen* oder ⌘O kann auch ein Doppelklick auf ein vorhandenes Dokument ausgeführt werden. Durch einen Doppelklick auf das Symbol einer Adobe-Illustrator-Illustration auf der Schreibtischebene wird zuerst das Programm gestartet und danach die Illustration geöffnet. Vorausgesetzt, das Programm ist überhaupt auf dem Rechnersystem installiert.

Illustrationen schließen

Eine Illustration schließen

Das Schließen von Dateien und Programmen bedeutet, dass sie aus dem Arbeitsspeicher gelöscht werden und ihre Daten nur noch auf einem Speichermedium „ruhen".

Wie jedes Fenster auf der Schreibtischebene kann das Illustrationsfenster durch Klicken auf das Schließen-Feld links oben in der Titelleiste geschlossen werden (Windows: Doppelklick oben links auf das Dateisymbol oder Schließen-Schalter rechts oben). Das **Schließen** des Fensters schließt auch die Illustration. Der Befehl *Ablage ➛ Schließen* oder ⌘W (Windows: *Datei ➛ Schließen* oder Strg W) bewirkt dasselbe.

Ist vor dem Schließen nicht gesichert worden, erscheint eine Warnmeldung:
Die Option **Sichern** speichert die Illustration und schließt danach das Dateifenster; die Antwort **Nicht sichern** bewirkt, dass die Illustration in der Fassung geschlossen wird, die sie beim letzten Speichern hatte; **Abbrechen** annulliert den Vorgang des Schließens.

Das Programm beenden

Mac Mac OS X

Das Programm kann durch den Befehl *Ablage ➛ Beenden* (Mac OS X *Illustrator ➛ Beenden)* oder ⌘Q (Windows: *Datei ➛ Beenden* oder Strg Q) beendet werden, auch wenn Illustrationen geöffnet sind. Die geöffneten Illustrationen werden sofort geschlossen, oder falls der letzte Stand noch nicht gesichert ist, erscheint die zuvor besprochene Warnung. Man hat mit **Sichern** die Gelegenheit, alle geöffneten Illustrationen zu sichern.

Rahmenbedingungen

Voreinstellungen

Neben den im Dialogfeld **Dokumentformat...** einzustellenden Umgebungsparametern des Dokumentes können für die Programmumgebung noch diverse andere Voreinstellungen vorgenommen werden. Wählt man im Menü *Bearbeiten ➛ Voreinstellungen* an, kann man im aufspringenden Untermenü wählen, welche Einstellungen zuerst verändert werden sollen (die Kategorie **Allgemeine...** kann auch mit dem Tastenkürzel ⌘K aufgerufen werden). Im anschließend aufspringenden Dialogfeld sind auch die weiteren Kategorien über ein PopUp-Menü auswählbar. Folgende Kategorien stehen zur Auswahl:

Unter **Mac OS X** findet man die Einstellungsbefehle unter *Illustrator ➛ Einstellungen...*

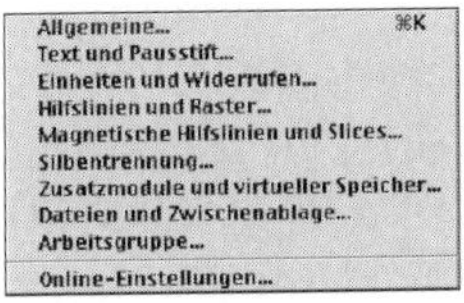

Allgemeine

In dieser Kategorie befinden sich alle grundlegenden Rahmenparameter.

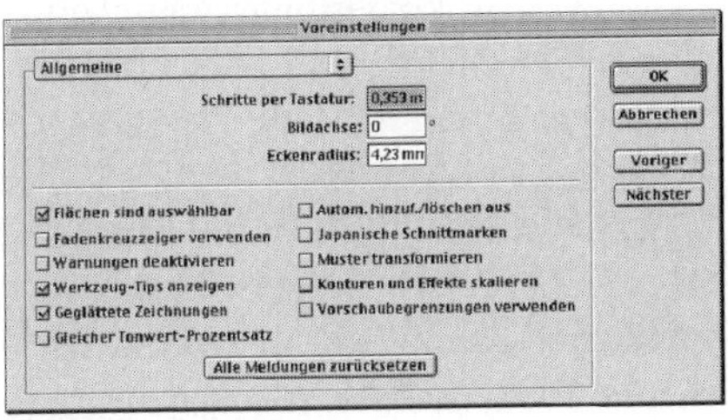

Alle Meldungen zurücksetzen ■ Die Schaltfläche setzt alle Voreinstellungen auf die Standardwerte zurück.

Schritte per Tastatur ■ Bei Verwendung der Cursortasten bewegen sich die ausgewählten Objekte um die eingestellten Werte. Voreinstellung ist 1pt (1/72 Inch oder 0,353 mm).

Bildachse ■ Der Wert stellt die Lage der X-Achse dar. Wird der Standardwert 0° verändert, werden alle neuen Objekte in der neu angegebenen Winkelrichtung erstellt. Auch beim Ziehen und Verschieben von Objekten mit gedrückter [⇧]-Taste bestimmt der Winkel die Richtung.

Eckenradius ■ Rechtecke werden normalerweise mit spitzen Ecken erstellt. Die Variante „Rechteck mit abgerundeten Ecken" besitzt als Voreinstellung für die Eckenrundung den hier angegebenen Wert.

Flächen sind auswählbar ■ Pfade besitzen, wenn sie erstellt werden, eventuell eine Kontur und eine Flächen-Information. Ist diese Option ausgeschaltet, können Pfade mit einem Auswahl-Werkzeug nur an der Konturlinie markiert werden, nicht aber an ihrer Fläche.

Fadenkreuzzeiger verwenden ■ Manche Werkzeuge besitzen in Illustrator ein Arbeitssymbol. Meist ist es das Symbol des Werkzeugs, wie es in der **Werkzeug-Palette** dargestellt wird. Wird die Option aktiviert, werden diese Werkzeuge nur noch anhand einer diagonalen Kreuzmarke dargestellt. Sowohl im aktivierten als auch im deaktivierten Zustand kann man zur jeweils entgegengesetzten Darstellungsform gelangen, wenn die CapsLock-Taste ([⇪]-Taste) gedrückt wird.

! CapsLock-Taste schaltet um.

Warnungen deaktivieren ■ Einige Befehlsstrukturen werden von Warnmeldungen begleitet, um den Anwender auf besondere Umstände hinzuweisen. Die Checkbox deaktiviert diese.

- **QuickInfo anzeigen** – Kommt man mit der Maus auf ein Werkzeugsymbol und verweilt dort einen Augenblick, wird der Name des Werkzeugs angezeigt. Auf die Namen oder Zusammensetzungen der Farbfelder bezieht sich das ebenfalls.
- **Geglättetes Bildmaterial** – Illustrator kann bei eingeschalteter Option einen Antialiasing-Effekt auf Konturkanten anwenden, um einem Treppeneffekt entgegenzuwirken.
- **Gleicher Tonwert-Prozentsatz** – Diese Option sollte ausgeschaltet werden, wenn Objekte mit den Befehlen *Auswahl* ➛ *Gleich* ➛ *Fläche und Kontur/ Flächenfarbe/ Konturfarbe* ausgewählt werden sollen, deren Farben Tonwerte globaler Farben darstellen.
- **Automatisch hinzuf./ löschen aus** – Das Stift-Werkzeug erkennt bei eingeschalteter Option automatisch, ob die Werkzeugspitze bei einem Pfad auf einem Pfadpunkt oder Pfadsegment platziert ist. Bei einem unter der Werkzeugspitze befindlichen Punkt wird das Stift-Werkzeug mit Minussymbol angezeigt. Klickt man nun mit dem Werkzeug auf den Punkt, wird er gelöscht. Befindet sich das Werkzeug auf einem Pfadsegment, wird das Stift-Werkzeug mit dem Plussymbol angezeigt. Klickt man mit dem Werkzeug auf den Pfad, wird ein neuer Pfadpunkt in den Pfad eingefügt. Bei ausgeschalteter Option muss das entsprechende Werkzeug in der Werkzeugpalette ausgewählt werden.
- **Japanische Schnittmarken** – Die Befehle *Objekt* ➛ *Schnittmarken* ➛ *Erstellen* und der Filter **Schnittmarken erstellen** erzeugen normalerweise die im europäischen und amerikanischen Sprachraum gültigen Schnittmarken, die mit einem kleinen Versatz um das ausgewählte

Objekt angeordnet werden. Japanische Schnittmarken weichen von der europäischen/amerikanischen Norm ab. Statt an jeder Ecke des Objektes zwei Schnittmarken zu platzieren, eine für die horizontale und eine für die vertikale Lage, werden bei der Einstellung **Japanische Schnittmarken verwenden** vier Schnittmarken erzeugt.

Europäische Schnittmarken　　Japanische Schnittmarken

Muster transformieren

Sollen Objekte transformiert werden (Verschieben, Skalieren, Drehen, Verbiegen und Spiegeln), kann die Option **Muster** im Dialogfeld der einzelnen Transformationsarten voreingestellt werden, wenn **Muster transformieren** aktiviert ist.

Konturen und Effekte skalieren

Gleiches wie gerade für Muster beschrieben gilt auch für Konturen und Effekte, jedoch nur beim Skalieren. Diese Option sorgt dafür, dass Konturen und Effekte automatisch skaliert werden, wenn das entsprechende Werkzeug oder Dialogfeld benutzt wird.

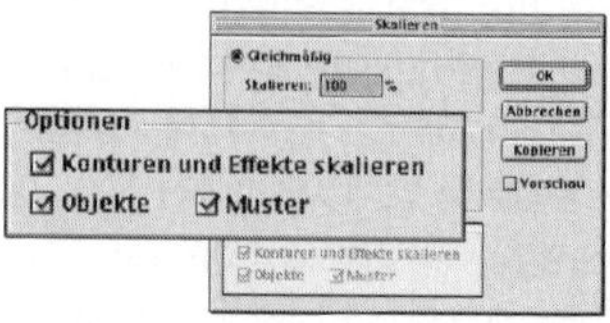

Vorschaubegrenzungen verwenden

- Um sicherzustellen, dass die in der **Informationen-** und **Transformationen-Palette** eingegebenen Werte Konturstärke und Effekte berücksichtigen, sollte diese Option eingeschaltet sein.

Text und Pausstift

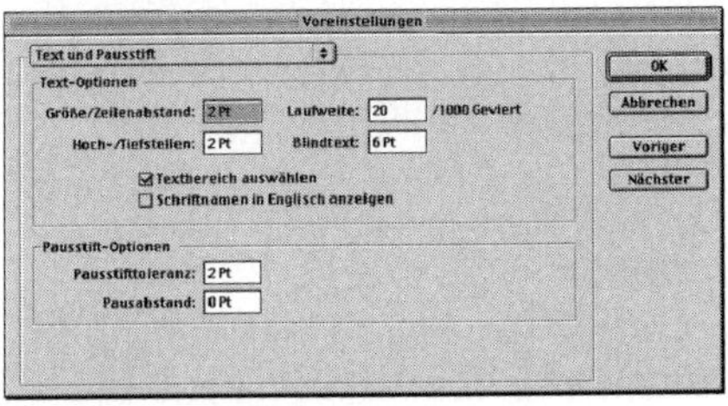

Text-Optionen

Größe/Zeilenabstand

Tastaturkürzel

Schriftgröße
[⌘]< → kleiner
[⇧][⌘]< → größer

Zeilenabstand
[⌥][⌘][↓] → kleiner
[⌥][⌘][↑] → größer

- Gibt die Schrittweite vor, um die Punktgröße und der Zeilenabstand einer markierten Textpassage mittels Tastenkombination vergrößert oder verkleinert wird. Vorgabe ist „2 Pt“. Die Tastaturkürzel für Windows sind etwas anders als am Macintosh ([Strg][↑],[Komma]→ kleiner und [Strg][↑].[Punkt]→ größer).

Hoch-/Tiefstellen

Tastaturkürzel
[⇧][⌥][↓] → Tief
[⇧][⌥][↑] → Hoch

- Gibt die Schrittweite vor, mit der der Abstand einer markierten Textpassage von der Grundlinie mittels Tastenkombination vergrößert oder verkleinert wird. Vorgabe ist „2 Pt“.

Laufweite/Kerning

Tastaturkürzel
[⌥][→] → erhöht
[⌥][←] → verringert

- Gibt die Schrittweite vor, mit der die Laufweite einer markierten Textpassage oder das Kerning zweier Zeichen mittels Tastenkombination vergrößert oder verkleinert wird. Vorgabe ist „20/1000 Geviert“.

Blindtext

- Ab einer gewissen Textgröße ist es für eine Grafikkarte sehr speicherintensiv, Text darzustellen, wobei hier Textgröße in

Bezug zur Ansichtsgröße gemeint ist. Der eingetragene Wert gibt an, ab wann Adobe Illustrator den Text dann nicht mehr als Text, sondern als **Blindtext** (graue Balken) darstellt. Diese Einstellung betrifft nur die Bildschirmdarstellung, nicht die Qualität des Ausdrucks. Voreinstellung ist „6 Pt".

Textbereich auswählen

Tipp Eingeschaltet ist die Option eine sinnvolle Voreinstellung

- Normalerweise wird ein Textbereich anhand der Grundlinien des Textes ausgewählt. Diese Ankreuzoption ermöglicht es, dass Text auch anhand des Textbehälters ausgewählt werden kann. Die Option ist standardmäßig aktiviert.

Schriftnamen in Englisch anzeigen

- Bei Verwendung von 2-Byte-Schriften (Kanjii) kann zwischen 2-Byte - und englischer Schreibweise gewählt werden. Die Option bezieht sich auf die Einträge der Schriftschnitte im Schriftmenü. Voreinstellung ist 2-Byte-Schreibweise.

Pausstift-Optionen

Pausstifttoleranz

- Linien und Formen von Bitmap-Vorlagen enthalten oft Lücken, die erst in starken Vergrößerungen erkannt werden. Die Genauigkeit, mit der solche Vorlagen abgepaust werden, wird durch diese Option geregelt. Werte, die kleiner oder gleich dem Wert sind, werden ignoriert. Standard ist „2 Pt".

Pausabstand

- Der Wert regelt, ab welchem Abstand zum abzupausenden Objekt der Pausstift reagieren soll.

Einheiten und Widerrufen

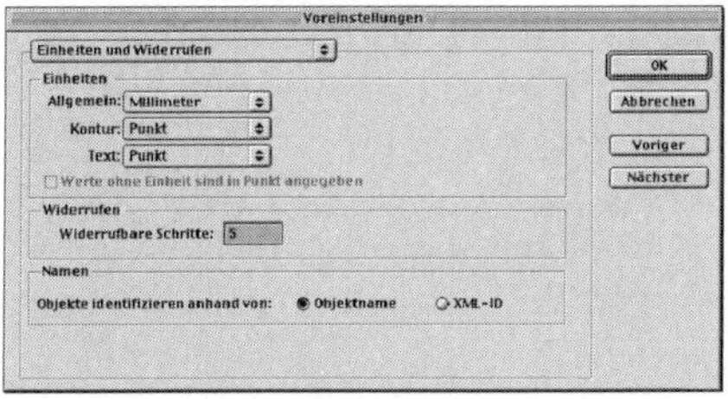

Einheiten

Allgemein

- Hier wird das prinzipielle Einheitensystem eingestellt. Es ist sowohl zuständig für die Linealeinheiten wie auch für die Transformationen. Zur Auswahl stehen:

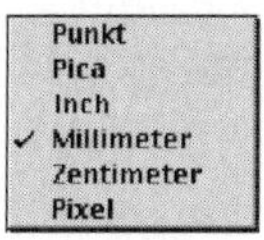

Kontur

- Diese Einstellung regelt die Standardeinstellung für die Konturstärken.

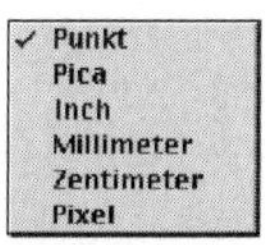

Text

- Diese Einheitensysteme sind für Textvoreinstellungen zuständig. Die Maßeinheit Q ist folgendermaßen definiert: Ein Q entspricht 0,25 mm.

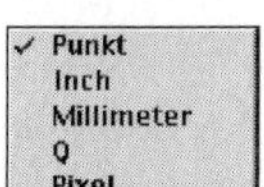

Werte ohne Einheit sind in Punkt angegeben

- Die Checkbox ist nur aktiv, wenn unter den allgemeinen Einheiten Pica ausgewählt wurde.

Will man das eingestellte Einheitensystem bei einer Eingabe umgehen, muss die entsprechende Abkürzung eingegeben werden:

für Millimeter	➛	mm
für Zentimeter	➛	cm
für Punkt (Point)	➛	pt
für Pica	➛	p oder pc
für Inch (Zoll)	➛	in
für Pixel	➛	px
für Q	➛	Q

1 Punkt = 0 Pica 1 = 0,3528 Millimeter

12 Punkt = 1 Pica 0 = 4,2333 Millimeter

Der Wert *34,5 pc* wird in der Einheit Pica *2P10,5* geschrieben (2 Pica plus 10,5 Punkt).

1 Zoll	= 72 Punkt	= 6 Pica 0	= 25,4 Millimeter
in	= 72 pt	= 6 P 0	= 25,4 mm

Widerrufen

Widerrufbare Schritte

! Nicht zu viele Arbeitsschritte eingeben.

Rückgängig
⌘Z

Wiederherstellen
⇧⌘Z

- Mit der Tastenkombination ⌘Z können Arbeitsschritte rückgängig gemacht werden. Wie viele Schritte rückgängig gemacht werden können, regelt dieser Wert. Das Maximum liegt bei 200. Zu viele Arbeitsschritte belasten jedoch den Arbeitsspeicher sehr stark.

Namen

Objekte identifizieren anhand von:

- Adobe Illustrator kann Objekte mit dynamischen Variablen, wie zum Beispiel Textstrings, verknüpften Bildern, Diagrammdaten und Sichtbarkeitseinstellungen belegen, um Vorlage-Illustrationen flexibel gestalten zu können. Die Objekte, denen solche Variablen zugeordnet werden, können von Adobe Illustrator entweder anhand ihrer **Objektnamen** oder der **XML-ID** (Verwaltungsnummer in der Variablen-Palette) identifiziert werden.

Hilfslinien & Raster

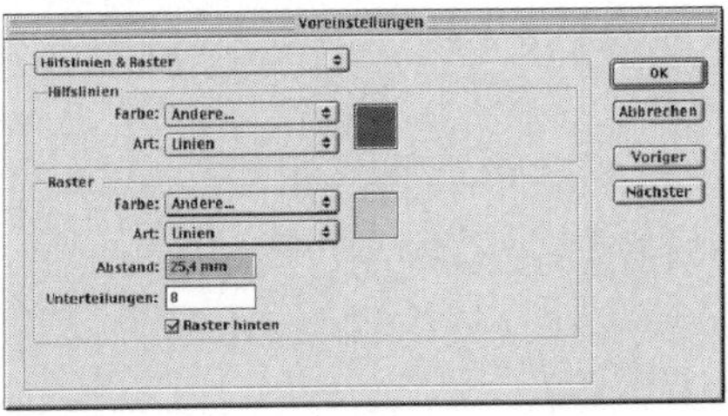

Hilfslinien

Farbe

- Die Option legt die farbige Darstellung der Hilfslinien fest. Mit dem Eintrag **Andere...** gelangt man in den Apple-Farbwähler und kann sich eine eigene Farbdarstellung anmischen. Alternativ kann auch doppelt auf das Farbfeld geklickt werden.

Tipp Wählen Sie eine Farbe, die im guten Kontrast zum Hintergrundweiß und den Objekten steht.

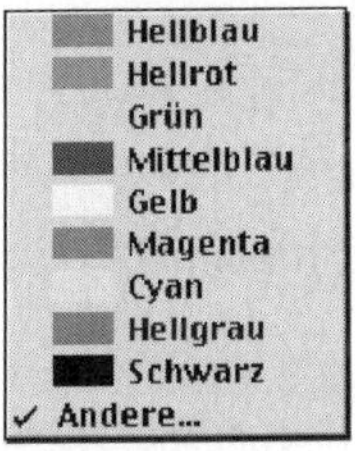

Art

- Hier kann zwischen einer durchgezogenen oder gepunkteten Linie für die Hilfsliniendarstellung gewählt werden.

Raster

Farbe

- Die Option legt die farbige Darstellung der Rasterlinien fest. Mit dem Eintrag **Andere...** gelangt man in den Apple-Farbwähler und kann sich eine eigene Farbdarstellung anmischen. Alternativ kann auch doppelt auf das Farbfeld geklickt werden.

Art

- Hier kann zwischen einer durchgezogenen oder gepunkteten Linie für die Rasterliniendarstellung gewählt werden.

Abstand

- Der Abstandswert legt fest, wie weit die einzelnen Rasterlinien voneinander entfernt sein sollen. Sinnvoll ist hier, ganzzahlige Werte zu nehmen, die sich einfach in weitere Unterteilungen splitten beziehungsweise an denen sich Objekte einfach ausrichten lassen.

Unterteilungen

- Das eingestellte Raster lässt sich mit diesem Eintragsfeld in weitere Segmente unterteilen. Wie bei dem Rasterabstand gilt auch hier ein ganzzahliger Wert als sinnvoll.

Raster hinten

- Die Checkbox legt fest, ob die Rasterlinien immer hinter Objekten angeordnet werden sollen.

Magnetische Hilfslinien und Slices

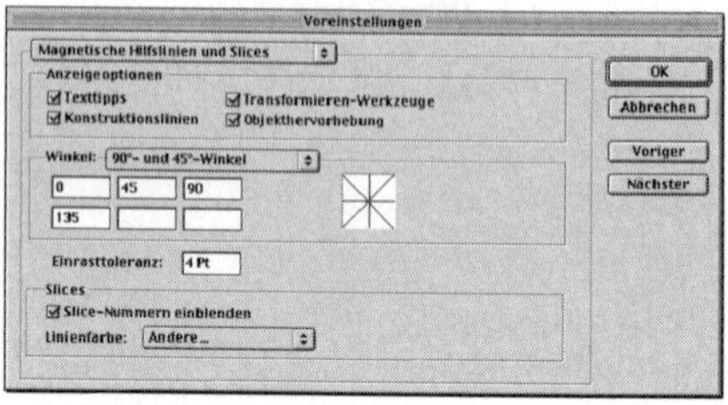

Anzeigeoptionen

Texttipps

- Die Texttipps stellen kleine Schriftfelder dar, die auftauchen, wenn man beim Verschieben oder Transformieren eine magnetische Konstruktions-Hilfslinie streift. Je nach Beschaffenheit der Konstruktionslinie wird dann ein entsprechender Hinweis gegeben.

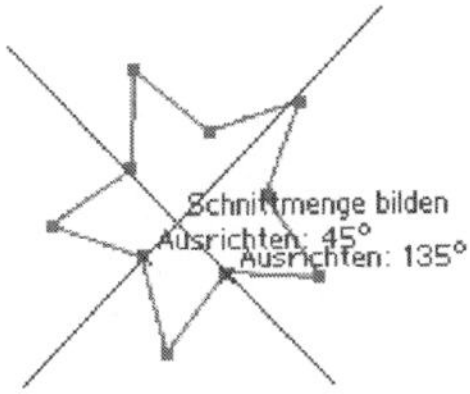

Konstruktionslinien

- Die Konstruktionslinien sind Hilfslinien, die erscheinen, wenn man in die Nähe eines existierenden Ankerpunktes kommt. Die Lage dieser Linien richtet sich nach den unter der Option **Winkel** eingestellten Richtungen.

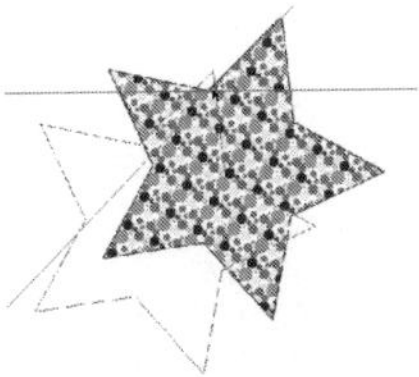

Transformations-Werkzeuge

- Ist diese Option eingeschaltet, sind die Konstruktionslinien auch bei Transformationen durch die unterschiedlichen Transformations-Werkzeuge sichtbar.

Objekthervorhebung

- Die Option hebt das Objekt unterhalb des Zeigers hervor, während der Zeiger bewegt wird.

Winkel

Winkelrichtungen

- Im PopUp-Menü können einzelne Winkelrichtungen als Vorgabe ausgewählt werden, deren Werte dann in die darunter stehenden Eingabefelder eingetragen werden. Werden eigene, beliebige Werte eingetragen, zeigt Adobe Illustrator im PopUp-Menü „**Eigene Winkel**“ an.

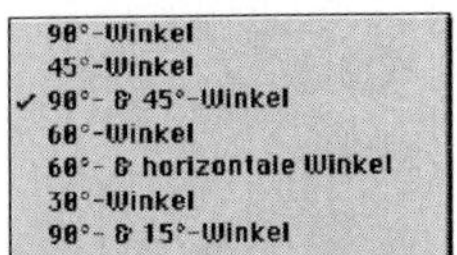

Einrasttoleranz

- Der Wert bestimmt, ab welchem Abstand der Konstruktionslinien von entsprechenden Objekten der Magnetismus wirkt.

Slice-Nummern einblenden

Zu Slices siehe auch Seite 167f

Slices

- Bildmaterialien und Objekte können in Illustrator in Slices aufgeteilt werden, um eine optimale Darstellung und Aufbereitung innerhalb einer Webpage zu gewährleisten. Die einzelnen Slices werden von Adobe Illustrator anhand einer **Slice-Nummer** gekennzeichnet.

Linienfarbe

- Zusätzlich zur Nummerierung werden die Slices mit einer im PopUp-Menü zu wählenden Farbe kenntlich gemacht.

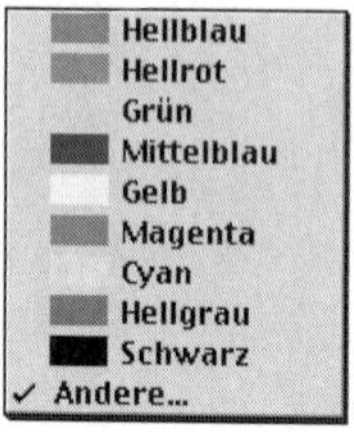

Silbentrennung

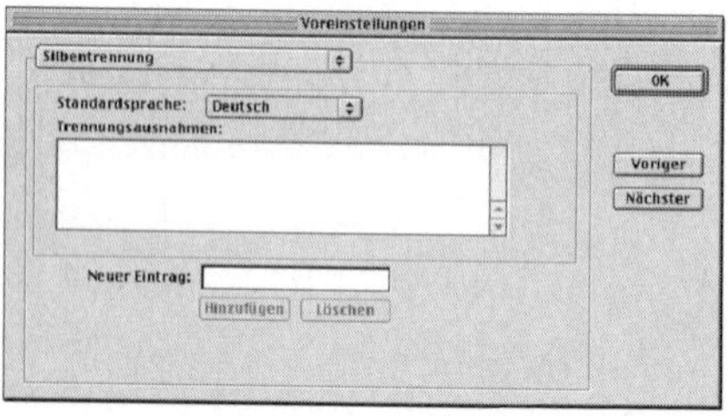

Standardsprache

- In diesem PopUp-Menü wird die Standardsprache eingestellt, die von Adobe Illustrator benutzt werden soll, wenn in der **Absatz-Palette** die Option **Auto-Silbentrennung** aktiviert wird. Zudem werden die neuen Ausnahme-Einträge in dieses Wörterbuch aufgenommen. Die Einträge werden jedoch nicht für das Dokument, sondern für das Programm gespeichert. Auf anderen Rechnersystemen wird also möglicherweise eine völlig andere Silbentrennung vorgenommen. Adobe Illustrator stellt nach der Standardinstallation einige Sprachwörterbücher zur Verfügung.

Die entsprechenden Wörterbuchdateien befinden sich im Zusatzmodule-Ordner des Programms.

Trennungsausnahmen

- In dieses Feld werden die manuell im Text ausgewählten Wörter als Trennungsausnahmen aufgenommen bzw. mit der weiter unten stehenden Schaltfläche **Löschen** aus dieser Liste entfernt.

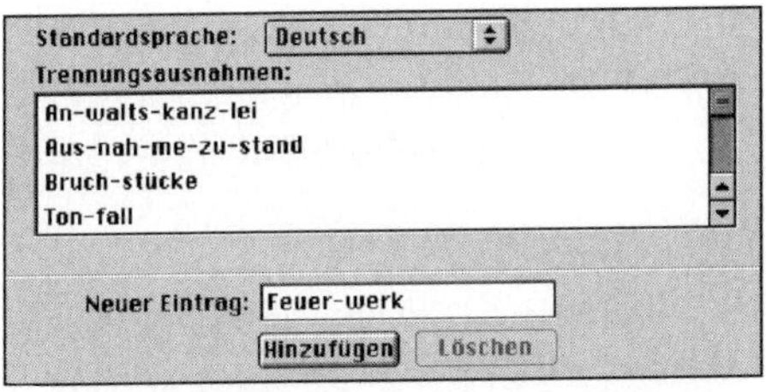

Werden die Wörter hier ohne Trennstrich aufgenommen, ignoriert Adobe Illustrator eine entsprechende Trennsituation und platziert das Wort komplett in der nächsten Zeile.

Neuer Eintrag:

- Das Eingabefeld ermöglicht das Hinzufügen von Trennausnahmen in die obere Liste. Trennstriche müssen hier, falls erwünscht, mit eingegeben werden.

Zusatzmodule & Virtueller Speicher

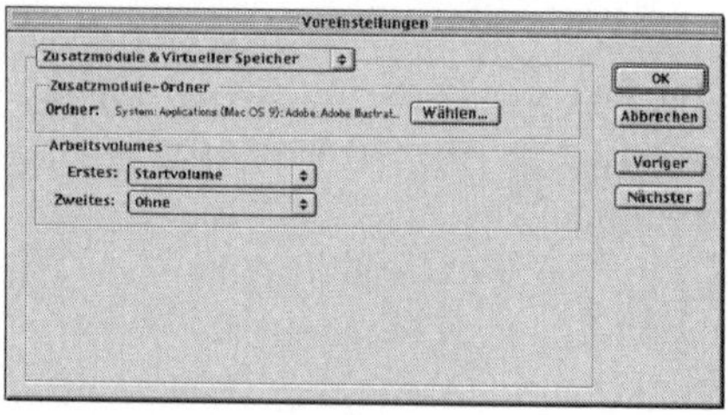

Zusatzmodule-Ordner

Ordner

Zusatzmodule sind dem Programm zusätzlich zur Verfügung gestellte Funktionen. Das können weitere Lexika ebenso wie Werkzeuge, Filter oder Import/Export-Zusätze sein. Der Pfad nach **Ordner** gibt den momentan ausgewählten Ordner an. Mit der Schaltfläche **Wählen** kann dem Programm ein anderer Ordner als der Standardordner zugeteilt werden. Das kann jedoch zu Problemen führen – gerade unter Windows: Illustrator legt hier teilweise auch Registry- und DLL-Dateien ab, die nach Wahl eines anderen Ordners natürlich nicht mehr gefunden werden.

Arbeitsvolumes

Erstes: / Zweites:

Ähnlich wie Adobe Photoshop legt auch Adobe Illustrator eine so genannte Arbeitsdatei an, die ein Vielfaches der eigentlichen Dateigröße betragen kann. Ist auf dem standardmäßig für **Erstes:** eingetragenen Volume (Startvolume) kein ausreichender Platz mehr vorhanden, wird Illustrator den geforderten Arbeitsschritt nicht ausführen können und mit der Warnmeldung „Temporäres Arbeitsvolume voll“ die Ausführung verweigern. Damit diese Situation nicht eintritt, sollte immer genügend freier Festplattenspeicher vorhanden sein (Festplatte öfter mal defragmentieren). Zusätzlich kann Illustrator ein **Zweites** Volume zur Verfügung stellen.

Defragmentieren
Vorgang, der die Dateistruktur auf einem Datenträger neu anlegt. Durch häufiges Löschen und Kopieren von Dateien und Ordnern entstehen Löcher in der Datenstruktur, in die das Betriebssystem anschliessend keine zusammenhängenden Dateien mehr unterbringen kann. Notwendige Programme hierfür sind zum Beispiel die Norton Utilities von Symantec.

! Achtung: Sowohl nach dem Ändern des Zusatzmodule-Ordners als auch nach Angabe eines anderen oder weiteren Arbeitsvolumes muss das Programm neu gestartet werden. Adobe Illustrator gibt hierzu im unteren Teil des Voreinstellungsdialogfeldes auch eine Warnmeldung aus.

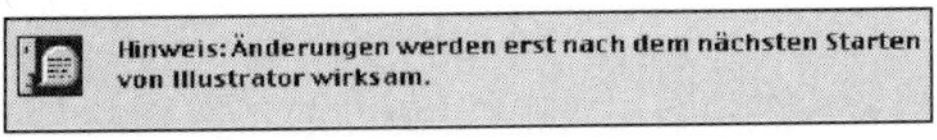

Nach dem Neustart des Programms werden dann alle Änderungen aktualisiert. Der Computer muss hierzu nicht neu gestartet werden.

Dateien & Zwischenablage

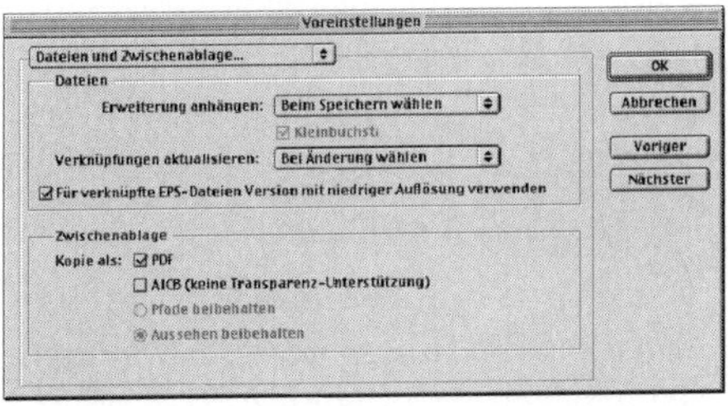

Dateien

Erweiterung anhängen

- Gerade für das plattformübergreifende Arbeiten ist die Angabe einer Extension (Erweiterung zum Dateinamen, die Auskunft über die Art der Datei verrät) sinnvoll bis notwendig. Im PopUp-Menü stehen die Optionen **Nie**, **Immer** oder **Beim Speichern wählen** zur Verfügung. Bei häufigem Datenaustausch zwischen

verschiedenen Betriebssystemen sollte die Option **Immer** aktiviert sein. Das vermeidet im Voraus Konflikte und schont die Nerven. Wird prinzipiell auf einem Apple Macintosh gearbeitet, ist die Erweiterung nicht sonderlich wichtig. Vorausgesetzt, man arbeitet nicht mit Mac OS X, da auch dort die Schreibweise von Dateinamen eine Rolle spielt.

Verknüpfungen aktualisieren

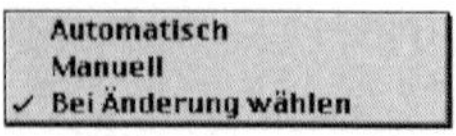

- Werden in einem Illustrator-Dokument Bild- oder Grafikdateien platziert, achtet das Programm darauf, dass die entsprechenden Verbindungsinformationen auch aktuell sind. Das bedeutet, dass Speicherort, Art der Datei und Inhalt der Datei noch identisch sind. Werden eine oder mehrere der Komponenten verändert, gibt das Programm je nach Voreinstellung eine Meldung aus.

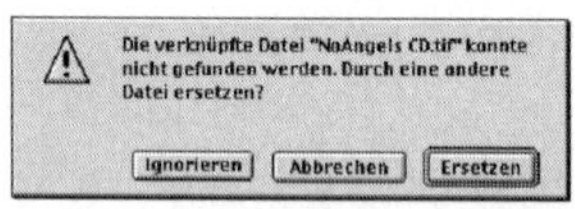

Mögliche Einstellungen sind **Automatisch**, **Manuell** und **Bei Änderung wählen**. Die Einstellung **Bei Änderung wählen** ist sinnvoll, da damit bewusst Einfluss auf den Aktualisierungsvorgang genommen werden kann.

Für verknüpfte EPS-Dateien Versionen mit niedriger Auflösung verwenden

- Werden EPS-Dateien in einem Illustrator-Dokument platziert, wird mit dieser Option die Darstellungsgeschwindigkeit erhöht, mit der die Grafikkarte diese Dateien neu aufbauen kann, wenn sie verschoben werden. Ist die Option deaktiviert, wird Illustrator eine bessere Vorschau generieren, jedoch langsamer arbeiten.

Zwischenablage

Mit den Befehlen **Kopieren** ⌘C und **Ausschneiden** ⌘X legt Adobe Illustrator Objekte in die Zwischenablage, um sie gegebenenfalls im gleichen oder einem anderen Dokument wieder einzufügen. Auch andere Programme können diese Information nutzen, sofern sie sie richtig interpretieren können. Illustrator unterstützt mehrere Formate. Eine Auswahl wird im **PICT**- und – je nach gewählter Option – im **PDF**- oder **AICB**-Format (EPS-ähnliches Format) in die Zwischenablage kopiert. **PDF** kann Transparenzen behalten, während **AICB** eine Auswahl in kleinere, deckende Objekte aufteilt, die Transparenz simulieren. Wird **AICB** gewählt, kann auch bestimmt werden, ob die Objekte ihr Aussehen beibehalten oder ob sie aus einem Satz von Pfaden kopiert werden sollen.

Kopie als PDF/AICB

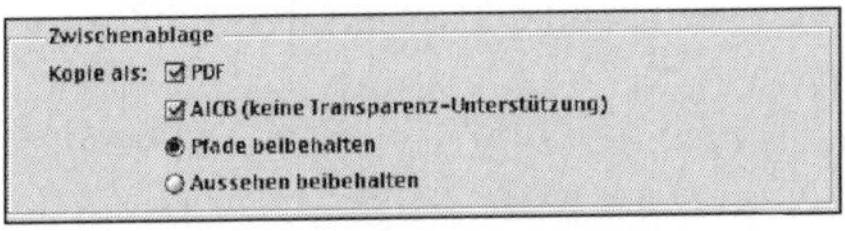

Bei allen zu tätigenden Voreinstellungen sollte man sich immer bewusst machen, dass die Einstellungen einem das Arbeiten prinzipiell erleichtern sollen, sodass man sich um manche Dinge nicht oder nur ab und zu kümmern muss. Es bringt nichts, wahllos in den Voreinstellungsdialogen herumzuschalten. Aus diesem Grund sind diese Einstelldialoge hier so ausführlich erörtert worden.

PICT-Format

PICT=Picture Format
Auf dem Macintosh gebräuchliches Austauschformat der Zwischenablage

PDF-Format

PDF=Portable Document Format. Ein von Adobe entwickeltes, auf PostScript basierendes Format, welches von Adobe Acrobat benutzt wird. Mittlerweile wird dieses Format in der Druckvorstufe wie auch im Internetbereich eingesetzt, um Daten programm- und plattformunabhängig weiterzugeben. Auch das Macintosh-Betriebssystem Mac OS X benutzt dieses Format für diverse systeminterne Beschreibungen.

AICB-Format

AICB=Adobe Illustrator Clipboard.
Ein dem EPS-Format ähnliches Austauschformat.

EPS-Format

EPS= Encapsulated PostScript.
Ein von Adobe entwickeltes, auf PostScript basierendes Format, welches sowohl für Vektorgrafiken als auch für Pixelbilder benutzt wird.

Arbeitsgruppe

Bei der Arbeit in teamorientierten Umgebungen müssen Anwender gemeinsam auf Dateien zugreifen können. Der Prozess der Weitergabe von Dateien von einem Mitarbeiter an einen anderen beinhaltet das Arbeiten mit einer Arbeitsgruppe. Die Überwachung der Freigabe von Dateien an immer nur eine Person wird als Arbeitsgruppenverwaltung bezeichnet.

Ein WebDAV-Server ermöglicht die Arbeitsgruppenverwaltung über das Web. Wenn eine Datei von einem WebDAV-Server verwaltet wird, können zwar mehrere Anwender Kopien der Datei herunterladen, aber nur ein Anwender kann die Datei auschecken. Der Anwender, der die Datei ausgecheckt hat, kann die Datei auf dem Server aktualisieren und so seine Arbeit an andere Anwender weitergeben. Anderen Anwendern ist es nicht möglich, die so verwaltete Datei zu ändern, bis diese wieder eingecheckt wird. Durch dieses Aus-/Eincheck-system können mehrere Anwender gleichzeitig auf ein und dieselbe Datei zugreifen, ohne dass die Gefahr besteht, dass ihre Arbeit von einer anderen Person überschrieben wird.

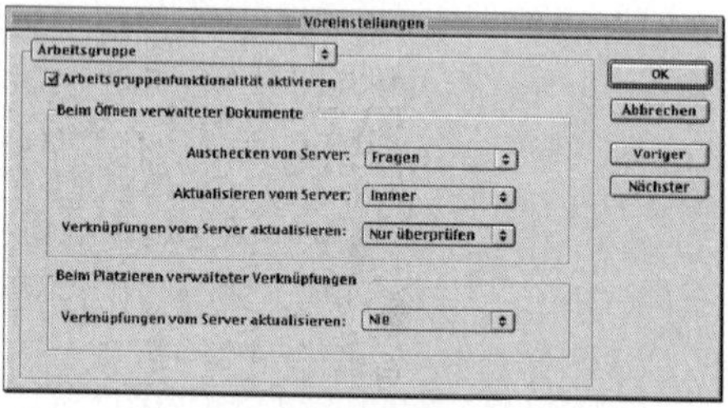

Arbeitsgruppenfunktionalität aktivieren

- Ohne aktivierten Schalter ist die Funktionalität von Arbeitsgruppen nicht nutzbar und die Einstelloptionen sind inaktiv.

Beim Öffnen verwalteter Dokumente

Durch das Auschecken einer Datei verhindern Sie, dass die Datei auf dem WebDAV-Server von anderen Anwendern geändert wird. Nachdem Sie Ihre Änderungen vorgenommen haben, können Sie die Datei wieder einchecken, um die Version auf dem Server so zu aktualisieren, dass Ihre Änderungen wirksam sind, und um die Datei wieder für den Zugriff durch andere freizugeben.

Auschecken von Server

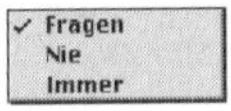

- Je nach Einstellung im PopUp-Menü wird man in einem Dialogfeld beim Auschecken gefragt, ob man wirklich auschecken möchte.
  Die Option **Nie** öffnet eine lokale Kopie der Datei. Es erscheint kein Dialogfeld.
  Die Einstellung **Immer** checkt die Datei beim Öffnen automatisch aus.

Aktualisieren vom Server

- Bei aktivierter Option **Fragen** wird man in einem Dialogfeld gefragt, ob man die neueste Version des Dokumentes herunterladen möchte.
  Die Option **Immer** lädt automatisch die neueste Version herunter.
  Nie lädt immer eine lokale Version der Datei, ohne beim Server einzuchecken und nach den neuesten Versionen zu suchen.

Verknüpfungen vom Server aktualisieren

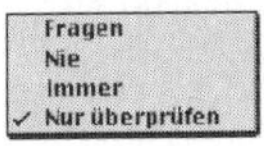

- Die Einstellungen arbeiten ähnlich wie bei den zuvor beschriebenen Optionen.
  Nur Überprüfen checkt, ob die Verknüpfung intakt und auf dem neuesten Stand ist. Ist das nicht der Fall, werden in der Verknüpfungspalette entsprechende Symbole angezeigt.

Beim Platzieren verwalteter Verknüpfungen

Verknüpfungen vom Server aktualisieren

- Die Option **Immer** aktualisiert die Verknüpfung automatisch beim Platzieren.
  Fragen öffnet beim Platzieren einen

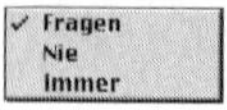

Dialog, um das Aktualisieren zuzulassen oder nicht.
Die Option **Nie** wird mit einer lokalen Kopie der Datei arbeiten.

Tastaturbefehle

Tastaturbefehle...
(⇧⌥⌘K)

Adobe Illustrator stellt einige vordefinierte, nach Meinung der Programmierer allgemein gültige Tastaturbefehle zur Verfügung. Meist ist man jedoch aus anderen Programmen ein anderes Tastaturkürzel für den einen oder anderen Befehl gewohnt. Das Dialogfeld **Tastaturbefehle...** (⇧⌥⌘K) lässt eine völlig freie Gestaltung der Tastaturbelegung sowohl für Menübefehle als auch Werkzeuge zu. Im Menü *Bearbeiten ➛ Tastaturbefehle...* kann auf die vordefinierten Belegungen für Befehle und Werkzeuge zugegriffen werden. Die Änderungen können Sie dann als eigene Sets abspeichern.

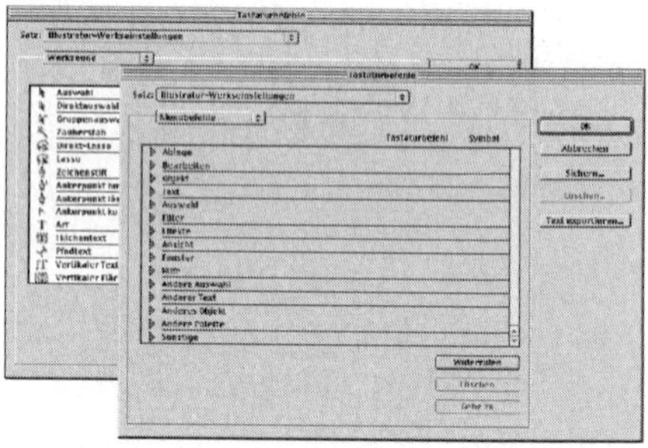

Sets
Das PopUp-Menü ermöglicht das Laden und Verändern von bereits existierenden Tastatur-Sets und gibt mit dem Eintrag **[Eigene]** die Information, dass das zuvor Eingestellte verändert wurde. Achten Sie auf Hinweise des Programms, dass Tastaturbefehle eventuell schon vergeben

sind. Doppelt belegte Tastaturbefehle werden rot gekennzeichnet.Tastatur-Sets sind dokumentabhängig einstellbar. Sollen sie als Standardvorgabe für neue Dokumente ausgewählt werden, muss das Set, das manuell erstellt wurde, ausgewählt werden, wenn kein Dokument geöffnet ist. Einstellungen, die während der Bearbeitung eines Dokumentes gemacht werden, sind nur auf das entsprechende Dokument bezogen.

Sichern...

- Sollen eigene Tastatur-Sets angelegt werden, müssen die gemachten Änderungen gespeichert werden, da sonst das neue Tastatur-Set **[Eigene]** heißt. Die Schaltfläche **Sichern...** verzweigt in einen Eingabedialog, in dem das neue Set benannt werden kann.

Die entstehenden Dateien mit der Dateiendung ***.kys** legt Adobe Illustrator in seinem Vorgaben-Ordner im *Systemordner* ➛ *Preferences* ➛ *Adobe Illustrator 10* (Mac OS 9), *Users* ➛ *„Benutzer“* ➛ *Library* ➛ *Preferences* ➛ *Adobe Illustrator 10* (Mac OS X) oder *Windows* ➛ *Anwendungsdateien* ➛ *Adobe* ➛ *Adobe Illustrator* (Windows) ab.

Text exportieren...

- Die Schaltfläche **Text exportieren...** sichert die aktuellen Tastaturkürzel als Textdatei auf der Festplatte oder einem anderen, auszuwählenden Speichermedium.

Löschen...

- **Löschen** entfernt vorhandene Sets.

Werkzeuge

Tastatur Werkseinstellungen

Auswahl	**V**
Direktauswahl	**A**
Zauberstab	**Y**
Direkt-Lasso	**Q**
Zeichenstift	**P**
Ankerpunkt hinzufügen	**+**
Ankerpunkt löschen	**-**
Ankerpunkt konvertieren	⇧ **C**
Text	**T**
Liniensegment	**#**
Ellipse	**L**
Rechteck	**M**
Pinsel	**B**
Buntstift	**N**
Drehen	**R**
Skalieren	**S**
Verkrümmen	⇧ **R**
Spiegeln	**O**
Frei transformieren	**E**
Symbol aufsprühen	⇧ **S**
Angleichen	**W**
Slice	⇧ **K**
Vertikale Balken	**J**
Verlaufsgitter	**U**
Verlauf	**G**
Pipette	**I**
Füll-Werkzeug	**K**
Schere	**C**
Hand	**H**
Zoom	**Z**
Fläche/Kontur	**X**
Standard	**D**
Fläche/Kontur austauschen	⇧ **X**
Farbe	**,**
Verlauf	**.**
Ohne	**7**
Bildschirmmodus verändern	**F**
Alle Paletten einblenden/ausblenden	**Tab**
Alle außer Werkzeugpalette einblenden/ausblenden	⇧ **Tab**
Symbolwerkzeuge:	
Durchmesser erhöhen	**ü**
Durchmesser verringern	**ä**
Intensität erhöhen	⇧ **Ü**
Intensität verringern	⇧ **Ä**

Menübefehle

Ablage

Neu…	⌘ **N**
Öffnen…	⌘ **O**
Zurück zur letzten Version	**F12**
Schließen	⌘ **W**
Sichern	⌘ **S**
Sichern unter…	⇧ ⌘ **S**
Kopie sichern unter…	⌥ ⌘ **S**
Für Web sichern…	⇧ ⌥ ⌘ **S**
Dokumentformat…	⌥ ⌘ **P**
Papierformat…	⇧ ⌘ **P**

Drucken... ⌘ **P**

Beenden ⌘ **Q**

Bearbeiten

Widerrufen ⌘ **Z**

Wiederherstellen ⇧ ⌘ **Z**

Ausschneiden ⌘ **X**

Kopieren ⌘ **C**

Einfügen ⌘ **V**

Davor einfügen ⌘ **F**

Dahinter einfügen ⌘ **B**

Löschen **Backspace o. Entf.**

Tastaturbefehle... ⇧ ⌥ ⌘ **K**

Voreinstellungen

Allgemeine... ⌘ **K**

Objekt

Transformieren

Erneut transformieren ⌘ **D**

Verschieben... ⇧ ⌘ **M**

Einzeln transformieren... ⇧ ⌥ ⌘ **D**

Anordnen

Nach vorne bringen ⇧ ⌘ **ö**

Schrittweise vorwärts ⌘ **ö**

Schrittweise rückwärts ⌘ **ä**

Nach hinten stellen ⇧ ⌘ **ä**

Gruppieren ⌘ **G**

Gruppierung aufheben ⇧ ⌘ **G**

Fixieren ⌘ **2**

Alles lösen ⌥ ⌘ **2**

Auswahl ausblenden ⌘ **3**

Alles einblenden ⌥ ⌘ **3**

Pfad

Zusammenfügen ⌘ **J**

Durchschnitt berechnen ⌥ ⌘ **J**

Angleichung

Erstellen ⌥ ⌘ **B**

Ablösen ⇧ ⌥ ⌘ **B**

Verzerrungshülle

Mit Verkrümmung erstellen... ⌥ ⌘ **W**

Mit Gitter erstellen... ⌥ ⌘ **M**

Mit oberstem Objekt erstellen ⌥ ⌘ **C**

Inhalt bearbeiten ⇧ ⌘ V

Schnittmaske

Erstellen ⌘ **7**

Ablösen ⌥ ⌘ **7**

Zusammengesetzter Pfad

Erstellen ⌘ **8**

Ablösen ⌥ ⌘ **8**

Anderes Objekt

Andere Ebenen fixieren ⇧ ⌥ ⌘ **2**

Andere Ebenen ausblenden ⇧ ⌥ ⌘ **3**

Erneut Pathfinder ⌘ **4**

Durchschnitt berechnen und zusammenfügen ⇧ ⌥ ⌘ **j**

Text

In Pfade umwandeln ⇧ ⌘ **O**

Anderer Text

Trennstrich einfügen ⇧ ⌘ **-**

Schrift vergrößern ⇧ ⌘ **<**

Schrift verkleinern ⇧ ⌘ **>**

Schrift schrittweise größer ⇧ ⌥ ⌘ .(Punkt)

Schrift schrittweise kleiner ⇧ ⌥ ⌘ ,(Komma)

Kerning: weiter ⇧ ⌘ **W**

Kerning: enger ⇧ ⌘ **E**

Laufweite ⌥ ⌘ **K**

Laufweite löschen ⇧ ⌘ **Q**

Abstand ⌥ ⌘ **O**

Schrift hervorheben ⇧ ⌥ ⌘ **F**

Schrift hervorheben (sekundär) ⇧ ⌥ ⌘ **M**

Einheitliche Schrift ⇧ ⌘ **X**

Linksbündiger Text ⇧ ⌘ **L**

Zentrierter Text ⇧ ⌘ **C**

Rechtsbündiger Text ⇧ ⌘ **R**

Blocksatz ⇧ ⌘ **J**

Absoluter Blocksatz ⇧ ⌘ **F**

Auswahl

Alles auswählen ⌘ **A**

Auswahl aufheben ⇧ ⌘ **A**

Neu auswählen ⌘ **6**

Nächstes Objekt darüber ⌥ ⌘ **+**

Nächstes Objekt darunter ⌥ ⌘ **ü**

Andere Auswahl

Erstes Objekt darüber ⇧ ⌥ ⌘ **9**

Erstes Objekt darunter ⇧ ⌥ ⌘ **8**

Auswahl-Werkzeuge wechseln ⌘ **Tab**

Filter

Letzten Filter anwenden ⌘ **E**

Letzter Filter ⌥ ⌘ **E**

Effekte

Letzten Effekt anwenden ⇧ ⌘ **E**

Letzter Effekt ⇧ ⌥ ⌘ **E**

Ansicht

Pfadansicht/Originalansicht ⌘ **Y**

Überdrucken-Vorschau ⇧⌥⌘Y

Pixel-Vorschau ⌥⌘Y

Einzoomen ⌘+

Auszoomen ⌘-

Ganze Zeichenfläche ⌘0

Originalgröße ⌘1

Begrenzung ein-/ausblenden ⌘H

Vorlage ein-/ausblenden ⇧⌘W

Lineale ein-/ausblenden ⌘R

Begrenzungsrahmen ein-/ausblenden ⇧⌘B

Transparenzraster ein-/ausblenden ⇧⌘D

Hilfslinien

Hilfslinien ein-/ausblenden ⌘,

Hilfslinien fixieren/lösen ⌥⌘,

Hilfslinien erstellen ⌘5

Hilfslinien zurückwandeln ⌥⌘5

Magnetische Hilfslinien ⌘U

Raster ein-/ausblenden ⌘.

An Raster/Pixel ausrichten ⇧⌘.

An Punkt ausrichten ⌥⌘.

Fenster

Aussehen ein-/ausblenden ⇧F6

Informationen ein-/ausblenden **F8**

Farben ein-/ausblenden **F6**

Grafikattribute ein-/ausblenden **F11**

Transparenz ein-/ausblenden ⇧**F10**

Konturen ein-/ausblenden **F10**

Verläufe ein-/ausblenden **F9**

Stile ein-/ausblenden ⇧**F5**

Pinsel ein-/ausblenden **F5**

Ebenen ein-/ausblenden **F7**

Transformieren ein-/ausblenden ⇧**F8**

Ausrichten ein-/ausblenden ⇧**F7**

Pathfinder ein-/ausblenden ⇧**F9**

Text

Zeichen... ⌘T

Absätze... ⌘M

Tabulatoren-Palette... ⇧⌘T

Andere Palette

Farben einblenden (zweite) ⌘I

Grafikattribute einblenden (zweite) **F11**

Neue Ebene ⌘L

Hilfe

Illustrator-Hilfe... **F1**

Sonstige

Einheiten vertauschen ⇧⌥⌘U

Neue Datei (kein Dialogfeld) ⌥⌘N

Farbeinstellungen

Nichts ist ärgerlicher und unangenehmer als der Blick auf ein Printprodukt nach dem Drucken in der Druckerei, wenn man bemerkt, dass der Bildschirm, an dem man das Druckerzeugnis hergestellt hat, völlig falsche Farben angezeigt hat. Das Problem ist nämlich, dass Druckgeräte und Monitore mit unterschiedlichen Farbsystemen arbeiten. Drucksysteme arbeiten mit dem Farbraum CMYK (**C**yan **M**agenta **Y**ellow Blac**k**) und Monitore mit RGB (**R**ot **G**rün **B**lau). Um solche Überraschungen zu verhindern oder wenigstens einzugrenzen, gibt es sogenannte Farbmanagement-Richtlinien, die ein Kalibrieren der entsprechenden Softwarelösungen möglich machen.

Zuvor sollte jedoch der Monitor des Computersystems kalibriert werden, da dieses Ausgabegerät die erste Instanz darstellt, um Farben zu überprüfen. Das allein stellt häufig schon ein Problem dar, da sich nicht alle Monitore farbverbindlich einstellen lassen. Um tatsächlich Farbgarantie herzustellen, benötigt man entsprechende Kalibrierungsgeräte und -software. Die einfachste Möglichkeit, mit einigermaßen korrekten Farben zu arbeiten, ist die Gammakorrektur. Adobe stellt ein kostenloses Systemprogramm mit Namen Adobe Gamma zur Verfügung, mit dem entsprechende Einstellungen vorgenommen werden können. Es sind allerdings einige Dinge zu beachten. Erstens sollte immer nur ein Korrekturtool benutzt werden, sonst kann es zu Farbverfälschungen kommen. Zweitens sollten Röhrenmonitore vor der Korrektur mindestens eine halbe Stunde eingeschaltet sein. Drittens sollte der Kontrast auf den höchsten Wert eingestellt werden. Erst dann kann eine Korrektur vorgenommen werden. Und viertens ist diese Korrektur nur so gut, wie das Auge sehen kann. Eine absolute Verbindlichkeit ist damit nicht gewährleistet.

Das Adobe Gamma Kontrollfeld für Macintosh und Windows

Das Gamma-Kontrollfeld unter Mac OS 9

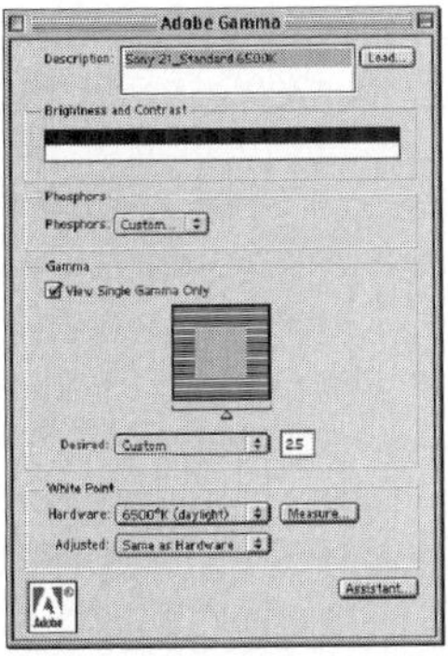

Das Gamma-Kontrollfeld unter Windows

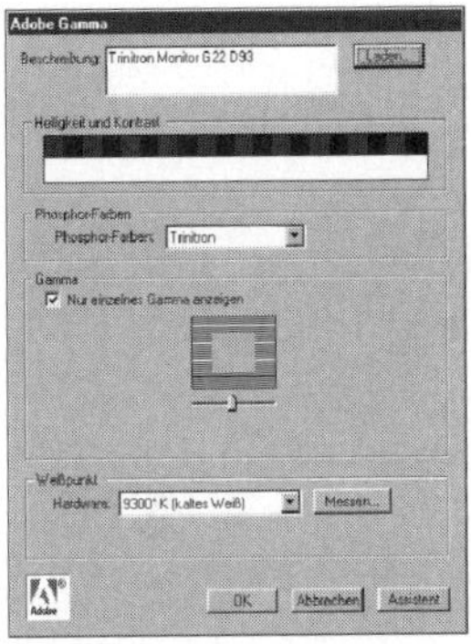

Auch Apple stellt im Kontrollfeld-Monitor des Mac OS eine Gamma-Korrektur bereit. Hier ist die Darstellung unter Mac OS X zu sehen.

Das Mac OS X Monitor-Einstellprogamm mit seinen Farbeinstellfenstern unterscheidet sich nicht grundlegend von dem unter Mac OS 9.

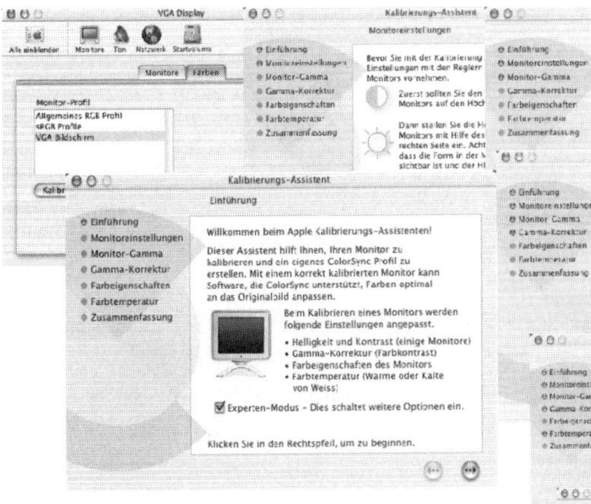

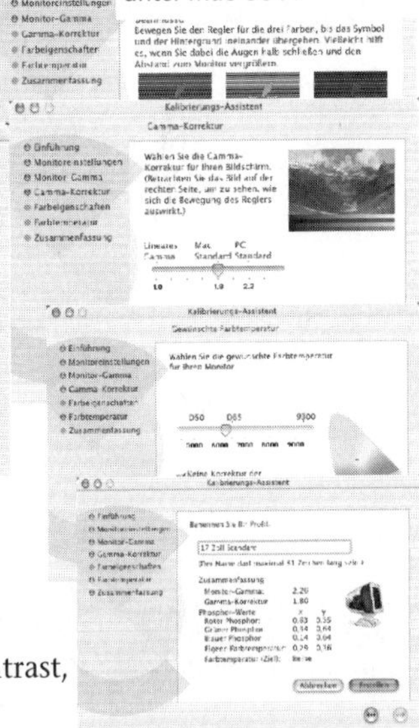

Dieses Kontrollfeld ist in mehrere Schritte aufgeteilt. Die einzelnen Stufen lassen Einstellungen von Helligkeit, Kontrast, Farbwerten und Farbtemperaturen zu.

Man sollte sich jedoch darüber im Klaren sein, dass diese Korrekturen nur ein erster Schritt in die richtige Richtung sind und keinesfalls das Ende der Fahnenstange darstellen.

Farbmanagement-Richtlinien basieren darauf, dass sich Gerätehersteller darauf geeinigt haben, Farben nach festgelegten Werten zu definieren. Leider gibt es unterschiedliche Richtlinien verschiedener Hersteller. Diese Richtlinien werden auch als Color-Management-Systeme bezeichnet und den Betriebssystemen und Programmen mittlerweile als **Color Matching Module** (engl.) beigelegt, kurz „**CMM**". Ein stark verbreitetes und auf dem Macintosh vorzugsweise benutztes CMM ist das **Heidelberg CMM**. Die Macintosh-Systeme benutzen dieses Modul standardmäßig in ihrem systemeigenem Farbmanagement **ColorSync**™. Windows-Systeme benutzen normalerweise eher das **Kodak CMM** oder **Microsoft ICM**. Die Kalibrierung von Computersystemen hat somit zur Folge, dass die Dokumente, wenn man sie an andere Anwender weitergibt, Farbungenauigkeiten erzeugen können, sofern das Zielsystem nicht in gleicher Weise kalibriert ist. Auch Bildmaterialien aus Programmen wie zum Beispiel Adobe Photoshop oder Scanprogrammen unterliegen solchen Farbübersetzungsfehlern. Diese Ungenauigkeiten können im Großen und Ganzen abgeschwächt oder behoben werden, wenn man den Dokumenten Profile der Farbumgebung mit auf den Weg gibt. Programme wie Adobe Illustrator können diese dann, falls eingestellt, übernehmen. Auch Adobe Illustrator kann den Illustrationen, die im Programm erstellt wurden, Farbprofile beigeben. Dazu ist

CMM: engl. Color Matching Modul

Adobe Illustrator beigelegte CMMs

es jedoch notwendig, vorab entsprechende Einstellungen vorzunehmen. Im Dialogfeld Menü *Bearbeiten* ➛ *Farbeinstellungen...* können alle notwendigen Einstellungen vorgenommen werden.

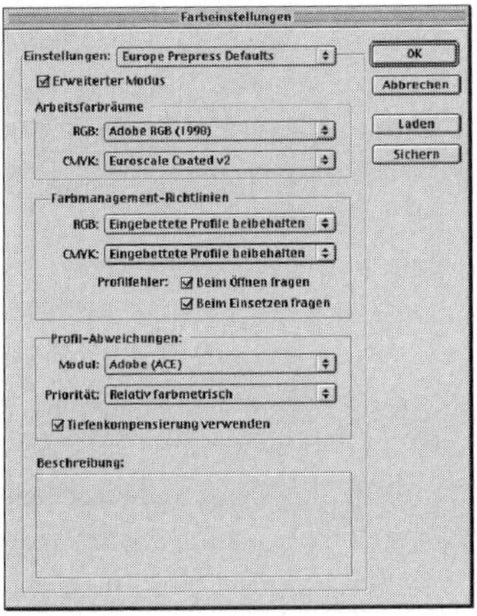

! Um in den erweiterten Modus zu gelangen, muss eine andere Einstellung als **Adobe® Illustrator®6 emulieren** ausgewählt werden.

Sollen alle Einstellungsmöglichkeiten im Dialogfeld zur Verfügung stehen, wie sie in obiger Abbildung zu sehen sind, dazu gehören auch die vollständigen Listungen der **CMMs**, muss die Option **Erweiterter Modus** aktiviert werden. Erst dann wird die komplette Einstellung des Farbmanagements möglich. Wenn nicht, sind nur die nebenstehenden Optionen sichtbar. Voll aktiviert ist das Dialogfeld in vier eigene Bereiche gegliedert.

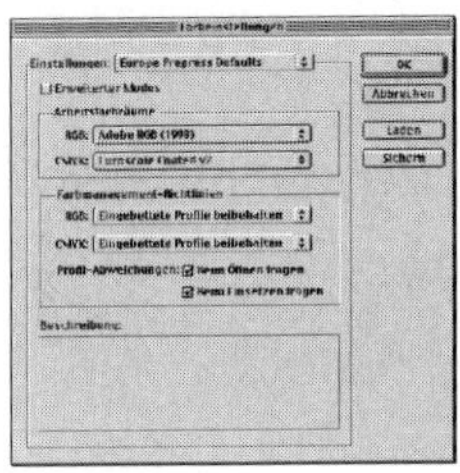

Arbeitsfarbräume

In diesem Bereich wird sowohl der RGB, also Monitorfarbraum, als auch der Druckfarbraum der Druckmaschine eingestellt.

RGB:

- Hier sollte das Farbprofil ausgewählt werden, das dem System mitgeteilt beziehungsweise vom System für den jeweiligen Monitor erstellt wurde.

CMYK:

Als Farbraum für CMYK sollte das Farbprofil der Druckerei oder des entsprechenden Proofdruckers gewählt werden.

Tipp

Das Profil der Druckerei besitzt im Normalfall niemand außer der Druckerei selbst. Treten Sie mit Ihrer Druckerei in Verbindung. Die entsprechenden Service-Betreuer sind im Regelfall sehr zuvorkommend und stellen Ihnen diese Profile sicher zur Verfügung.

Farbmanagement-Richtlinien

Hier werden die Richtlinien für die Verwaltung von Farben in einem Farbmodell festgelegt. Hier wird das Verhalten geregelt, wenn eingebettete Profile und Arbeitsfarbräume nicht übereinstimmen. Dieser Bereich stellt sowohl für das RGB- als auch für das CMYK-Modell drei Einstell-Optionen zur Verfügung:

Aus

Profile werden nicht mit neuen Dokumenten gespeichert.
Entspricht das Profil des geöffneten Dokumentes nicht dem aktuellen Arbeitsfarbraum, wird es gelöscht und nicht mit dem Dokument abgespeichert.
Entspricht das Profil des Dokumentes dem Arbeitsfarbraum, wird es beibehalten und mit dem Dokument gespeichert.
Farbdaten, die in das gleiche Farbmodell importiert wurden, behalten ihre numerischen Werte.
Farbdaten, die in ein anderes Farbmodell importiert wurden, werden in den Farbraum des Zieldokumentes konvertiert.

Eingebettete Profile beibehalten

- Das Profil des Arbeitsfarbraums wird mit neuen Dokumenten gespeichert. Entspricht das Profil des geöffneten Dokuments nicht dem Arbeitsfarbraum, wird es beibehalten und mit dem Dokument gespeichert.
  Enthält das Dokument kein Profil, wird der aktuelle Arbeitsfarbraum verwendet, aber nicht mit dem Dokument gespeichert.
  Bei Farbdaten, die mit dem gleichen Farbmodell zwischen Quell- oder Zieldokument ohne Farbmanagement oder von einem CMYK-Dokument in ein anderes importiert wurden, werden die numerischen Farbwerte beibehalten.
  Bei allen anderen importierten Dokumenten werden die Farben in den Farbraum des Zieldokumentes konvertiert.

In Arbeitsfarbraum konvertieren

- Das Profil des Arbeitsfarbraums wird mit neuen Dokumenten gespeichert.
  Entspricht das Profil des geöffneten Dokumentes nicht dem aktuellen Arbeitsfarbraum, wird das Dokument in den Arbeitsfarbraum konvertiert. Das Profil wird mit dem Dokument gespeichert.
  Enthält das Dokument kein Profil, wird der aktuelle Arbeitsfarbraum verwendet, aber nicht mit dem Dokument gespeichert.
  Bei Farbdaten, die mit dem gleichen Farbmodell zwischen Quell- oder Zieldokument ohne Farbmanagement importiert wurden, werden die numerischen Farbwerte beibehalten.

Profilfehler

Anders als im Bildbearbeitungsprogramm Adobe Photoshop ist es im Illustrator wichtig, dass diese Optionen aktiviert sind, sonst weist Illustrator nicht auf fehlende Profile hin.

Beim Öffnen fragen

- Wird ein Dokument geöffnet, dessen Profilinformationen zum gewählten Profil unterschiedlich sind, oder enthält das zu öffnende Dokument kein Profil, gibt Adobe Illustrator einen Meldedialog aus, in dem bestimmt werden kann, wie verfahren werden soll.

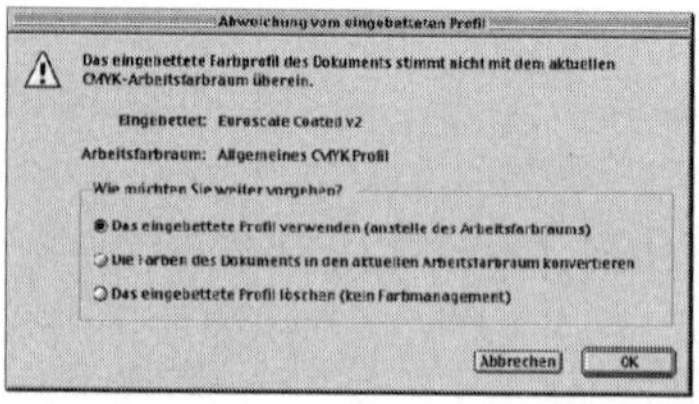

Beim Einsetzen fragen

- Beim Einfügen von Illustrationen anderer Dokumente in das aktuelle wird in gleicher Weise verfahren wie zuvor erklärt.

Profil-Abweichungen

Hier wird bestimmt, welche Farbmanagementsysteme und -abstimmungsmethoden zum Konvertieren von Farben zwischen den Farbräumen verwendet werden.

Modul:

- Das PopUp-Menü stellt die folgenden Module zur verfügung:

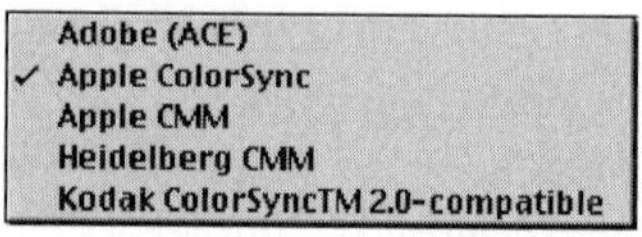

Unter Windows steht zusätzlich das Modul **Microsoft ICM** zur Verfügung, womit das Farbmanagement der Microsoft Corporation für Windows-98- und Windows-2000-Computer Verwendung findet.

Unter dieser Bezeichnung versteht Adobe die Rendering-Methode, nach der Farben in andere Farbräume konvertiert werden. Farben müssen normalerweise dem Spektrum des Zielfarbraums angepasst werden. Ist der Zielfarbraum zu klein, kann es zu Qualitätseinbußen kommen. Damit die Einbußen nicht so extreme Änderungen darstellen, gibt es für unterschiedliche Verwendungen differenzierte Rendering-Methoden.

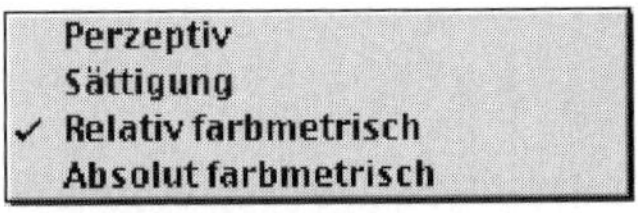

Perzeptiv versucht die optischen Beziehungen zwischen den Farben so beizubehalten, dass sie dem menschlichen Auge natürlich erscheinen. Die Farbwerte selbst können sich dabei ändern.
Sättigung eignet sich für Büro- und Präsentationsgrafiken und legt mehr Wert auf leuchtende Farben als auf Farbgenauigkeit. Der Quellfarbumfang wird auf den Zielfarbumfang skaliert. Anstelle der Farbtöne werden die relativen Sättigungswerte beibehalten, sodass die Farbtöne sich bei einer Skalierung auf einen kleineren Farbumfang verschieben können. Diese Rendering-Methode ist für Geschäftsgrafiken geeignet, bei denen die genaue Beziehung zwischen Farben nicht so wichtig ist wie die Verwendung heller, gesättigter Farben.
Relativ farbmetrisch entspricht der absolut farbmetrischen Methode, jedoch mit folgendem Unterschied: Bei der relativen Methode wird der Weißpunkt (stärkste Aufhellung) des Quellfarbraums mit dem des Zielfarbraums verglichen, und

Priorität:

! Das Ergebnis der gewählten Rendering-Methode hängt vom grafischen Inhalt des Dokuments und den Profilen zur Angabe der Farbräume ab. Einige Profile führen bei verschiedenen Rendering-Methoden zu identischen Ergebnissen. Die Unterschiede zwischen Rendering-Methoden werden nur deutlich, wenn ein Dokument gedruckt oder in einen anderen Arbeitsfarbraum konvertiert wird.

alle Farben werden entsprechend verschoben. Die relativ farbmetrische Methode kann genauer sein, wenn das Profil des Bildes korrekte Informationen zum Weißpunkt enthält. Dies ist die Rendering-Standardmethode für alle vordefinierten Farbmanagement-Konfigurationen.

Absolut farbmetrisch Farben, die innerhalb des Zielfarbumfangs liegen, bleiben unverändert. Bei dieser Methode wird versucht, die Farbgenauigkeit beizubehalten, auch wenn dies auf Kosten der Farbbeziehungen geschieht. Bei der Übertragung in einen kleineren Farbumfang können zwei unterschiedliche Farben des Quellfarbraums der gleichen Farbe im Zielfarbraum zugeordnet werden.

Tiefenkompensierung verwenden

Diese Option steuert, ob Unterschiede zwischen Schwarzpunkten bei der Konvertierung in andere Farbräume ausgeglichen werden. Ist diese Option aktiviert, wird der volle dynamische Bereich des Quellfarbraums dem vollen dynamischen Bereich des Zielfarbraums zugeordnet. Bei deaktivierter Option wird der dynamische Bereich des Quellfarbraums im Zielfarbraum simuliert. Dieser Modus kann zwar zu Block- oder Grauschatten führen, er eignet sich jedoch, wenn der Schwarzpunkt des Quellfarbraums niedriger ist als der des Zielfarbraums.

! **Tiefenkompensierung verwenden** ist bei allen vordefinierten Farbmanagement-Konfigurationen aktiviert. Anders als bei Bildbearbeitungsprogrammen wird empfohlen, diese Option aktiviert zu lassen.

Beschreibung

Dieser Bereich gibt zu den einzelnen, vorher behandelten Optionen eine kurze Information. Der Mauscursor muss dazu auf eine der einzustellenden Optionen bewegt werden.

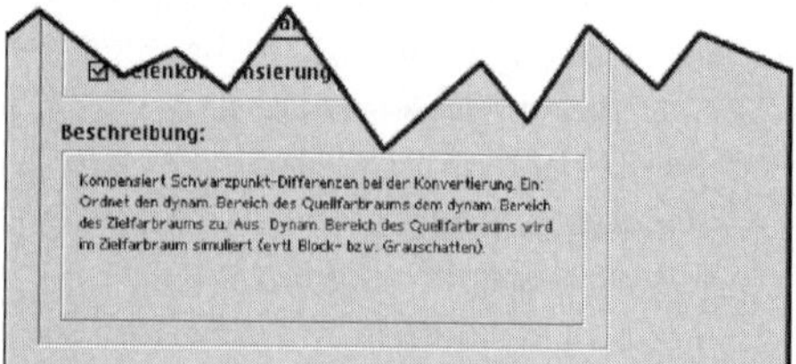

Arbeitshilfen

Adobe Illustrator stellt diverse Arbeitsmittel zur Verfügung, die das Arbeiten im Programm stark erleichtern können. In der Werkzeug-Palette, die über das Menü *Fenster* ➛ *Werkzeuge* erreichbar ist, falls nicht bereits sichtbar, kann gleich auf mehrere Werkzeuge zugegriffen werden: das **Zoom**- und **Hand-Werkzeug**, den **Seitenpositionierer** und das **Mess-Werkzeug**. Weitere Mittel werden im Menü **Ansicht** zur Verfügung gestellt.

Zoom- und Hand-Werkzeug

Das **Zoom-Werkzeug** ist eines der am meisten benötigten Hilfsmittel. Es ist jedoch mit anderen Hilfsmitteln wie **Ansichten**, **Vergrößerungsstufen** und **Präsentationsmodi** gemeinsam zu betrachten. Die Lupe kann permanent oder temporär benutzt werden. Wählt man sie in der Werkzeugpalette aus, wird sie zum aktuellen Werkzeug und steht damit permanent zur Verfügung, bis ein neues Werkzeug ausgewählt wird. Es bietet sich jedoch meist nicht an, sie als permanentes Werkzeug zu benutzen, da durch den Wechsel auf die Lupe der aktuelle Arbeitsvorgang unterbrochen wird. Hier wird es notwendig, sie temporär, also kurzfristig zwischendurch zu benutzen, um vielleicht die Grafik, Textpassage oder den Bildausschnitt in einer anderen Darstellungsgröße bearbeiten zu können. Das ist über Tastenkürzel möglich. Die Tastenkombination [⌘]**Leertaste** schaltet um in die Pluslupe zum Einzoomen und

[⌘]**Leertaste** zum Einzoomen

[⌥][⌘]**Leertaste** zum Auszoomen

⌥⌘**Leertaste** zur Minuslupe zum Auszoomen. Werden die Tasten wieder losgelassen, befindet man sich wieder im eigentlichen Arbeitswerkzeug und kann die Arbeit fortsetzen. Um mit dem **Zoom-Werkzeug** ein- oder auszuzoomen, gehen sie folgendermaßen vor:

Mit dem **Zoom-Werkzeug** auf die Arbeitsfläche klicken

- Klicken Sie mit dem **Zoom-Werkzeug** auf die Zeichenfläche, vergrößert oder verkleinert Adobe Illustrator um festgelegte Schritte. Das Zentrum des **Zoom-Werkzeugs** wird dabei zum Zentrum des Ansichtsfensters.
  Vergrößerungsschritte ausgehend von 100 % in Prozent: 200; 300; 400; 600; 800; 1200; 1600; 2400; 3200; 4800; 6400.
  Verkleinerungsschritte ausgehend von 100 % in Prozent: 50; 33,33; 25; 16,67; 12,5; 8,3; 6,25; 4,17; 3,13.

Mit dem **Zoom-Werkzeug** einen Bereich aufziehen

- Ziehen Sie mit dem **Zoom-Werkzeug** einen Bereich auf, der dann im aktuellen Fenster angezeigt werden soll. Der Vergrößerungsfaktor richtet sich dabei nach der Größe des Fensters und der eingestellten Auflösung des Monitors.

Doppelklick auf **Zoom-Werkzeug** in der Werkzeugpalette schaltet auf **100 %**.
Doppelklick auf **Hand-Werkzeug** in der Werkzeugpalette schaltet auf **Ganze Zeichenfläche**.

- Klicken Sie mit der linken Maustaste doppelt auf das Zoom-Werkzeugsymbol in der **Werkzeug-Palette**, wird sich die Darstellungsgröße auf 100 % ändern.
- Klicken Sie mit der linken Maustaste bei gedrückter ⌘-Taste doppelt auf das Zoom-Werkzeugsymbol in der **Werkzeug-Palette**, ändert sich die Darstellungsgröße auf 3,13 %.

Doppelklick auf **Zoom-Werkzeug** in der Werkzeugpalette mit gedrückter ⌘-Taste

- Zusätzlich können Sie mit dem Tastenkürzel ⌘+ einzoomen und mit ⌘- auszoomen. Alternativ zu den Tastenkürzeln finden Sie die Befehle auch im Menü *Ansicht* ➛ *Einzoomen/Auszoomen*. Die Zoomstufen entsprechen den zuvor beim **Zoom-Werkzeug** beschriebenen.

Hand-Werkzeug

Zum Verschieben der Zeichenfläche im aktuellen Darstellungsfenster stellt Adobe Illustrator ein weiteres Hilfsmittel zur Verfügung: die Verschiebehand und die **Roll-** oder **Scrollbalken**. Das **Hand-Werkzeug** ist ebenfalls, wie das **Zoom-Werkzeug**, in permanenter oder temporärer Weise zu benutzen. Die permanente Auswahl findet auch über die Werkzeugpalette statt. Das **Hand-Werkzeug** besitzt dort einen kleinen Winkel, der darauf hinweist, dass sich hinter diesem Werkzeug noch weitere, verborgene Werkzeuge befinden. In diesem Fall der **Seitenpositionierer**. Zur temporären Nutzung des **Hand-Werkzeugs** muss die Leertaste gedrückt werden. Sobald die Leertaste losgelassen wird, befindet man sich wieder im vorigen Arbeitswerkzeug. Die **Roll-** oder **Scrollbalken** ermöglichen ebenfalls ein Verschieben der Zeichenfläche anhand der kleinen Schieberegler oder mit den Dreiecken an den Enden der Balken, jedoch nicht mit der Präzision des **Verschieben-Werkzeugs**.

Roll- oder Scrollbalken siehe auch Seite 27

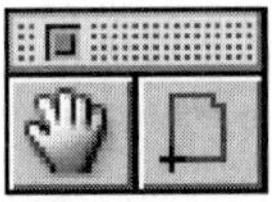

Leertaste schaltet ins **Hand-Werkzeug**

Vergrößerungsstufen und Ansichten

Adobe Illustrator stellt weiterhin verschiedene Befehle und Steuerungsalgorithmen zur Monitordarstellung und Information zur Verfügung. Zudem können auch diverse Farbverhalten am Monitor simuliert werden, zum Beispiel Farbproof und Pixelvorschau.

Vergrößerungsstufen

Weiterführend zum **Zoom-Werkzeug**, werden von Adobe Illustrator im PopUp-Menü am unteren linken Rand des Dokumentfensters auch vordefinierte Vergrößerungsstufen bereitgestellt. Klickt man auf das kleine Dreieck neben der Vergrößerungszahl, springt das PopUp-Menü auf.

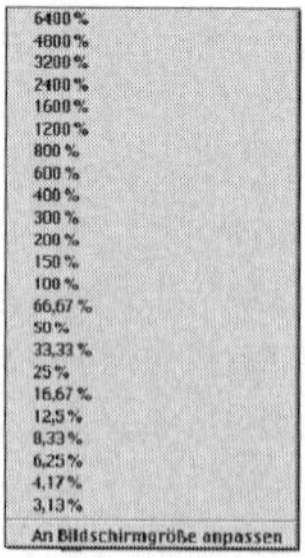

Vergrößerung per Eingabe

Es werden Vergrößerungsstufen von 3,13 % bis 6400 % zur Verfügung gestellt. Der entsprechende Vergrößerungswert steht anschließend im nebenstehenden Eingabefeld.

Der dort angezeigte Prozentwert kann jedoch auch per Eingabe verändert werden.

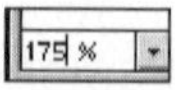

Zwei Vergrößerungsstufen können auch per Tastaturkürzel oder Menüsteuerung benutzt werden. Die **Ganze Zeichenfläche** kann entweder im Menü *Ansicht* ➛ *Ganze Zeichenfläche* angezeigt werden oder per Tastenkürzel ⌘0. Die Zeichenfläche wird dann größtmöglich im Dokumentfenster dargestellt. Auch die **Originalgröße** kann im Menü *Ansicht* ausgewählt werden. Das Tastenkürzel ist ⌘1. Die Vergrößerungsstufe entspricht 100 %.

Statuszeile

Neben der Prozentangabe der Darstellungsgröße ist die **Statuszeile** angeordnet. Das Pop-

Up-Menü stellt diverse Informationen bereit. Klickt man mit der Maustaste auf den Bereich oder den links stehenden Pfeil, springt es auf:

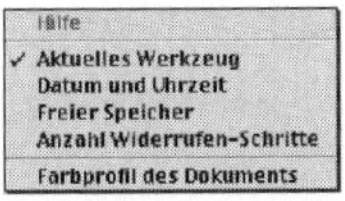

Aktuelles Werkzeug
- Das ausgewählte Werkzeug wird benannt.

Datum und Uhrzeit
- Das Systemdatum wird mit Uhrzeit und Wochentag angezeigt.

Freier Speicher
- Der zur Verfügung stehende Arbeitsspeicher wird prozentual und per Kapazität aufgeführt und stetig aktualisiert.

Anzahl Widerrufen-Schritte
- Die Anzahl der noch widerrufbaren Arbeitsschritte wird aufgeführt.

Farbprofil des Dokuments
- Das im Dokument enthaltene Farbprofil wird angezeigt.

Statuszeile bei gedrückter ⌥-Taste

Klickt man bei gedrückter ⌥-Taste auf die **Statuszeile**, ändert sich das PopUp-Menü

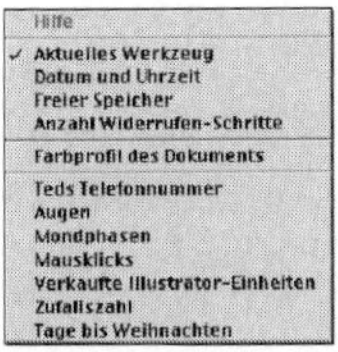

und zeigt weitere Optionen an. Ob **Teds Telefonnummer**, die Anzahl der in der Arbeitssitzung gemachten **Mausklicks** oder die **Mondphasen** einen besonders wichtigen Informationsgrad für die Bearbeitung eines Dokumentes darstellen, muss jeder für sich entscheiden. Witzig sind vielleicht die **Augen**, die sich immer in Richtung des Mauscursors bewegen. Für manch einen ist die Anzahl der **Tage bis Weihnachten** ganz besonders erfahrenswert, wobei er vielleicht komisch von der Seite angeschaut wird von jemandem, dem es unendlich wichtig ist zu erfahren, wie viele

Verkaufte Illustrator-Einheiten es bislang gibt oder wie die wahrscheinlich unwahrscheinlichste **Zufallszahl** lautet.

Ansichten speichern und neue Fenster

Ansichten speichern

Die zuvor beschriebenen Möglichkeiten, in einem Dokument von einer Vergrößerungsstufe in eine weitere zu gelangen, stellen sicher eine Bereicherung für das effiziente Arbeiten in einem Dokument dar. Noch effizienter gestaltet sich das Arbeiten durch das Abspeichern einzelner Positionen der Illustration in speziellen Vergrößerungen. Es kann dann zwischen einzelnen Bereichen im Dokument schnell hin- und hergeschaltet werden. Der Befehl Menü *Ansicht ➛ Neue Ansicht...* definiert die gerade eingestellte Ansichtsgröße und Position im Dokumentfenster als abzurufende Information. Im aufspringenden Dialogfenster kann ein Name für diese Ansicht eingegeben werden.

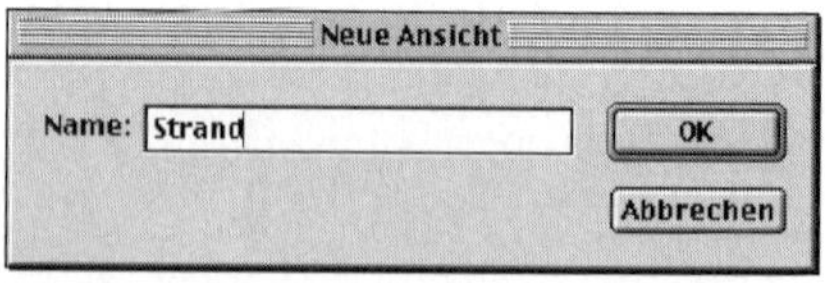

Unter diesem Namen läßt sich die Ansicht dann auch im Menü **Ansicht** aufrufen. Es lassen sich bis zu 25 Ansichten in Adobe Illustrator verwalten. Mit dem Befehl *Ansicht ➛ Ansicht bearbeiten...* kann der Name einer gespeicherten Ansicht verändert oder eine im Dialogfeld ausgewählte Ansicht gelöscht werden.

Neues Fenster

Ansichten können mit diesem Befehl auf einzelne Fenster aufgeteilt werden. Die Arbeit mit mehreren Ansichtsfenstern bietet sich jedoch nur an, wenn dem Programm genügend Arbeitsspeicher zugeteilt wurde und man über eine schnelle Grafikkarte verfügt, damit das Umschalten in die einzelnen Fenster nicht zur Kaffee - oder Zigarettenpause avanciert. Das Arbeiten mit mehreren Fenstern wird auch dadurch zusätzlich erschwert, dass im Menü **Fenster** nun mehrere Einträge für ein und dasselbe Dokument existieren. Ungeübte Anwender können dadurch sehr schnell verwirrt werden.

Bildschirmmodi (Präsentationsmodi)

Im untersten Bereich der Werkzeug-Palette sind drei Schaltflächen untergebracht, die als Bildschirmmodi bezeichnet werden. Sie dienen dazu, dem Anwender die Möglichkeit zu geben, seine Arbeiten am Monitor professionell zu präsentieren.

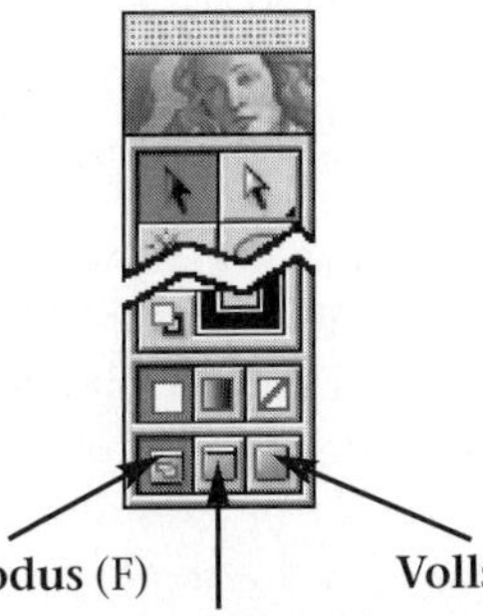

Die Modi können entweder durch Anklicken der einzelnen Schaltflächen oder durch Drücken der Taste **F** aktiviert werden. Die Taste **F** schaltet auch zwischen den einzelnen Modi hin und her. Die Werkzeug-Palette und alle

Taste **F** schaltet zwischen den Bildschirmmodi hin und her übrigen Paletten werden durch die Bildschirmmodi nicht ausgeblendet. Paletten und Werkzeug-Palette werden mit **Tab**-Taste (⇥) und Paletten ohne Werkzeug-Palette werden mit ⇧**Tab**-Taste ausgeblendet.

Standardmodus (F)

- Das ist der normale Arbeitsmodus. Es werden alle Paletten, Menüs, die Montagefläche, Rollbalken und alle geöffneten Dokumente gezeigt.

Vollschirm mit Menüleiste (F)

- In diesem Modus werden alle Fenster bis auf das aktuelle ausgeblendet. Das Menü bleibt sichtbar. Rollbalken werden ausgeblendet. Das aktuelle Dokumentfenster wird auf den gesamten Bildschirm ausgeweitet und die Zeichenfläche wird in der Mitte des Fensters auf einer grauen Fläche platziert.

Vollschirm (F)

- Bis auf die Paletten werden alle Programmbestandteile ausgeblendet. Das Dokumentfenster wird auf Bildschirmgröße ausgedehnt und Schwarz eingefärbt. Die Zeichenfläche wird in der Mitte des Fensters platziert.

Vorschaumodi

Vorschaumodi sind Bildschirmansichten, die zum einen die Bildschirmdarstellung beschleunigen, zum anderen optimieren sollen. Mehrere dieser Modi stehen zur Verfügung :

- Originalansicht
- Pfadansicht

- Überdrucken-Vorschau
- Pixel-Vorschau

- Proof einrichten
- Farbproof

Diese Modi zeigt Adobe Illustrator in der Titelleiste des Dokumentfensters auch an.

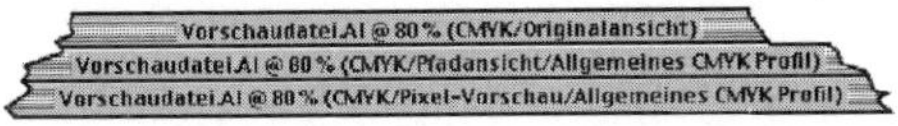

Die einzelnen Ansichtsmodi werden zusätzlich zum im Befehl *Ablage ➛ Dokumentformat...* eingestellten Farbmodus nach einem Schrägstrich aufgeführt.

Originalansicht

- Diese Form der Darstellung zeigt sämtliche Elemente einer Illustration so an, wie sie später auf einem Ausgabegerät auch ausgegeben werden. Das heißt inklusive Füllungen und Konturinformationen.

Das Tastenkürzel ⌘Y schaltet jeweils zwischen **Original**- und **Pfadansicht** um.

Pfadansicht

- Hiermit wird eine Darstellungsform gewählt, die einen schnellen Bildschirmaufbau für ein zügiges Arbeiten ermöglicht. Bilder werden durch ein Kreuz über den Bildbereich dargestellt. Wird unter *Ablage ➛ Dokumentformat ➛ Kategorie Ansicht* die Option **Bilder in Pfadansicht anzeigen** aktiviert, werden Bilder in der Pfadansicht als Schwarz-Weiß-Grafik dargestellt. Flächen besitzen in dieser Ansicht nur eine Konturlinie, allerdings mit zusätzlicher Markierung der Mitte durch ein Kreuz.

Überdrucken-Vorschau

- Der Vorschaumodus zeigt die Auswirkungen des Überdruckens an, allerdings nur wenn die Option Überdrucken für Fläche oder Kontur aktiviert ist. Das Überdrucken bewirkt, dass Farbflächen, die übereinander liegen, im Druck nicht ausgespart werden. Ist Überdrucken für Fläche oder Kontur aktiviert, ergeben sich in den Überlappungsbereichen Mischfarben. Der

Das Tastenkürzel ⇧⌥⌘Y schaltet die **Überdrucken-Vorschau** ein und aus.

Überdrucken-Vorschau-Modus kann diese Farben simulieren.

Pixel-Vorschau

Das Tastenkürzel [⌥][⌘]Y schaltet zwischen **Pixel- und Vektor-Vorschau** hin und her.

- Für alle, die Vektorgrafiken ins Web stellen oder in Multimedia-Anwendungen einbinden wollen, stellt diese Funktion eine wertvolle Hilfe dar. Vektorgrafiken müssen, sofern sie auf Webseiten platziert werden sollen, normalerweise in Pixelbilder umgewandelt werden. Dadurch verlieren sie aber an Genauigkeit, da ein Monitor mit 72 dpi (unter Windows sind auch 96 dpi möglich) nur 72 Pixel pro Inch darstellen kann. Um diese Umsetzungsgenauigkeit wenigstens einigermaßen kontrollieren zu können, bietet Adobe Illustrator die Pixel-Vorschau an.

Vektor-Vorschau

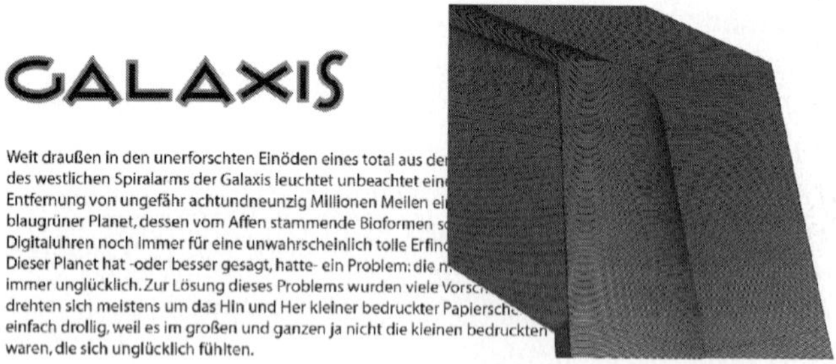

Pixel-Vorschau

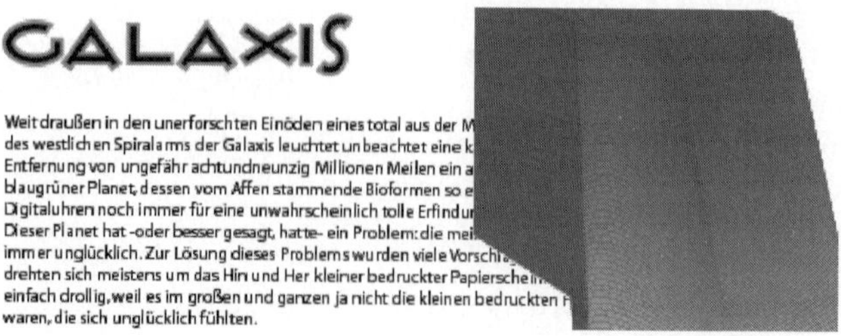

Proof einrichten
Um für das 4c-Offsetdruckverfahren eine Farbverbindlichkeit der Illustration zu gewährleisten, ist es im Allgemeinen notwendig, einen Proof-Ausdruck herzustellen. Die Monitorfarben sind in der Regel nämlich nicht in der Reinheit auf dem Papier reproduzierbar, wie sie ein Monitor zeigen kann.

Um entsprechende Farbungenauigkeiten schon am Monitor überprüfen zu können, stellt Adobe Illustrator die Farbproof-Vorschau zur Verfügung. Zuvor muss jedoch das Geräteprofil unter **Proof einrichten** ausgewählt werden, auf dem der Farbproof später durchgeführt werden soll. Einstellungen sind nur dann möglich, wenn zuvor unter *Bearbeiten ➛ Farbeinstellungen...* das Farbmanagement (siehe Seite 58ff) aktiviert wurde.

- Unter *Proof einrichten* stehen vier Einträge zur Verfügung, deren Anwählbarkeit von zuvor gemachten Farbeinstellungen abhängig ist:

  Eigene...
  Macintosh-RGB
  Windows-RGB
  Monitor-RGB

  Macintosh- und *Windows-RGB* wird benutzt, um die Farbsysteme der beiden Betriebssysteme zu simulieren, und *Monitor-RGB* simuliert das Farbspektrum des aktuell eingestellten Monitors, sofern ein Farbprofil für diesen Monitor zugänglich ist. Für eine 4c-Druckverbindlichkeit sind diese Vorschaumodi jedoch nicht zu gebrauchen. Einzig der Eintrag *Eigene...* schafft die Möglichkeit, ein eventuell von einem Service-Unternehmen

Das Proofen auf dem Monitor ist nicht verfügbar, wenn im Menü *Bearbeiten ➛ Farbeinstellungen...* die Option **Adobe® Illustrator® 6.0 emulieren** aktiviert wurde.

bereitgestelltes Geräteprofil des zu verwendenden Proofdruckers für die Farbproof-Vorschau zu benutzen.

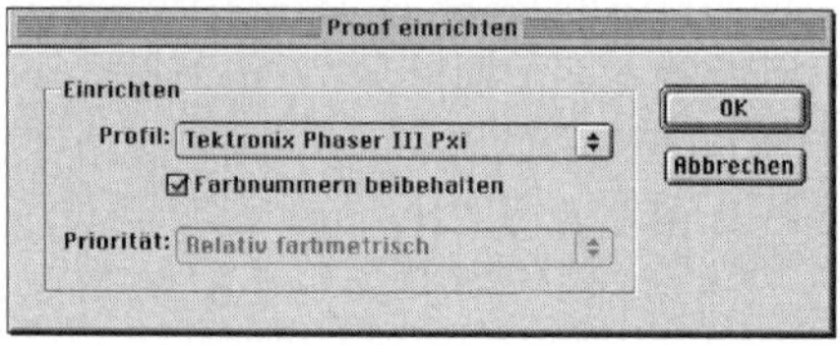

Farbnummern beibehalten

- Die Option **Farbnummern beibehalten** steuert, ob die Farben des Dokumentes in der Simulation am Monitor in den Farbraum des Proofdruckers konvertiert werden oder nicht.

Priorität

- Die unter **Priorität** aufgeführten Rendering-Methoden werden auf Seite 79ff ausführlich erklärt.

Farbproof

- Wurde unter *Proof einrichten* ein entsprechendes Geräteprofil ausgewählt, lässt sich mit Farbproof eine Monitorsimulation generieren, die versucht, den tatsächlichen druckbaren Farben nahe zu kommen.

Hilfsmittel

Lineale

Lineale ein-/ausblenden
⌘R

Lineale sind eine waagerechte und senkrechte Unterteilung der Zeichenfläche. Standardmäßig sind sie deaktiviert. Bei Bedarf lassen sich die Lineale mit dem Befehl **Lineale ein-/ausblenden** im Menü **Ansicht** aktivieren oder deaktivieren. Das Tastenkürzel ist ⌘R.

Die Maßeinheiten der Lineale lassen sich unter *Bearbeiten ➛ Voreinstellungen ➛ Einheiten und Widerrufen...* verändern. Standard ist im europäischen Sprachraum Millimeter. Die

Lineale befinden sich am linken und oberen Dokumentfensterrand.

Nullpunkt

- Der Kreuzungspunkt des vertikalen und horizontalen Lineals beinhaltet das **Nullpunkt-Werkzeug**, mit dem der Nullpunkt des Koordinatensystems einer Illustration wahlweise verändert werden kann. Der Nullpunkt eines Adobe- Illustrator-Dokumentes ist standardmäßig die untere linke Ecke der Illustrationsseite. Der standardmäßige Nullpunkt kann verändert werden, indem man mit der Maus in die Position des **Nullpunkt-Werkzeugs** hineinklickt und den Nullpunkt nun bei gedrückter Maustaste an eine Stelle auf der Dokumentfläche zieht.

Nullpunkt versetzen

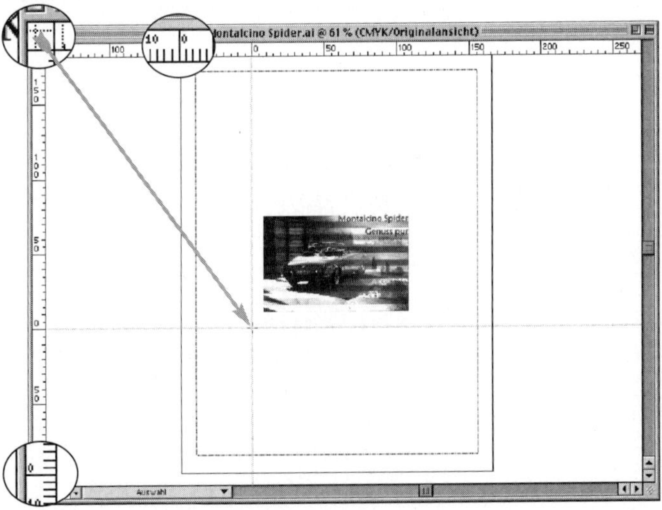

- Nachfolgend zu erstellende Elemente werden anhand der nun geänderten Koordinaten erstellt. Besonders beim numerischen Positionieren von Objekten über die

Palette **Transformationen** ist es wichtig zu beachten, dass die positive x-Richtung nach rechts und die positive y-Richtung nach oben verläuft.

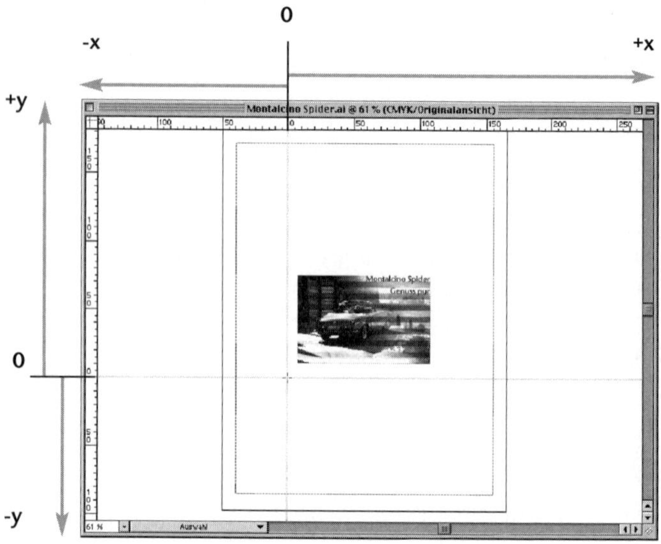

Nullpunktstandard wieder herstellen

Soll der Nullpunkt wieder auf die Standardwerte zurückgestellt werden, so klickt man einfach doppelt in den Bereich des **Nullpunkt-Werkzeugs**.

Hilfslinien

Zusätzlich können aus den Linealen auch noch waagerechte und senkrechte Hilfslinien herausgeholt werden. An Hilfslinien können dann Objekte ausgerichtet oder sie können als Orientierungshilfen benutzt werden.

Hilfslinien einblenden (⌘,)

! Hilfslinien sind nur sichtbar, wenn die Sichtbarkeit mit dem Befehl *Ansicht* ➛ *Hilfslinien* ➛ *Hilfslinien einblenden* (⌘) eingeschaltet wurde. Auf die gleiche Weise können die Hilfslinien auch wieder ausgeschaltet werden. Der Befehl heißt dann **Hilfslinien ausblenden**.

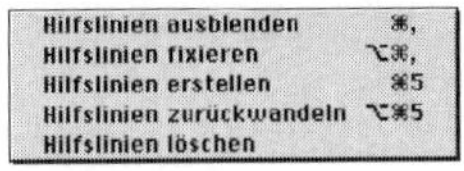

Hilfslinien platzieren

- Klicken Sie in die Lineale, halten Sie die Maustaste gedrückt und ziehen Sie eine Hilfslinie auf die Zeichenfläche oder Montagefläche. Die Hilfslinie erstreckt sich nach dem Loslassen der Maustaste vom einen Ende der Montagefläche bis zum anderen.

! Standardmäßig sind Hilfslinien fixiert, das heißt, man kann sie nach dem Platzieren nicht bewegen. Sollen sie im Nachhinein bewegt werden, müssen sie erst freigegeben werden.

Hilfslinien fixieren/lösen

⌥⌘,

- Der Befehl **Hilfslinien fixieren** (⌥⌘) wird wie das Einschalten im Untermenü **Hilfslinien** des Ansichtmenüs aktiviert oder deaktiviert. Sind die Hilfslinien fixiert, steht vor dem Eintrag ein Haken. Nach dem Lösen lassen sich Hilfslinien wie Objekte markieren. Sind eine oder mehrere Hilfslinien markiert, lassen sie sich durch Betätigen der Backspace-, Entf.-Taste oder per Menü *Bearbeiten* ➛ *Löschen* beziehungsweise *Ansicht* ➛ *Hilfslinien* ➛ *Hilfslinien löschen* löschen. Aktivierte Hilfslinien können auch über die **Transformationen**-Palette genau platziert werden.

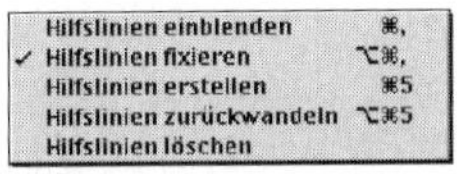

Hilfslinien löschen

Backspace-, Entf.-Taste

Hilfslinien ablösen (⌥⌘5)

- Aus Hilfslinien können zum normalen Gebrauch auch freie Linien gemacht werden. Der Befehlseintrag dafür lautet **Hilfslinien zurückwandeln** (⌥⌘5). Das Linienobjekt erstreckt sich dann genauso wie die Hilfslinie zuvor über die gesamte Montagefläche.

Hilfslinien erstellen
(⌘5)

Umgekehrt funktioniert es ähnlich. Objekte können mit dem Befehl **Hilfslinien erstellen** (⌘5)in Hilfslinienobjekte umgewandelt werden. Anders als beim Umwandeln von Hilfslinien in Objekte bleiben die umgewandelten Objekte auf den Seiten- oder Montageflächenbereich beschränkt, auf dem sie zuvor platziert waren. Hilfslinienobjekte lassen sich wie normale Objekte mit dem Direktauswahl-Werkzeug verändern. Sie können jedoch keine Flächen- oder Konturattribute bekommen, beziehungsweise ihre Grafikattribute werden beim Umwandeln unsichtbar. Nach dem Zurückwandeln in Objekte werden die Attribute erneut zugewiesen. Die Grafikattribute werden missverständlicherweise bei Auswahl der Hilfslinienobjekte sowohl in der **Werkzeug-Palette** als auch in der **Farbe-** und **Farbfelder-Palette** angezeigt, auch wenn sie nicht sichtbar sind.

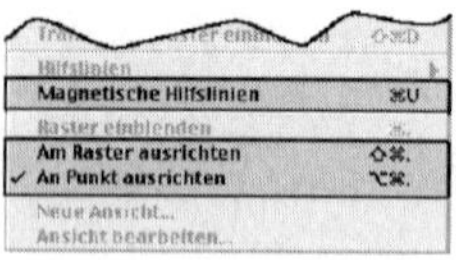

Magnetismus

Der Magnetismus bewirkt, dass Objekte von Hilfslinien, Konstruktionshilfslinien, Raster- und Pfadpunkten angezogen werden können. Zu magnetischen und Konstruktionshilfslinien siehe auch Seite 56ff. Die unter *Bearbeiten* ➛ *Voreinstellungen* ➛ *Magnetische Hilfslinien und Slices* einzustellende **Einrasttoleranz** ist erst wirksam, wenn **Magnetische Hilfslinien** aktiviert wird.

Adobe Illustrator stellt mehrere Magnetismusfunktionen bereit. Es wird jedoch leider nicht die Peripherie des Objektes von den entsprechenden magnetisierten Elementen angezogen, sondern der Cursor.

! Deaktiviert man jedoch die Auswahl, aktiviert unter *Bearbeiten ➛ Voreinstellungen ➛ Magnetische Hilfslinien und Slices* die Option **Texttipps** und greift anschließend das entsprechende Pfadelement an der Stelle, mit der es an der Hilfslinie, dem Raster oder dem Pfadpunkt platziert werden soll, kann man diese Unzulänglichkeit umgehen.

Tipp

- Ist **Magnetische Hilfslinien** aktiviert (Haken vor dem Eintrag **Magnetische Hilfslinien** im Menü **Ansicht**), wirken nicht nur Hilfslinien und Hilfslinienobjekte anziehend, sondern es werden zusätzlich auch die Konstruktionslinien in entsprechenden Situationen sichtbar.

Magnetische Hilfslinien
⌘U

- Wenn **Am Raster ausrichten** aktiviert ist (Haken vor dem Eintrag **Am Raster ausrichten** im Menü **Ansicht**), sind die Rasterlinien auch magnetisch, wenn das Raster ausgeblendet wird.

Am Raster ausrichten
⇧⌘.

- Wenn **An Punkt ausrichten** aktiviert ist (Haken vor dem Eintrag **An Punkt ausrichten** im Menü **Ansicht**), sind auch einzelne Pfadpunkte magnetisch.

An Punkt ausrichten
⇧⌘.

Raster

Mit dem Befehl *Ansicht ➛ Raster einblenden* wird ein regelmäßiges Quadratraster über die Zeichenfläche und die Montagefläche gelegt, an dem man sich bei der Herstellung von Illustrationen orientieren kann. Unter *Bearbeiten ➛ Voreinstellungen ➛ Hilfslinien und Raster* lassen sich diverse Kriterien des Rasters einstellen. Dazu gehören zum einen der Abstand und die Darstellung der Rasterlinien und zum anderen die

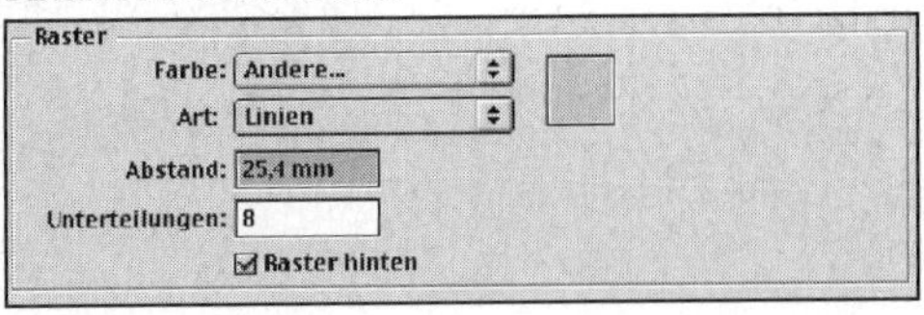

Farbe und eine zusätzliche, regelmäßige Unterteilung der Rasterung. Zudem lässt sich einstellen, ob das Raster vor oder hinter Objekten platziert werden soll. Der Magnetismus des Rasters ist wirksam, wenn *Ansicht* ➛ *Am Raster ausrichten* aktiviert ist (siehe auch Seite 96f **Magnetismus**).

Ausblendfunktionen

Ausblendfunktionen sind dazu gedacht, dass man, um einen Eindruck der Illustration zu bekommen, störende Hilfselemente unsichtbar machen kann. Dazu gehören neben den Linealen, Hilfslinien und dem Raster noch weitere seiten- und dokumentbezogene Hilfsmittel. Die Hilfsmittel stehen im Allgemeinen immer vor Objekten. Sie sind also permanent sichtbar. Das kann durchaus störend sein, wenn man sich einen Gesamteindruck einer Illustration verschaffen will. Deshalb lassen sich diese Hilfsmittel ausblenden.

Zeichenfläche ein-/ausblenden

Zeichenfläche ein-/ausblenden

- Dieser Befehl generiert eine Ansicht des Dokumentes, in der die Abmessungen der gewählten Dokumentseite unsichtbar werden.

Begrenzung ein-/ausblenden

Begrenzung ein-/ausblenden
⌘H

- Objekte besitzen eine Markierungshilfslinie in der Farbe der Ebenenfarbe. In manchen Situationen kann es durchaus hilfreich sein, diese Markierung auszublenden.

Seitenaufteilung ein-/ausblenden

Seitenaufteilung ein-/ausblenden

- Die Seitenaufteilung wird durch das gewählte Papierformat des Druckers vorgegeben.

Begrenzungsrahmen

- Ein oder mehrere markierte Objekte besitzen in Adobe Illustrator bei eingeschalteter Option **Begrenzungsrahmen** einen Gemeinschaftsrahmen, der zusätzlich zur optischen Zusammenführung auch noch gemeinschaftliche Transformationsmöglichkeiten bietet. Kommt man zum Beispiel mit dem **Auswahl-Werkzeug** (nicht **Direktauswahl-Werkzeug**) in die Nähe eines Gemeinschafts-Eck- oder Mittenanfassers, verändert sich das Werkzeug in ein **Drehen-Werkzeug** und man kann die Auswahl um den Mittelpunkt der Auswahl drehen. Bei gedrückter ⇧-Taste geschieht das in regelmäßigen 45°-Schritten. Ist man mit dem **Auswahl-Werkzeug** (nicht **Direktauswahl-Werkzeug**) auf einem Gemeinschafts-Eck- oder Mittenanfasser, verändert sich das Werkzeug zum **Skalier-Werkzeug**. Bei gedrückter ⇧-Taste wird dann beim Ziehen proportional vergrößert oder verkleinert. Bei gedrückter ⌥-Taste wird die Veränderung beim Ziehen ausgehend von der Mitte der Auswahl her vorgenommen.

Begrenzungsrahmen ein-/ausblenden
⇧⌘B

⇧-Taste ➛ 45°-Schritte

⇧-Taste ➛ proportional
⌥-Taste ➛ von der Mitte

Transparenzraster

Um in Illustrationen einen besseren Überblick über mögliche Transparenzen zu haben, stellt Adobe Illustrator eine schachbrettartige Unterteilung zur Verfügung, die Durchsichtigkeit oder teilweise vorhandene Durchsichtig-

Transparenzraster ein-/ausblenden
⇧⌘H

keit darstellen kann. Vorteilhaft ist das zum Beispiel bei Effekten wie **Schlagschatten** oder dem **Gauß'schen Weichzeichner**.

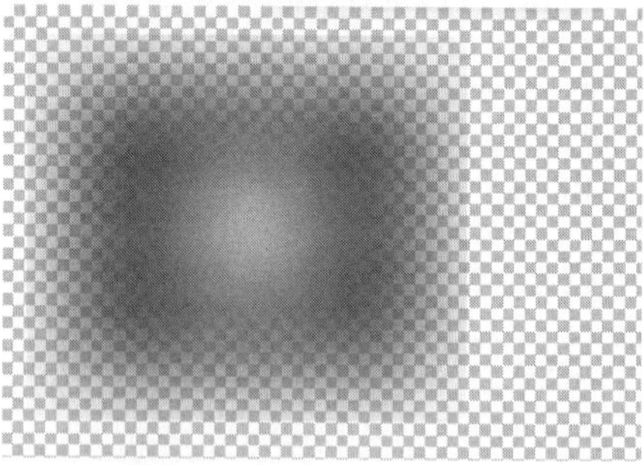

Die Darstellungsform des Transparenzrasters kann in der Rubrik Transparenz im Dialogfeld *Ablage ➛ Dokumentformat...* eingestellt werden. Es stehen dort mehrere Farben und Größen zur Auswahl.

Seitenpositionierer

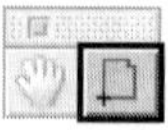

Mit dem **Seitenpositionierer** kann man das Dokument, in dem man arbeitet, in einzelne druckbare Seitenbereiche unterteilen. Da Adobe Illustrator auch in der Version 10 immer noch nicht in der Lage ist, Dokumente mit mehreren Seiten zu generieren, ist der **Seitenpositionierer** die einzige Möglichkeit, die das Programm hierzu zur Verfügung stellt. In Zusammenhang mit den Optionen **Fläche besteht aus 1 Einzelseite**, **Fläche besteht aus ganzen Seiten** und **Fläche besteht aus Druckbereichen** aus dem Dialogfeld *Ablage ➛ Dokumentformat...* kann mit dem **Seitenpositionierer** eine größere Dokumentfläche auf mehrere Einzelbereiche aufgeteilt werden. Genauere Informationen finden Sie auf den Seiten 19 und 35ff .

Mess-Werkzeug und Informationen-Palette

Sollen einzelne Strecken in einem Dokument vermessen werden, um sie zum Beispiel als Vorgabe für einen Transformationsvorgang zu benutzen, bietet das **Mess-Werkzeug** dafür die beste Möglichkeit.

Informationen-Palette

Ist die **Informationen-Palette** des Programms geöffnet (*Fenster ➛ Informationen*), zeigt Adobe Illustrator in dieser Palette unterschiedliche Zahlenwerte an.

- Ist kein Objekt ausgewählt, wird hier die Mauszeigerposition angezeigt. **X** entspricht hierbei der horizontalen und **Y** der vertikalen Entfernung vom Nullpunkt des Dokuments.

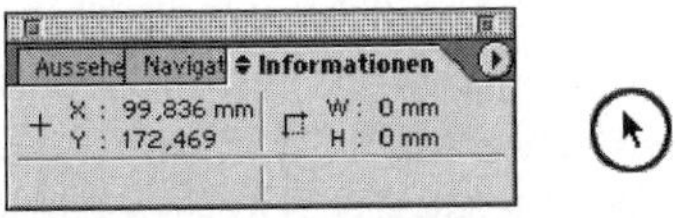

- Markiert man ein oder mehrere Objekte, wird die Position und Ausdehnung der Auswahl angezeigt. Zusätzlich zur Entfernung vom Nullpunkt wird nun auch die Ausdehnung der Auswahl angezeigt. **W** entspricht dabei der Breite (engl.: **Width**) und **H** der Höhe (engl.: **Height**).

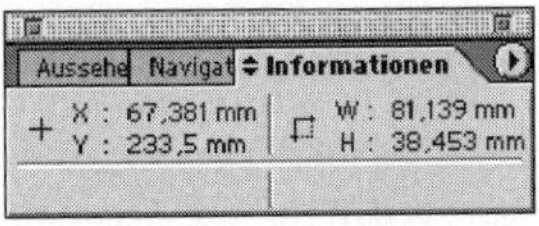

- Wird mit dem **Mess-Werkzeug** eine Strecke aufgezogen, werden die Entfernungs-und Winkelwerte zusätzlich zum Ausgangspunkt (**X** und **Y**) und der Gesamtausdehnung der Strecke (**W** und **H**) angezeigt. **D** (engl.: **Distance**) entspricht dabei der Entfernung vom und der Winkelrichtung zum Ausgangspunkt.

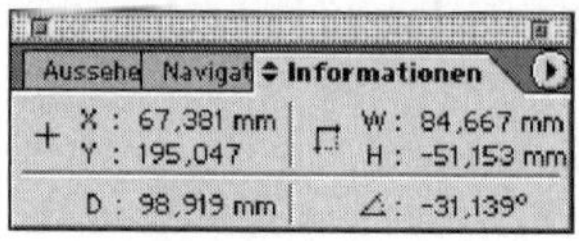

Ruft man anschließend sofort den Transformationsbefehl **Verschieben...** aus dem Menü *Objekt* ➛ *Transformieren* auf, werden die Werte aus der **Informationen-Palette** übernommen.

Kontextmenüs

Mit rechter Maustaste auf Zeichenfläche oder Objekt klicken.

Mac Bei gedrückter Control-Taste (ctrl) auf Zeichenfläche oder Objekt klicken.

Kontextmenüs (Zusammenhang)

Ein letztes Hilfsmittel, das die Arbeit im Programm, als auch auf Betriebssystemebene erleichtern kann, stellen die kontextsensitiven Menüs dar, kurz **Kontextmenüs**. Sie bieten die Möglichkeit, situationsabhängige, schwebende Menüs anzuzeigen. Diese Menüs beinhalten dann spezielle, auf die Situation zugeschnittene Menübefehle. Auf Windows-Rechnern kann das Kontextmenü mit der rechten Maustaste aufgerufen werden. Auf einem Macintosh muss, da es im Allgemeinen keine rechte Maustaste gibt, eine Zusatztaste benutzt werden, womit die rechte Maustaste simuliert wird. Diese Taste ist die Control-Taste (ctrl). Die Anwendung findet also auf einem Macintosh folgendermaßen statt:

- ctrl-Taste drücken und anschließend mit dem Mauszeiger auf das Objekt oder die Zeichenfläche klicken. Es erscheint dann das in dieser Situation anzeigbare Kontextmenü.

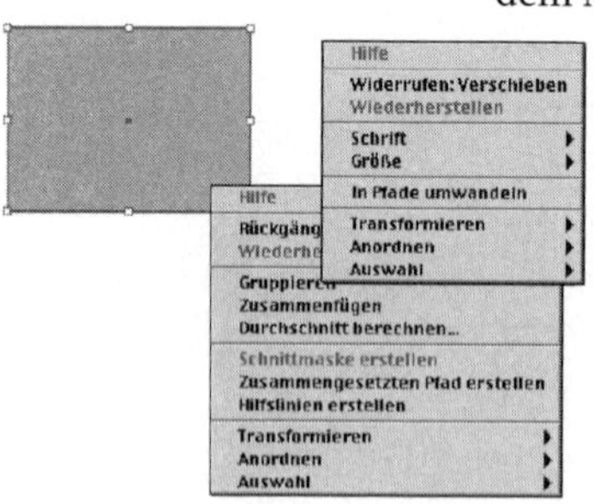

Andere Situationen zeigen andere Kontextmenü-Inhalte. Zum Beispiel würde eine Textauswahl im Kontext-Menü überwiegend Menübefehle enthalten, die mehr textbezogen sind, und so weiter.

Palettenübersicht

Adobe Illustrator stellt eine Vielzahl unterschiedlicher Paletten für diverse Aufgaben zur Verfügung. Würde man alle Paletten permanent geöffnet halten, wäre selbst ein 21"-Monitor schnell zu klein. Darum lassen sich alle Paletten im Menü *Fenster* ein- und ausschalten. Die einzelnen Paletten bieten jedoch noch weitere Möglichkeiten, den Monitor nicht übermäßig zu verbauen. Es gibt dort neben einem Schließschalter auch Mechanismen zum Minimieren und Zusammenfassen. Im Allgemeinen sind die Paletten auch mit einem PopUp-Menü versehen, in dem sich Optionen und zusäzliche Funktionen verbergen. An ihrer Verschiebeleiste können Paletten an eine andere Stelle geschoben werden.

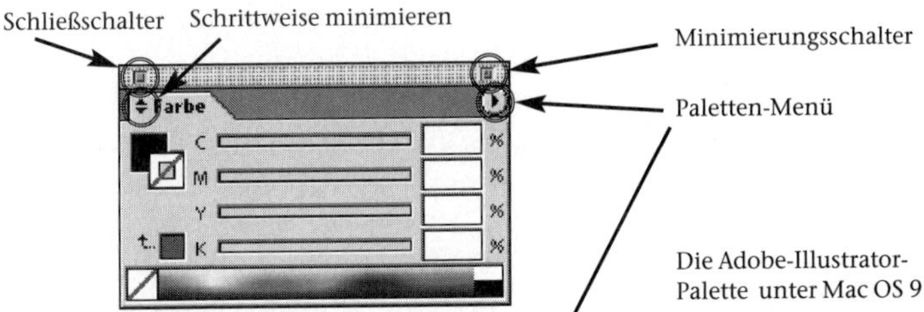

Die Adobe-Illustrator-Palette unter Mac OS 9

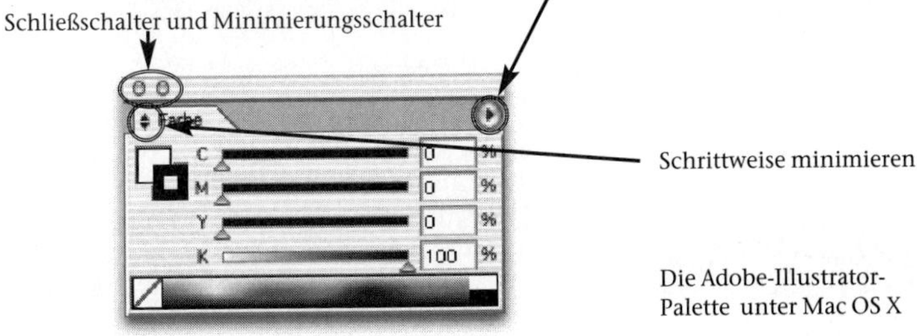

Die Adobe-Illustrator-Palette unter Mac OS X

Minimierte Palette

(mit Schalter **Schrittweise minimieren**) unter Mac OS 9 und Mac OS X

Ein Doppelklick auf die Registerkarte der Palette ermöglicht ebenfalls das Minimieren der Palette.

Die Palette nach einmaligem Klick auf den Schalter **Schrittweise minimieren**.

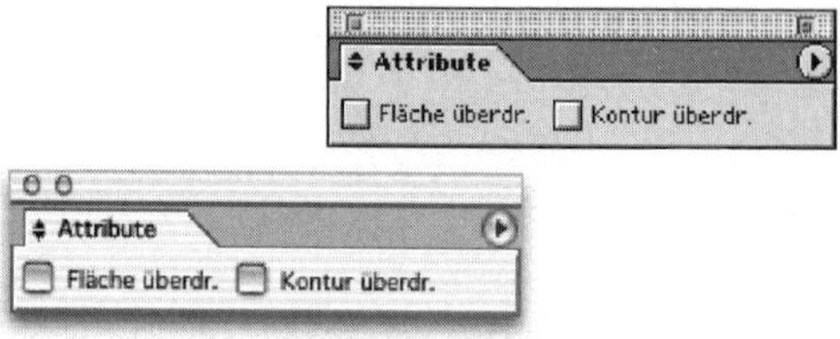

Die Palette nach zweimaligem Klick auf den Schalter **Schrittweise minimieren**.

Manche Paletten bieten in der Registerkarte keinen Schalter zum schrittweisen Minimieren Diese Paletten können prinzipell nur über einen Doppelklick auf die Registerkarte minimiert werden. Sie besitzen jedoch zusätzlich einen **Scrollbalken** und eine **Vergrößerungsecke**. Außerdem sind sie im unteren Teil der Palette mit Symbolen zur Steuerung des Paletteninhaltes versehen. Je nach Palette sehen diese Symbole unterschiedlich aus und erfüllen auch unterschiedliche Funktionen. Erklärt werden diese Funktionen bei der Betrachtung der jeweiligen Paletten und der Erklärung der Funktionen.

Manche Paletten besitzen an den unteren, rechten Ecken auch eine Vergrößerungsmöglichkeit. Zusätzliche Scrollbalken ermöglichen das Navigieren in diesen Paletten, zum Beispiel wenn sie viel Inhalt aufweisen.

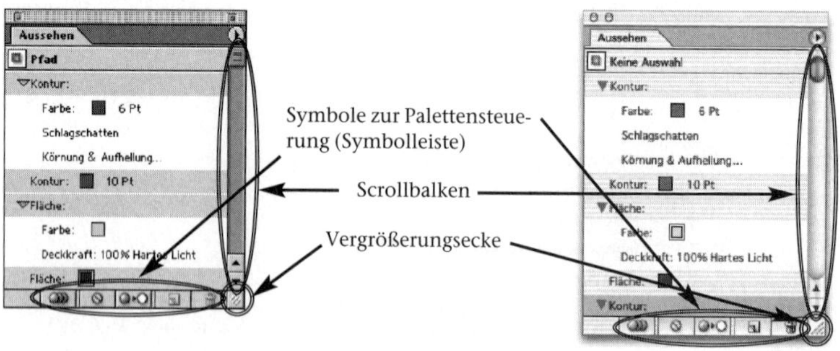

Zusammenfassen von Paletten

Um eine effiziente Palettensteuerung zu erhalten, zum Beispiel um Paletten gemeinsam verschieben zu können, bietet Adobe Illustrator auch ein Zusammenfassen einzelner Paletten an. In der Art und Weise der Zusammenfassung unterscheidet das Programm jedoch.
Paletten können im unteren Teil der Palette angedockt werden oder im oberen zu Gruppenpaletten zusammengefasst werden.

Andocken von Paletten

- Ziehen Sie die Palette, die an eine andere Palette andocken soll, an ihrer Registerkarte in den unteren Bereich der Zielpalette, bis die Zielpalette im unteren Bereich schwarz verdickt dargestellt wird. Lassen Sie dann die Maustaste los. Die Palette ist anschließend mit der Zielpalette verbunden. Die Paletten können jetzt gemeinsam geöffnet, geschlossen und verschoben werden.

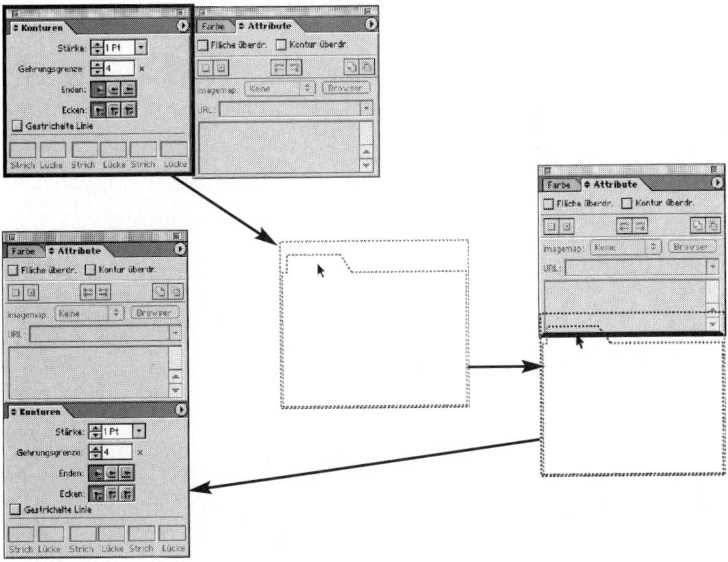

Sollen Paletten minimiert werden, die angedockte Paletten besitzen, lassen sich auch die Einzelbereiche schrittweise minimieren.

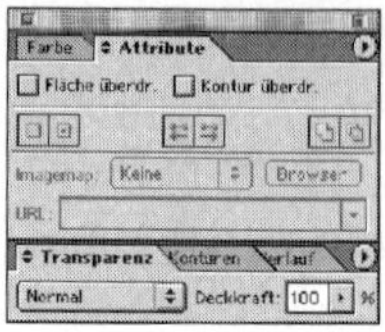

Palettengruppen bilden

- Ziehen Sie die Palette, die mit einer anderen Palette eine Gruppe bilden soll, an ihrer Registerkarte in den Bereich der Zielpalette, bis die Zielpalette schwarz umrahmt dargestellt wird. Lassen Sie dann die Maustaste los. In der Zielpalette befinden sich nun im oberen Bereich zwei Registerkarten. Die Paletten können jetzt gemeinsam geöffnet, geschlossen und verschoben werden.

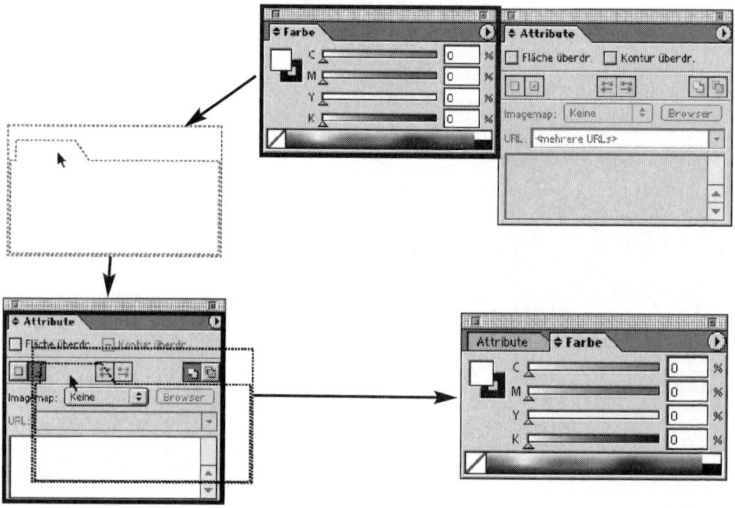

Magnetische Paletten

Werden mehrere Paletten, ob minimiert, gruppiert oder angedockt, geöffnet gehalten, ist es sinnvoll, sie an Orten zu platzieren, die bei der Arbeit nicht weiter stören, zum Beispiel der Fenstertitelleiste oder dem unteren Bereich eines Dokumentfensters. Außerdem wäre es sinnvoll, diese Paletten auch aneinander ausrichten zu können. Adobe Illustrator kann das erwirken, wenn man Paletten dicht zueinander bringt.

- Greifen Sie die Palette, die an einer anderen ausgerichtet werden soll, an der Verschiebeleiste und bewegen Sie sie mit der rechten Kante in den Bereich der linken Kante der Zielpalette. Sie werden feststellen, dass sich die beiden Paletten tatsächlich anziehen.

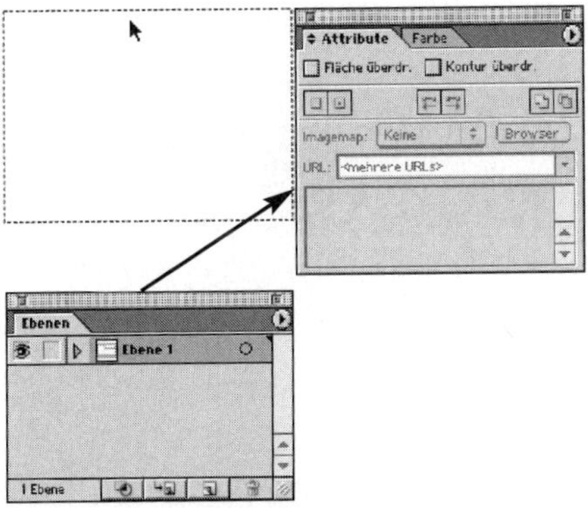

! Alle Paletten im Adobe Illustrator haben spezielle Aufgabengebiete. Da es eine enorme Fülle von Paletten gibt, sind die Beschreibungen von mir nach Anwendungsgebieten zusammengefasst worden. Die einzige Palette, die eigentlich dem prinzipiellen Arbeiten dient, ist die **Werkzeug-Palette**. Sie steht aus diesem Grund auch am Anfang der Palettenbeschreibungen.

Die Werkzeug-Palette

Die Werkzeug-Palette beinhaltet alle für eine aussagekräftige Illustration notwendigen Handwerkszeuge. Einzelne Werkzeuge sind hierbei in Gruppen zusammengefasst und in sogenannten herauslösbaren Paletten untergebracht, die man, benutzt man häufig mehrere dieser Einzelwerkzeuge, am Fensterrand unterbringen kann. Manche Werkzeuge lassen sich auch einstellen, wenn man einen Doppelklick auf das Werkzeugsymbol macht. Die einzelnen Werkzeuge können zum einen per Anklicken aktiviert werden, aber auch durch spezielle Tastenkürzel. Folgende Werkzeuge lassen sich per Tastenkürzel aktivieren:

Die Werkzeug-Palette unter Mac OS X

Die Werkzeug-Palette unter Mac OS 9

Weitere Werkzeuge, die per Tastenkürzel aktiviert werden können, werden bei den entsprechenden Werkzeuggruppen benannt.

Einige Werkzeuge in der **Werkzeug-Palette** besitzen ein kleines Dreiecksymbol in der rechten unteren Ecke ihres Symbols. Hier verbergen sich weitere Werkzeuge, die nicht sichtbar sind. Diese verborgenen Werkzeuge werden sichtbar, wenn man auf das Werkzeugsymbol klickt und die Maustaste gedrückt hält. Diese aufgeklappten Werkzeuge lassen sich aus der **Werkzeug-Palette** herauslösen. Sie bilden dann mit den vorher nicht sichtbaren weiteren Werkzeugen eine eigenständige Palette.

Paletten herauslösen

Um Paletten herauszulösen, gehen Sie folgendermaßen vor:

- Klicken Sie auf ein Werkzeug mit Dreiecksymbol in der unteren rechten Ecke und halten Sie die Maustaste gedrückt. Die verborgenen Werkzeuge werden nun sichtbar.
- Wandern Sie nun bei weiterhin gedrückter Maustaste zum Pfeil auf der rechten Seite der Palette. Lassen Sie die Maustaste los. Die verborgenen Werkzeuge existieren nun in einer eigenständigen Palette und lassen sich an beliebigen Stellen des Dokumentfensters platzieren.

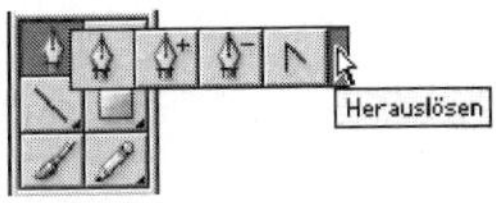

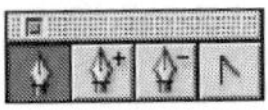

Herausgelöste Paletten schließen

Abreiß-Paletten wieder schließen

- Klicken Sie auf den Schließschalter in der linken oberen Ecke der **Abreiß-Palette**.

Werkzeuggruppen

Auswahl-Werkzeuge

Es gibt grundsätzlich **Auswahl-Werkzeuge** und **Direktauswahl-Werkzeuge**. Der Unterschied zwischen diesen beiden Formen von Auswahl-Werkzeugen besteht im Großen und Ganzen darin, dass **Direktauswahl-Werkzeuge** einzelne Pfadstrukturen auswählen können, also Pfadsegmente und einzelne Pfadpunkte. Die grundsätzlichen **Auswahl-Werkzeuge** können das nicht. Sie wählen immer einzelne oder mehrere Objekte komplett aus.

Auswahl-Werkzeuge werden ab Seite 207ff erklärt.

Auswahl-Werkzeug

Zauberstab

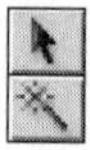

Direktauswahl

Gruppenauswahl

Direktauswahl-Lasso

Lasso (Auswahl)

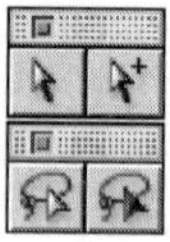

Zeichen-Werkzeuge

Zeichen-Werkzeuge werden ab Seite 227ff erklärt.

Stift-Werkzeuge

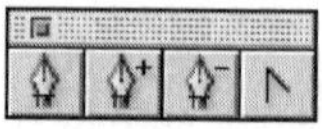

Text-Werkzeuge

Grundformen

Änderungs-Werkzeuge

Veränderungs-Werkzeuge

Transformations-Werkzeuge werden ab Seite 289ff erklärt.

Transformations-Werkzeuge

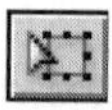

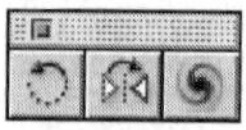

Verkrümmen-Werkzeuge

Verkrümmen-Werkzeuge werden ab Seite 310ff erklärt.

Symbol-Werkzeuge

Symbolveränderungs-Werkzeuge

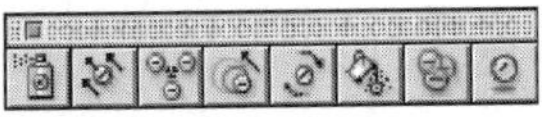

Symbole werden ab Seite 267ff erklärt.

Diagramm-Werkzeuge

Diagramme werden ab Seite 375ff erklärt.

Anwendungs-Werkzeuge

Gitter-Werkzeug

Verlaufs-Werkzeug

Angleichen-Werkzeug

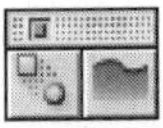

Pausstift-Werkzeug

Pipette

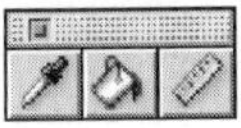

Mess-Werkzeug

Füll-Werkzeug

Verlaufsgitter werden ab Seite 351ff erklärt.
Verläufe werden ab Seite 343ff erklärt.
Das **Angleichen** wird ab Seite 174ff erklärt.
Der **Pausstift** wird auf Seite 374erklärt.
Die **Pipette** und das **Füll-Werkzeug** wird ab Seite 330 u. 337ff erklärt.
Das **Mess-Werkzeug** wird auf Seite 101ff erklärt.

Schneid-Werkzeuge

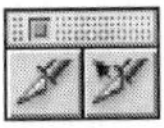

Slice-Werkzeug

Die **Slice-Werkzeuge** werden auf Seite 168 erklärt.

Scheren- und Messer-Werkzeug

Die **Scheren- und Messer-Werkzeuge** werden auf Seite 230 erklärt.

Hand-Werkzeug

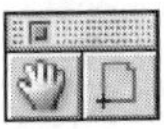

Seitenpositionierer

Das **Hand-Werkzeug** wird auf Seite 83 erklärt.

Der **Seitenpositionierer** wird auf Seite 35 u. 100 erklärt.

Zoom-Werkzeug

Das **Zoom-Werkzeug** wird auf Seite 81ff erklärt.

Farbwähler für Fläche und Kontur

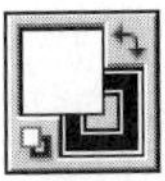

Die **Farbwähler** und **Zuweisungsschalter** für Fläche und Kontur wird auf den Seiten 330ff u. 339ff im Zusammenhang mit Flächen, Konturen und Farben erklärt.

Farbzuweisungs-
schalter für Fläche
und Kontur

Die **Präsentationsmodi** werden ab Seite 87ff erklärt.

Präsentationsmodi

Allgemeine Paletten

Informationen-Palette

Die Informationen-Palette gibt differenzierte Informationen zu diversen Situationen innerhalb des Dokumentfensters. Ohne existierende Auswahl wird die Position des Mauszeigers in Abhängigkeit zum aktuellen Nullpunkt angezeigt.

Position Mauszeiger

Position Auswahl

Existiert eine Auswahl, wird die Position der Auswahl in Abhängigkeit zum aktuellen Nullpunkt und die Ausdehnung der Auswahl angezeigt.

Wenn mit dem **Mess-Werkzeug** gearbeitet wird, werden hier die entsprechenden Werte angezeigt (siehe auch Seite 101f).

Wird mit einem **Transformations-Werkzeug** ein Transformationsvorgang durchgeführt, werden die entsprechenden Änderungswerte in der **Informationen-Palette** angezeigt:

beim **Drehen** der Drehwinkel,

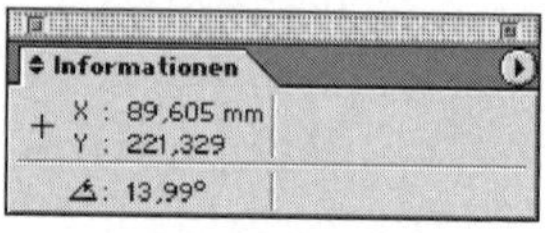

beim **Skalieren** der Änderungswert von Höhe und Breite in Prozent,

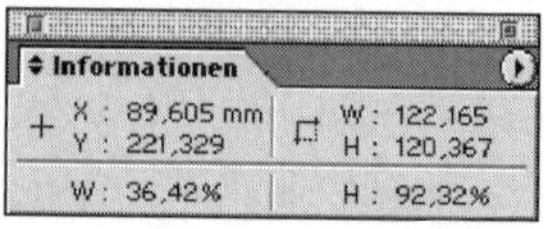

beim **Neigen** der horizontale und vertikale Neigungswinkel und

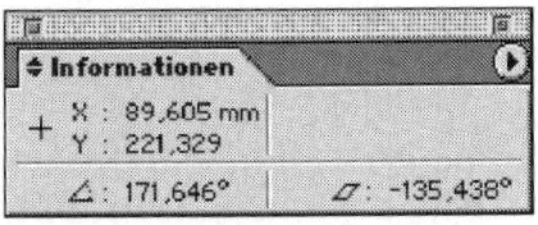

beim **Wirbeln** der Winkel der Drehung.

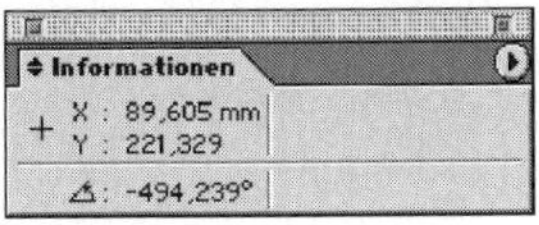

Dokumentinformationen-Palette
Diese Palette gibt Auskünfte über diverse Dokumentinhalte. Dazu gehören der Speicherort, der Farbraum und das Farbprofil des Dokumentes sowie objektspezifische Informationen.

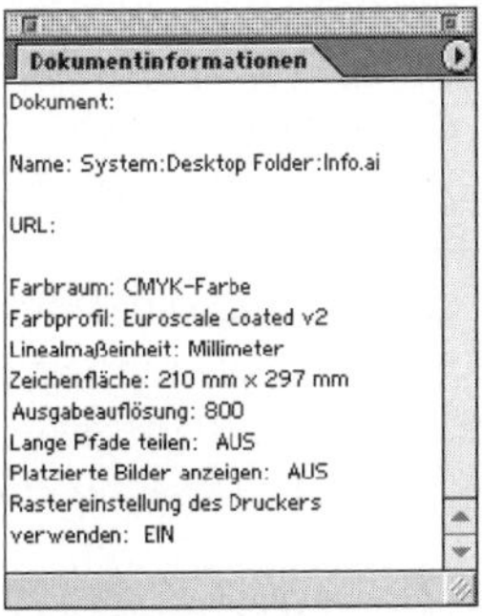

Paletten-Menü der **Dokumentinformationen-Palette**

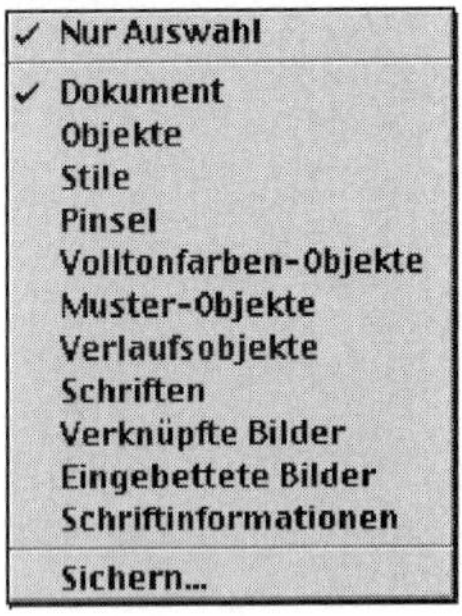

Welche Information angezeigt werden soll, kann im Paletten-Menü ausgewählt werden.

Aktionen-Palette
Die Aktionen-Palette beinhaltet vom Programmhersteller vordefinierte wie auch möglicherweise selbst definierte Aktionen. Aktionen sind selbsttätig ablaufende Befehlsroutinen, die ähnlich strukturiert sind wie Makros. Wenn der Startschalter betätigt wird,

laufen die Aktionen, die ausgewählt wurden, automatisch ab.

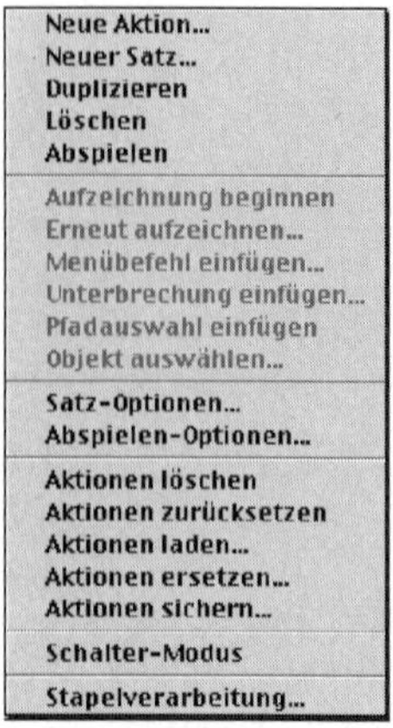

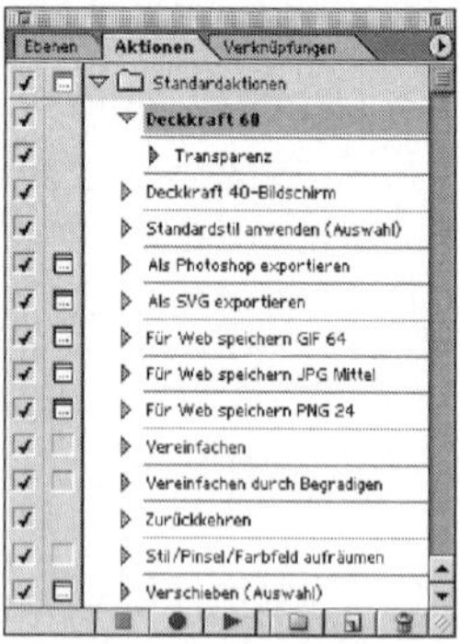

Im Paletten-Menü können neben den Schalterfunktionen der Palette auch weitere Funktionen ausgewählt werden.

Navigator-Palette

Um sich schnell innerhalb eines Dokumentes zu bestimmten Stellen bewegen zu können, stellt Adobe Illustrator neben dem **Zoom-** und **Hand-Werkzeug** und den **Vergrößerungsstufen** auch die **Navigator-Palette** zur Verfügung. Der rote Bereich innerhalb des Vorschaubereichs der Palette zeigt den aktuell sichtbaren Bereich im Dokumentfenster an.

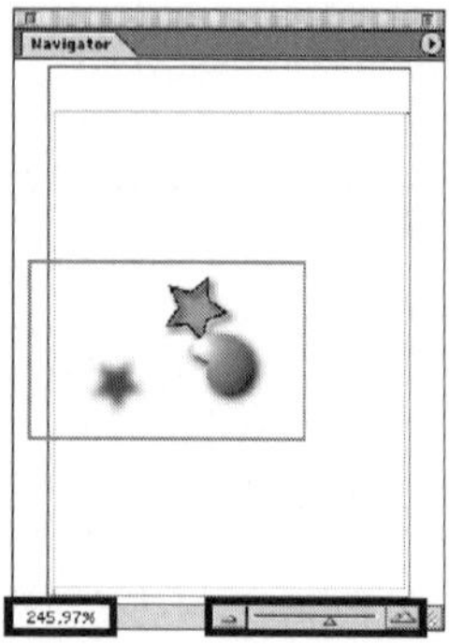

Eingabebereich

Dynamischer Bereich

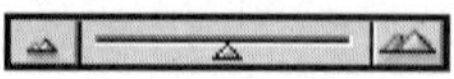

Im Eingabefeld des linken unteren Bereichs kann ein beliebiger Wert für die Vergrößerungsstufe eingetragen werden. Der rote Bereich wird sich sofort verändern, ebenso auch die Anzeige im Dokumentfenster. Eine Alternative zum **Eingabewert** stellt der **Schieberegler** dar. Hier kann der Inhalt des Dokumentfensters dynamisch verändert werden.

Bewegt man den Mauszeiger in den rot umrandeten Vorschaubereich der Navigator-Palette hinein, verändert sich der Mauszeiger und wird zur Verschiebehand.

Befindet man sich mit dem Mauszeiger außerhalb des rot umrandeten Bereichs, verändert sich der Mauszeiger ebenfalls und wird zur Zeigehand. Mit der Zeigehand kann man auf die Stelle im Navigatorfenster klicken, die man in der momentan eingestellten Vergrößerungsstufe im Dokumentfenster angezeigt haben möchte.

Klickt man mit der Maus auf den rot umrandeten Bereich in der **Navigator-Palette** und hält die Maustaste gedrückt, ändert sich das Mauszeigersymbol wiederum in eine geballte Faust. Hiermit kann der Anzeigebereich verschoben werden.

Im Paletten-Menü können die optischen Merkmale des Vorschaubereichs eingestellt werden.

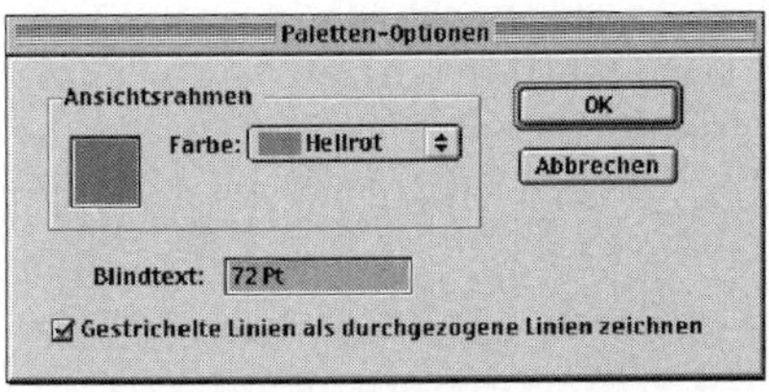

Paletten zur Verwaltung

Ebenen-Palette

Aktivierte Objekte werden in der Ebenen-Palette farblich gekennzeichnet.

Zum Vereinfachen der Arbeit in einer Illustration ist es sinnvoll, Objektstrukturen in unterschiedlichen Hierarchie-Ebenen anzuordnen. Dadurch wird das Handling der Objekte stark vereinfacht. Zudem ist die Ebenenverwaltung auch dafür geeignet, Objekte seitenorientiert anzuordnen. Da Illustrator in einem Dokument nur mit einer Seite arbeiten kann, ist diese spezielle Nutzung der Ebenen-Architektur sehr nützlich. Die Objekte der einzelnen Ebenen werden separat aufgeführt und können beliebig ein- und ausgeschaltet werden.

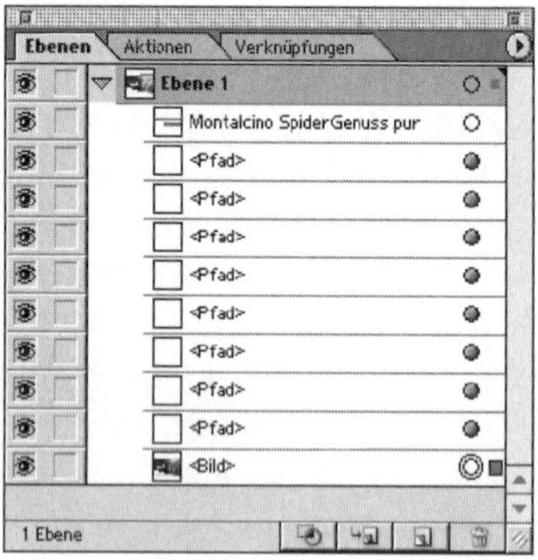

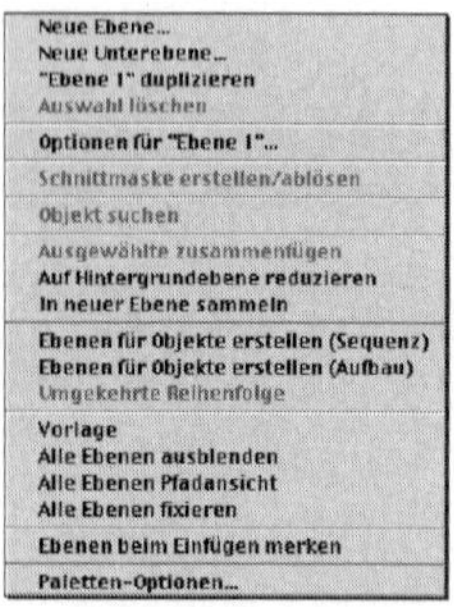

Die entsprechenden Funktionen werden im Kapitel Ebenen ausführlich erklärt.

Das Paletten-Menü der Palette stellt weitere Funktionen zur Verfügung, die über die Symbole im unteren Teil der Palette nicht erreichbar sind.

So lassen sich zum Beispiel die **Vorlage-Ebenen** (siehe Seite 374) nur über das Paletten-Menü steuern.

Die Symbolleiste

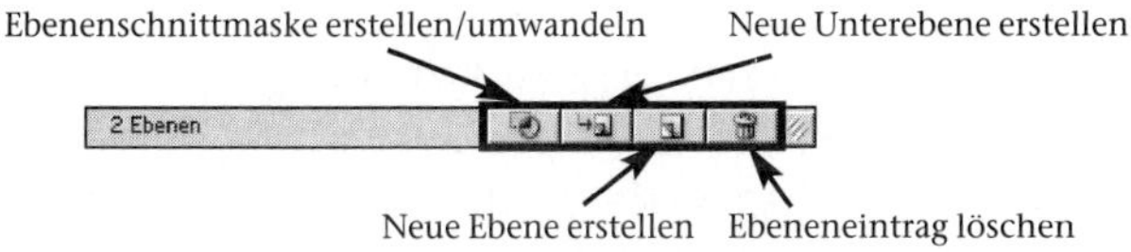

Für die **Ebenen-Palette** stehen gesonderte Tastenkombinationen zur Verfügung:

- Klicken bei gedrückter ⌥-Taste auf den Name einer Ebene, Unterebene, Gruppe oder Objekt wählt das Element im Dokumentfenster aus.
- Klicken bei gedrückter ⌥-Taste auf das Augensymbol vor einer Ebene blendet alle Ebenen außer der ausgewählten ein/aus.
- Klicken bei gedrückter ⌘-Taste auf das Augensymbol vor einer Ebene versetzt die Ebene in die **Pfadansicht/Vorschau**.
- Klicken bei gedrückter ⌥⌘-Taste auf das Augensymbol vor einer Ebene versetzt alle anderen Ebenen in die **Pfadansicht/Vorschau**.
- Klicken bei gedrückter ⌥-Taste auf das Schlosssymbol vor einer Ebene fixiert/löst alle Ebenen außer der ausgewählten.
- Klicken bei gedrückter ⌥⌘-Taste auf das **Neue-Unterebenen-Symbol** in der unteren Symbolleiste fügt unten eine neue **Unterebene** an.
- Klicken bei gedrückter ⌥-Taste auf das **Ebenen-Symbol** in der unteren Symbolleiste öffnet die Ebenenoptionen.

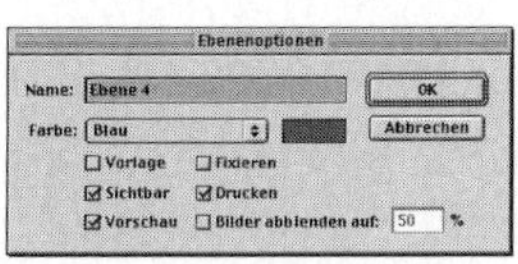

- Klicken bei gedrückter ⌘-Taste auf das **Ebenen-Symbol** in der unteren Symbolleiste fügt eine neue **Ebene** an oberster Stelle der Ebenenhierarchie an.

- Klicken bei gedrückter [⌥][⌘]-Taste auf das **Ebenen-Symbol** in der unteren Symbolleiste fügt eine neue **Ebene** unter der ausgewählten an und öffnet die Ebenenoptionen.

SVG-Format:

SVG = Scalable-Vector Graphic-Format.
Ein dem Flash-Format ähnliches, von Adobe entwickeltes Dokumentformat.
Um Daten, die in diesem Format erstellt wurden, in einem Webbrowser darstellen zu können, benötigt man, genauso wie für Flash-basierte Daten, ein Browser-PlugIn.

SVG-Interaktivitäts-Palette

Das SVG-Format ist ein komplett auf XML basierendes Vektorformat. Es ermöglicht (ähnlich dem von Macromedia entwickelten Flash-Format) ein interaktives, dynamisches Verhalten von Vektoren in einem Webbrowser. Um die Daten in einem Adobe-Illustrator-Dokument besser verwalten zu können, stellt das Programm eine Palette bereit, die die Verhaltensweisen der Illustrationen steuern kann. Im Normalfall wird zusätzlich zum Ereignis, das im PopUp-Menü ausgewählt werden kann, auch noch eine **JavaScript-Funktion** benötigt, die ausgeführt wird, wenn das Ereignis eintritt.

Ereignisse

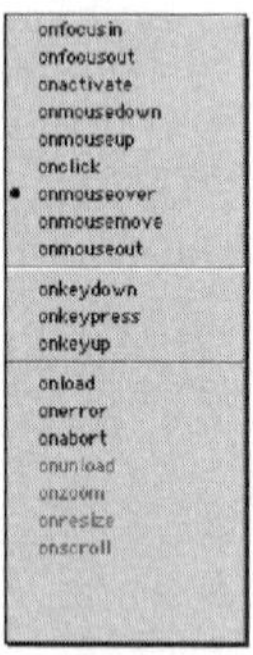

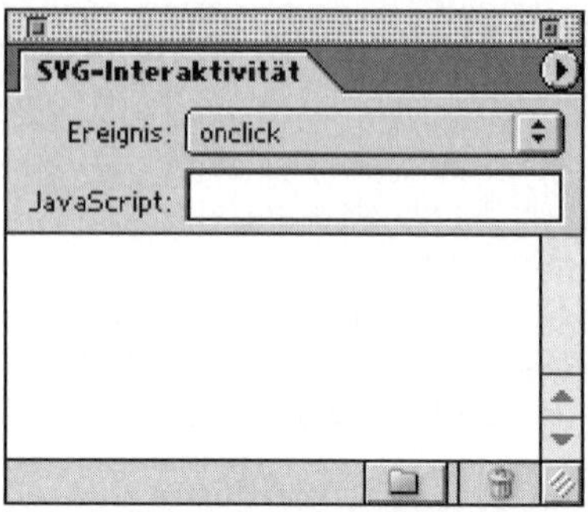

Im Paletten-Menü der Palette lassen sich mit dem Dokument verbundene **JavaScript-Dateien** auswählen oder löschen.

Variablen-Palette

In Illustrator kann aus jeder Zeichnung eine Grafikvorlage erstellt werden, die auf dynamischen Daten basiert. Dazu müssen Sie auf der Zeichenfläche nur die Objekte definieren, die als Variablen verwendet werden sollen und somit dynamisch (variabel) sind. Sie können Variablen verwenden, um Textstrings, verknüpfte Bilder, Diagrammdaten und die Sichtbarkeitseinstellung von Objekten in Bildmaterial zu ändern. Es können auch mehrere Variablendatensätze erstellt werden, um auf einen Blick sehen zu können, wie eine Vorlage mit den eingefügten Daten aussehen wird. Damit können Vorlagen die Zusammenarbeit von Grafikdesignern, Entwicklern und Produktionsmitarbeitern erleichtern.
Die **Variablen-Palette** verwaltet zur Verfügung stehende Variablen und Datensätze für Illustrationsobjekte. Das können einfache Pfade, Flächen, Texte und auch Bilder sein.

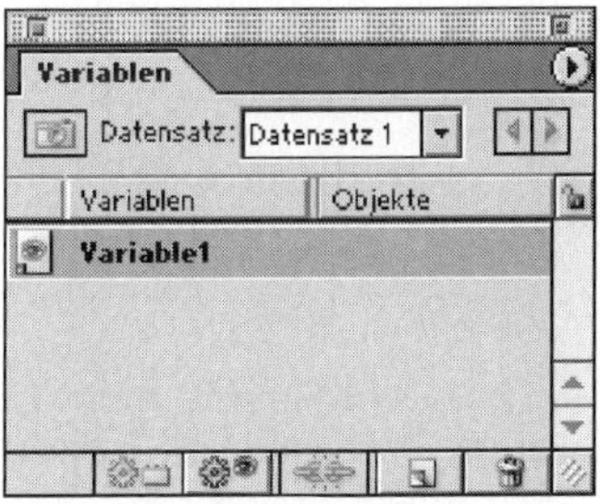

Die Symbole der Palette bedeuten im Einzelnen:

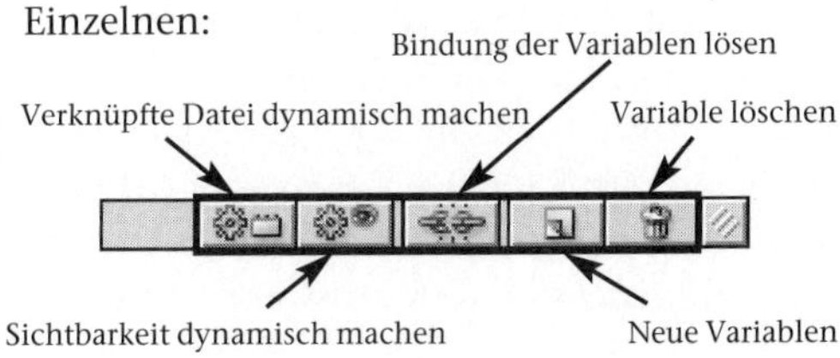

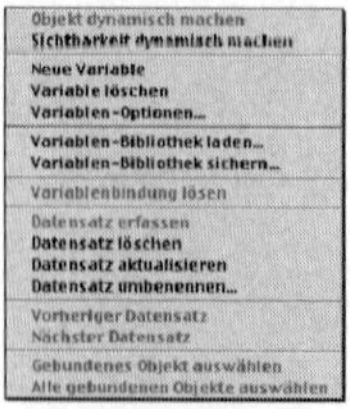

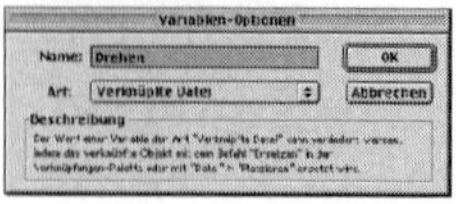

Das Paletten-Menü stellt auch hier weitere Möglichkeiten zur Verfügung, wie zum Beispiel die Variablen-Optionen.

Verknüpfungen-Palette

Illustrationen besitzen häufig eine Menge unterschiedlicher Bilddaten. Je nach Anwendungsgebiet sind diese Bilddaten völlig unterschiedlich strukturiert. Illustrationen für den Printbereich benötigen andere Bilddaten als Illustrationen für Webseiten oder Multimedia-Anwendungen. Mit der **Verknüpfungen-Palette** ermöglicht Adobe Illustrator das Verwalten all dieser Bildinformationen. Auch im Zusammenhang mit Arbeitsgruppen besitzt die **Verknüpfungen-Palette** eine enorme Wichtigkeit. Sie kann Daten, die keine aktualisierte Verbindung zu Servern besitzen, mit Symbolen kennzeichnen.

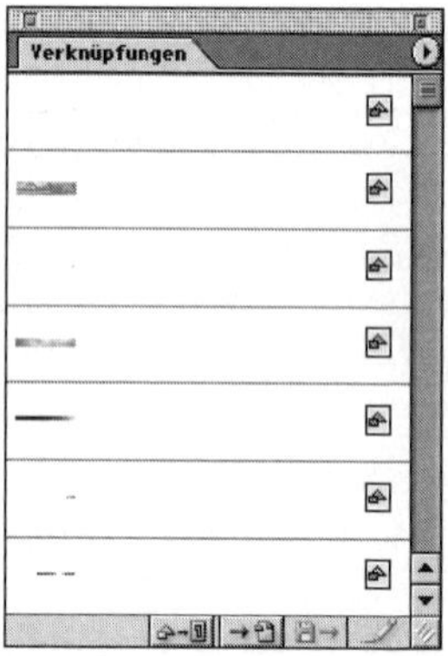

Für jedes Bild im Dokument kann das Programm eine Inhaltsinformation erstellen. Ein Doppelklick auf den Eintrag in der Palette öffnet die Verknüpfungsinformationen ebenso wie der Befehl **Informationen...** im Paletten-Menü, wenn eine Auswahl existiert.

Die Symbole der Palette bedeuten im Einzelnen:

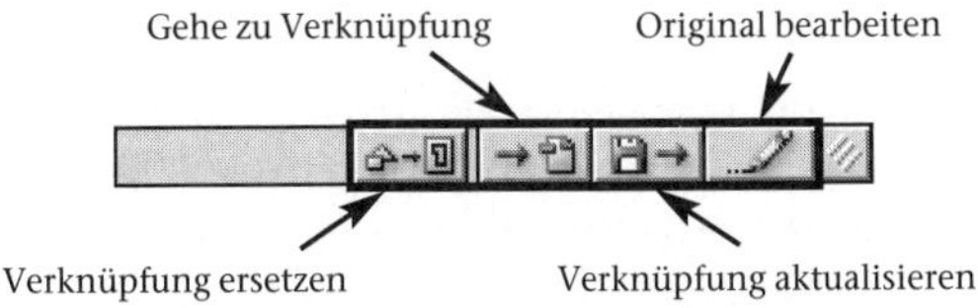

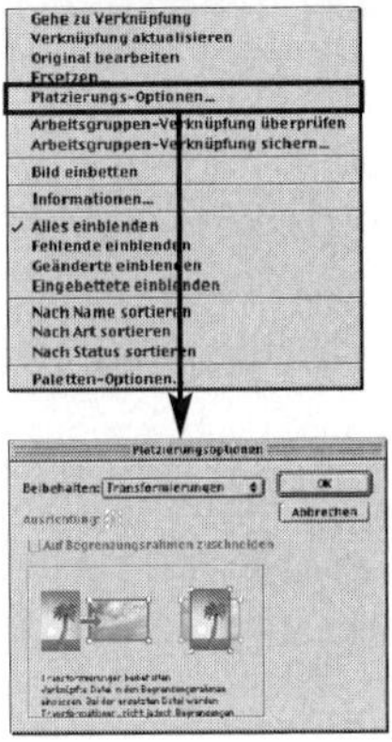

Wie platzierte Bilder in den Bildrahmen eingepasst werden, ist abhängig von den ausgewählten **Platzierungs-Optionen**, die im Paletten-Menü oder per Doppelklick auf das Verknüpfungssymbol in der **Verknüpfungs-Palette** eingestellt werden können. Das PopUp-Menü **Beibehalten** steuert, wie Bilder in Rahmen eingepaßt werden.

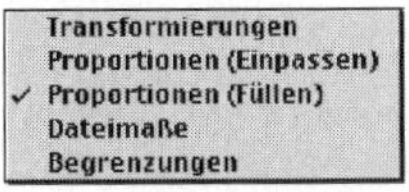

Zudem geben Symbole hinter den Bildverweisen eine Information darüber, ob eine Bilddatei verknüpft oder eingebettet ist.

Kein Symbol gibt an, dass das Bild verknüpft ist.

 Das Symbol gibt an, dass das Bild eingebettet ist.

Da im Autorensystem keine Serveranbindung existiert, werden die Symbole für die Arbeitsgruppen Informationen nur vorgestellt.

 Das Symbol gibt an, dass die Version der lokalen Datei mit der Version der Serverdatei übereinstimmt.

 Das Symbol gibt an, dass die Version der lokalen Datei mit der Version der Serverdatei nicht übereinstimmt.

 Das Symbol gibt an, dass die lokale Datei nicht gefunden wurde.

Paletten für grafische Attribute

Aussehen-Palette

In der Palette werden alle grafischen Merkmale eines Objektes gespeichert. Sie lassen sich bei Bedarf auch wieder entfernen. Wird hier ein Grafik-Attribut mit der Maus ausgewählt, kann es zum Beispiel in den Papierkorb gezogen werden, um es dauerhaft zu entfernen. Alternativ hierzu kann man das Papierkorb-Symbol auch nur anklicken, wenn ein oder mehrere Grafik-Attribute ausgewählt wurden. Es lassen sich dem ausgewählten Objekt hier auch weitere Attribute hinzufügen. Die Grafik-Attribute lassen sich auch jederzeit in der Anordnung verschieben. Gerade wenn mehrere gleiche Attribute definiert wurden, ist die Anordnung zueinander teilweise sehr wichtig. Wenn zum Beispiel zwei Konturen zugewiesen wurden und die eine dünner als die andere ist, wäre es wichtig, die dünne oberhalb der dicken anzuordnen, da sie sonst eventuell nicht zu sehen wäre. Oder wenn der einen Fläche ein Transparenzeffekt zugeordnet wurde, sie aber von einer nicht transparenten Fläche verdeckt wird.

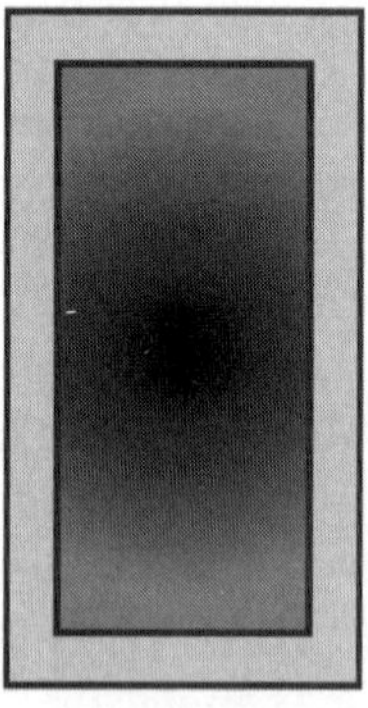

Die Symbole im unteren Teil arbeiten wie folgt:

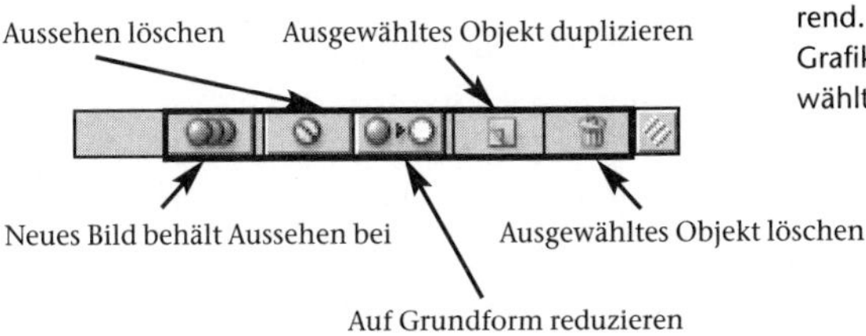

Die Bezeichnung Objekt für die Inhalte der Palette ist vielleicht etwas irreführend. Es sind damit die Grafik-Attribute des ausgewählten Objekts gemeint.

Das Paletten-Menü der Palette beinhaltet neben den Funktionen der Symbolleiste noch weitere wichtige Befehlsstrukturen.

- **Miniaturen löschen** entfernt vor den Einträgen in der **Aussehen-Palette** das kleine Farbsymbol.

Alle weiteren Befehle werden ab Seite 283ff im Kapitel **Stile** beschrieben.

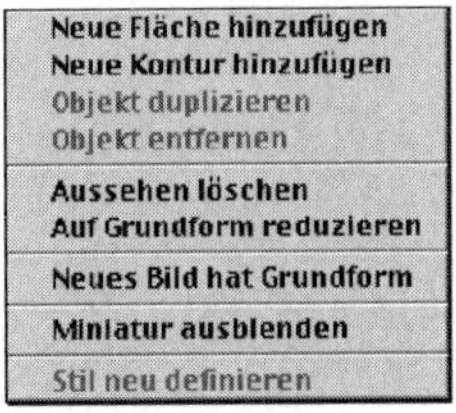

Stile-Palette

Die Palette stellt gesammelte Aussehen-Attribute (Grafikattribute) zur Verfügung. Im Programm sind einige vordefiniert, die sofort benutzt werden können (siehe auch **Stil-Bibliothek** auf Seite 284ff).

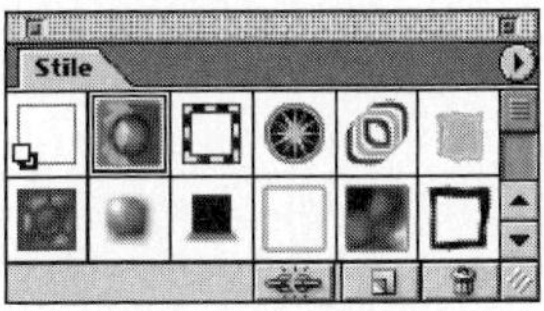

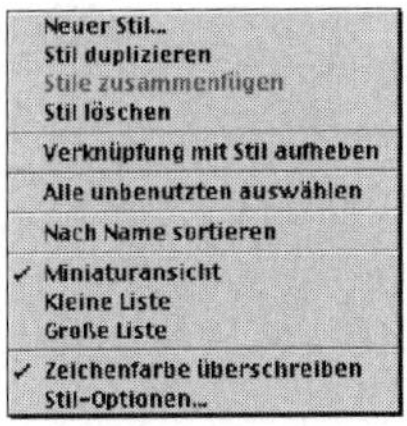

Es können auch weitere Stile in die Palette aufgenommen werden. Die Prozedur ist einfach. Man erstellt sich ein beliebiges Objekt mit dem gewünschten Aussehen und kann anschließend auf vier unterschiedliche Weisen das Aussehen in die **Stile-Palette** als neuen Stil aufnehmen.

- Öffnen Sie die **Aussehen-Palette**. Ziehen

Sie das im oberen Teil befindliche Symbol für „Pfad“ oder „Keine Auswahl“ etc. bei gedrückter Maustaste in die **Stile-Palette** hinein und lassen Sie die Maustaste los. Es existiert nun ein neuer Stil mit dem gerade erstellten Aussehen in der Palette. Der Vorgang ist nicht möglich, wenn die Stile-Palette minimiert ist.

- Öffnen Sie die **Aussehen-Palette**. Ziehen Sie das Objekt, dem Sie gerade ein entsprechendes Aussehen gegeben haben, in die **Stile-Palette** hinein. Es existiert nun ebenfalls ein neuer Stil mit dem gerade erstellten Aussehen in der Palette. Der Vorgang ist nicht möglich, wenn die Stile-Palette minimiert ist.
- Markieren Sie das gewünschte Objekt. Klicken Sie nun in der **Stile-Palette** das Symbol für **Neuer Stil** in der unteren Symbolleiste an. Es wird nun sofort ein neues Stilfeld in der Palette existieren.
- Markieren Sie das gewünschte Objekt. Gehen Sie in das Paletten-Menü der Palette und wählen Sie dort **Neuer Stil...** aus. Es öffnet sich ein Dialogfeld, in dem Sie aufgefordert werden, dem Stil einen Namen zu geben. Nach einem **OK** wird ein neues Stilfeld in der Palette existieren.

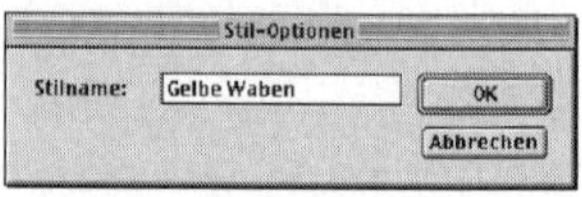

Der Name kann jederzeit per Doppelklick auf das Symbol in der Stile-Palette verändert werden. Die Namen werden wichtig, wenn die Liste mit Namen angezeigt werden soll (Option **Kleine Liste** oder **Große Liste**). Auch für das Sortieren nach Namen ist die sinnvolle Namensvergabe wichtig.

Anzeige der Palette nach Option **kleine Liste**

Die Symbole im unteren Teil der Palette bedeuten wie folgt:

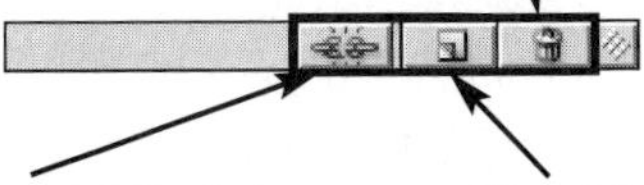

- Wird die Verknüpfung zum Stil aufgehoben, bleiben die Aussehen-Attribute des Objektes erhalten, besitzen aber keine Verbindung mehr zum Stil.

Attribute-Palette

Objekte besitzen anderen Objekten gegenüber möglicherweise spezielle Wirkungen, wie Überdrucken oder bei verknüpften Pfaden eine Überschneidungstransparenz. Diese Attribute können in dieser Palette zugewiesen werden. In Verbindung mit der Überdrucken-Funktion ist auch die **Überdrucken-Vorschau** wichtig, die auf Seite 89ff erklärt wird.

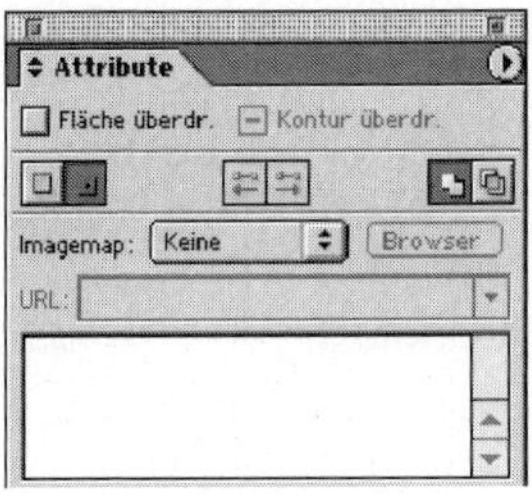

Die **Attribute-Palette** allein ist im Allgemeinen nicht sonderlich wichtig, um Grafik-Attribute von Objekten zu verwalten bzw. zuzuweisen. Meist ist es sehr viel sinnvoller, mehrere Paletten für grafische Attribute an die **Attribute-Palette** anzudocken. Wie das im Einzelnen geschieht, kann auf Seite 225ff nachgelesen werden.

Mehrere Paletten an die Attribute-Palette angedockt

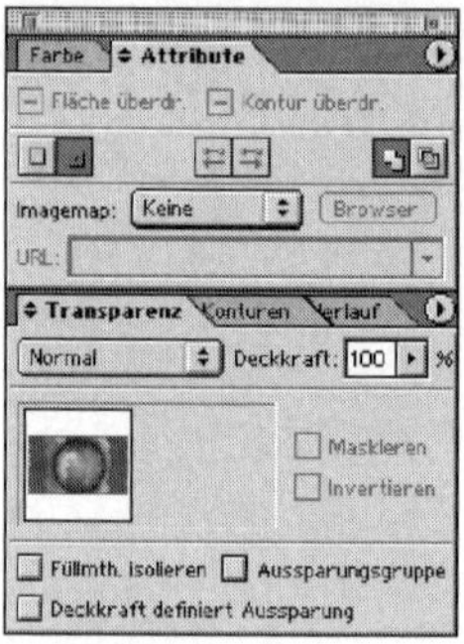

Die Funktionen Fläche/Kontur überdrucken werden im Kapitel „Kontur und Füllung“ auf Seite 340 und im Farbteil erklärt.

Option **Mittelpunkt ein-/ausblenden**

- Die Schaltflächen **Mitte ein-/ausblenden** bewirken, dass ausgewählte Objekte eine sichtbare Mittelpunktsanzeige bekommen können.
  Mittelpunkte können sehr hilfreich sein beim Positionieren von Objekten.

Option **Pfadrichtung umkehren: Ein/Aus**

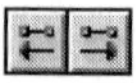

- Die Schaltflächen **Pfadrichtung umkehren: Ein/Aus** werden im Abschnitt “Zusammengesetzte Pfade“ ab Seite 225ff erklärt.

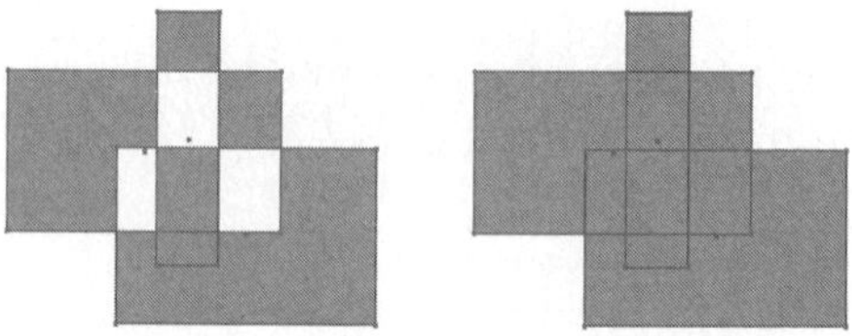

Pfadrichtung umkehren: Aus Pfadrichtung umkehren: Ein

Option **Füllregel Gerade-Ungerade Füllregel Nicht-Null**

- Bei beiden Füllregeln wird mit mathematischen Gleichungen bestimmt, ob sich ein Punkt innerhalb oder außerhalb einer Form befindet. Die **Füllregel Gerade-Ungerade** ist vorhersehbarer. Bei einem zusammengesetzten Pfad, der dieser Regel unterliegt, ist in jedem zweiten Bereich, unabhängig von der Pfadrichtung, ein

Loch. In Adobe Illustrator ist **Nicht-Null** die Standardregel. In Adobe Photoshop und Macromedia FreeHand ist **Gerade-Ungerade** die Standardregel. Aus diesen Anwendungen importierte, **zusammengesetzte Pfade** folgen demnach der **Füllregel Gerade-Ungerade**.

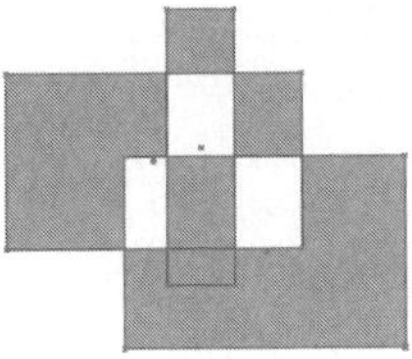

Füllregel Nicht-Null

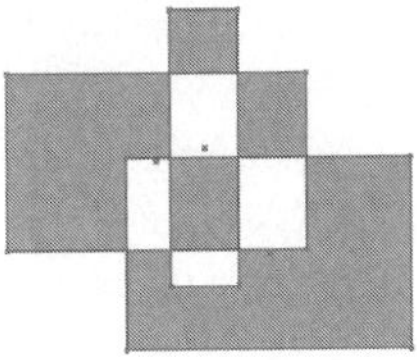

Füllregel Gerade-Ungerade

Beide Füllregeln finden nur bei Objekten Anwendung, die **zusammengesetzte Pfade** darstellen. Lesen Sie hierzu auch im Abschnitt „Zusammengesetzte Pfade" ab Seite 224ff.

Bereich Imagemap

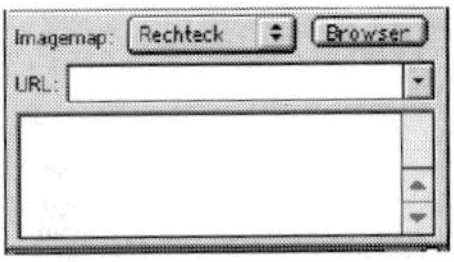

Der untere Teil der Palette stellt eine Anbindung der Objekte zur interaktiven Nutzung auf Webpages dar.
Mit Imagemaps können Sie einen oder mehrere Bereiche eines Bildes, die so genannten „Hotspots" , mit einer URL (Uniform Resource Locator), einer Webadresse, verknüpfen. Wenn ein Besucher der Webseite auf einen Hotspot klickt, lädt der Webbrowser sofort die verknüpfte Datei.
Somit können Objekten hier interaktive Informationen zugeordnet werden.
Die Imagemaps können Rechtecke oder Polygone darstellen.

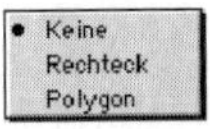

Je nachdem, welche der Optionen benutzt wird, werden die Adobe-Illustrator-Objekte in Webpages als solche verwaltet. Die Option **URL:** bestimmt dann, zu welcher Website der Browser springen soll, wenn auf das Objekt geklickt wird. Achten Sie bei der Vergabe der URL darauf, dass sie komplett ist. Also zum Beispiel: „http://www.kom-art.de/beispiele1.htm", nicht nur „www.kom-art.de/beispiele1.htm".

- Das Hinweisfeld dient nur zu objektbezogenen Informationen für Mitarbeiter, die sich ebenfalls mit dem Dokument beschäftigen, zum Beispiel in Arbeitsgruppen.

Farbe-Palette

Um in Dokumenten flexibel mit Farben umgehen zu können, wird die **Farbe-Palette** zur Verfügung gestellt. Im Paletten-Menü der Palette kann eingestellt werden, welches Farbmodell zum Anmischen der entsprechenden Farben benutzt werden soll. Wichtig ist diese Unterscheidungsmöglichkeit, da Web-, Multimedia- und Printbereich unterschiedliche Farbinformationen benötigen. Wird diese Unterscheidung nicht getroffen, kann es durchaus zu starken Farbverschiebungen kommen. Je nach Modell werden sich die Regler, mit denen die Farben angemischt werden, verändern. Die beiden Symbole neben den Reglern bestimmen, welchen Attributen Farbe zugeordnet werden soll, ob Fläche oder Kontur.

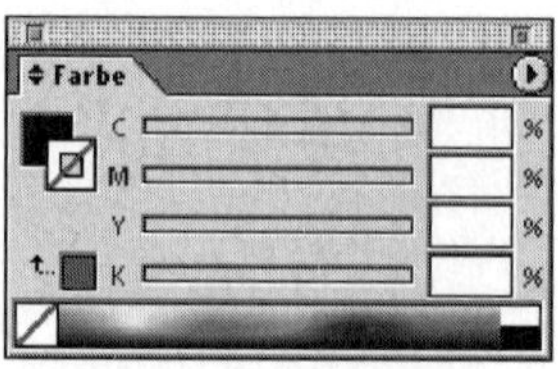

- Wird auf die Farbsymbole für Fläche und Kontur ein Doppelklick gemacht, öffnet sich der Farbwähler des Programms. Hier können alternativ Farben ausgewählt werden.

Symbol für **Fläche und Kontur**

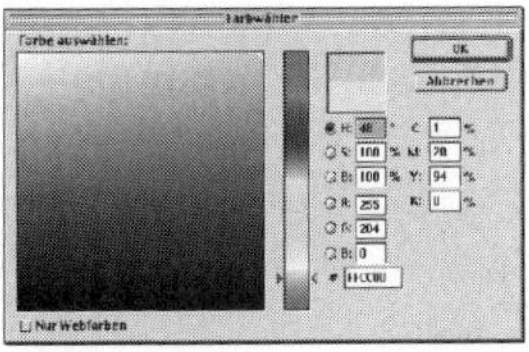

Der Farbwähler öffnet sich auch bei einem Doppelklick auf die Farbsymbole für Fläche und Kontur in der **Werkzeug-Palette**.

- Ist für ein Attribut keine Farbe ausgewählt, wird im unteren Bereich der Palette ein Symbol angezeigt, das die Farbzusammensetzung der letzten gewählten Farbe besitzt. Klickt man darauf, wird diese Farbe dem ausgewählten Objekt zugewiesen.

Symbol für **Letzte Farbe**

- Ist für ein Attribut eine Farbe ausgewählt, wird im mittleren Bereich der Palette ein Symbol angezeigt, das ein websicheres Adäquat zur Verfügung stellt. Klickt man darauf, wird die momentan ausgewählte Farbe durch das websichere Adäquat ersetzt.

Symbol für **Websichere Farbe**

- Befindet man sich innerhalb des RGB-Modells, kann im unteren Bereich der Palette ein Symbol angezeigt werden, das ein Warnzeichen besitzt. Dieses Zeichen steht für „**Nicht im Farbumfang**". Klickt man auf das Symbol, wird die ausgewählte Farbe in eine Farbe umgewandelt, die im Farbumfang des Dokuments enthalten ist.

Symbol für **Nicht im Farbumfang**

- Der Farbbalken im unteren Bereich der Palette besitzt Symbole, mit denen drei feste Farben ausgewählt werden können

Der Farbbalken

sowie links **Keine Farbe** und rechts **Schwarz und Weiß**. Im Bereich zwischen diesen Farben können alle Farben des RGB-Spektrums mit der Pipette aufgenommen werden. Leider sind die Farben des Spektrums nicht in allen zur Verfügung stehenden Farbprofilen nutzbar. Weitere Informationen erhalten Sie im Kapitel „Farbe“ ab Seite 325ff.

Farbfelder-Palette

Hier kann schnell auf vordefinierte Farben zugegriffen werden und es können zu den bereits vorhandenen Farben weitere hinzugefügt werden. Die Farbfelder-Palette kann Farben unterschiedlichster Modelle aufnehmen. Zudem können auch Muster und Verläufe in diese Palette aufgenommen werden. Welche Farbfelder im sichtbaren Bereich angezeigt werden, wird durch die Symbolleiste der Palette definiert.

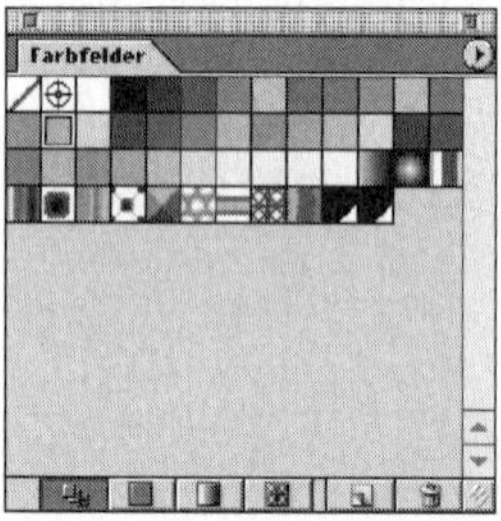

Die beiden Symbole rechts auf der Symbolleiste erstellen eine neue Farbe beziehungsweise löschen eine vorhandene.

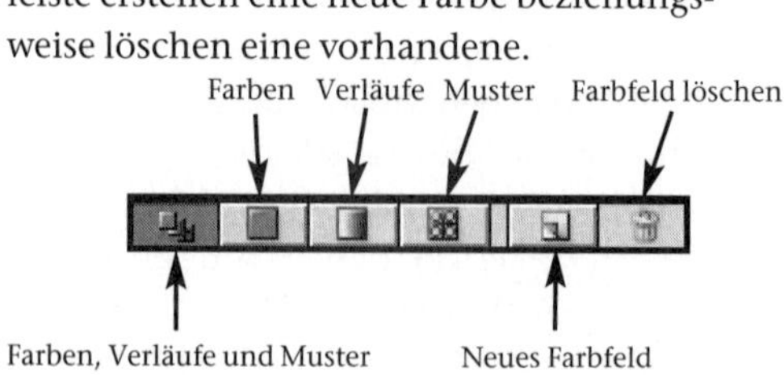

Farben, die von Objekten benutzt werden, können schnell per Drag & Drop in die Palette aufgenommen werden. Auch aus der Farbe-Palette kann eine angemischte Farbe per Drag & Drop in die Palette aufgenommen werden.

Bewegt man den Mauszeiger auf eine Farbe innerhalb der Palette, wird bei eingeschalteter Option **Texttipps** die Zusammensetzung der Farbe angezeigt.

Ein Doppelklick auf eine Farbe öffnet das Dialogfeld zum Einstellen der Farbe. Auch die **Farbfelder-Optionen** aus dem Paletten-Menü öffnen den Dialog.

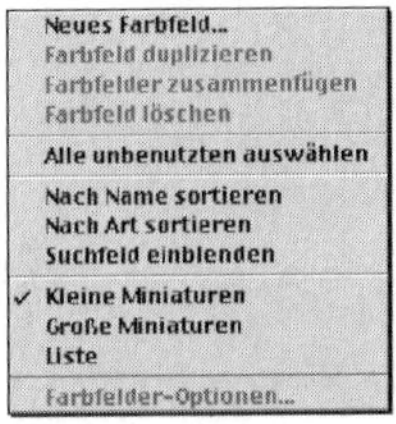

Die Funktion **Neues Farbfeld...** aus dem Paletten-Menü öffnet ebenfalls das Dialogfeld, allerdings in Bezug auf eine neu in die Palette aufzunehmende Farbe. Die Einstelloptionen in diesem Dialogfeld werden im Kapitel „Farben“ ab Seite 325ff besprochen.

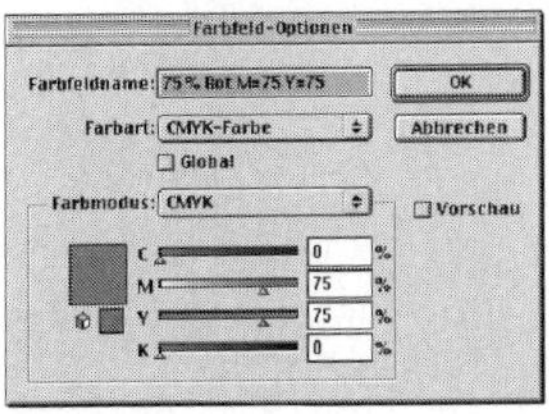

Konturen-Palette

Pfade können nur sichtbare Konturen besitzen, wenn die Konturen auch eine Farbe und Ausdehnung besitzen. Zusätzlich zur Farbe einer Kontur, die über die **Farbfelder**- und **Farbe-Paletten** zugewiesen werden kann, ist es notwendig, einem Pfad auch eine Konturbreite zu geben. Zudem ist es notwendig, einer Pfadkontur mit Breiteninformation mitzuteilen, wie das Verhalten in Ecken- und Endensituationen sein soll und ob der Pfad eine kontinuierliche oder unterbrochene Kontur besitzt. In der Konturen-Palette kann dies eingestellt werden.

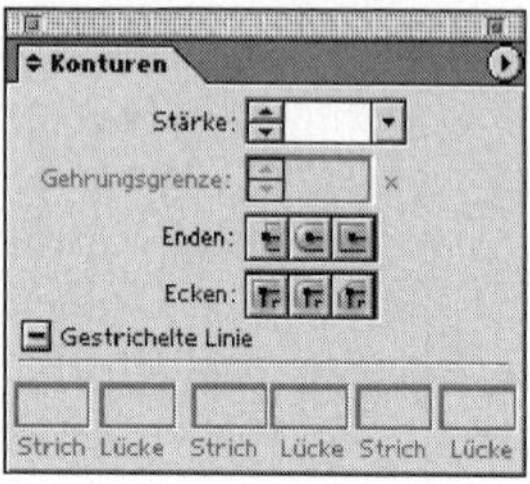

Stärke

- Im mit einem PopUp-Menü kombinierten Eingabefeld kann die Ausdehnung der Kontur eingestellt werden.

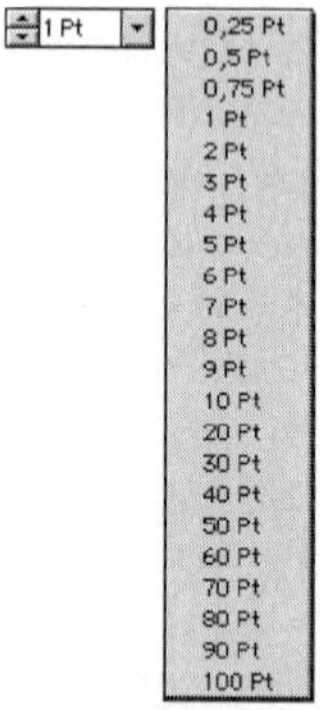

- Die Schaltflächen **Enden** und **Ecken** steuern die Beschaffenheit der Kontur in diesen Grenzbereichen.

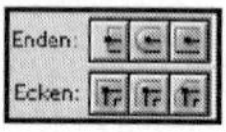

- Zusätzlich muss bei flachen Winkelungen auch noch eine **Gehrungsgrenze** definiert werden, damit die Spitze der Ecke nicht übermäßig lang wird.

- Die Option **Gestrichelte Linie** definiert, ob eine kontinuierliche oder unterbrochene

Linie als Pfadkontur benutzt werden soll.

Verlauf-Palette

Die **Verlauf-Palette** weist einem ausgewählten Objekt eine Verlaufsstruktur zu. Die Verlaufsart kann entweder eine **Kreisförmige** oder **Linear** geradlinige Struktur aufweisen. Für andersartige Farbübergänge sind die Verlaufsgitter oder Angleichungen zuständig.

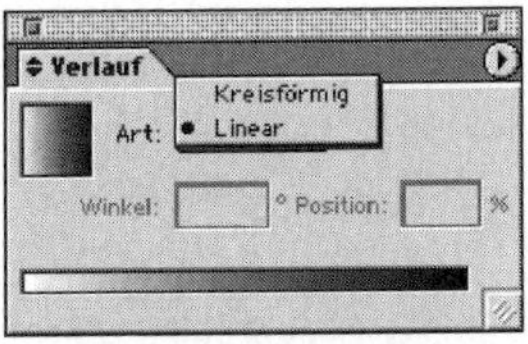

- Um die Winkelrichtung und die Position der Anfangsfarbe der Verläufe zu bestimmen, sind einerseits die Eingabefelder Winkel und Position zuständig und andererseits das **Verlaufs-Werkzeug**.
- Im unteren Bereich der Palette ist der Verlaufsfarbbalken angeordnet. Hier können dem Verlauf Farben zugeordnet werden.

Definieren von Verläufen siehe ab Seite 343ff

Das Paletten-Menü steuert lediglich, ob der Farbbalken eingeblendet wird oder nicht.

Transparenz-Palette

Farbflächen und Konturen können ähnlich wie in Adobe Photoshop Farbmischungen mit darunter angeordneten Flächen aufweisen.

Über die **Transparenz-Palette** können Objekten solche Informationen zugewiesen werden.

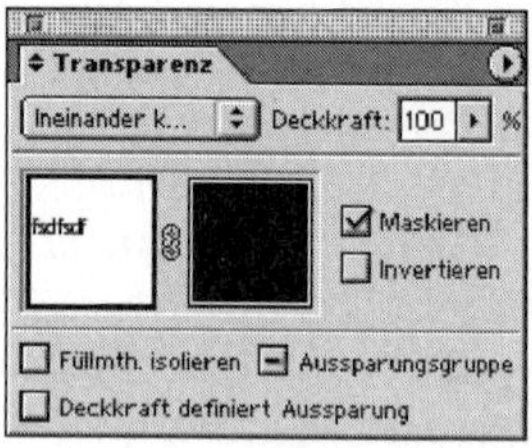

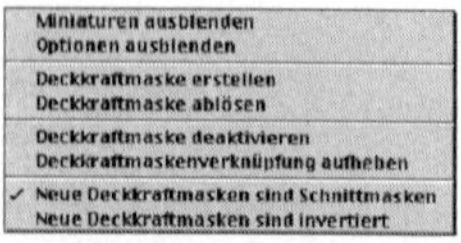

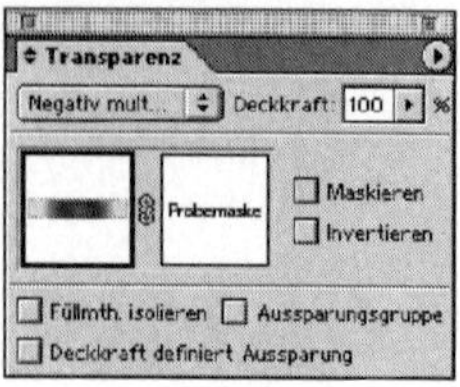

Im Paletten-Menü der Palette kann unter anderem so eine interessante Funktion wie Schnittmaske definiert werden, womit, ähnlich den Alphakanälen aus Adobe Photoshop, Bereiche eines Bildes maskiert, also durchsichtig gestaltet werden können.

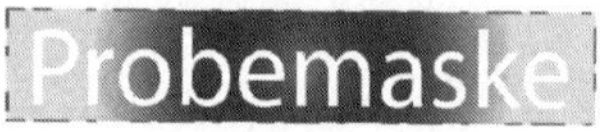

Die Funktionen dieser Palette werden im Einzelnen im Abschnitt „Transparenz“ ab Seite 354ff erklärt.

Text-Paletten

Die Textpaletten sind zu komplex, als dass sie mal eben im Schnelldurchgang erklärt werden könnten. Deshalb werden sie erst im Kapitel „Arbeit mit Text“ ab Seite 391ff erklärt und vorgestellt.

Absatz-Palette

Die Absatz-Palette steuert alle absatzbezogenen Textattribute. Dazu gehören die Ausrichtung des Textes ebenso wie die Einzüge oder Wort- und Buchstabenabstände zueinander. Zudem gehören dazu auch noch weiterführende Informationen, wie Silbentrennungsverhalten und japanische Satzbestimmungen.

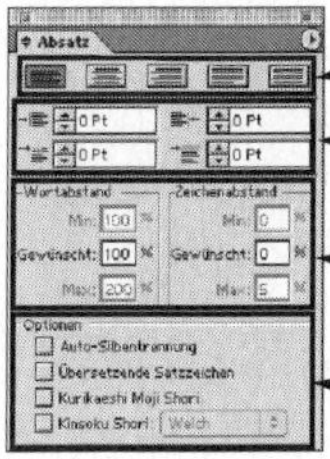

Zeichen-Palette

Die Zeichen-Palette steuert alle Attribute, die sich auf Textzeichen beziehen.

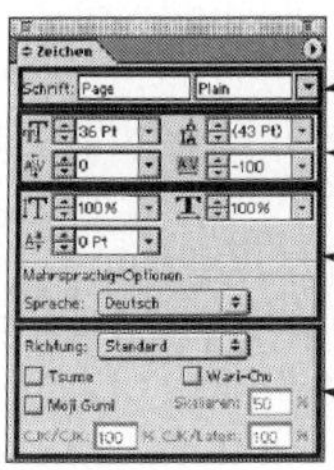

MM-Design-Palette

Kann in Ihrem System mit MultipleMaster-Schriften gearbeitet werden, bzw. stehen Ihnen entsprechende Schriften zur Verfügung, kann diese Palette die Steuerung der Schriften im Text übernehmen.

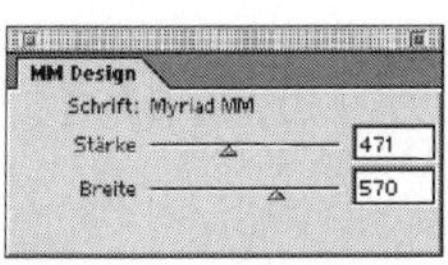

Tabulator-Palette

Tabulatoren sind gleichmäßige Abstände innerhalb eines Textbereiches, die schriftart-, -schnitt- und -größenunabhängig sind. Tabulatoren können über die Tabulator-Palette definiert werden, kommen aber erst zur Anwendung, wenn an entsprechenden

Tabulatorarten
linksbündig
zentriert
rechtsbündig
dezimal

Stellen im Text die Tab-Taste (⇥)betätigt wird.

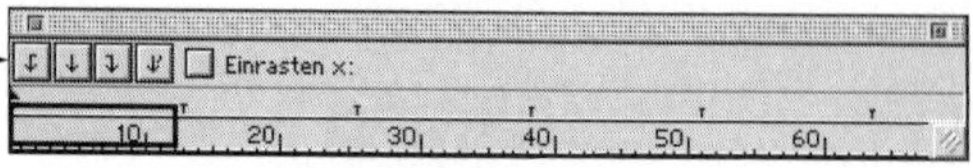

Objektbezogene Paletten

Unter objektbezogenen Paletten versteht man in erster Linie Paletten, die entweder mit Objekten oder Objektstrukturen arbeiten, Objekte und deren Inhalte (Aussehen) benutzen oder in Objektstrukturen direkt eingreifen.

Symbole-Palette

Symbole sind Objekte, die Sie in der Symbole-Palette ablegen und mehrfach in einem Dokument verwenden können. Die Objekte, die in der **Symbole-Palette** abgelegt werden, benutzt man im Dokument also nicht als Original, sondern als eine Instanz, eine Verkettung oder Alias-Information. Somit können von einem Symbol mehrere Instanzen im Dokument eingefügt werden. Der Vorteil ist darin zu sehen, dass Dateien mit verwendeten Instanzen deutlich kleiner sind als Dateien mit mehrfach eingefügten Originalen.

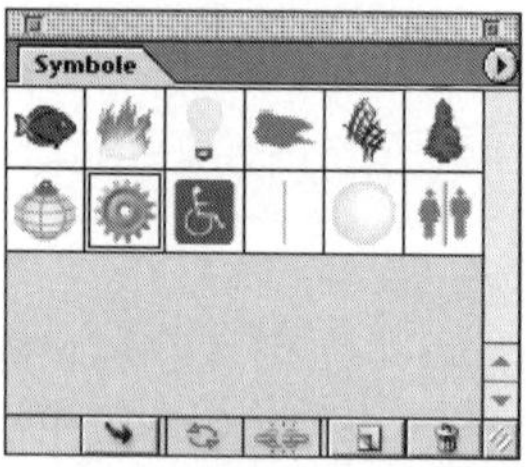

Symbole können auf drei unterschiedliche Weisen definiert werden. Wird von einem Objekt ein Symbol erstellt, wird es nicht automatisch zur Instanz. Erst wenn man ein Symbol aus der **Symbole-Palette** herauszieht oder die Schaltfläche **Symbolinstanz platzieren** in der Symbolleiste der Palette betätigt (alternativ hierzu kann auch der gleichnamige Befehl aus dem Paletten-Menü benutzt werden), wird eine Instanz erstellt.

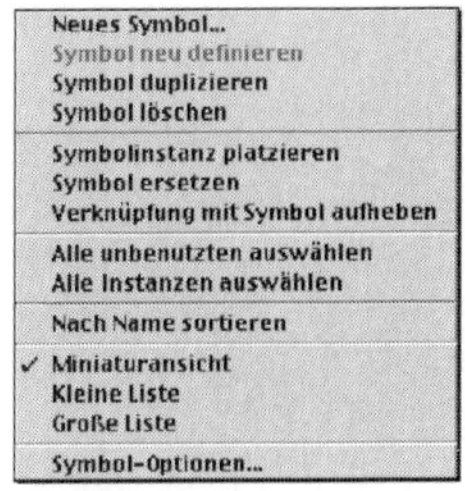

- Ziehen Sie das Objekt bei gedrückter Maustaste auf die geöffnete Symbolpalette und lassen Sie die Maustaste los. Das neue Symbol wird nun in der Palette angezeigt.
- Markieren Sie das Objekt und betätigen Sie die Schaltfläche **Neues Symbol** in der Symbolleiste der Palette. Das neue Symbol wird nun ebenfalls in der Palette angezeigt.
- Markieren Sie das Objekt und wählen Sie den Befehl **Neues Symbol...** im Paletten-Menü aus. Es erscheint ein Dialogfeld, das zur Namensvergabe auffordert. Nach einem OK wird das neue Symbol in der Palette angezeigt.

Werden bereits verwendete Symbole verändert, werden auch automatisch die Instanzen des Symbols verändert. Außer man hat die Instanz vom Symbol gelöst und als eigenständiges Original verwendet. Für weitere Informationen lesen Sie bitte im Kapitel „Symbole" ab Seite 267ff.

Pinsel-Palette

Die Pinsel-Palette arbeitet mit ähnlichen Objekten wie die Symbole-Palette. Pinsel beziehen sich jedoch immer auf Konturen, nicht auch auf Flächen, wie es bei Symbolen der Fall ist. Es gibt vier unterschiedliche Pinselarten. **Kalligraphiepinsel**, **Spezialpinsel**, **Bildpinsel** und **Musterpinsel**. Um einen **Musterpinsel** zu erstellen, muss man jedoch erst einmal ein Muster erzeugen. Die einzelnen Pinselarten sind in Reihenfolge der unterschiedlichen Art in der Palette angeordnet. Über das Paletten-Menü können Pinselarten, die nicht benötigt werden, ausgeblendet werden.

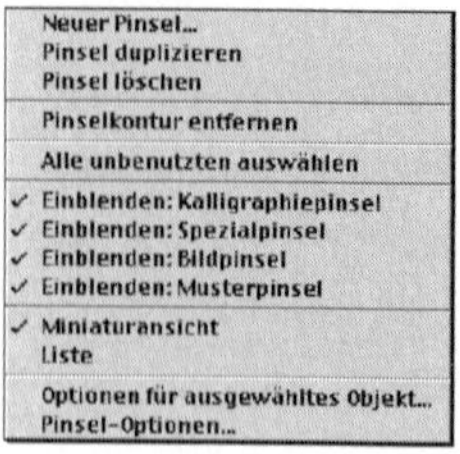

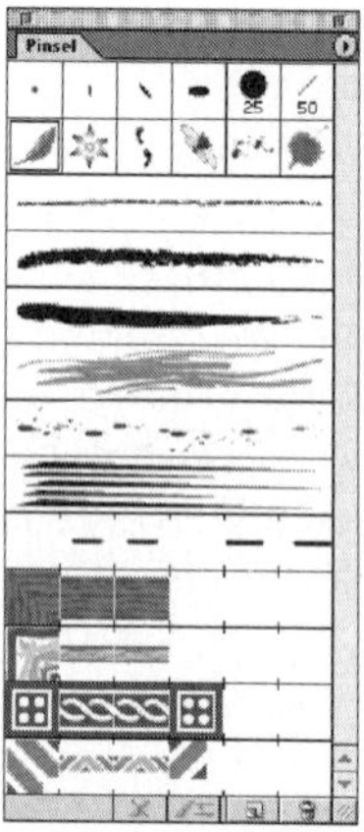

Pinsel werden angewendet, indem man sie einem Pfadobjekt zuordnet.

- Wählen Sie einen Pfad aus und klicken Sie anschließend die Pinselart an, die Sie benutzen wollen. Um Pinsel zu definieren oder umzugestalten, lesen Sie im Kapitel „Pinsel-Werkzeug“ ab Seite 253ff nach.

Die Symbolleiste der Palette ist folgendermaßen zusammengesetzt:

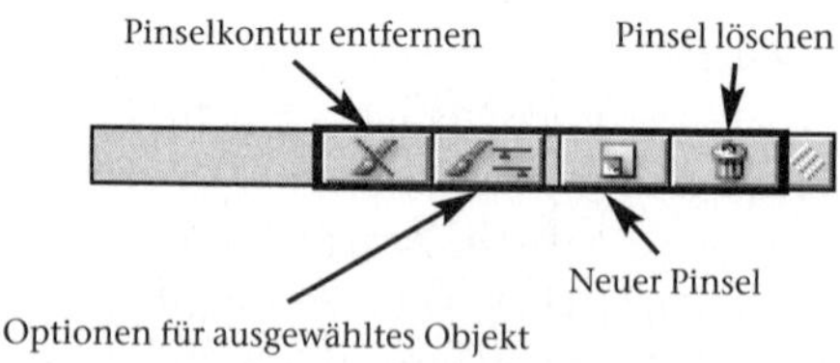

Die Optionen zum Einstellen der einzelnen Pinsel werden im Kapitel „Pinsel-Werkzeug“ Seite 253ff vorgestellt und erklärt.

Pathfinder-Palette

Objekte lassen sich in Adobe Illustrator auf einfache Weise miteinander sowohl zu einfachen wie zu komplexen Objektstrukturen verbinden bzw. reduzieren. Die Pathfinder-Palette stellt mehrere Befehle zur Verfügung, die Objekte mit anderen zusammensetzen können.

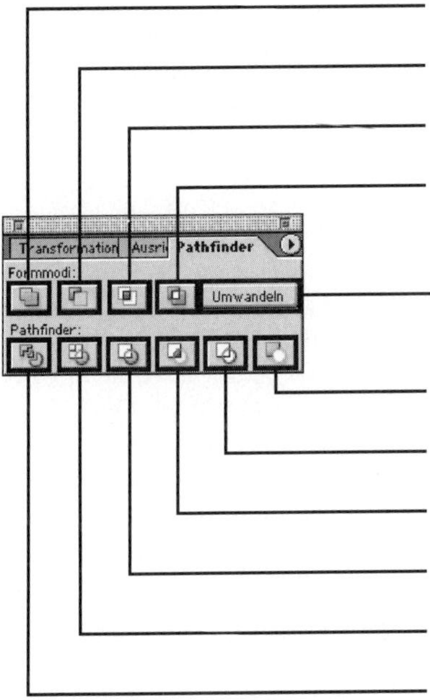

Die Schaltflächen im Bereich Formmodi erstellen im Allgemeinen Objektstrukturen, die als zusammengesetzte Formen bezeichnet werden. Im Paletten-Menü der **Pathfinder-Palette** lassen sich diese Objektstrukturen jedoch wieder in normale Pfade zurückverwandeln. Hier findet sich auch eine Funktion, die für den Ausgleich von Passungenauigkeiten beim Druck ungemeine Wichtigkeit besitzt: das Überfüllen. Werden Objekte mit

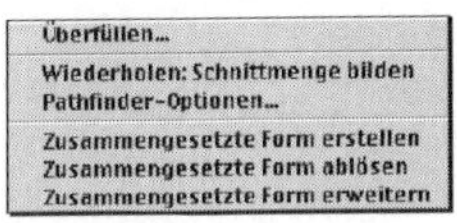

unterschiedlichen Farbwerten, zum Beispiel beim Nutzen von Sonderfarben (siehe Kapitel Farbe ab Seite 329ff), übereinander platziert, kann es beim späteren Druck zu sogenannten Blitzern kommen. Diese Blitzer können durch Überfüllungen ausgeglichen werden. Im Dialogfeld **Überfüllen...** können entsprechende Einstellungen vorgenommen werden.

Überfüllen siehe auch im Farbteil des Buches und im Kapitel Drucken ab Seite 451ff.

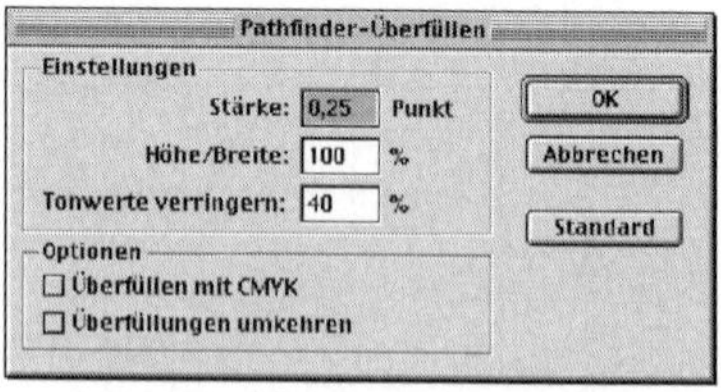

Option ➛ **(Zum Erweitern bei gedrückter [⌥]-Taste klicken)**

Im Bereich Formmodi ist noch eine weitere Besonderheit zu berücksichtigen. Wenn man die Funktionen bei gedrückter [⌥]-Taste (Wahltaste) ausführt, werden die entstehenden Pfade, falls möglich, gleich in einfache Strukturen überführt. Der Befehl im Paletten-Menü heißt **Zusammengesetzte Form erweitern**. Die Pathfinder-Funktionen werden im Kapitel „Pathfinder“ ab Seite 319ff ausführlich besprochen.

Ausrichten-Palette

Um Objekte nach speziellen Objektkriterien aneinander und miteinander anordnen zu können, stellt Adobe Illustrator die **Ausrichten-Palette** bereit. Die Palette ist in drei Bereiche unterteilt. **Objekte ausrichten**, **Objekte verteilen** und **Abstand verteilen**. Sollte der Bereich **Abstand verteilen** nicht eingeblendet sein, können Sie ihn im Paletten-Menü einschalten.

Die Objekte werden anhand ihrer äußeren Begrenzungen aneinander ausgerichtet. Eine

Ausnahme machen dabei die Ausrichtfunktionen **Horizontal/Vertikal zentriert ausrichten**. Hierbei werden die Mittelpunkte der Objekte benutzt.

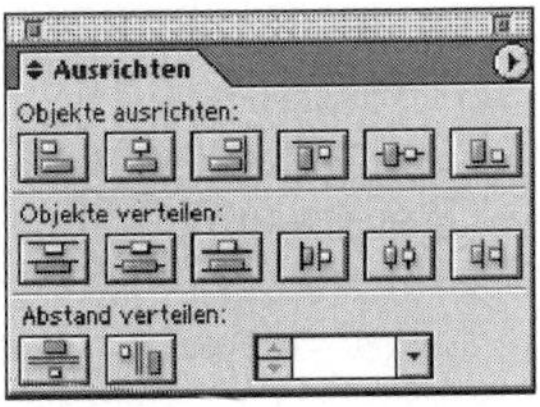

Objekte ausrichten ordnet die Objekte an gemeinsamer Höhe oder Breite aus, **Objekte verteilen** richtet konstante Abstände ein.

Transformationen-Palette

Mit dieser Palette können Objekte, alternativ zu den Arbeiten mit Objekten im Kapitel „Transformieren“ (Seite 289ff), anhand ihrer äußeren Begrenzungen oder ihres Mittelpunktes erstens passgenau positioniert werden und zweitens gedreht, geneigt und gespiegelt werden. Das Symbol im linken Bereich der Palette bestimmt, welches Kriterium für die Transformation als Aktionspunkt benutzt werden soll. Durch Anklicken des entsprechenden Punktes wird der Aktionspunkt verändert. Die Funktionen **Horizontal/Vertikal** spiegeln stehen, abgesehen von den entsprechenden Funktionen im Menü *Objekt* ➛ *Transformieren* ➛ *Spiegeln...*, nur im Paletten-Menü der Palette zur Verfügung.

Aktionspunkt der Transformation

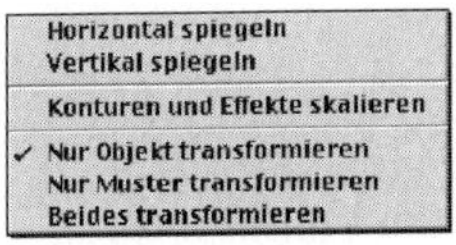

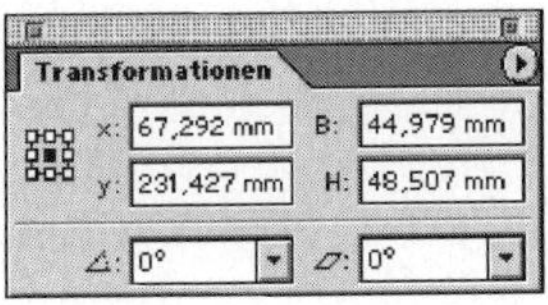

Bibliotheken

Bibliotheken sind zusätzlich zur Verfügung stehende Paletten zu den Bereichen Farbfelder, Stile, Pinsel und Symbole.

Zum Erstellen einer Bibliothek kann jede beliebige Adobe-Illustrator-Datei benutzt werden, die entsprechende Gestaltungsmittel beinhaltet. Farben, Muster, Stile, Pinsel und alle anderen Gestaltungsmittel, die nicht benötigt werden, sollten Sie entfernen.
Speichern Sie die Bibliothek möglichst in dem Ordner, den Illustrator als Standardordner vorgibt. Hier lassen sie sich schnell wiederfinden. Der jeweilige Standardordner befindet sich im Ordner *Adobe Illustrator ➛ Vorgaben*. Jedes Gestaltungsmittel besitzt hier einen eigenen Bibliotheksordner.

Farbfelder-Bibliotheken

In diesem Bereich sind weitere Farbfelder mit speziellen Sonderfarben bzw. Farbkatalogen untergebracht. Zu den Sonderfarben gehören unterschiedliche HKS-Farbkataloge ebenso wie unterschiedliche Pantone-Farbkataloge.

Stil-Bibliotheken

Hier sind eine Reihe von verschiedenen Stilen, geordnet nach Flächen und Kontur-Informationen, zusammengefasst.

Pinsel-/Symbol-Bibliotheken

Diese Bibliotheken sind nach Objektstrukturen und Farbmodellen geordnet. Es gibt hier sowohl florale als auch grafische Motive.

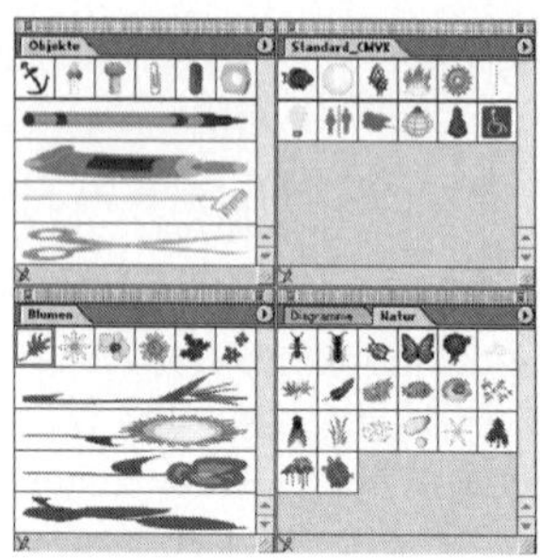

andere Bibliotheken...

Diese Einträge in den einzelnen Untermenüs der Bibliotheken geben Ihnen die Möglichkeit, eigene oder von anderen erstellte Bibliotheken zu laden bzw. auf einem Datenträger zu suchen.

Menübefehle

Auf den folgenden Seiten werden zuerst in grafischen Darstellungen die Verteilungen der Befehle in den einzelnen Menüs sichtbar gemacht. Die Menüs werden dabei vollständig mit allen Untermenüs aufgeklappt. Auf Beschreibungen wird hierbei verzichtet. Die Macintosh- und Windows-Verteilung wird getrennt dargestellt. Zuerst wird die Verteilung am Macintosh, dann auf einem Windows-Rechner aufgezeigt.

Im zweiten Teil werden die im Programm verfügbaren Menübefehle kurz vorgestellt. Die Beschreibung erfolgt in aller Kürze, da die einzelnen Befehle im zugehörigen Kapitel ausführlich behandelt werden. Trotzdem ist eine Übersicht von Vorteil. Sofern notwendig, geschieht das mit Seitenangabe. Die **Filter-** und **Effekt-Menüs** werden im übrigen Buch nicht weiter besprochen, da sie im Großen und Ganzen auf eine Bildbearbeitung abzielen. Adobe Illustrator als Illustrationsprogramm zielt mit seiner Funktionsstruktur aber eher auf Vektoren ab. Somit sollte diese spezielle Form der Bearbeitung einem Programm wie Adobe Photoshop, Painter, Corel Photopaint oder anderen Programmen dieser Kategorie überlassen werden. Einzelne Filter und Effekte werden dennoch im Beschreibungsteil behandelt, da ihre Aufgabe tatsächlich der Pfadstruktur zugute kommt. Der Sammlung der Pathfinder-Effekte ist ein gesondertes Kapitel gewidmet, weshalb sie hier nicht besprochen werden.

Menübefehle Übersicht (Macintosh)

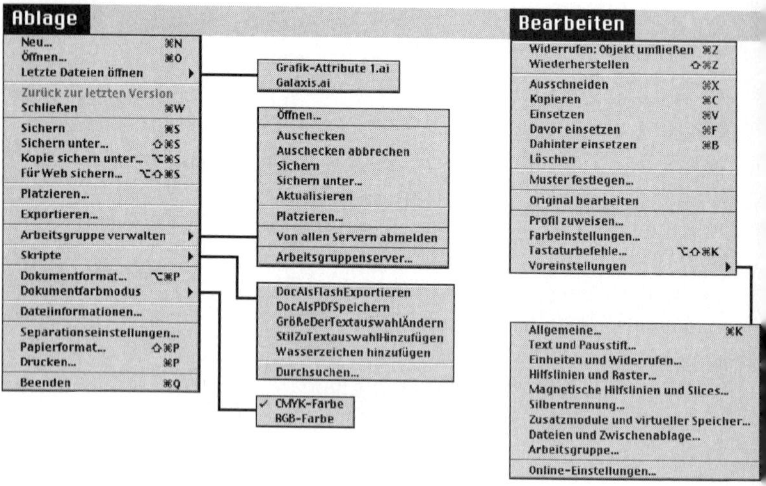

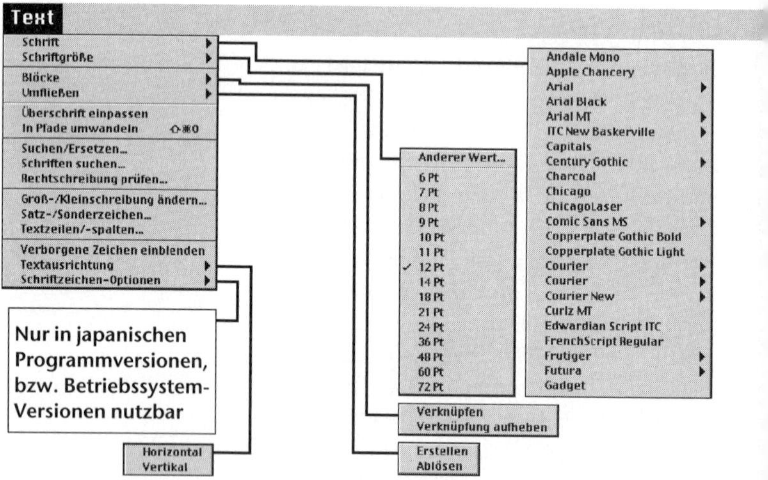

Objekt

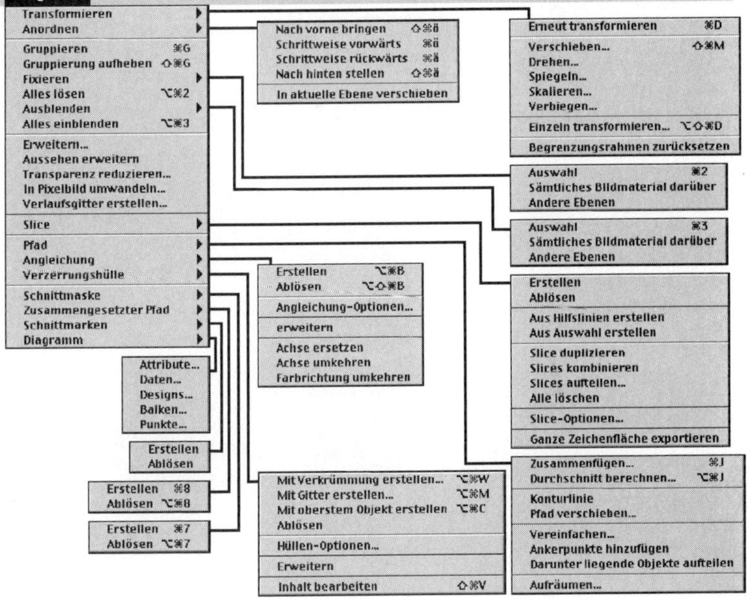

Auswahl

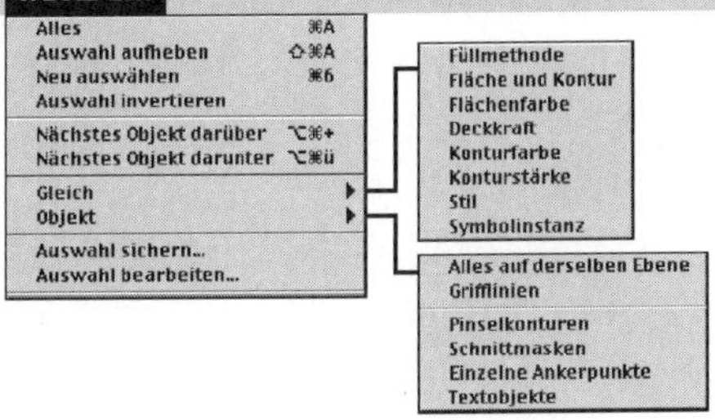

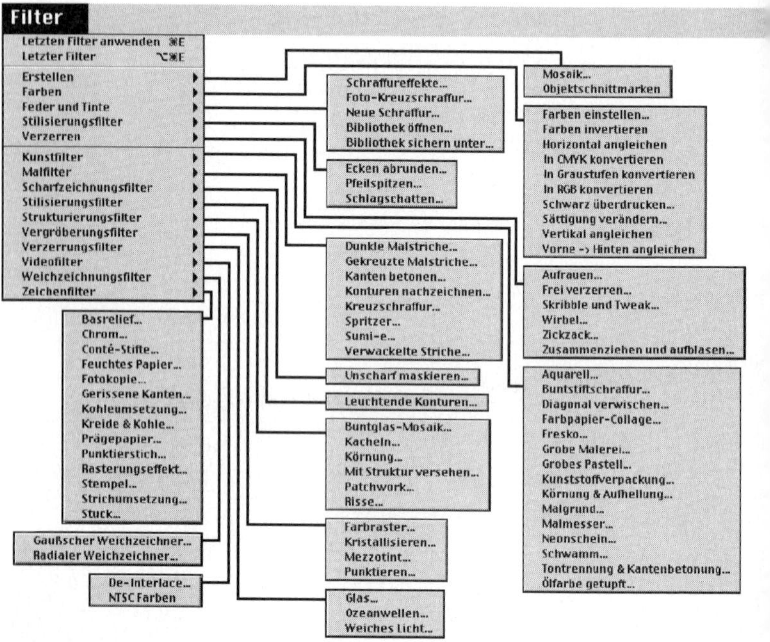
Filter
Letzten Filter anwenden ⌘E
Letzter Filter ⌥⌘E
Erstellen
Farben
Feder und Tinte
Stilisierungsfilter
Verzerren
Kunstfilter
Malfilter
Scharfzeichnungsfilter
Stilisierungsfilter
Strukturierungsfilter
Vergröberungsfilter
Verzerrungsfilter
Videofilter
Weichzeichnungsfilter
Zeichenfilter
Mosaik…
Objektschnittmarken
Schraffureffekte…
Foto-Kreuzschraffur…
Neue Schraffur…
Bibliothek öffnen…
Bibliothek sichern unter…
Farben einstellen…
Farben invertieren
Horizontal angleichen
In CMYK konvertieren
In Graustufen konvertieren
In RGB konvertieren
Schwarz überdrucken…
Sättigung verändern…
Vertikal angleichen
Vorne -> Hinten angleichen
Ecken abrunden…
Pfeilspitzen…
Schlagschatten…
Dunkle Malstriche…
Gekreuzte Malstriche…
Kanten betonen…
Konturen nachzeichnen…
Kreuzschraffur…
Spritzer…
Sumi-e…
Verwackelte Striche…
Aufrauen…
Frei verzerren…
Skribble und Tweak…
Wirbel…
Zickzack…
Zusammenziehen und aufblasen…
Unscharf maskieren…
Leuchtende Konturen…
Aquarell…
Buntstiftschraffur…
Diagonal verwischen…
Farbpapier-Collage…
Fresko…
Grobe Malerei…
Grobes Pastell…
Kunststoffverpackung…
Körnung & Aufhellung…
Malgrund…
Malmesser…
Neonschein…
Schwamm…
Tontrennung & Kantenbetonung…
Ölfarbe getupft…
Basrelief…
Chrom…
Conté-Stifte…
Feuchtes Papier…
Fotokopie…
Gerissene Kanten…
Kohleumsetzung…
Kreide & Kohle…
Prägepapier…
Punktierstich…
Rasterungseffekt…
Stempel…
Strichumsetzung…
Stuck…
Buntglas-Mosaik…
Kacheln…
Körnung…
Mit Struktur versehen…
Patchwork…
Risse…
Farbraster…
Kristallisieren…
Mezzotint…
Punktieren…
Gaußscher Weichzeichner…
Radialer Weichzeichner…
De-Interlace…
NTSC Farben
Glas…
Ozeanwellen…
Weiches Licht…

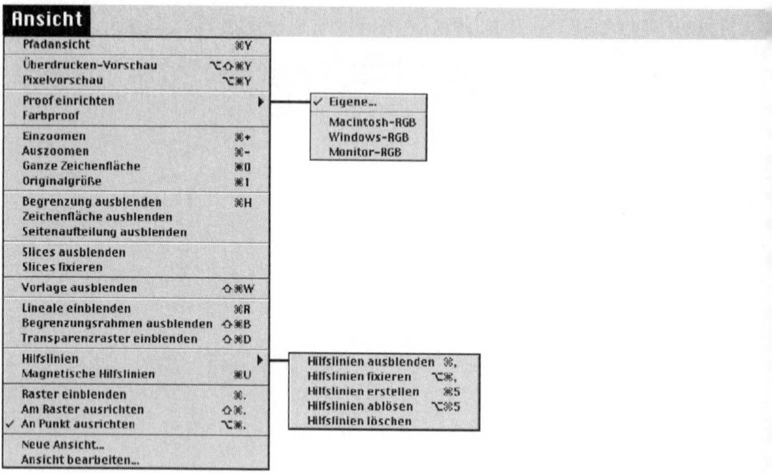
Ansicht
Pfadansicht ⌘Y
Überdrucken-Vorschau ⌥⇧⌘Y
Pixelvorschau ⌥⌘Y
Proof einrichten
Farbproof
Einzoomen ⌘+
Auszoomen ⌘-
Ganze Zeichenfläche ⌘0
Originalgröße ⌘1
Begrenzung ausblenden ⌘H
Zeichenfläche ausblenden
Seitenaufteilung ausblenden
Slices ausblenden
Slices fixieren
Vorlage ausblenden ⇧⌘W
Lineale einblenden ⌘R
Begrenzungsrahmen ausblenden ⇧⌘B
Transparenzraster einblenden ⇧⌘D
Hilfslinien
Magnetische Hilfslinien ⌘U
Raster einblenden ⌘.
Am Raster ausrichten ⇧⌘.
✓ An Punkt ausrichten ⌥⌘.
Neue Ansicht…
Ansicht bearbeiten…
✓ Eigene…
Macintosh-RGB
Windows-RGB
Monitor-RGB
Hilfslinien ausblenden ⌘,
Hilfslinien fixieren ⌥⌘,
Hilfslinien erstellen ⌘5
Hilfslinien ablösen ⌥⌘5
Hilfslinien löschen

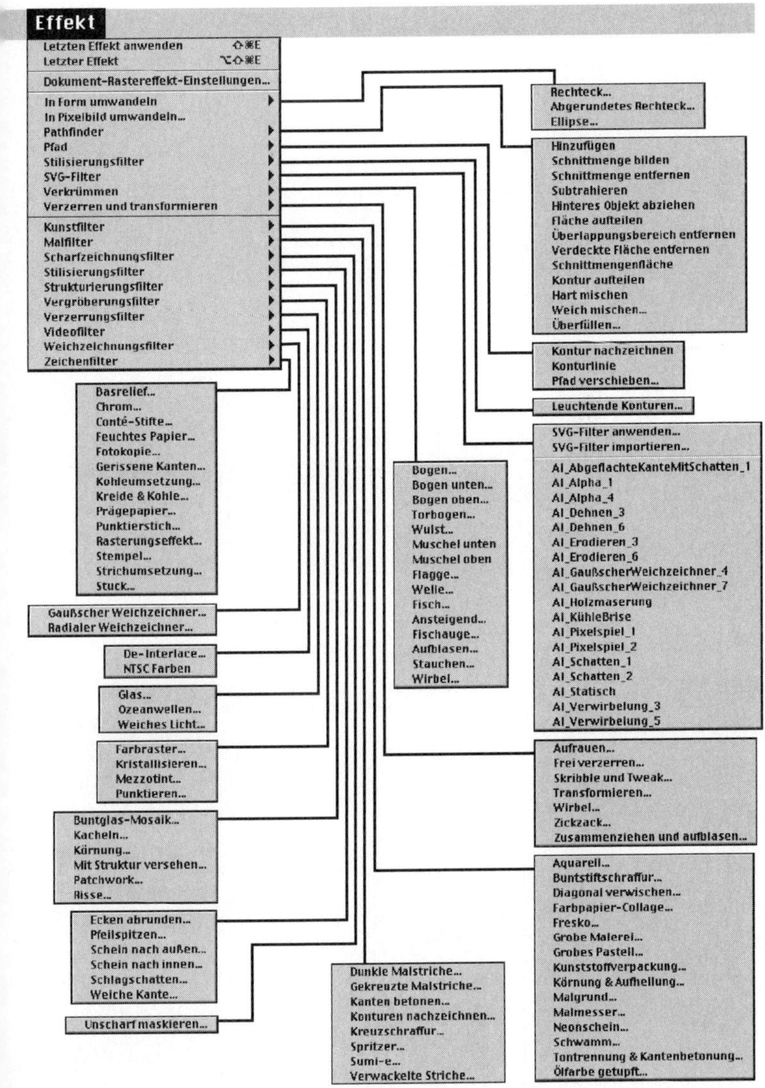
Effekt
Letzten Effekt anwenden ⇧⌘E
Letzter Effekt ⌥⇧⌘E
Dokument-Rastereffekt-Einstellungen...
In Form umwandeln
In Pixelbild umwandeln...
Pathfinder
Pfad
Stilisierungsfilter
SVG-Filter
Verkrümmen
Verzerren und transformieren
Kunstfilter
Malfilter
Scharfzeichnungsfilter
Stilisierungsfilter
Strukturierungsfilter
Vergröberungsfilter
Verzerrungsfilter
Videofilter
Weichzeichnungsfilter
Zeichenfilter
Rechteck...
Abgerundetes Rechteck...
Ellipse...
Hinzufügen
Schnittmenge bilden
Schnittmenge entfernen
Subtrahieren
Hinteres Objekt abziehen
Fläche aufteilen
Überlappungsbereich entfernen
Verdeckte Fläche entfernen
Schnittmengenfläche
Kontur aufteilen
Hart mischen
Weich mischen...
Überfüllen...
Kontur nachzeichnen
Konturlinie
Pfad verschieben...
Leuchtende Konturen...
SVG-Filter anwenden...
SVG-Filter importieren...
AI_AbgeflachteKanteMitSchatten_1
AI_Alpha_1
AI_Alpha_4
AI_Dehnen_3
AI_Dehnen_6
AI_Erodieren_3
AI_Erodieren_6
AI_GaußscherWeichzeichner_4
AI_GaußscherWeichzeichner_7
AI_Holzmaserung
AI_KühleBrise
AI_Pixelspiel_1
AI_Pixelspiel_2
AI_Schatten_1
AI_Schatten_2
AI_Statisch
AI_Verwirbelung_3
AI_Verwirbelung_5
Bogen...
Bogen unten...
Bogen oben...
Torbogen...
Wulst...
Muschel unten
Muschel oben
Flagge...
Welle...
Fisch...
Ansteigend...
Fischauge...
Aufblasen...
Stauchen...
Wirbel...
Aufrauen...
Frei verzerren...
Skribble und Tweak...
Transformieren...
Wirbel...
Zickzack...
Zusammenziehen und aufblasen...
Aquarell...
Buntstiftschraffur...
Diagonal verwischen...
Farbpapier-Collage...
Fresko...
Grobe Malerei...
Grobes Pastell...
Kunststoffverpackung...
Körnung & Aufhellung...
Malgrund...
Malmesser...
Neonschein...
Schwamm...
Tontrennung & Kantenbetonung...
Ölfarbe getupft...
Dunkle Malstriche...
Gekreuzte Malstriche...
Kanten betonen...
Konturen nachzeichnen...
Kreuzschraffur...
Spritzer...
Sumi-e...
Verwackelte Striche...
Basrelief...
Chrom...
Conté-Stifte...
Feuchtes Papier...
Fotokopie...
Gerissene Kanten...
Kohleumsetzung...
Kreide & Kohle...
Prägepapier...
Punktierstich...
Rasterungseffekt...
Stempel...
Strichumsetzung...
Stuck...
Gaußscher Weichzeichner...
Radialer Weichzeichner...
De-Interlace...
NTSC Farben
Glas...
Ozeanwellen...
Weiches Licht...
Farbraster...
Kristallisieren...
Mezzotint...
Punktieren...
Buntglas-Mosaik...
Kacheln...
Körnung...
Mit Struktur versehen...
Patchwork...
Risse...
Ecken abrunden...
Pfeilspitzen...
Schein nach außen...
Schein nach innen...
Schlagschatten...
Weiche Kante...
Unscharf maskieren...

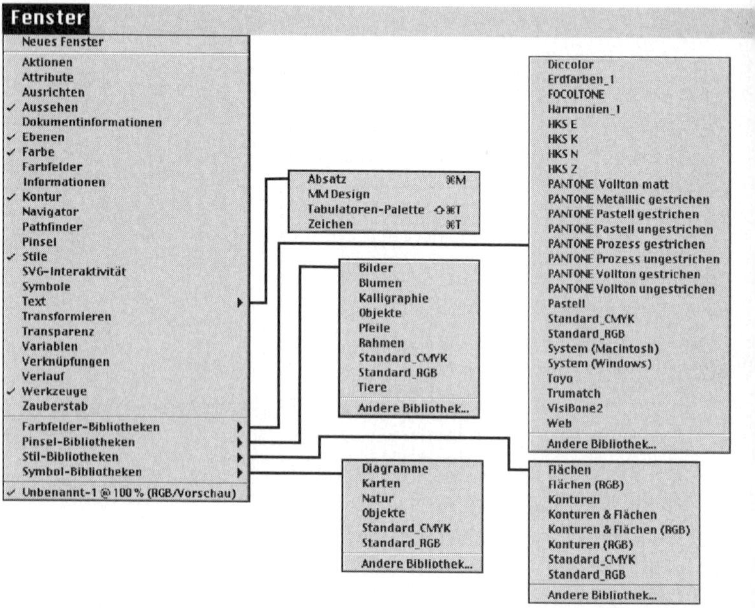

Menübefehle Übersicht (Windows)

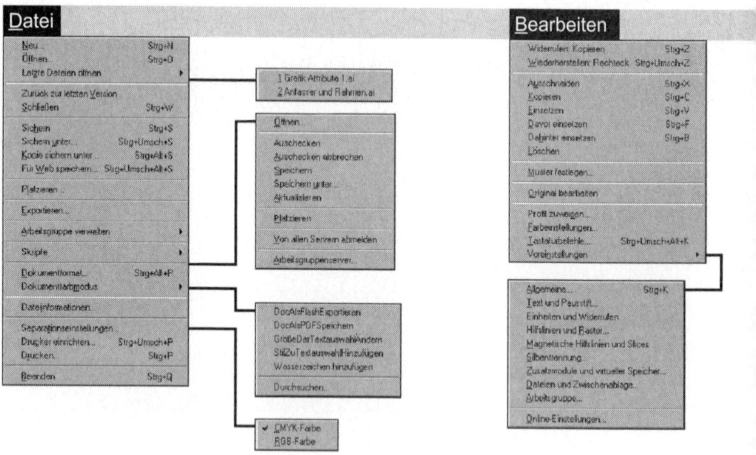

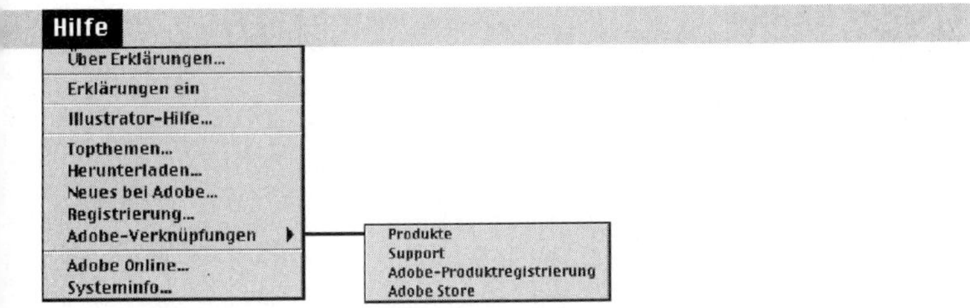
Hilfe
Über Erklärungen...
Erklärungen ein
Illustrator-Hilfe...
Topthemen...
Herunterladen...
Neues bei Adobe...
Registrierung...
Adobe-Verknüpfungen
Adobe Online...
Systeminfo...
Produkte
Support
Adobe-Produktregistrierung
Adobe Store

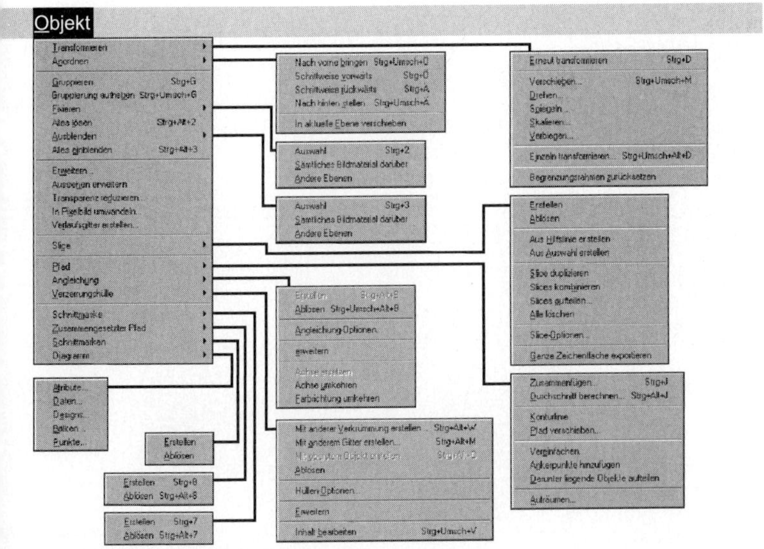
Objekt
Transformieren
Anordnen
Gruppieren Strg+G
Gruppierung aufheben Strg+Umsch+G
Fixieren
Alles lösen Strg+Alt+2
Ausblenden
Alles einblenden Strg+Alt+3
Erweitern...
Aussehen erweitern
Transparenz reduzieren...
In Pixelbild umwandeln...
Verlaufsgitter erstellen...
Slice
Pfad
Angleichung
Verzerrungshülle
Schnittmaske
Zusammengesetzter Pfad
Schnittmarken
Diagramm
Nach vorne bringen Strg+Umsch+Ö
Schrittweise vorwärts Strg+Ö
Schrittweise rückwärts Strg+Ä
Nach hinten stellen Strg+Umsch+Ä
In aktuelle Ebene verschieben
Auswahl Strg+2
Sämtliches Bildmaterial darüber
Andere Ebenen
Auswahl Strg+3
Sämtliches Bildmaterial darüber
Andere Ebenen
Erneut transformieren Strg+D
Verschieben... Strg+Umsch+M
Drehen...
Spiegeln...
Skalieren...
Verbiegen...
Einzeln transformieren... Strg+Umsch+Alt+D
Begrenzungsrahmen zurücksetzen
Erstellen
Ablösen
Aus Hilfslinie erstellen
Aus Auswahl erstellen
Slice duplizieren
Slices kombinieren
Slices aufteilen...
Alle löschen
Slice-Optionen...
Ganze Zeichenfläche exportieren
Erstellen
Ablösen Strg+Umsch+Alt+B
Angleichung-Optionen...
erweitern
Achse erstellen
Achse umkehren
Farbrichtung umkehren
Zusammenfügen... Strg+J
Durchschnitt berechnen... Strg+Alt+J
Konturlinie
Pfad verschieben...
Vereinfachen...
Ankerpunkte hinzufügen
Darunter liegende Objekte aufteilen
Aufräumen...
Attribute...
Daten...
Designs...
Balken...
Punkte...
Erstellen
Ablösen
Erstellen Strg+8
Ablösen Strg+Alt+8
Erstellen Strg+7
Ablösen Strg+Alt+7
Mit anderer Verkrümmung erstellen... Strg+Alt+W
Mit anderem Gitter erstellen... Strg+Alt+M
Ablösen
Hüllen-Optionen...
Erweitern
Inhalt bearbeiten Strg+Umsch+V

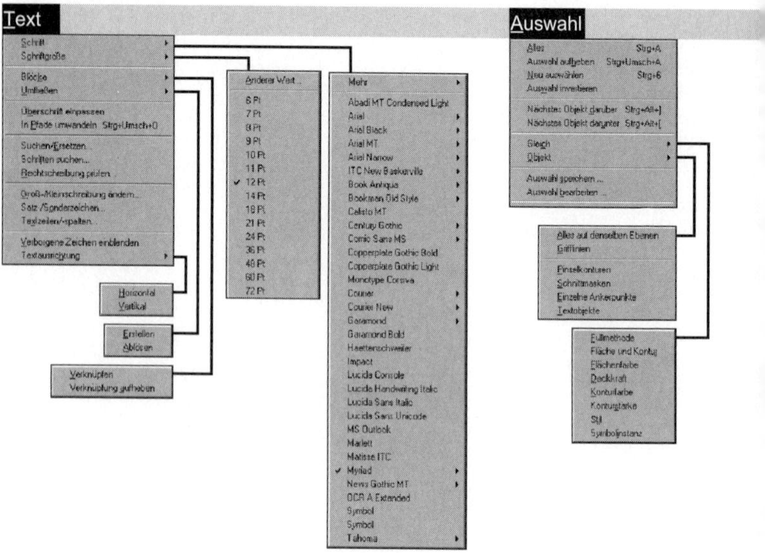
Text
Schrift
Schriftgröße
Blöcke
Umfließen
Überschrift einpassen
In Pfade umwandeln Strg+Umsch+O
Suchen/Ersetzen...
Schriften suchen...
Rechtschreibung prüfen...
Groß-/Kleinschreibung ändern...
Satz-/Sonderzeichen...
Textzeilen/-spalten...
Verborgene Zeichen einblenden
Textausrichtung
Horizontal
Vertikal
Erstellen
Ablösen
Verknüpfen
Verknüpfung aufheben
Anderer Wert...
6 Pt
7 Pt
8 Pt
9 Pt
10 Pt
11 Pt
12 Pt
14 Pt
18 Pt
21 Pt
24 Pt
36 Pt
48 Pt
60 Pt
72 Pt
Mehr
Abadi MT Condensed Light
Arial
Arial Black
Arial MT
Arial Narrow
ITC New Baskerville
Book Antiqua
Bookman Old Style
Calisto MT
Century Gothic
Comic Sans MS
Copperplate Gothic Bold
Copperplate Gothic Light
Monotype Corsiva
Courier
Courier New
Garamond
Garamond Bold
Haettenschweiler
Impact
Lucida Console
Lucida Handwriting Italic
Lucida Sans Italic
Lucida Sans Unicode
MS Outlook
Marlett
Matisse ITC
Myriad
News Gothic MT
OCR A Extended
Symbol
Symbol
Tahoma
Auswahl
Alles Strg+A
Auswahl aufheben Strg+Umsch+A
Neu auswählen Strg+6
Auswahl invertieren
Nächstes Objekt darüber Strg+Alt+]
Nächstes Objekt darunter Strg+Alt+[
Gleich
Objekt
Auswahl speichern...
Auswahl bearbeiten...
Alles auf denselben Ebenen
Grifflinien
Pinselkonturen
Schnittmasken
Einzelne Ankerpunkte
Textobjekte
Füllmethode
Fläche und Kontur
Flächenfarbe
Deckkraft
Konturfarbe
Konturstärke
Stil
Symbolinstanz

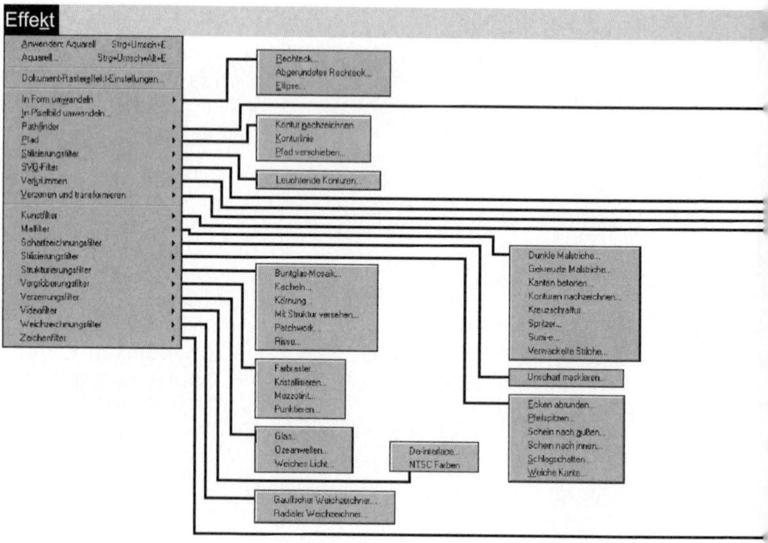
Effekt
Anwenden: Aquarell Strg+Umsch+E
Aquarell... Strg+Umsch+Alt+E
Dokument-Rastereffekt-Einstellungen...
In Form umwandeln
In Pixelbild umwandeln...
Pathfinder
Pfad
Stilisierungsfilter
SVG-Filter
Verkrümmen
Verzerren und transformieren
Kunstfilter
Malfilter
Schattzeichnungsfilter
Stilisierungsfilter
Strukturierungsfilter
Vergröberungsfilter
Verzerrungsfilter
Videofilter
Weichzeichnungsfilter
Zeichenfilter
Rechteck...
Abgerundetes Rechteck...
Ellipse...
Kontur nachzeichnen
Konturlinie
Pfad verschieben...
Leuchtende Konturen...
Buntglas-Mosaik...
Kacheln...
Körnung...
Mit Struktur versehen...
Patchwork...
Risse...
Farbraster...
Kristallisieren...
Mezzotint...
Punktieren...
Glas...
Ozeanwellen...
Weiches Licht...
De-Interlace...
NTSC Farben
Gaußscher Weichzeichner...
Radialer Weichzeichner...
Dunkle Malstriche...
Gekreuzte Malstriche...
Kanten betonen...
Konturen nachzeichnen...
Kreuzschraffur...
Spritzer...
Sumi-e...
Verwackelte Striche...
Unscharf maskieren...
Ecken abrunden...
Pfeilspitzen...
Schein nach außen...
Schein nach innen...
Schlagschatten...
Weiche Kante...

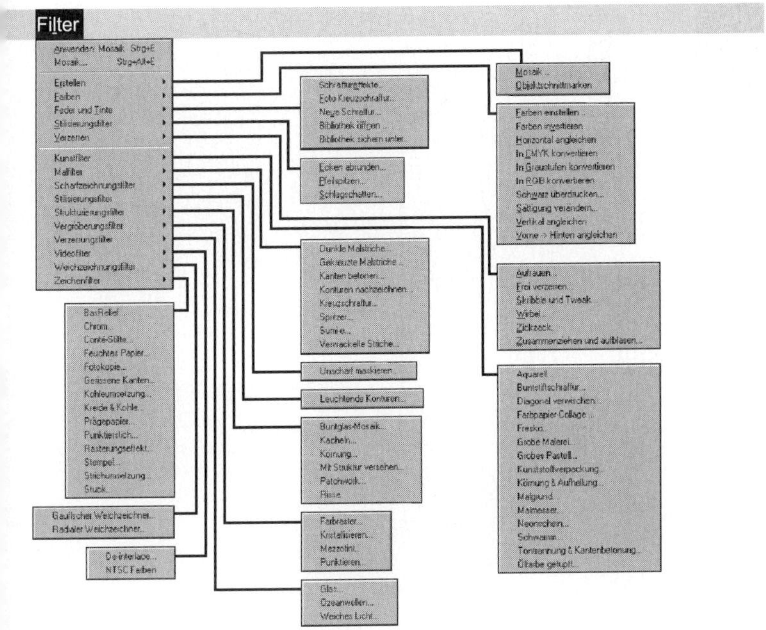
Filter
Anwenden: Mosaik Strg+E
Mosaik... Strg+Alt+E
Erstellen
Farben
Feder und Tinte
Stilisierungsfilter
Verzerren
Kunstfilter
Malfilter
Scharfzeichnungsfilter
Stilisierungsfilter
Strukturierungsfilter
Vergröberungsfilter
Verzerrungsfilter
Videofilter
Weichzeichnungsfilter
Zeichenfilter
Mosaik...
Objektschnittmarken
Schraffureffekte...
Foto Kreuzschraffur...
Neue Schraffur...
Bibliothek öffnen...
Bibliothek sichern unter...
Farben einstellen...
Farben invertieren
Horizontal angleichen
In CMYK konvertieren
In Graustufen konvertieren
In RGB konvertieren
Schwarz überdrucken...
Sättigung verändern...
Vertikal angleichen
Vorne -> Hinten angleichen
Ecken abrunden...
Pfeilspitzen...
Schlagschatten...
Dunkle Malstriche...
Gekreuzte Malstriche...
Kanten betonen...
Konturen nachzeichnen...
Kreuzschraffur...
Spritzer...
Sumi-e...
Verwackelte Striche...
Aufrauen...
Frei verzerren...
Skribble und Tweak...
Wirbel...
Zickzack...
Zusammenziehen und aufblasen...
BasRelief...
Chrom...
Conté-Stifte...
Feuchtes Papier...
Fotokopie...
Gerissene Kanten...
Kohleumsetzung...
Kreide & Kohle...
Prägepapier...
Punktierstich...
Rasterungseffekt...
Stempel...
Strichumsetzung...
Stuck...
Unscharf maskieren...
Leuchtende Konturen...
Aquarell...
Buntstiftschraffur...
Diagonal verwischen...
Farbpapier-Collage...
Fresko...
Grobe Malerei...
Grobes Pastell...
Kunststoffverpackung...
Körnung & Aufhellung...
Malgrund...
Malmesser...
Neonschein...
Schwamm...
Tontrennung & Kantenbetonung...
Ölfarbe getupft...
Buntglas-Mosaik...
Kacheln...
Körnung...
Mit Struktur versehen...
Patchwork...
Risse...
Gaußscher Weichzeichner...
Radialer Weichzeichner...
Farbraster...
Kristallisieren...
Mezzotint...
Punktieren...
De-interlace...
NTSC Farben
Glas...
Ozeanwellen...
Weiches Licht...

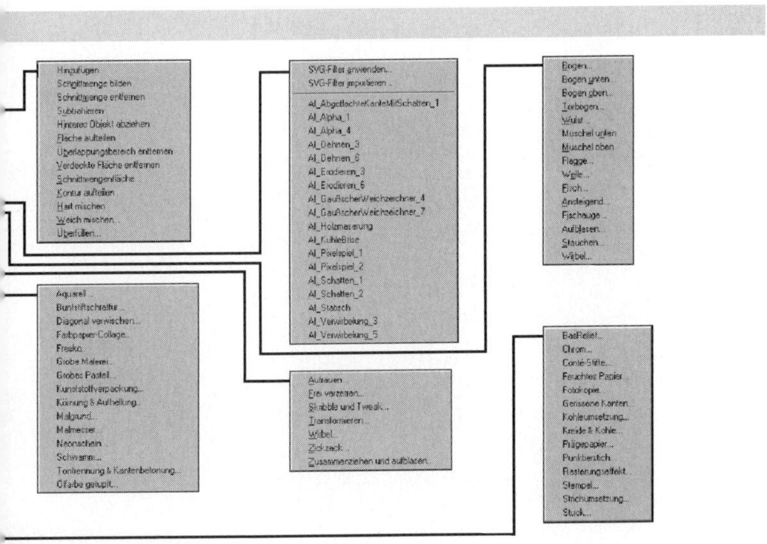
Hinzufügen
Schnittmenge bilden
Schnittmenge entfernen
Subtrahieren
Hinteres Objekt abziehen
Fläche aufteilen
Überlappungsbereich entfernen
Verdeckte Fläche entfernen
Schnittmengenfläche
Kontur aufteilen
Hart mischen
Weich mischen...
Überfüllen...
SVG-Filter anwenden...
SVG-Filter importieren...
AI_AbgeflachteKanteMitSchatten_1
AI_Alpha_1
AI_Alpha_4
AI_Dehnen_3
AI_Dehnen_6
AI_Erodieren_3
AI_Erodieren_6
AI_GaußscherWeichzeichner_4
AI_GaußscherWeichzeichner_7
AI_Holzmaserung
AI_KühleBrise
AI_Pixelspiel_1
AI_Pixelspiel_2
AI_Schatten_1
AI_Schatten_2
AI_Statisch
AI_Verwirbelung_3
AI_Verwirbelung_5
Bogen...
Bogen unten...
Bogen oben...
Torbogen...
Wulst...
Muschel unten
Muschel oben
Flagge...
Welle...
Fisch...
Ansteigend...
Fischauge...
Aufblasen...
Stauchen...
Wirbel...
Aquarell...
Buntstiftschraffur...
Diagonal verwischen...
Farbpapier-Collage...
Fresko...
Grobe Malerei...
Grobes Pastell...
Kunststoffverpackung...
Körnung & Aufhellung...
Malgrund...
Malmesser...
Neonschein...
Schwamm...
Tontrennung & Kantenbetonung...
Ölfarbe getupft...
Aufrauen...
Frei verzerren...
Skribble und Tweak...
Transformieren...
Wirbel...
Zickzack...
Zusammenziehen und aufblasen...
BasRelief...
Chrom...
Conté-Stifte...
Feuchtes Papier...
Fotokopie...
Gerissene Kanten...
Kohleumsetzung...
Kreide & Kohle...
Prägepapier...
Punktierstich...
Rasterungseffekt...
Stempel...
Strichumsetzung...
Stuck...

Fenster

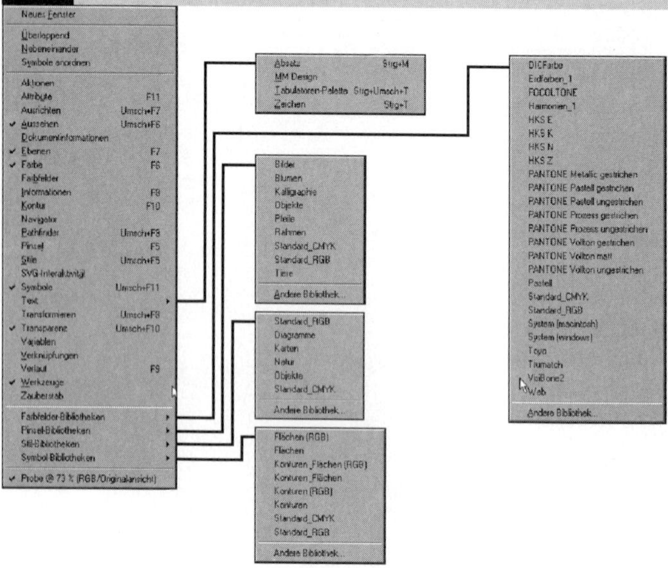

Hilfe

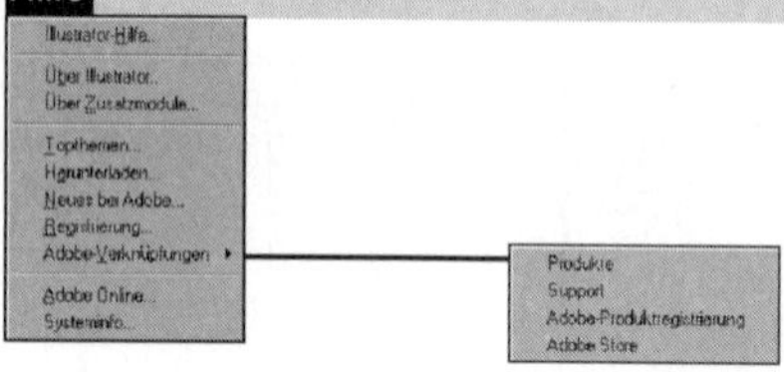

Ablage (Windows: Datei)

Neu... ⌘N
Seite 31ff

Öffnet eine Kopie des Startdokumentes. Zwei Startdokumente mit den Bezeichnungen **Adobe Illustrator-Start_CMYK** und **Adobe Illustrator-Start_RGB** liegen im Ordner *Adobe Illustrator* ➛ *PlugIns*. Im sich öffnenden Dialog kann entschieden werden, ob das Dokument im CMYK- oder RGB-Farbraum angesiedelt sein soll. Die neue Datei trägt den Namen *Unbenannt-n* und muss erst gesichert werden, um auf der Festplatte existent zu sein.

Öffnen... ⌘O

Öffnet einen Verzeichnisdialog, aus dem der Name einer existierenden Datei ausgewählt werden kann, die sich dann öffnet. Es können auch EPS-, PICT-, TIFF-Dateien und Dateien aus Macromedia FreeHand geöffnet werden, wovon die meisten allerdings nicht bearbeitet werden können (siehe dazu ab Seite 429ff).

Letzte Datei öffnen ►

Listet in einem Submenü alle in der Arbeitssitzung des Programms geöffneten Dateien auf, die ausgewählt und anschließend erneut geöffnet werden können.

Zurück zur letzten Version

Es werden alle Änderungen im Dokument hinfällig, die seit dem letzten Sichern gemacht wurden, und die auf der Festplatte gespeicherte Version der Datei wird erneut geöffnet. Möchte man bestimmte Änderungen behalten, kann man sich die Objekte eventuell in die Zwischenablage legen.

Schließen ⌘W

Schließt die aktuelle Datei. Wurde der letzte Stand nicht gesichert, erfolgt eine Sicherheitsabfrage. Die Datei kann auch durch das Anklicken des Schließschalters geschlossen werden.

Sichern ⌘S

Sichert den letzten Stand der Illustration, ohne dass ein Dialog geöffnet wird. Wurde die Datei noch nicht benannt, steht der Befehl nicht zur Verfügung.

Sichern unter... ⇧⌘S
Seite 39

Öffnet einen Verzeichnisdialog, in dem der Illustration ein Name gegeben und ein Ordner ausgewählt wird, in dem sie gesichert wird. Im PopUp-Menü Format des Dialogfeldes kann das Dateiformat bestimmt werden. Adobe Illustrator 10 Dokument, Adobe PDF (PDF), Illustrator EPS (EPS), SVG (SVG) und SVG komprimiert (SVGZ) stehen zur Auswahl. Die Schaltfläche Sichern verzweigt in ein weiteres Dialogfeld, in dem formatabhängige Optionen aktiviert oder deaktiviert werden können.

Kopie sichern unter... ⌥⌘S

Sichert eine Kopie des Dokumentes als Variation auf dem ausgewählten Datenträger. Der Vorgang ist fast identisch zum Befehl **Sichern unter...**, jedoch mit der zusätzlichen Benennung „Kopie" als Namenszusatz. Zudem bleibt das Original als aktuelles Dokument geöffnet.

Für Web sichern... ⇧⌥⌘S
Seite 444ff

Verzweigt in einen Vorschaudialog, in dem man sich das Dokument nach bis zu vier unterschiedlichen Web-gebräuchlichen Dateiformaten betrachten und abspeichern kann. Die entstehende Datei ist immer eine Kopie des aktuellen Dokuments mit den Ausmaßen der platzierten Objekte.

Platzieren...
Seite 430ff

Dient zum Importieren von Grafiken und Bildern, die in Adobe Illustrator oder anderen Programmen erstellt wurden. Es können auch unterschiedlichste Textformate platziert werden.

Exportieren...
Seite 440ff

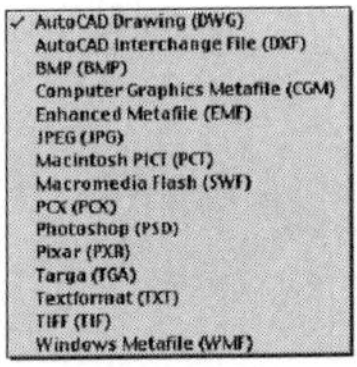

Erstellt eine neue Datei der Illustration oder Teile davon in Dateiformaten, die von anderen Programmen interpretiert werden können, sodass die Illustration dort positioniert werden kann. Im Großen und Ganzen handelt es sich dabei um pixelorientierte Formate, abgesehen von den AutoCAD-, Macromedia-Flash- und Text-Formaten. Die Formate EPS, PDF und SVG können mit dem Befehl **Sichern unter...** erzeugt werden.

Arbeitsgruppe verwalten ►

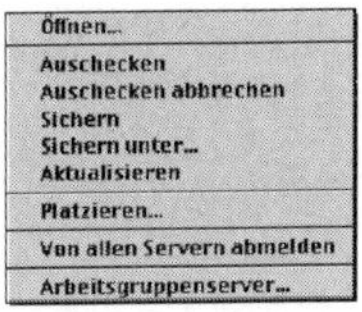

Die Arbeitsgruppenverwaltung ermöglicht, das Arbeiten von Teams zu optimieren und aufeinander abzustimmen. Sollen Daten von gemeinsam benutzten Servern effizient genutzt werden, ist ein Abstimmen unbedingt nötig. Das Ein- und Auschecken ist dabei genauso wichtig wie das Aktualisieren der Daten, wenn mit anderen an einem Projekt gearbeitet wird.

Skripte ►

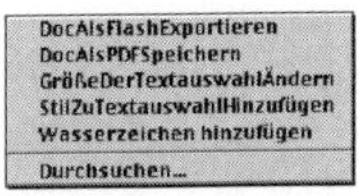

Skripte sind automatisierte Arbeitsvorgänge, die ähnlich strukturiert sind wie Makros. Das Programm stellt ein paar wenige Skripte zur Verfügung, wobei jedoch jeder, der der Skriptsprache mächtig ist, sich eigene Skripte erzeugen und entsprechend laden kann. Die verwendete Skriptsprache ist AppleScript. Skripte kann man somit auf zweierlei Weise erstellen. Entweder im Script-Editor, den Apple dem Betriebssystem beilegt, oder mit einem beliebigen Texteditor, der die Datei dann als ASCII-Text abspeichert. Das Skript kann dann entweder mit dem Befehl *Skripte ➛ Durchsuchen...* benutzt werden oder, wenn solch ein Skript häufiger benutzt wird, indem man es auf der Festplatte im Ordner *Adobe Illustrator 10 ➛ Vorgaben ➛ Skripte* platziert.

Durchsuchen...

Dokumentformat...
⌥⌘P
Seite 17ff

Der Befehl öffnet ein Dialogfeld, in dem in drei Kategorien die grundsätzlichen Rahmenbedingungen des Dokumentes festzulegen sind. Kategorie **Zeichenfläche**: Dazu gehören unter anderem das Einheitensystem, also auch die Größe und Lage des Dokuments. Kategorie **Drucken und exportieren**: Hier lassen sich Druck- und Exportverhalten einstellen. Kategorie **Transparenz**: Sollen transparente Bereiche gebildet werden, ist es wichtig zu bestimmen, wie Illustrator vorgehen soll, ob eher Pfadinformationen erhalten bleiben sollen oder nicht.

Dokumentfarbmodus ▶
Seite 17, 31ff u. 334

CMYK-Farbe

RGB-Farbe

Wenn mit dem Befehl *Ablage ➛ Neu...* ein neues Dokument erstellt wird, wird man aufgefordert, den Farbmodus des Dokuments festzulegen. Es wird im Illustrator zwischen CMYK (für den Printbereich) und RGB (für den Web- und Multimediabereich) unterschieden. Auch Dokumente, die nicht in Adobe Illustrator erstellt wurden, lassen sich mit diesen beiden Befehlen in den entspre-chenden Farbbereich versetzen. Doch Achtung: Beim Umwandeln in einen anderen Farbmodus wird es unweigerlich zu Farbveränderungen kommen.

Dateiinformationen...

Der Befehl öffnet ein Informationsfeld, in dem die Metadaten zum Dokument eingegeben werden können.

Metadaten (Dateiinformationen) enthalten beschreibende Informationen, die von einem Computer durchsucht und verarbeitet werden können. Mit ihrer Hilfe lassen sich Informationen über den Inhalt eines Dokumentes bereitstellen. Wenn das Dokument in einer anderen Adobe-Anwendung geöffnet wird, bleiben die Dateiinformationen erhalten.

Metadaten können in AI-, PDF- oder SVG-Dateien gespeichert werden.

Separationseinstellungen...
Seite 457

Soll das Dokument auf einer Druckmaschine zum Beispiel im Offset- oder Siebdruckverfahren gedruckt werden, ist es notwendig, von den einzelnen im Dokument benutzten Farben Druckplatten bzw. Siebe zu machen. Das geschieht mittels Farbauszügen. Der Vorgang wird als Aufrastern bezeichnet. Die Separation wird mit Hilfe einer sogenannten Druckerbeschreibungsdatei (PPD= PostScript Printer Description) vorgenommen, die alle Fähigkeiten eines Druckausgabegerätes enthält. Hierzu muss im Dialogfeld auf die Schaltfläche PPD geklickt werden. Eine Vielzahl an PPD-Dateien befindet sich auf dem Macintosh im Ordner *Systemordner* ➛ *Systemerweiterungen* ➛ *Druckerbeschreibungen*. Der Name sagt eigentlich schon, dass dieser Vorgang nicht alle Druckausgabegeräte unterstützt. Nur Geräte, die PostScript verstehen, können hierfür benutzt werden.

Papierformat...
⇧⌘P
Seite 452
Unter Mac OS X Version 10.1.4 wurde der Standardtreiber des Systems benutzt.

Die im Dialog angebotenen Optionen hängen von dem ausgewählten Druckertreiber ab und betreffen die Ausgabe der Illustration auf Papier oder einem Datenträger. Der für dieses Buch verwendete Druckertreiber ist der **AdobePS** in der **Version 8.7.3** unter **System 9.2.2** .

Drucken... ⌘P
Seite 451

Der Dialog ist zuständig für Einstellungen, die die Ausgabe der Illustration auf einem Drucker ermöglichen und optimieren. Schließt man den Dialog mit *OK*, wird die Illustration gemäß den eingestellten Druckoptionen gedruckt.

Beenden ⌘Q

Beendet das Programm und schließt zuvor alle geöffneten Illustrationen. Diese können vorher gespeichert werden. Wurden die geöffneten Dokumente noch nicht gesichert, erscheint ein Abfragedialog, bei dem man sich zwischen **Nicht sichern**, **Abbrechen** und **Sichern** entscheiden kann.

Widerrufen ⌘Z

Die Tastenkombination ⌘Z widerruft die Anzahl von Arbeitsschritten, die im Dialog *Bearbeiten* ➛ *Voreinstellungen* ➛ *Einheiten und Widerrufen* für widerrufbare Schritte angegeben ist. Aber Achtung, manche Schritte lassen sich vielleicht nicht rückgängig machen. Öfter sichern ist die bessere Rückversicherung.

Wiederherstellen ⇧⌘Z

Stellt den letzten mit ⌘Z widerrufenen Arbeitsschritt wieder her. Folglich lassen sich zu weit zurückliegende Arbeitsschritte nicht wiederherstellen.

Ausschneiden ⌘X
Seite 63

Schneidet die markierten Objekte in die Zwischenablage aus.

Kopieren ⌘C
Seite 63

Legt eine Kopie der markierten Objekte in die Zwischenablage.

Einsetzen ⌘V

Fügt eine Kopie der in der Zwischenablage befindlichen Objekte in der Mitte des Arbeitsfensters in die Illustration ein.

Davor einsetzen ⌘F
Seite 222

Fügt eine Kopie von Objekten, die in der Zwischenablage liegen, exakt an der gleichen Stelle, aber vor einem markierten Objekt ein. Ist das markierte Objekt Bestandteil einer Schnittmaske, wird das einzufügende Objekt auch in die Maskierung aufgenommen.

Dahinter einsetzenen ⌘B
Seite 222

Fügt eine Kopie von Objekten, die in der Zwischenablage liegen, exakt an der gleichen Stelle, aber hinter einem markierten Objekt ein. Ist das markierte Objekt Bestandteil einer Schnittmaske, wird das einzufügende Objekt auch in die Maskierung aufgenommen.

Löschen

Löscht alle markierten Objekte, was normalerweise schneller mit der ←-Taste oder der Entf.-Taste bewerkstelligt wird. Der Befehl löscht auch markierte Textzeichen, die mit dem **Text-Werkzeug** ausgewählt wurden. Wird der Text mit einem Auswahl-Werkzeug markiert, wird der gesamte Textblock gelöscht.

Muster festlegen...
Seite 347

Eine mit einem **Auswahl-Werkzeug** oder mit einem Auswahl-Befehl markierte Objektauswahl wird als Farbfeld-Muster definiert und der **Farbfelder-Palette** hinzugefügt. Objekte, denen bereits ein Farbfeld-Muster zugewiesen wurde, können nicht zu einem Muster gemacht werden.

Original bearbeiten

Mit dem Dokument verknüpfte Bild- oder Vektorgrafiken können mit diesem Befehl bearbeitet werden. Es werden jeweils die Programme zur Bearbeitung benutzt, die im Rechnersystem zur Verfügung stehen.

Profil zuweisen...

Dem aktuellen Dokument wird entweder das unter Farbeinstellungen eingestellte Farbprofil zugewiesen (Standard) oder ein in einem PopUp-Menü auswählbares. Die Profile unterscheiden sich dahingehend, in welchem Farbmodus sich das Dokument befindet. Ist unter Farbeinstellungen das Farbmodell **Adobe® Illustrator® 6.0 emulieren** ausgewählt (Standard), ist dieser Befehl inaktiv.

Farbeinstellungen...
Seite 72ff

Hier kann der Arbeitsfarbraum des Programms eingestellt werden. Zudem können auch Verhaltensregeln eingestellt werden, die zum Beispiel die Situation betreffen, wenn ein zu öffnendes Dokument vom Arbeitsfarbraum abweicht.

Tastaturbefehle...
⇧⌥⌘K
Seite 66ff

Die vom Programm vorgegebenen Tastaturkürzel können hier umdefiniert, in Dateiform als in Adobe Illustrator zu nutzender Tastatursatz gesichert oder als Textdatei exportiert werden, um sie auszudrucken oder an andere weitergeben zu können.

Voreinstellungen ►
Seite 47ff

Hier können die grundsätzlichen Rahmenbedingungen des Programms eingestellt werden. Dazu gehören sowohl allgemeine als auch spezielle Voreinstellungen, wie zum Beispiel die Wahl des Arbeitslaufwerks oder das Verhalten von magnetischen Hilfslinien.

Transformieren ►
Seite 289

In diesem Untermenü verbergen sich diverse Befehle zum Umwandeln von Objekten oder Objektgruppen.

Erneut transformieren
⌘D

Wird im Anschluß an eine Transformation das Tastenkürzel ⌘D für **Erneut transformieren** betätigt, wird die direkt davor gemachten Transformation erneut ausgeführt, auch wenn ein anderes Objekt als das zuvor transformierte ausgewählt wird. Der Transformationsmittelpunkt bleibt jedoch an derselben Stelle wie zuvor.

Verschieben... ⇧⌘D

Im aufspringenden Dialogfeld kann der Versatz in horizontaler und vertikaler Richtung eingegeben werden, um den das ausgewählte Objekt oder eine Kopie davon verschoben werden soll.

Drehen...

Im aufspringenden Dialogfeld kann der Drehwinkel eingegeben werden, um den das ausgewählte Objekt oder eine Kopie davon um den eigenen Mittelpunkt gedreht werden soll.

Spiegeln...

Im aufspringenden Dialogfeld kann die

Spiegelachse eingegeben werden, wenn das ausgewählte Objekt oder eine Kopie davon um den eigenen Mittelpunkt gespiegelt werden soll.

Skalieren...

Im aufspringenden Dialogfeld kann der Skalierungsfaktor in Prozent eingegeben werden, um den das ausgewählte Objekt oder eine Kopie davon ausgehend vom eigenen Mittelpunkt vergrößert oder verkleinert werden soll. Das Skalieren kann **gleichmäßig** oder **ungleichmäßig** sein. Ein ungleichmäßiges Skalieren verzerrt das Objekt. Ein Wert größer 100 % vergrößert, ein Wert kleiner 100 % verkleinert das Objekt. Ein Wert von 100 % erzeugt keine Änderung. Die erreichte Größe wird bei einer erneuten Transformation wieder als 100 % angenommen.

Verbiegen...

Das Dialogfeld ermöglicht das Verzerren von Objekten um einen Verzerrungswinkel in horizontaler oder vertikaler Richtung. Es kann auch eine eigene Winkelrichtung mit dem Eingabefeld eigener Winkel benutzt werden. Auch hier findet die Transformation immer um den Mittelpunkt der ausgewählten Objekte oder deren Kopie statt.

Einzeln transformieren...
⇧⌥⌘D

Das Dialogfeld Einzeln transformieren ermöglicht das gesammelte Verändern. Es können also Transformationen wie **Verschieben, Drehen, Skalieren** und **Spiegeln** in einem Vorgang vorgenommen werden. Der

Wiederholen-Befehl wird dann auch alle Transformationen wiederholen.

Anordnen ►
Seite 221

Objekte können hier in der Hierarchie zueinander verschoben werden. Die Anordnung bezieht sich immer auf die Objekte einer Ebene.

Nach vorne bringen [⇧][⌘]ö

Die Auswahl wird an oberster Stelle der Objekte der Ebene angeordnet.

Schrittweise vorwärts [⌘]ö

Die Auswahl wird jeweils um eine objekthierarchische Anordnung nach oben verschoben.

Schrittweise rückwärts [⌘]ä

Die Auswahl wird jeweils um eine objekthierarchische Anordnung nach unten verschoben.

Nach hinten stellen [⇧][⌘]ä

Die Auswahl wird an unterster Stelle der Objekte der Ebene angeordnet.

In aktuelle Ebene verschieben

Die ausgewählten Objekte werden, auch wenn sie unterschiedlichen Ebenen angehören, gesammelt auf die momentan aktuelle Ebene verschoben.

Gruppieren [⌘]G
Seite 223

Eine Auswahl von Objekten wird zu einer Gruppenstruktur zusammengefasst. Die Einzelobjekte verlieren dadurch jedoch nicht ihre Autonomität. Mit den Auswahl-Werkzeugen **Direktauswahl, Gruppenauswahl** und **Direktauswahl-Lasso** können die Objekte jederzeit verändert werden.

Gruppierung aufheben [⇧][⌘]Z
Seite 223

Eine Gruppierung von Objekten wird wieder in Einzelobjekte aufgelöst. Danach ist die Auswahl dieser Objekte auch mit normalen Auswahl-Werkzeugen wieder möglich.

Fixieren ►

Bestimmte, zu definierende Objekte können hiermit an Ort und Stelle festgesetzt werden. Die Bearbeitung von fixierten Objekten ist nicht möglich.

Auswahl ⌘2

Mit Auswahl-Werkzeugen oder -Befehlen markierte Objekte werden fixiert.

Sämtliches Bildmaterial darüber

Die Bezeichnung des Befehls ist etwas irreführend. Mit Bildmaterial sind nicht ausschließlich Pixelbilder oder Vektorgrafiken gemeint, sondern in der Objekthierarchie zum markierten Objekt oberhalb angeordnete Objekte. Diese müssen das markierte Objekt jedoch schneiden. Auch Objekte anderer Ebenen werden hier einbezogen.

Andere Ebenen

Alle Ebenen, außer der momentan aktuellen, werden fixiert.

Alles lösen ⌥⌘2

Alle fixierten Objekte werden mit diesem Befehl wieder freigegeben. Ebenen werden hiermit nicht gelöst. Sollen Ebenen gelöst werden, muss man mit dem Mauspfeil auf das kleine Schlosssymbol vor der Ebene klicken. Sollen mehrere Ebenen auf einmal gelöst werden, muss man mit gleichzeitig gedrückt gehaltener ⌥-Taste auf das Schlosssymbol klicken.

Ausblenden ►

Ähnlich dem Fixieren können hiermit bestimmte Objekte an Ort und Stelle ausgeblendet werden. Die Bearbeitung von ausgeblendeten Objekten ist nicht möglich.

Auswahl ⌘3

Mit Auswahl-Werkzeugen oder -Befehlen markierte Objekte werden fixiert.

Sämtliches Bildmaterial darüber

Auch hier gilt wie beim Fixieren, dass die Bezeichnung des Befehls irreführend ist. Mit Bildmaterial sind nicht ausschließlich Pixelbilder oder Vektorgrafiken gemeint, sondern in der Objekthierarchie zum markierten Objekt oberhalb angeordnete Objekte. Diese müssen das markierte Objekt jedoch schneiden. Auch Objekte anderer Ebenen werden hier einbezogen.

Andere Ebenen

Alle Ebenen außer der momentan aktuellen werden fixiert.

Alles einblenden
⌥⌘3

Alle ausgeblendeten Objekte werden wieder sichtbar und können bearbeitet werden. Ebenen werden hiermit nicht sichtbar. Sollen Ebenen sichtbar werden, muss man mit dem Mauspfeil auf das kleine Augensymbol vor der Ebene klicken. Sollen mehrere Ebenen auf einmal gelöst werden, muss man mit gleichzeitig gedrückt gehaltener ⌥-Taste auf das Augensymbol klicken.

Erweitern...

Um einzelne Musterelemente einer Fläche oder Symbole greif- und veränderbar zu machen oder Pfadkonturen in Flächen umzuformen, kann mit diesem Befehl an ein entsprechendes Objekt herangegangen werden.

Aussehen erweitern

Ähnliches, wie unter **Erweitern...** für Muster und Symbole gesagt wurde, trifft auch für **Aussehen erweitern** zu, jedoch in Bezug auf Stile. Die Einzelkomponenten der auf ein Objekt angewandten Stile werden nach Ausführen des Befehls nur noch als Gruppe zusammengehalten. Der Befehl **Gruppierung aufheben** löst den Verbund schließlich vollständig auf.

Transparenz reduzieren...
Seite 24ff

Der Befehl legt fest, wie Adobe Illustrator ein Objekt behandeln soll, das mit Transparenzen belegt wurde, zum Beispiel Effekten, Filtern oder Transparenzmodi aus der **Transparenz-Palette**. Sollen solche Objekte gedruckt oder exportiert werden, muss sichergestellt werden, dass die Informationen so, wie sie sich am Monitor darstellen, an die Ausgabegeräte oder Programme übergeben werden. Um das zu gewährleisten, müssen Transparenzen eventuell teilweise oder sogar vollständig in Pixelinformationen umgerechnet werden. Der Dialog legt fest, ab wann bzw. in welcher Form das passieren soll.

In Pixelbild umwandeln...

Sollen Illustrationen vollständig oder teilweise in Pixel umgerechnet werden, um zum Beispiel bestimmte Bildbearbeitungs-Filter auf Objekte anwenden zu können, ist es notwendig, diesen Dialog zu öffnen. Im oberen Teil des Dialoges kann der Farbmodus und die zu benutzende Auflösung eingestellt werden. Im unteren Teil stehen zusätzlich Optionen hinsichtlich Schriftverhalten und Glättungsalgorithmen zur Verfügung.

Verlaufsgitter erstellen...
Seite 351ff

Mit diesem Befehl wird einem Objekt ein Verlaufsgitter zugewiesen. Anders als mit dem **Verlaufsgitter-Werkzeug** kann hier in einem Dialogfeld bestimmt werden, welche Unterteilung im Objekt vorgenommen werden soll.

Im PopUp-Menü **Aussehen** kann bestimmt werden, ob das Verlaufsgitter eher ein flächiges (**Flach**) oder gewölbtes (**Zur Mitte** oder **Zur Kante**) Aussehen simulieren soll.

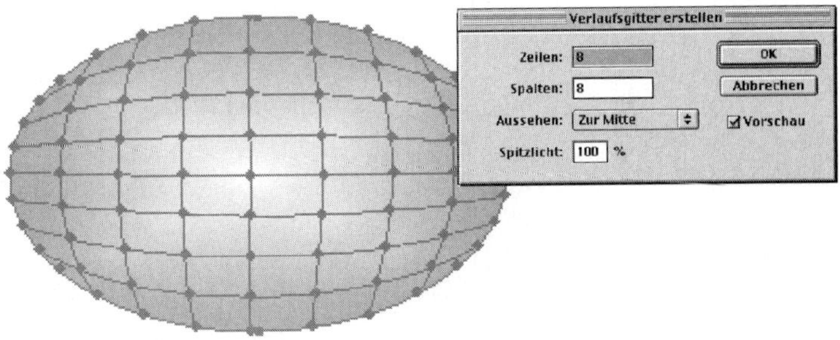

Slice ▶

Um Illustrationen oder Teile von Illustrationen für eine Webseitengestaltung vorzubereiten, kann es sinnvoll sein, sie in einzelne Segmente zu unterteilen, die Slices genannt werden. Sinnvolle Situationen sind zum Beispiel dann gegeben, wenn einzelne Teile der Illustration als JPEG- und andere Teile als GIF-Bild definiert werden sollen. Um eine Illustration in Slices zu unterteilen, bietet Illustrator mehrere Möglichkeiten:

Erstellen

Sollen die Slice-Abmessungen mit den Grenzen eines Objekts im Bildmaterial übereinstimmen, muss der Befehl *Slice ➛ Erstellen* gewählt werden. Wird das Element verschoben oder bearbeitet, passt sich die Größe des Slices automatisch an das neue

Bildmaterial an. Mit diesem Befehl können Sie auch ein Slice erstellen, das Text und grundlegende Formatierungseigenschaften eines Textobjekts erfasst.

Aus Auswahl erstellen

Sollen die Abmessungen des Slice vom zugehörigen Bildmaterial unabhängig sein, verwenden Sie das **Slice-Werkzeug**, den Befehl *Slice* ➛ *Aus Auswahl erstellen* oder *Slice* ➛ *Aus Hilfslinien erstellen*. Die so erstellten Slices werden in der **Ebenen-Palette** angezeigt und können wie jedes andere Vektorobjekt verschoben, skaliert und gelöscht werden.

! Wird ein Slice erstellt, legt Adobe Illustrator auch automatische Slices an, damit eine gültige HTML-Tabelle erstellt werden kann, wenn Sie Bildmaterial als Webseite speichern. Es gibt zwei Arten von automatischen Slices:

Auto-Slices und **Unter-Slices**.

Mit **Auto-Slices** werden die Bereiche im Bildmaterial aufgeteilt, für die noch keine Slices definiert wurden. **Auto-Slices** werden bei jedem Hinzufügen bzw. Bearbeiten von Slices neu generiert. **Unter-Slices** geben an, wie überlappende Slices aufgeteilt werden. Obwohl **Unter-Slices** nummeriert sind und mit einem Slice-Symbol angezeigt werden, können Sie sie nicht vom darunter liegenden Slice getrennt auswählen. **Unter-Slices** werden bei jedem Umsortieren der Zeichenordnung der Slices neu generiert.

Pfad ►

In diesem Bereich sind Befehle untergebracht, die Pfade miteinander verbinden, kombinieren oder reduzieren können.

Zusammenfügen ⌘J

Zwei offene Pfade können hiermit an den aktivierten Endpunkten miteinander verbunden werden. Die Endpunkte müssen "eindeutig" markiert werden. Das geht nur mit dem **Direktauswahl-Werkzeug** oder dem **Direktauswahl-Lasso-Werkzeug**.

Auswahl der Endpunkte

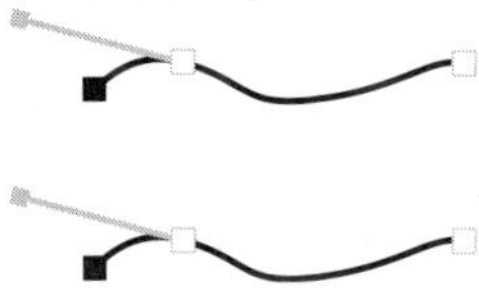

Pfade zusammengefügt

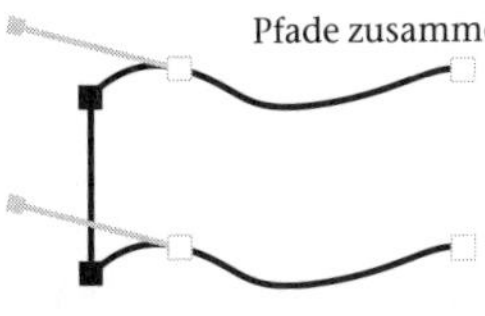

Würde ein normales **Auswahl-Werkzeug** benutzt, wären alle Punkte der ausgewählten Pfade aktiviert. Das Programm wüsste dann nicht, welcher Endpunkt mit welchem anderen Endpunkt verbunden werden soll.

Durchschnitt berechnen... ⌥⌘J

Hiermit lassen sich Punkte an eine gemeinsame Position verschieben, die dem Durchschnitt ihrer momentanen Positionen entspricht. Sehr sinnvoll, wenn Pfade mit einander verbunden werden sollen (**Zusammenfügen**). Zur Verfügung stehen hier **horizontale**, **vertikale** oder **beide** Positionen.

Auswahl der Endpunkte

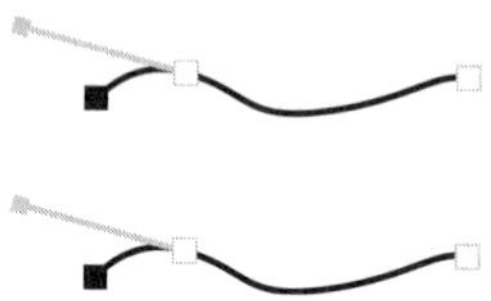

Durchschnitt berechnen mit Option **Beide**

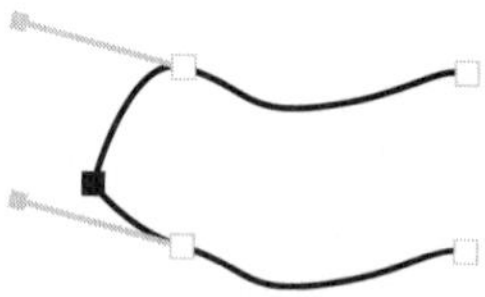

Auch hier ist es von Vorteil bzw. notwendig, mit dem **Direktauswahl-Werkzeug** oder dem **Direktauswahl-Lasso-Werkzeug** die Auswahl zu treffen, da sonst alle Pfadpunkte an die errechnete Durchschnittsposition versetzt werden würden.

Konturlinie

Konturlinie erzeugt aus einem Pfad, dem eine Konturfarbe und -stärke zugewiesen wurde, eine Fläche. Die Sichtbarkeit des Originalpfades geht dabei verloren. Der

Originalpfad existiert jedoch an der gleichen Stelle wie zuvor, nur unsichtbar.

Originalpfad

Nach Umwandlung

Je nach Pfadstruktur ist es möglich, dass ein zusammengesetzter Pfad entsteht. Geschlossene Pfade erzeugen im Allgemeinen immer zusammengesetzte Pfade.

Pfad verschieben...

Der Befehl erweitert einen vorhandenen, ausgewählten Pfad nach außen. Es wird dabei eine Kopie des Pfades erstellt, die um den eingegebenen Wert größer ist als das Original, aber dessen Grafikattribute besitzt. Der Originalpfad bleibt dabei erhalten. Im Dialogfeld kann der Versatz (**Verschieben**) eingegeben werden, womit die Erweiterung des Pfades bestimmt wird. Unterschiedliche Einheiten können mit den auf Seite 54 angegebenen Kürzeln eingegeben werden (z.B. Punkt = pt oder Millimeter = mm).

Die Option **Linienecke** gibt vor, welche Eckengestaltung auf den neuen Pfad angewendet werden soll. Es kann gewählt werden zwischen Gehrungsecke, abgerundeter und abgeflachter Ecke.

Die **Gehrungsgrenze** bestimmt die Länge einer Spitze. Sie ist ein Vielfaches der Linienstärke. Die Ecke des ausgewählten Pfades wäre bei einem Einstellungswert „4" viermal so lang wie die Linienstärke. Oberhalb des Wertes würde Illustrator eine abgeflachte Ecke erstellen.

Vereinfachen...

Werden Pfade zu komplex, das heißt, dass die Pfade aus zu vielen Pfadpunkten (Ankerpunkten) bestehen, kann man sie mit diesem Befehl auf einige wenige Pfadpunkte reduzieren. Das bedeutet natürlich, dass bei der Reduzierung voraussichtlich Veränderungen vorgenommen werden. Um die Veränderungen in Grenzen zu halten, stellt das Programm bei diesem Befehl ein Dialogfeld mit zwei Vorschaumöglichkeiten bereit. Zum einen die normale Vorschau, die das Resultat zeigt, und zum anderen kann der Originalpfad zusätzlich als rote Linie eingeblendet werden. Mit den Schiebereglern lassen sich die Auswirkungen direkt beobachten.

Ankerpunkte hinzufügen
Seite 229ff

In ausgewählte Pfade kann mit diesem Befehl zwischen den bereits existierenden Ankerpunkten je ein weiterer eingefügt werden.

Darunter liegende Objekte aufteilen

Der Befehl arbeitet wie eine Ausstechform, die mit der Kontur des ausgewählten Objekts darunter liegende Objekte ausstanzt. Es können durchaus mehrere Objekte auf diese Weise in Einzelbereiche aufgeteilt werden, die die Kontur des obenauf liegenden besitzt. Wichtig ist dabei, das nur das oben liegende Objekt markiert ist. Mehrere Objekte können nicht auf einmal in darunter liegende hineingestanzt werden.

Auswahl des Objektes

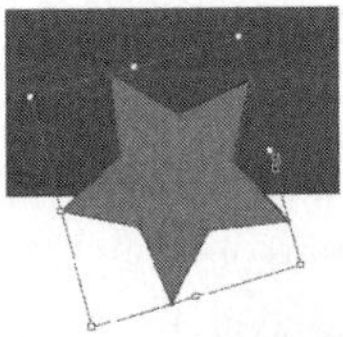

Nach durchgeführter Aktion

Auf Bilder und Grafiken kann dieser Befehl nicht angewendet werden.

Aufräumen...

Im aufspringenden Dialogfeld kann bestimmt werden, nach welchen Elementen gesucht werden soll, damit sie anschließend entfernt werden können.

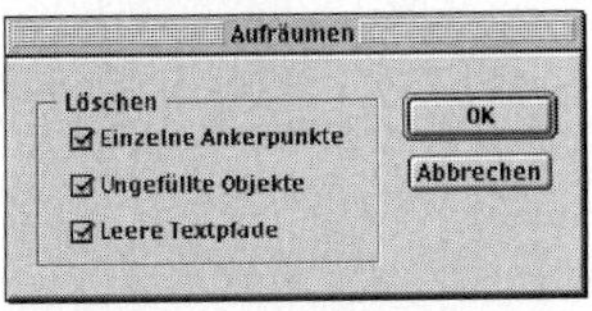

! Es werden nur Textpfade gefunden und entfernt, die wirklich leer sind. Wurden in einen Textpfad Leerzeichen mit der Leertaste eingegeben, so ist der Textpfad nicht leer, auch wenn er unsichtbar sein mag.

Angleichung ►

Erstellen ⌥⌘B

Objekte können für Übergangseffekte zwischen Objekten genutzt werden. Mit dem Befehl *Angleichung* ➛ *Erstellen* (⌥⌘B) werden zwischen zwei oder mehr ausgewählten Objekten Übergangsstufen erstellt, die sowohl eine Metamorphose der Objekte als auch der Farben darstellt.

Es können zwei offene Pfade (z. B. zwei verschiedene Linien) oder zwei geschlossene Pfade (z. B. ein Kreis und ein Quadrat), Verläufe oder auch Angleichungen selbst angeglichen werden. Auch Stile sind dafür geeignet, für Angleichungen benutzt zu werden.

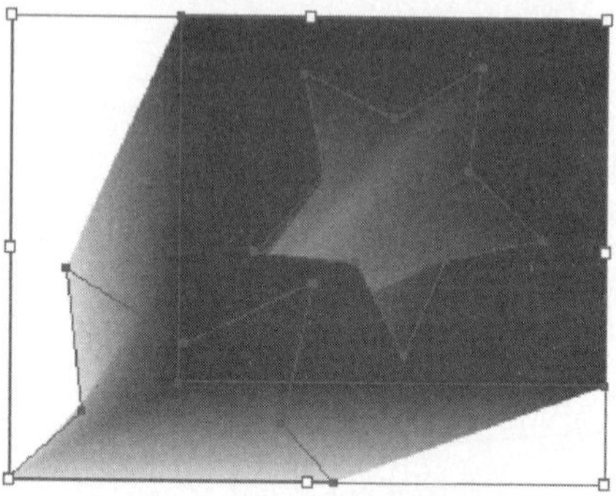

Eine Angleichung kann auch mit dem **Angleichungs-Werkzeug** erstellt werden. Das Menü bietet jedoch mehr Möglichkeiten.

Achse ersetzen

Zum Beispiel das Ersetzen der Angleichungsachse. Es kann jederzeit ein beliebiger Pfad als Träger einer Angleichung genutzt werden. Angleichung und Pfad müssen dabei gleichermaßen markiert sein. Anschließend kann der Befehl *Angleichung ➛ Achse ersetzen* ausgeführt werden.

Angleichung zweier Stile

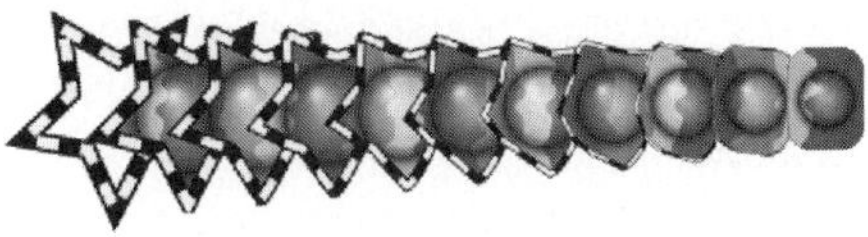

Pfad, an dem die Angleichung entlanglaufen soll

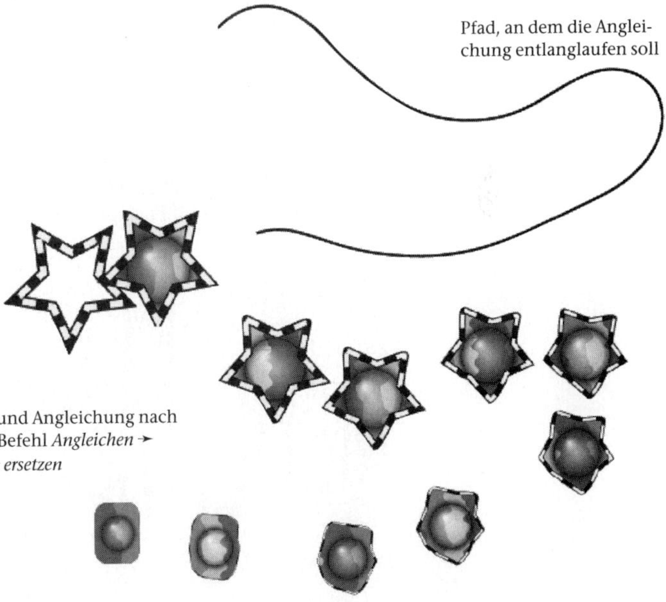

Pfad und Angleichung nach dem Befehl *Angleichen ➛ Achse ersetzen*

Ablösen ⇧⌥⌘B

Angleichungen können mit dem Befehl *Angleichung ➛ Ablösen* (⇧⌥⌘B) ganz aufgelöst werden, wodurch die Übergangselemente entfernt werden. Geht man mit einem **Direktauswahl-Werkzeug** an die Einzelelemente der Angleichung heran und verschiebt sie, wird sich die Anordnung und Richtung der Angleichung verändern.

Angleichungs-Optionen

Mit **Angleichungs-Optionen** können Sie schließlich festlegen, wie sich die einzelnen Elemente am Pfad orientieren sollen (um Pfad rotieren oder senkrecht zum Pfad) bzw. nach welchen Kriterien die Übergangselemente erstellt werden sollen. Zur Auswahl stehen hier **Farbe glätten**, **Festgelegte Stufen** und **Festgelegter Abstand**.

Verzerrungshülle ►
Seite 314ff

Die Verzerrungshülle ermöglicht es, beliebige Objekte, dazu zählen auch Textobjekte, in fest vorgegebenen Hüllen oder eigenen zu verzerren.

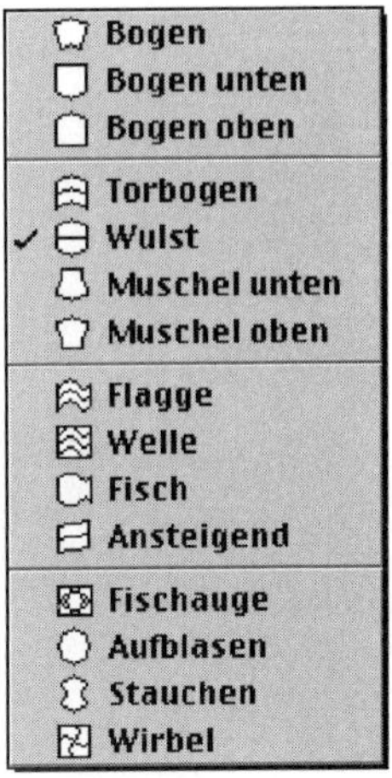

Es werden an dieser Stelle nicht alle Verkrümmungsarten erklärt. Doch ist allen gemein, dass man das Ergebnis jederzeit mit einem **Direktauswahl-Werkzeug** verändern kann.

Es lassen sich nicht nur Grafikelemente aus Adobe Illustrator verzerren. Auch bestimmte Pixel-Bilddaten lassen sich mit dem Befehl Verzerrungshülle verändern. Die folgende Liste von Formaten soll eine Übersicht über die Veränderbarkeit geben:

BMP-Formate	keine Änderung
EPS-Formate	keine Änderung
GIF-Formate	änderbar
JPEG-Formate	änderbar
PICT-Formate	keine Änderung
PNG-Formate	keine Änderung
TIFF-Formate	änderbar

Zusätzlich zu den vorgefertigten Verzerrungshüllen können auch frei definierbare Gitter zugewiesen werden. Im Nachhinein sind die Gitter ebenfalls mit einem **Direktauswahl-Werkzeug** veränderbar. Mit den Einträgen für **Zellen** und **Spalten** lassen sich die Häufigkeiten der Unterteilungen definieren. Auch hier bietet die Vorschau ein gutes Hilfsmittel, um den Effekt zu überprüfen.

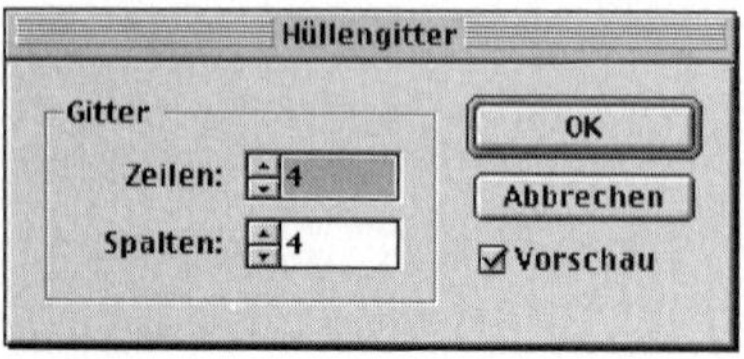

Schnittmaske ►
Seite 359ff

Schnittmasken dienen dem Maskieren von Pixelbildern wie Grafikobjekten. Das Objekt, das als Schnittmaske dienen soll, muss oberhalb des Objektes angeordnet werden, welches maskiert werden soll. Ausgewählt sein müssen beide. Anschließend kann der Befehle *Schnittmaske* ➛ *Erstellen* gegeben werden.

Erstellen

Schnittmasken-Objekt

Fertige Maskierung

Ablösen

Mit dem Befehl *Schnittmaske ➤ Lösen* kann die Maskierung wieder aufgehoben werden.

Schnittmasken verlieren nach dem Erstellen sämtliche Grafikattribute. Die Attribute können jedoch nach der Umwandlung wieder zugewiesen werden. Dabei ist es jedoch notwendig, dass das Maskenobjekt mit einem **Direktauswahl-Werkzeug** ausgewählt wird. Geschieht das nicht, sind alle Mitglieder der Maskierung als Maske ausgewählt, und eine Änderung ist in diesem Zustand nicht möglich.

Schnittmaske ohne Attribute

Schnittmaske mit Attributen

Zusammengesetzter Pfad ▶
Seite 224

Objekte können miteinander Gemeinschaftsstrukturen bilden. Dadurch ist es z. B. möglich, durchsichtige Bereiche zu generieren. Zudem können solche Strukturen gemeinschaftliche Grafikattribute bekommen. Dazu zählen genauso wie Farb- und Strukturinformationen auch Maskierungen und Angleichungen. Um z. B zusammengesetzte Pfade für Maskierungen zu erstellen, gehen Sie folgendermaßen vor:

- Markieren Sie alle Pfade, aus denen der zusammengesetzte Pfad bestehen soll.

Erstellen

- Wenden Sie nun den Befehl *Zusammengesetzter Pfad* ➛ *Erstellen* an.
- Stellen Sie nun den zusammengesetzten Pfad in der Objekthierarchie vor das zu maskierende Objekt.
- Markieren Sie nun den zusammengesetzten Pfad sowie das zu maskierende Objekt und wählen Sie *Schnittmaske* ➛ *Erstellen* an.

Werden zusammengesetzte Pfade gebildet, ergeben sich häufig teilweise oder vollständige Überschneidungen. Die Überschneidungsbereiche werden im Allgemeinen nach der Bildung des zusammengesetzten Pfades immer durchsichtig, außer man aktiviert für den zusammengesetzten Pfad in der Attribute-Palette die Schaltfläche **Pfadrichtung umkehren** bzw. **Füllregel Nicht-Null verwenden**. Durch andere Füllregeln als die Standardmethoden gestalten sich die Überschneidungsbereiche evtl. nicht durchsichtig.

! Achtung, beachten Sie die Einstellungen in der **Attribute-Palette**.

Schnittmarken ►

Um präzise Eingrenzungen für bestimmte Objektsituationen zu schaffen.

Es kommt relativ häufig vor, daß zum Druck mehrere Objekte auf einem Ausgabeblatt platziert werden sollen, z.B. Visitenkarten oder Kurzmitteilungen etc. Man spricht dann von Mehrfachnutzen. Die meisten Programme sind nicht in der Lage, für diese Einzelobjekte separate Beschnittzeichen zu erstellen, um einen paßgenauen Beschnitt nach dem Druck zu gewährleisten. Adobe Illustrator gibt mit dem Befehl *Schnittmarken* ➛ *Erstellen* die Möglichkeit dazu.

Erstellen Sie sich ein rechteckiges Hilfsobjekt, das die Ausmaße des Objektes, das mit Beschnittzeichen versehen werden soll, vollständig umschreibt.

Erstellen

Wählen Sie dieses Objekt mit einem **Auswahl-Werkzeug** aus. Benutzen Sie nun den Befehl *Schnittmarken* ➛ *Erstellen*. Das Hilfsobjekt wird nun verschwinden, und an seiner Stelle werden entsprechende Schnittmarken existieren. Die entstandenen Schnittmarken lassen sich nicht verändern. Das Aussehen ist abhängig von den Einstellungen unter *Bearbeiten* ➛ *Voreinstellungen* ➛ *Allgemeine...* Siehe auch Seite 49f **Japanische Schnittmarken**.

Ablösen

Der Befehl *Schnittmarken* ➛ *Ablösen* entfernt sie wieder, und das Hilfsobjekt erscheint wieder.

Leider kann dieser Vorgang immer nur mit einem Objekt durchgeführt werden. Sollen mehrere Objektschnittmarken erstellt werden, muss auf den *Filter* ➛ *Erstellen* ➛ *Objektschnittmarken* (Seite 192f) zugegriffen werden, da dieser Filter mehrfach anwendbar ist.

Diagramm ►
Seite 375ff

Attribute... Seite 376ff

Mit dem Diagramm-Werkzeug aus der Werkzeug-Palette können neun verschiedene Diagrammarten erzeugt werden, das **vertikale Balkendiagramm**, das **gestapelte vertikale Balkendiagramm**, das **horizontale Balkendiagramm**, das **gestapelte horizontale Balkendiagramm**, das **Liniendiagramm**, das **Flächendiagramm**, das **Streudiagramm**, das **Kreisdiagramm** und das **Netzdiagramm**. Der Befehl *Diagramm* ➛ *Attribute...* kann einem auf diese Weise erzeugten Diagramm im Nachhinein andere Aussehensformen zuweisen. Zur Verfügung stehen hier auch die neun Standard-Diagrammarten. Die Eingabewerte des Diagramms können mit dem Befehl *Diagramm* ➛ *Daten...* verändert werden.

Daten... Seite 378ff

Designs... Seite 386ff

Mit dem Dialogfeld *Diagramm* ➛ *Designs...* kann man eigene Aussehensformen der Diagramme gestalten.

Balken.../Punkte...

In den Dialogfeldern *Diagramm* ➛ *Balken... bzw. Punkte...* lassen sich die eigenen Designs einem ausgewählten Diagramm zuordnen.

Schrift ►

Im PopUp-Menü lassen sich alle im System installierten Schriften auswählen, um sie einer ausgewählten Textinformation zuzuweisen. Alternativ hierzu kann auch die **Zeichen-Palette** benutzt werden.

Schriftgröße ▶

Hier lassen sich markierte Textpassagen in der Größe verändern. Das Programm stellt feste Werte von 6 Punkt bis 72 Punkt zur Verfügung. Soll eine andere Größe als eine der aufgelisteten benutzt werden, kann mit dem Eintrag **Anderer Wert...** die **Zeichen-Palette** geöffnet werden, wo der entsprechende Schriftgrößen-Wert eingegeben werden kann. Die **Zeichen-Palette** kann natürlich auch manuell geöffnet werden, ohne den Umweg über das Menü Text.

Anderer Wert

Blöcke ▶
Seite 417

Werden Texte aus anderen Programmen in Adobe Illustrator platziert oder wurden Textpassagen in Pfade hineingeschrieben, kommt es recht häufig vor, dass die entsprechenden Textpfade von der Größe her nicht ausreichen, um den gesamten Text darzustellen, da er einfach zu lang ist. Hier können nun mit dem Befehl *Blöcke ➛ Verknüpfen* weitere geschlossene Pfade mit diesen Textpfaden verbunden werden, sodass der Text weiterfließen kann. Der Befehl *Blöcke ➛ Verknüpfung aufheben* löst diese Verbindungen wieder auf. Der Text verbleibt hierbei jedoch im ehemals verknüpften Pfad.

Verknüpfen

Verknüpfung aufheben

Umfließen ▶
Seite 419ff

Soll ein Text um existierende Pfade oder platzierte Bilder herumfließen, lässt sich das

Erstellen

mit dem Befehl *Umfließen ➛ Erstellen* erreichen. Es lassen sich jedoch nur Pfade umfließen, Bildobjekte oder Symbole nicht. Soll ein Bild/Symbol umflossen werden, muss das über ein Hilfsobjekt geschehen. Nach Ausführung des Befehls bilden Textpfad und Pfad eine Art Gruppe, die mit dem Befehl *Umfließen*

Ablösen

➛ Ablösen wieder aufgelöst werden kann.

Überschrift einpassen
Seite 401ff

Eine Zeile wird auf die gesamte Textpfadbreite ausgedehnt. Damit wird die Laufweite (Spationierung) des Textbereiches enorm vergrößert. Rückgängig machen kann man das nur über eine manuelle Eingabe in der **Zeichen-Palette** im Bereich Laufweite. Die Funktion stellt eine Art Blocksatz bezogen auf eine Zeile dar.

In Pfade umwandeln
⇧⌘O
Seite 428ff

Texte werden mit dieser Funktion in Pfadelemente konvertiert. Die Schriftinformation des Textes geht dadurch verloren. Das Ergebnis stellt hinterher eine Gruppierung dar. Manche Zeichen, wie z. B. das O oder das A, werden zu einem zusammengesetzten Pfad konvertiert.

Suchen/Ersetzen...
Seite 420ff

Soll in einem Adobe-Illustrator-Dokument innerhalb eines Textpfades mit Textinhalt nach Wörtern, Zeichen oder Ersetzungszeichen gesucht werden, stellt dieses Dialogfeld eine wichtige Hilfe dar. Wurden entsprechende Wörter oder Zeichen gefunden, können sie durch andere ersetzt werden.

Schriften suchen...

Im Dokument benutzte Schriften können aufgespürt und durch andere im Dokument benutzte oder im System installierte Schriften ersetzt werden. Zusätzliche Optionen sorgen für eine Eingrenzung der Suche auf bestimmte Schriftarten. Zur Auswahl stehen hier z. B. PostScript-Typ-1-, Truetype-, MultipeMaster-Schriften und andere, die in die Liste der zur Verfügung stehenden Ersatzschriften einbezogen werden können.

Rechtschreibung prüfen...
Seite 422ff

Mit der Rechtschreibprüfung ist es möglich, umfangreiche Texte hinsichtlich ihrer Schreibweise zu überprüfen. Der Text wird sofort nach Wörtern durchforscht, die im aktuell gewählten Wörterbuch nicht vorkommen. Die Wörter werden dann nacheinander angezeigt. Im unteren Teil des Dialogfeldes werden entsprechende Alternativwörter aufgelistet.

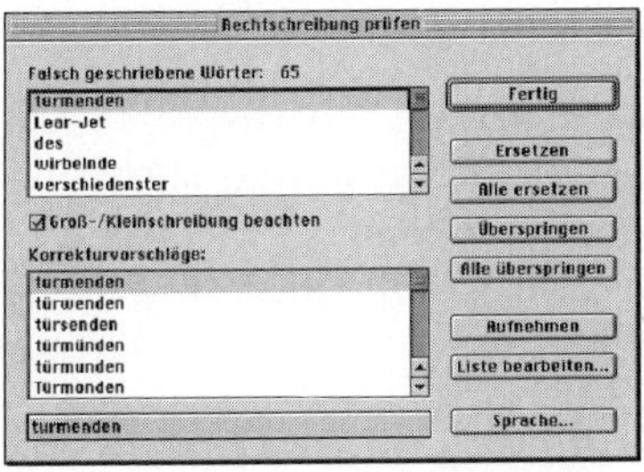

Ersetzen

Die Wörter können dann mit **Ersetzen** durch den unten vorgeschlagenen Eintrag ersetzt werden oder, falls sie korrekt sein sollten, mit **Aufnehmen** dem aktuellen Wörterbuch hinzugefügt werden. Die Schaltfläche **Liste bearbeiten...** stellt die zusätzlich in das Lexikon aufgenommenen Wörter in

Aufnehmen

Liste bearbeiten...

einer Liste zusammen, wo sie nachträglich verändert und gelöscht werden können.

Die Prüfung beginnt immer beim ersten Zeichen des Textpfades.

Groß-/Kleinschreibung ändern...

Im aufspringenden Dialogfeld kann für einen ausgewählten Text bestimmt werden, ob er prinzipiell mit Kleinbuchstaben (Minuskeln oder Gemeinen) oder in Großbuchstaben (Versalien oder Kapitälchen) geschrieben werden soll oder ob die ersten Buchstaben eines Wortes Versalien sein sollen.

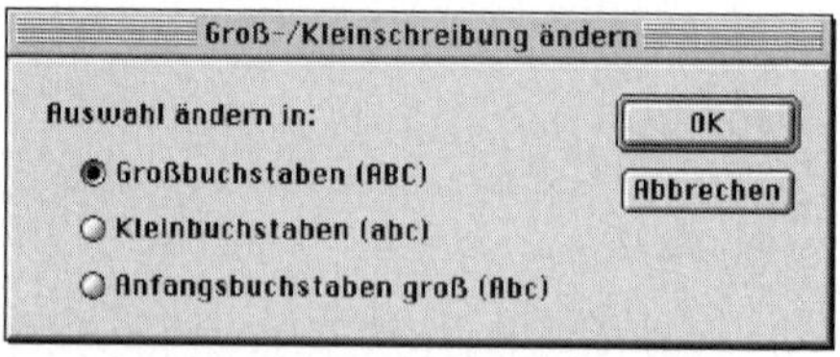

Satz-/Sonderzeichen...

Das Dialogfeld kann nach Textzeichen suchen und sie durch typografische Zeichen ersetzen, z.B. Ligaturen (ff, fi,fft usw.). Sie können auch die Anzahl der ersetzten Zeichen festhalten.

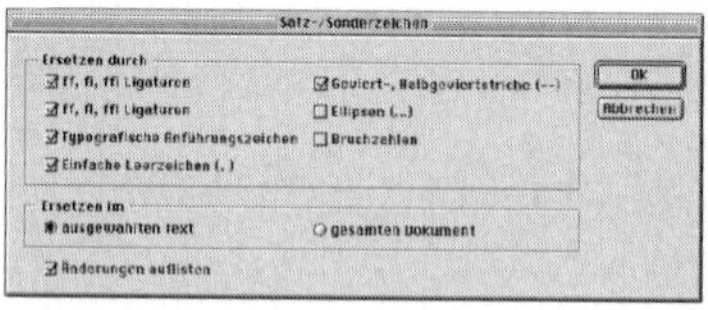

! **Satz-/Sonderzeichen...** kann unter Mac OS nur mit OpenType-Schriften verwendet werden.

Textzeilen/-spalten...
Seite 418

Der aktuelle Textpfad muß mit einem **Auswahl-Werkzeug** markiert werden. Danach lässt sich das Dialogfeld im Menü Text auswählen. Es können mit Zeilen Unterteilungen in der Vertikalen und mit Spalten Unterteilungen in der Horizontalen vorgenommen werden.

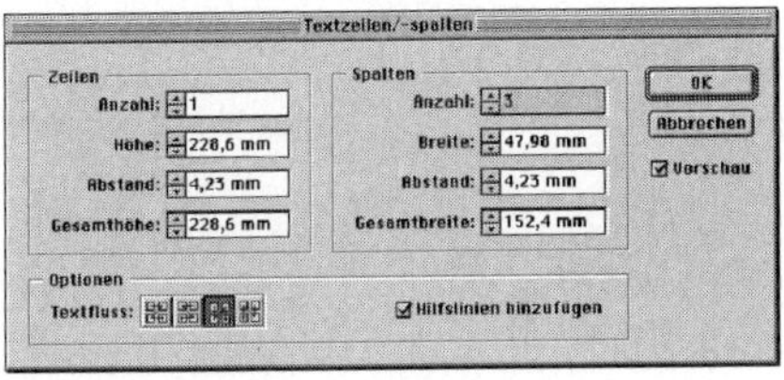

Hilfslinien hinzufügen

Eine gute Hilfsfunktion stellt die Option **Hilfslinien hinzufügen** dar, die die Zeilen und Spalten optisch sichtbar macht.

Textfluss

Der **Textfluss** regelt, wie ein im Textpfad vorhandener Text im Zeilen-/Spaltenpfad laufen soll. Die kleinen Symbole stellen das recht eindeutig im unteren Bereich des Dialogfeldes dar.

Verborgene Zeichen einblenden
Seite 425f

Der Befehl blendet unsichtbare Satzzeichen wie Absatz-, Erzwungener-Absatz-, Leer-, Tabulator- und andere Zeichen ein.

Textausrichtung ►
Seite 404f

Es gibt die Optionen **Horizontal** oder **Vertikal.** Die horizontale Textausrichtung schreibt den Text von links nach rechts. Das ist eigentlich die allgemein gültige Ausrichtung im europäischen Sprachraum. Die vertikale

Ausrichtung schreibt von oben nach unten. Diese Ausrichtung, gebraucht man sie nicht als Effekt, ist eher im japanischen und chinesischen Sprachraum gebräuchlich.

Schriftzeichen-Optionen ►

Kanji-Schriftsätze lassen sich nur nutzen, wenn das System, in dem mit diesen Schriftsätzen gearbeitet werden soll, um die Schriften und die dazugehörige Systemerweiterungen erweitert wurde. Auf einem Macintosh können japanische TrueType-Schriftensätze benutzt werden, wenn z. B. KanjiTalk 7.5 und höher installiert ist.

Die Schriftzeichen-Optionen sind nur anwählbar, wenn ein 2-Bit-Kanji-Schriftsatz verwendet wird. Diese Zeichensätze sind im europäischen Sprachraum nicht gebräuchlich, also sind sie auch nicht nutzbar.

In modernen japanischen Schriften gibt es häufig Informationen zu alternativen oder historischen Varianten bestimmter Schriftzeichen. Mit dem Befehl **Schriftzeichen-Optionen** können Sie ein vorhandenes japanisches Kanji-Zeichen durch ein alternatives Zeichen ersetzen. Bei Verwendung der Type-1-CID-Schriften (Mac OS) können Sie ein Standardzeichen durch ein alternatives Schriftzeichen aus den JIS-78-, Expert- und Traditional-Zeichensätzen ersetzen.

Damit Sie Dateien mit alternativen Schriftzeichen drucken können, muss die entsprechende CID-Schrift, die diese alternativen Zeichen enthält, auf dem Drucker installiert sein.

! Alternative Schriftzeichen werden wieder durch die standardmäßigen Schriftzeichen ersetzt, wenn eine Adobe-Illustrator-Datei in Adobe Photoshop, Adobe Premiere oder

Adobe After Effects importiert wird. Wenn Sie die Informationen der alternativen Schriftzeichen speichern möchten, müssen Sie die Adobe-Illustrator-Datei im EPS-Format speichern (mit aktivierter Option **Dokumentschriften einbeziehen**) und dann importieren.

Alles ⌘A
Seite 212

Alles auf der Dokumentseite und der Montagefläche wird markiert und kann verändert werden.

Auswahl aufheben
⇧⌘A Seite 213

Die bestehende Auswahl wird aufgehoben. Existiert keine Auswahl, ist der Befehl inaktiv.

Auswahl invertieren
Seite 213

Alle Objekte, die zum Zeitpunkt der Auswahl nicht ausgewählt waren, werden ausgewählt.

Neu auswählen
⌘6
Seite 213

Die zuletzt vorgenommene Auswahl wird erneut ausgewählt. Existieren das Objekt oder die Objekte nicht mehr, die zuletzt ausgewählt wurden, ist der Befehl inaktiv.

Nächstes Objekt darüber
⌥⌘+ Seite 213

Das in der Hierarchie über dem Objekt liegende Objekt wird ausgewählt.

Nächstes Objekt darunter
⌥⌘ü Seite 213

Das in der Hierarchie unter dem Objekt liegende Objekt wird ausgewählt.

Gleich ▶
Seite 213

In diesen Bereich können Objekte anhand ihrer Attribute ausgewählt werden. Die Auswahl wird eindeutig sein. Es wird ein Objekt aktiviert, und die entsprechende Auswahlmethode aktiviert weitere Objekte mit identischen Objektattributen.

Füllmethode

Diese Auswahlmöglichkeit wählt Objekte anhand ihrer Füllungsattribute aus. Unter einer Füllmethode versteht Adobe Illustrator die unterschiedlichen Transparenz-Methoden. Wird der Befehl *Gleich ➛ Füllmethode* auf ein ausgewähltes Objekt angewendet, wird nur unterschieden zwischen Transparenz-Methode und Standard-Füllung.

Fläche und Kontur
Die zu findenden Objekte müssen in Flächen- und Kontur-Attributen mit dem ausgewählten Objekt übereinstimmen.

Flächenfarbe
Die zu findenden Objekte müssen in ihren Flächen-Attributen mit dem ausgewählten Objekt übereinstimmen.

Deckkraft
Die zu findenden Objekte müssen die gleichen Deckkraft-Einstellungen wie das ausgewählte Objekt besitzen.

Konturfarbe
Die zu findenden Objekte müssen in ihren Konturfarbe-Attributen mit dem ausgewählten Objekt übereinstimmen.

Konturstärke
Die zu findenden Objekte müssen die gleichen Konturstärke-Einstellungen wie das ausgewählte Objekt besitzen.

Stil
Die zu findenden Objekte müssen den gleichen Stil wie das ausgewählte Objekt besitzen.

Symbolinstanz
Die zu findenden Objekte müssen Instanzen der gleichen Symbole darstellen wie das ausgewählte Objekt .

Objekt ►

Alles auf derselben Ebene
Seite 214
Alle Objekte, die sich auf der gleichen Ebene befinden wie das ausgewählte, werden ausgewählt.

Grifflinien
Am ausgewählten Objekt werden alle Grifflinien aktiviert und sind sofort veränderbar.

Alle Objekte, denen eine Pinselkontur zugewiesen wurde, werden aktiviert.

Pinselkonturen

Alle Objekte, die sich auf der gleichen Ebene befinden wie das ausgewählte, werden ausgewählt.

Alle Schnittmasken im Dokument werden ausgewählt.

Schnittmasken

Alle einzelnen Ankerpunkte (die vielleicht in Vergessenheit geraten sind) werden ausgewählt. Eine wunderbare Funktion, um das Dokument aufzuräumen.

Einzelne Ankerpunkte

Alle im Dokument vorhandenen Textpfade, ob geschlossen oder nicht, werden ausgewählt.

Textobjekte

Kommt es vor, dass bestimmte Objekte im Dokument immer mal wieder ausgewählt werden müssen, ist es sicher sinnvoll, diese Auswahlsituation schnell aufrufen zu können. Hierfür bietet das Programm den Befehl **Auswahl sichern...** an. Die Auswahlen können im aufspringenden Dialog benannt werden. Unter diesem Namen werden sie dann als Eintrag im Menü auswählbar sein.

Auswahl sichern...

Der Befehl **Auswahl bearbeiten...** ist nur anwählbar, wenn gesicherte Auswahlen existieren. Diese lassen sich dann umbenennen und löschen.

Auswahl bearbeiten
Seite 216

Viele der in diesem Menü vorkommenden Filter lassen sich sehr schwer erklären, da ihre Hauptaufgabe in der Bildbearbeitung liegt. Deshalb möchte ich an dieser Stelle auf das hervorragende Buch „Photoshop“ von Pina

Filter u. Effekte
Siehe auch Stile ab Seite 283ff

Lewandowsky aus der selben Buchreihe wie dieses verweisen, das viele dieser Filter erklärt. Das Menü *Filter* ist ebenso wie das Menü *Effekt* in einzelne Filter-/Effekt-Gruppen unterteilt. Die Filter und Effekte der Gruppen *Kunst-, Mal-, Scharfzeichnungs-, Stilisierungs-, Strukturierungs-, Vergröberungs-, Verzerrungs-, Video-, Weichzeichnungs-* und *Zeichenfilter* lassen sich nur auf Pixelbilder anwenden und bis auf ein paar wenige auch nur, wenn für den Dokumentfarbmodus RGB eingestellt wurde.

Die Filter der Gruppen *Erstellen, Farben, Feder und Tinte, Stilisierungsfilter* und *Verzerren* lassen sich bis auf Ausnahmen, wie den **Mosaikfilter** aus der Gruppe *Erstellen*, auch auf Vektoren anwenden. Es werden in diesem Buch nur ein paar wenige, der Vektorarbeit zuträgliche und nicht auf Pixeleffekte ausgerichtete Filter und Effekte vorgestellt.

Erstellen ►

Mosaik...

Der Filter wandelt ein Pixelbild in mosaikartige Pfade um. Das Ergebnis ist sehr stark von Auflösung und Größe des Bildes abhängig. Sollen hierfür in Adobe Illustrator erstellte Pfade benutzt werden, müssen sie zuvor mit dem Befehl *Objekt ➛ In Pixelbild umwandeln...* bearbeitet werden.

Objektschnittmarken

Der Filter erstellt auf Grundlage eines ausgewählten Objektes nach Voreinstellung japanische oder europäische Schnittmarken um das Objekt herum. Der Unterschied zum Befehl *Objekt ➛ Schnittmarken ➛ Erstellen* besteht darin, dass Pfade entstehen, die verändert werden können, ohne dass das Hilfsobjekt verloren geht.

Farben ▶

Es können die Farbwerte von Objekten sowie die Tonwerte globaler Farben geändert werden. Mit den Konvertieren-Filtern können Sie außerdem Objekte vom Graustufenmodus in den Farbmodus des Dokuments konvertieren und umgekehrt.

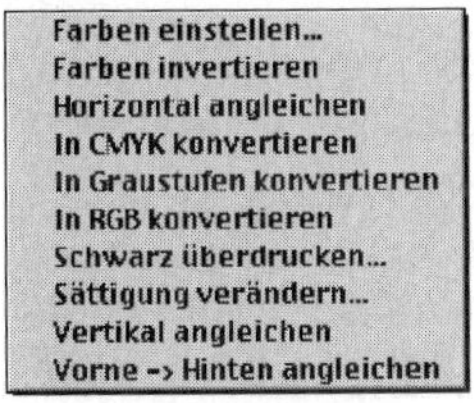

Die Farbangleichungsfilter passen die Farben von ausgewählten Objekten aneinander an. Zur Auswahl steht **Horizontal**, **Vertikal** und **Vorne -> Hinten angleichen**.

Feder und Tinte ▶

Mit den Filtern können Sie z.B. strukturierte Angleichungen wie Kreuzschraffuren und unregelmäßige Zufallsstrukturen wie Holzmaserungen erstellen und auf Ihr Bildmaterial anwenden, um den Eindruck von mit Tusche gezeichneten Elementen zu erwecken. Der Foto-Kreuzschraffur-Filter kann Bitmaps in eine Reihe strukturierter Ebenen konvertieren, wodurch die Grafiken so aussehen, als ob sie mit einem Füller gezeichnet wurden. Für den

Filter Schraffureffekte lassen sich Bibliotheken laden und eigene Einstellungen als Bibliothek speichern. Adobe Illustrator stellt eine Reihe von Bibliotheken im Programmordner *Adobe Illustrator ➛ Beispiele ➛ Beispieldateien ➛ Schraffur-Sets* zur Verfügung.

Stilisierungsfilter ►

Die Filter dieser Gruppe lassen sich auf einzelne und mehrere ausgewählte Pfade anwenden.

Ecken abrunden...

Der Filter macht keinen Unterschied, ob die Objekte schon rund sind oder nicht. Nach Auswahl öffnet sich ein Dialogfeld, in dem der Rundungsgrad eingegeben werden kann. Der Wert entspricht den aktuell gewählten Maßeinheiten.

Pfeilspitzen...

Der Filter Pfeilspitzen benötigt offene Pfade. Wurden geschlossene Pfade ausgewählt, wird am Bildschirm eine Warnmeldung ausgegeben.

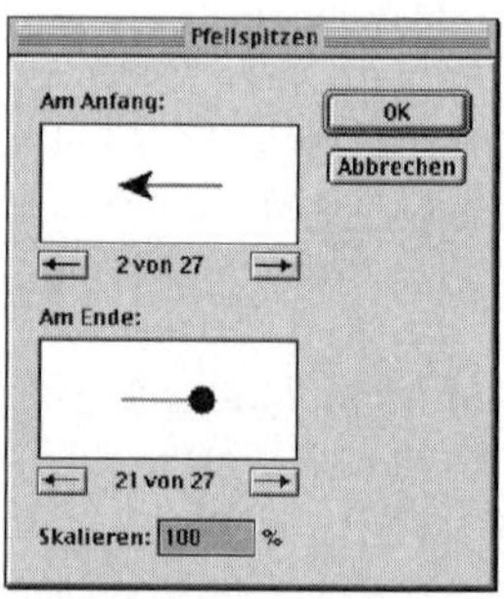

Es können keine eigenen Pfeilspitzen eingefügt werden.

Schlagschatten...

Das Dialogfeld lässt diverse Einstellungen hinsichtlich des Schattens zu. Im PopUp-Menü Modus können Wirkweisen auf unter dem Schattenobjekt liegende Pfade eingestellt werden. Die Modi entsprechen in ihrer Arbeitsweise den Transparenz-Modi. Je nach Einstellung im Dialogfeld **Dokumentformat...** hinsichtlich des Transparenzverhaltens wird das Schattenobjekt in ein Pixelbild umgewandelt oder nicht. Im Nachhinein lassen sich die Modi in der Transparenz-Palette verändern.

Verzerren ▶

Aufrauen...

Der Filter platziert auf der Pfadkontur neue Ankerpunkte und verschiebt sie nach innen und außen. Anzahl und Form der Ankerpunkte und der Grad der Verzerrung können im Dialogfeld eingestellt werden. Pixelbilder können nicht verzerrt werden.

Frei verzerren...

Im Dialogfeld kann in einem kleinen Vorschaufeld die Form der Verzerrung anhand eines Verzerrungsrahmens festgelegt werden.

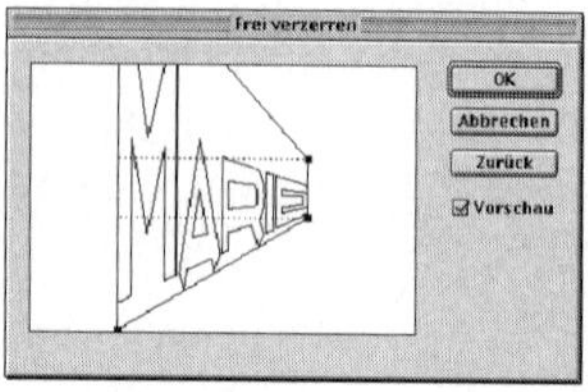

Pixelbilder können nicht verzerrt werden. Der Schalter Vorschau generiert leider keine Vorschau auf der Zeichenfläche, sondern nur innerhalb des Vorschaufeldes des Dialoges.

Skribble und Tweak...

Hier wird ähnlich dem Filter Aufrauen mit zusätzlichen Ankerpunkten gearbeitet. Die Ergebnisse sind jedoch nicht so zerrissen wie mit dem Aufrauen-Filter. Auch hier können Pixelbilder nicht verzerrt werden.

Der Filter arbeitet Hand in Hand mit dem **Wirbel-Werkzeug**. Ein Objekt wird um seinen eigenen Mittelpunkt gedreht, wobei die Rotation vom Mittelpunkt zur äußeren Peripherie hin abnimmt.

Wirbel...
Seite 306f

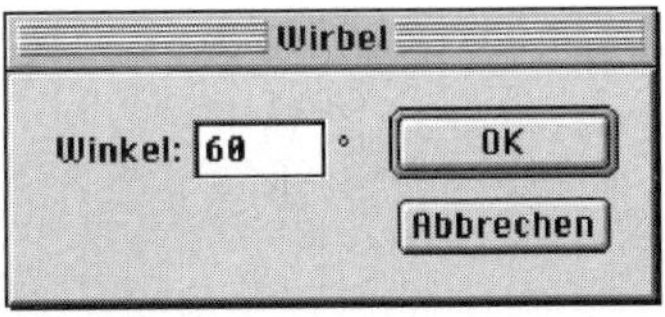

Ausgangsobjekt

Zielobjekt

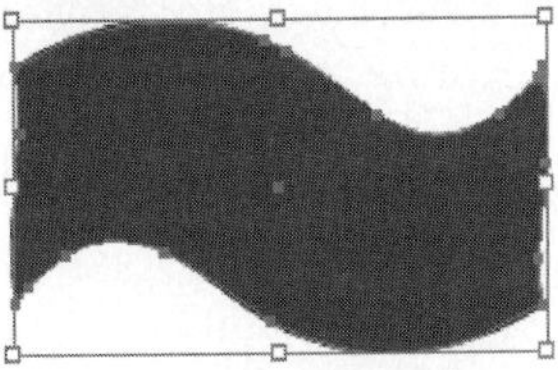

Wird mit dem **Wirbel-Werkzeug**  gearbeitet, ist es auch möglich, ein anderes Zentrum für das Verdrehen zu definieren. Der Effekt kann hierbei sehr viel stärker ausfallen.

Mit dem **Wirbel-Werkzeug** um den Mittelpunkt des Objektes mehrfach herumgedreht

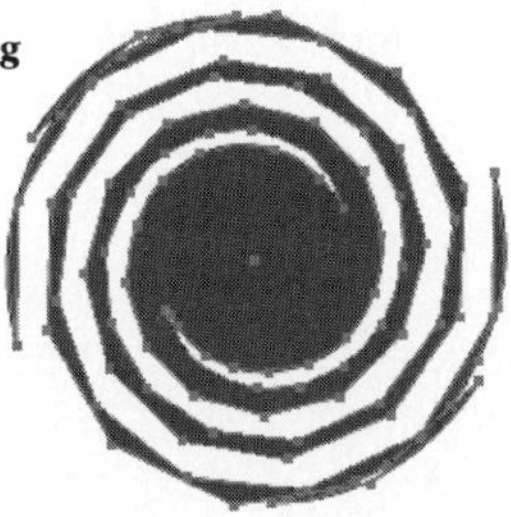

Soll ein beliebiger Drehpunkt gewählt werden, muss mit dem Werkzeug zuerst der Drehpunkt durch Anklicken festgelegt werden. Anschließend kann mit erneutem Klicken + Ziehen der Effekt gestartet werden.

ZickZack...

Das Dialogfeld steuert eine ähnliche Veränderung von Pfaden wie Aufrauen, jedoch sehr viel gerichteter. Es wird dabei zwischen jedem vorhandenen Ankerpunkt ein neuer gesetzt und dieser dann um den Wert im Eingabefeld Größe versetzt. Es kann nur ein positiver Wert eingegeben werden. Das Versetzen der Punkte geschieht dabei immer nach außen. Je nachdem, ob die Option Glätten oder Ecken aktiviert wird, entstehen Spitzen oder Wellen.

Zusammenziehen und aufblasen...

Dieser Filter ist ebenfalls mit den zuvor genannten Filtern **Aufrauen...**, **Skribble und Tweak...** und **ZickZack...** zu vergleichen. Es werden keine neuen Ankerpunkte erzeugt.

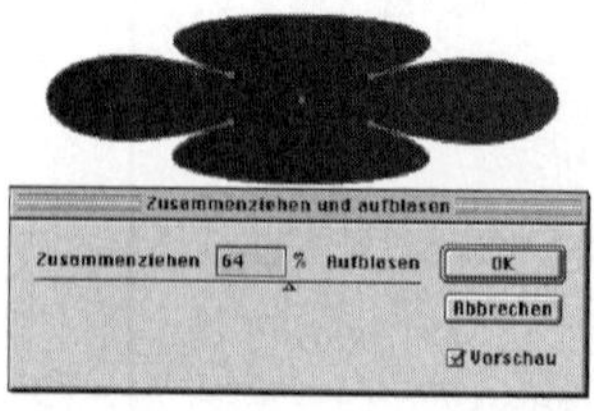

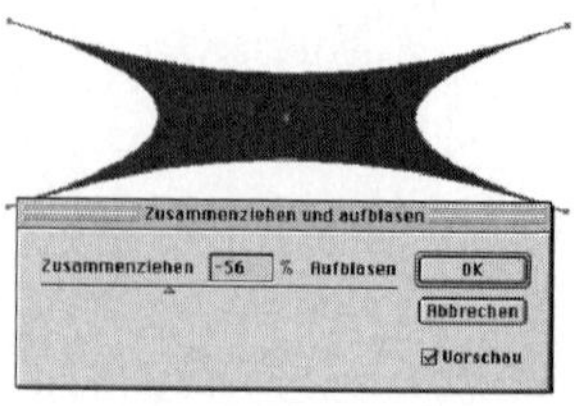

Die Effekte stellen filterartige Algorithmen zur Verfügung, die auf Pfadstrukturen anwendbar sind. Bis auf ein paar wenige werden sie im Buch nicht besprochen. Hinzu kommt, dass einige Effekte identische Verhalten zu entsprechenden Filtern besitzen. Darauf wird an entsprechender Stelle hingewiesen.

Dokument-Rastereffekt-Einstellungen...

In diesem Dialogfeld werden die Voreinstellungen zum Befehl **In Pixelbild umwandeln...** getroffen. Der Befehl ist sowohl im Menü *Objekt* als auch im Menü *Effekt* zu aktivieren.

In Form umwandeln ►
Rechteck...
Abgerundetes Rechteck...
Ellipse...

Ein ausgewähltes Objekt wird in eine entsprechende Form konvertiert. Zur Auswahl stehen: **Rechteck...**, **Abgerundetes Rechteck...** und **Ellipse...** Die ehemalige Form bleibt dabei als Platzhalter erhalten. Wird diese ehemalige Form gelöscht, wird auch das Objekt gelöscht.

In Pixelbild umwandeln...

Der Effekt wandelt eine Vektorinformation in ein Pixelbild um. Der Effekt ist identisch mit dem Befehl *Objekt ➛ In Pixelbild umwandeln...*.. Der Umwandlungsprozess orientiert sich an den Transparenz-Einstellungen des Dokumentes.

Pathfinder ►
Seite 319ff

Diese Effekte zielen auf die Kombination von Objekten und Objektgruppen ab und erstellen meist zusammengesetzte Pfade. Die zahlreichen Pathfinder-Befehle werden ab Seite 319ff erklärt. Originalpfade gehen bei diesen Operationen meist verloren.

Stilisierungseffekt ►

Die Effekte **Ecken abrunden...**, **Pfeilspitzen...** und **Schlagschatten...** verhalten sich identisch zu den gleichnamigen Filtern.

Schein nach außen...
Schein nach innen...

Diese Effekte verhalten sich ähnlich wie gleichnamige Photoshop-Effekte. Es wird unter Berücksichtigung der Hintergrundfarbe eine Art Glow-Effekt erzeugt.

Schein nach innen und Schein nach außen

Die Einstellungen der Effekte können in der **Aussehen-Palette** jederzeit per Doppelklick auf den jeweiligen Effekt verändert werden.

Weiche Kante...

Der Effekt lässt die Kanten von Objekten weich auslaufen, sodass sie in den Hintergrund übergehen.

SVG-Filter ►

Mit SVG-Filtern können Sie Bildmaterial Grafikeffekte wie z. B. Schlagschatten hinzufügen. SVG-Filter unterscheiden sich von Bitmap-Filtern insofern, als sie auf XML basieren. Ein SVG-Filter ist praktisch nichts anderes als eine Reihe von XML-Eigenschaften, die verschiedene mathematische Vorgänge beschreiben. Der sich ergebende Effekt wird statt auf die Ausgangsgrafik auf das Zielobjekt angewendet.

Adobe Illustrator bietet eine Reihe von Standard-SVG-Filtern an. Sie können diese Filter mit ihren Standardeigenschaften nutzen, durch Bearbeiten des XML-Codes eigene Effekte erstellen oder neue SVG-Filter programmieren.

! Wenn einem Objekt mehrere Effekte zugewiesen sind, muss der **SVG-Filtereffekt** der letzte Effekt sein. Er muss also am unteren Ende der **Aussehen-Palette** (direkt über dem Transparenz-Eintrag) stehen. Folgen dem SVG-Filtereffekt noch weitere Effekte, wird in der SVG-Ausgabe ein Pixelbildobjekt ausgegeben.

Verkrümmen ►
Seite 317f und im Farbteil

Die Effekte entsprechen vollständig den Befehlen im Menü Objekt und werden entsprechend dort betrachtet.

Verzerren und transformieren ►

Die Effekte entsprechen vollständig den zuvor besprochenen Filtern aus der Gruppe Verzerren.

Pfad-/Originalansicht
⌘Y
Seite 89

Je nachdem, in welcher der beiden Ansichten man sich befindet, schaltet dieser Befehl in die andere Ansicht um.

Überdrucken-Vorschau ⌥⇧⌘Y
Seite 89

Ist für Objekte in der **Attribute-Palette Kontur** und/oder **Fläche überdrucken** aktiviert, kann mit dieser Vorschau das Verhalten in Bezug auf darunter liegende Objekte angezeigt bzw. simuliert werden.

Pixelvorschau ⌥⌘Y
Seite 90

Werden Illustrationen als Pixelinformation exportiert, z. B. mit dem Befehl *Ablage ➛ Exportieren...*, kann dieser Vorschau-Modus die Reduzierung der Vektoren simulieren.

Proof einrichten ►
Eigene...
Seite 91f

Macintosh-RGB
Windows-RGB
Monitor-RGB

Wurde unter *Bearbeiten ➛ Farbeinstellung* ein anderer Farbmodus als **Adobe® Illustrator® 6.0** gewählt, kann der unter **Eigene...** eingetragene Farbmodus für die mit **Farbproof** zu simulierende Vorschau benutzt werden. Die Einträge **Macintosh-RGB**, **Windows-RGB** und **Monitor-RGB** sind nur auswählbar und für die Vorschau zu benutzen, wenn der Dokumentfarbmodus RGB gewählt wurde.

Farbproof
Seite 92

Es wird eine Farbdarstellung am Monitor generiert, die der Ausgabe des Dokumentes auf dem unter *Ansicht ➛ Proof einrichten ➛ Eigene...* nahe kommt. Es sollte hier notwendigerweise das Profil des Belichters bzw. des Druckprozesses gewählt werden.

Einzoomen ⌘+
Seite 81ff

Die Darstellungsgröße des Dokuments im Dokument-Fenster wird um fest eingestellte Werte vergrößert.

Die Darstellungsgröße des Dokuments im

Auszoomen ⌘-
Seite 81ff

Dokument-Fenster wird um fest eingestellte Werte verkleinert.

Ganze Zeichenfläche ⌘0

Die Zeichenfläche des Dokuments wird im Dokument-Fenster größtmöglich dargestellt.

Originalgröße ⌘1
Seite 84

Die Zeichenfläche wird im Dokument-Fenster mit 100 % dargestellt.

Begrenzung ausblenden ⌘H
Seite 98

Die Markierungsbegrenzungen von Objekten werden deaktiviert. Dadurch lässt sich ein Objekt nicht mehr an seiner Auswahlfarbe erkennen.

Zeichenfläche ein-/ausblenden
Seite 98

Wenn sich die Illustration über die gesamte Fläche der Seite erstreckt, kann die Linie der Seitenbegrenzung störend sein. Diese Linie kann hiermit ein- oder ausgeschaltet werden.

Seitenaufteilung ein-/ausblenden
Seite 98

Die mit dem Seitenpositionierer platzierbare Druck-/Seitenbegrenzung wird hiermit ein- oder ausgeschaltet.

Slices ein-/ausblenden

Mit dem Befehl Menü *Objekt* ➛ *Slices* ➛ *Erstellen* erzeugte Slices und deren Nummerierung können hiermit ein- und ausgeschaltet werden.

Slices fixieren/lösen

Mit dem Befehl *Objekt* ➛ *Slices* ➛ *Erstellen* erzeugte Slices können hiermit festgesetzt oder wieder freigegeben werden.

Vorlage ein-/ausblenden ⇧⌘W

Ein als **Vorlage** platziertes Bild oder eine als **Vorlage** definierte Grafik können hiermit ein- und ausgeblendet werden.

Lineale ein-/ausblenden ⌘R
Seite 92

Das horizontale und vertikale Lineal kann hiermit ein- und ausgeblendet werden. Es lassen sich dann jedoch auch keine Hilfslinien mehr aus denselbigen herausholen. Sinnvolle Einstellung für Präsentationszwecke.

Begrenzungsrahmen ein-/ausblenden
⇧⌘W
Seite 98

Wenn ein oder mehrere Objekte mit dem **Auswahl-Werkzeug** ausgewählt werden, umgibt sie ein Begrenzungsrahmen. Hiermit können die Objekte leicht verschoben, gedreht, dupliziert und skaliert werden, indem man die Auswahl oder einen Griff (eines der leeren Kästchen an ausgewählten Objekten) zieht.

Der Begrenzungsrahmen erstellt einen temporären Rahmen um das ausgewählte Objekt. Beim Ziehen können Sie einen Umriss der Auswahl sehen. Wenn Sie die Maustaste loslassen, wird das Objekt am aktuellen, vom Begrenzungsrahmen erstellten Rahmen ausgerichtet, und Sie können sehen, wie sich der Objektumriss bewegt.

Transparenzraster ein-/ausblenden ⌘H
Seite 99f

Eine Rasterdarstellung, die hilft, Transparenzeffekte sichtbar zu machen, kann hiermit aktiviert oder deaktiviert werden. Die Einstellung des Transparenzrasters wird unter *Ablage* ➛ *Dokumentformat* ➛ *Transparenz* vorgenommen.

Hilfslinien ►
Seite 94ff

In diesem Untermenü können diverse Hilfslinienbefehle vorgenommen werden.

Hilfslinien ein-/ausblenden ⌘,

Hilfslinien können hier ein- und ausgeblendet werden.

Hilfslinien fixieren/lösen ⌥⌘,

Hilfslinien können hier festgesetzt oder freigegeben werden.

Hilfslinien erstellen ⌘5
Seite 96

Aus beliebigen Grafikobjekten können hiermit Hilfslinien hergestellt werden. Umfangreiche Zusatzinformationen wie Filtereffekte usw. werden hier nicht unterstützt.

Hilfslinien ablösen [⌥][⌘]5
Seite 95f

Aus zuvor erstellten Hilfslinien können mit diesem Befehl Pfade erzegt werden. Es ist dabei völlig egal, ob es sich um Hilfslinien handelt, die zuvor schon Pfade waren, oder ob es sich um Hilfslinien handelt, die aus einem Lineal heraus gezogen wurden.
Linealhilfslinien erstrecken sich nach dem Ablösen von einer Seite der Montagefläche bis zur anderen.

Hilfslinien löschen
Seite 95f

Wurden Hilfslinien zuvor abgelöst und markiert, können sie mit diesem Befehl gelöscht werden. Alternativ dazu kann aber auch die **Backspace-Taste, die Lösch-Taste** ([⌫]) oder der Befehl **Löschen** aus dem Menü *Bearbeiten* benutzt werden.

Magnetische Hilfslinien [⌘]U
Seite 97

Hiermit werden einerseits Hilfslinien magnetisch, andererseits werden damit auch die Konstruktionslinien aktiviert.

! Magnetische Hilfslinien können bei diversen Funktionen störend wirken und deren Ausführung verhindern.

Raster ein-/ausblenden [⌘].

Das Raster ist ähnlich den Hilfslinien ein optisches Hilfsmittel mit Magnetismus. Mit dem Befehl **Raster ein-/ausblenden** wird es sichtbar oder unsichtbar. Die Rasterweite und -darstellung können im Menü *Bearbeiten* ➛ *Voreinstellungen* ➛ *Hilfslinien und Raster...* definiert werden.

Am Raster ausrichten [⇧][⌘].
Seite 98

Der Befehl macht das Raster magnetisch. Ist das Raster unsichtbar, ist der Befehl inaktiv, der Magnetismus aber dennoch wirksam.

! Beim Rastermagnetismus gilt das gleiche wie bei den magnetischen Hilfslinien. Ist **Am Raster ausrichten** aktiviert, können bei diversen Funktionen Störungen hinsichtlich ihrer Ausführung auftreten.

An Punkt ausrichten

⌥⌘.

Seite 98

Ankerpunkte werden mit diesem Befehl genauso magnetisch wie Hilfslinien oder Raster.

Neue Ansicht...

Seite 86

Wird in starken Vergrößerungen gearbeitet, ist es meist recht umständlich, von einer Stelle eines Dokuments zu einer anderen zu gelangen, ohne die Vergrößerungsstufe zu verlassen. Hier schafft der Befehl **Neue Ansicht...** Abhilfe. Hat man ein Objekt oder eine Objektgruppe in einer entsprechenden Vergrößerungsstufe dargestellt, ist es möglich, diese mit dem Befehl **Neue Ansicht...** zu speichern. Es erscheint ein Dialogfeld, in dem man aufgefordert wird, einen Namen zu vergeben. Dieser Name wird später als Name der Ansicht im unteren Teil des Menüs aufgeführt und ist dort anwählbar.

Ansicht bearbeiten...

Seite 86

Soll eine bereits vorhandene, gespeicherte Ansicht verändert werden, so kann dies mit dieser Funktion geschehen. Möglich sind hier **Löschen** und **Umbenennen**.

Auswahl-Werkzeuge

Adobe Illustrator stellt mehrere **Auswahl-Werkzeuge** und einige Funktionen zum Auswählen von Objektstrukturen zur Verfügung. Adobe Illustrator unterscheidet bei den Objektstrukturen stark zwischen Flächen und Konturen. Prizipiell wird eine Objektstruktur über die Konturlinie des Objekts verändert. Die Option **Fläche auswählen** in den *Voreinstellungen* ➛ *Allgemeine* schafft zwar die Möglichkeit, dass ein Pfad auch über seine Fläche markiert werden kann, aber dadurch ist es noch nicht möglich, den Pfad in sich zu verändern. Auch ist die Wahl des richtigen Werkzeugs wichtig, wenn die Pfadstruktur verändert werden soll. Adobe Illustrator unterscheidet zwischen den allgemeinen **Auswahl-Werkzeugen** und den **Direktauswahl-Werkzeugen**. Einzig und allein mit den **Direktauswahl-Werkzeugen** ist es möglich, ein Pfadobjekt so zu markieren, dass die Struktur veränderbar wird.

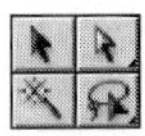

Abreiß-Menüs

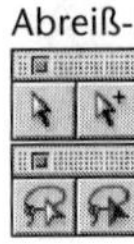

Pfeil-Werkzeuge

Es gibt prinzipiell drei unterschiedliche Auswahl-Werkzeuge:

- Den Auswahlpfeil in drei Variationen. Das erste Werkzeug ist das **Auswahl-Werkzeug** (Objektauswahl). Mit diesem Werkzeug werden immer gesamte Objekte, Gruppen, zusammengesetzte Pfade, Schnittmasken usw. markiert. Ist die Funktion Begrenzungsrahmen aktiviert (Menü *Ansicht* ➛

Mit der [⌘]-Taste kann man aus jedem Werkzeug heraus den zuletzt benutzte **Auswahlpfeil** temporär benutzen.

Begrenzungsrahmen einblenden), kann an den Anfasspunkten des Begrenzungsrahmens eine Transformation vorgenommen werden. Zur Auswahl stehen **Drehen** und **Skalieren**. Beim Drehen des Objekts über den Begrenzungsrahmen wird der Rahmen mitgedreht. Soll er sich wieder an der Seite ausrichten, wählt man im Menü *Objekt ➛ Transformieren ➛ Begrenzungsrahmen zurücksetzen*. Verschiebt man das Objekt mit dem **Auswahl-Werkzeug** und hält beim Ziehen die ⌥-Taste gedrückt, wird das Objekt dupliziert.

Direktauswahl-Werkzeug

Das **Direktauswahl-Werkzeug** wird benutzt, um Pfadstrukturen zu verändern und um in komplexe Pfadstrukturen hineinzugelangen, z. B. um einzelne Objekte einer Gruppe, eines zusammengesetzten Pfades oder einer Schnittmaske zu verändern. Wählt man die Objekte mit diesem Werkzeug anhand ihrer Fläche aus (vorausgesetzt, die Option **Flächen sind auswählbar** ist aktiviert), unterscheidet sich die Markierung nicht von der Markierung mit dem **Auswahl-Werkzeug**. Der einzige Unterschied besteht darin, dass das **Auswahl-Werkzeug** bei einer Gruppe z. B. die gesamte Gruppe markiert und das **Direktauswahl-Werkzeug** nur ein Objekt der Gruppe.

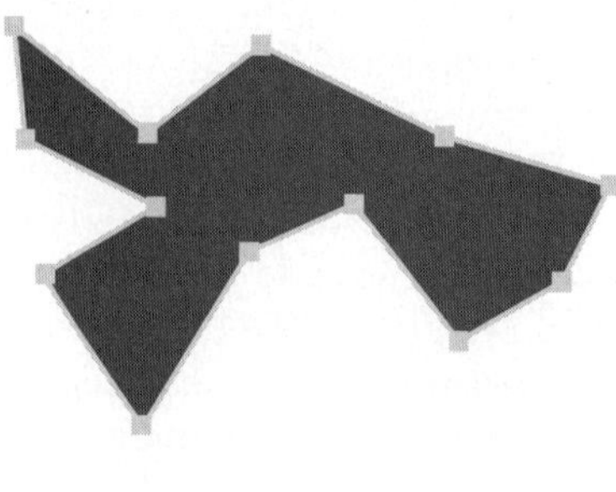

Werden die Objekte auf diese Weise ausgewählt, sind nach Auswahl alle Ankerpunkte des Pfades aktiv. Das heißt, sie werden in der Farbe der Ebene gefüllt dargestellt.
Wählt man mit dem **Direktauswahl-Werkzeug** jedoch die Pfadkontur des Objekts aus, ist das Objekt markiert, die einzelnen Ankerpunkte jedoch inaktiv und als kleines konturiertes Quadrat dargestellt.

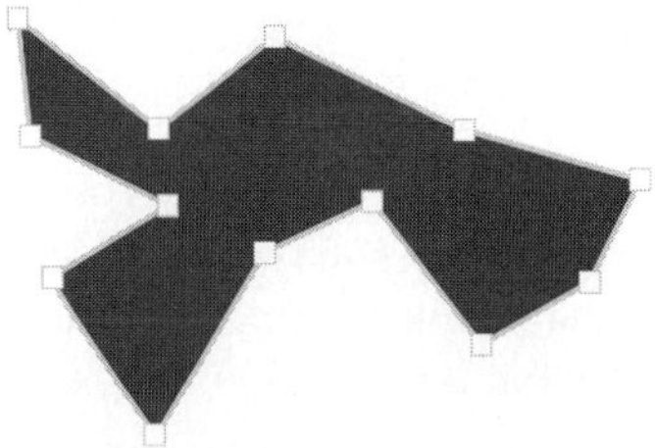

Nun ist es möglich, einen oder mehrere einzelne Ankerpunkte zu markieren. Möchte man einen Ankerpunkt auswählen, klickt man ihn mit dem **Direktauswahl-Werkzeug** an. Der Ankerpunkt wird dann gefüllt dargestellt. Möchte man weitere Ankerpunkte zu dieser Auswahl hinzufügen oder von mehreren bereits ausgewählten abziehen, drückt man die [⇧]-Taste und nimmt weitere Auswahlen bei gedrückt gehaltener Taste vor. Um einzelne Ankerpunkte zu markieren, kann man mit dem **Direktauswahl-Werkzeug** auch bei gedrückt gehaltener Maustaste einen Auswahlrahmen diagonal aufziehen. Alle Ankerpunkte, die von diesem Rahmen berührt werden, sind danach aktiv dargestellt. Für diese Form der Auswahl muss das Pfadobjekt zuvor nicht markiert werden.

Auswahl mit diagonal aufgezogenem Bereich

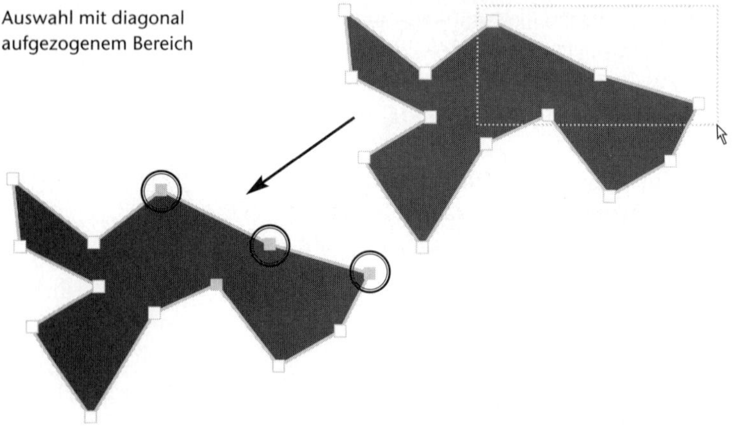

Bei Übergangspunkten werden die Griffe des Ankerpunktes und die Griffe der angrenzenden Ankerpunkte, die zum aktivierten Ankerpunkt hinzeigen, aktiviert.

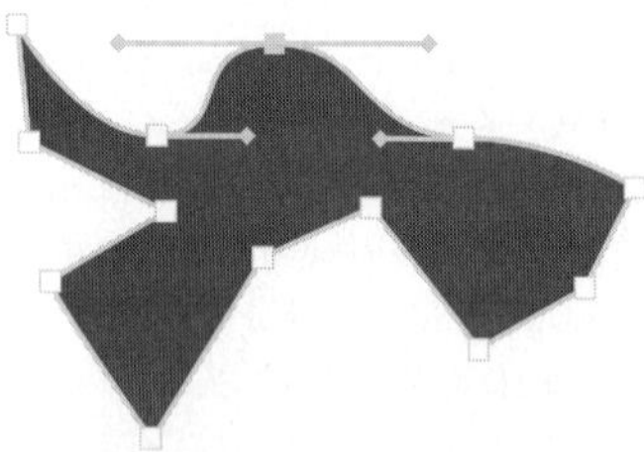

Gruppenauswahl-Werkzeug

Mit dem **Gruppenauswahl-Werkzeug** können einzelne Objekte einer Gruppe, eine einzelne Gruppe innerhalb mehrerer Gruppen oder eine Reihe von Gruppen im Bildmaterial ausgewählt werden. Durch jedes weitere Klicken nehmen Sie das nächste Objekt in der Gruppenhierarchie in die Auswahl auf.

Lasso-Werkzeuge

Zusätzlich stellt Adobe Illustrator zu den Auswahl-Pfeilwerkzeugen weitere Werkzeuge zur Auswahl von Objekten zur Verfügung. Die

Pfadstruktur lässt sich jedoch nur mit dem **Direktauswahl-Werkzeug** verändern. Vom Lasso-Werkzeug gibt es ebenfalls eine Version zur direkten Auswahl und eine zur grundsätzlichen Auswahl.

Lasso-Werkzeug

- Mit dem **Lasso-Werkzeug** können Pfade dadurch ausgewählt werden, dass man den Bereich, in dem sich das oder die Objekte befinden, bei gedrückter Maustaste umfährt. Danach sind alle Objekte, die vom Lassopfad erfasst wurden, markiert. Das **Direktauswahl-Lasso-Werkzeug** kann wie das **Direktauswahl-Werkzeug** einzelne Ankerpunkte markieren, sodass sie veränderbar sind.

Direktauswahl-Lasso-Werkzeug

Zauberstab-Werkzeug

Zauberstab-Werkzeug

Der Zauberstab eignet sich dafür, Objekte nach Farbe und anderen Erscheinungsformen auszuwählen. Die **Zauberstab-Palette** lässt differenzierte Auswahlkriterien zu. Sie öffnet sich, wenn man mit der Maus einen Doppelklick auf das **Zauberstab-Werkzeug** macht oder im Menü *Fenster* ➛ *Zauberstab* auswählt.

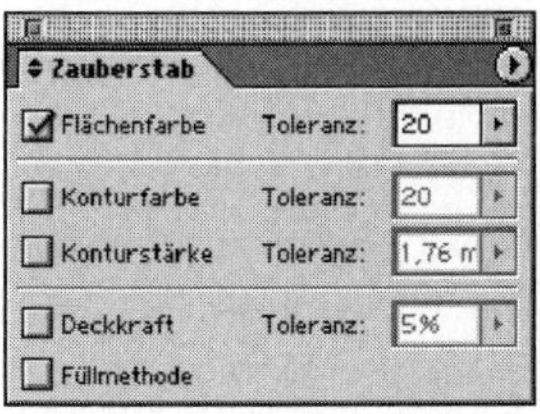

Öffnet man das Einblendmenü an der Seite der Palette oder klickt doppelt auf den Reiter der Palette, lässt sie sich erweitern oder reduzieren wie alle anderen Paletten auch.

- Klickt man, nachdem die entsprechende Einstellung in der **Zauberstab-Palette** hinsichtlich des Auswahlverhaltens gemacht wurde, auf ein Objekt, sucht das Programm im gesamten Dokument nach ähnlichen Objektstrukturen. Der Toleranzwert neben den Auswahloptionen in der **Zauberstab-Palette** lässt auch Objekte zu, deren Farbinformation geringfügig von der Originalinformation abweicht.

Auswahl-Befehle

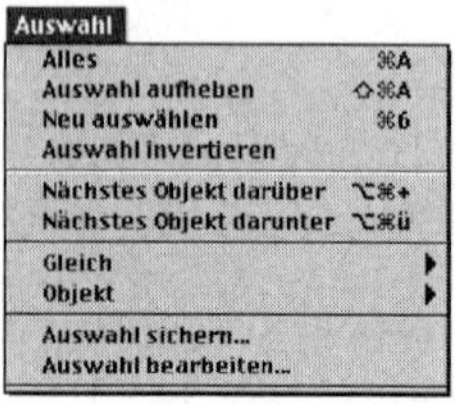

Die von Adobe Illustrator zur Verfügung gestellten Auswahl-Befehle befinden sich alle im Menü *Auswahl* oder sind objektabhängig über das Kontextmenü erreichbar, wobei sich die Auswahlbefehle, die über das Kontext-menü zu nutzen sind, nicht von denen des Menüs unterscheiden. Die Befehle in der oberen Hälfte des Menüs beziehen sich alle auf aktuell bestehende oder von früher vorhandene Auswahlbereiche. Die Befehle im unteren Bereich beziehen sich auf bestimmte Objekteigenschaften. Eine weitere Auswahlmöglichkeit bietet die **Ebenen-Palette**, die ab Seite 367ff beschrieben wird. Klickt man dort auf den kleinen Kreis neben der Ebenenbenennung, wird er als Doppelkreis dargestellt und alle Elemente der Ebene sind markiert. Sollen nur bestimmte Objekte der Ebene ausgewählt werden, müssen die Ebenen zuvor aufgeklappt werden. Jedem Objekt der Ebene ist eine eigene Unterebene zugewiesen. Klickt man dort auf den kleinen Kreis neben der Ebenenbenennung, wird nur das spezielle Objekt ausgewählt.

Alles ⌘A

- Sämtliche Objekte im Dokument werden ausgewählt. Eine Ausnahme dabei machen fixierte und unsichtbare Objekte. Auch Objekte auf fixierten oder unsichtbaren Ebenen werden nicht berücksichtigt.

Auswahl aufheben ⇧⌘A

- Eine bestehende Auswahl wird aufgehoben.

Neu auswählen ⌘6

- Eine vormals getroffene Auswahl wird erneut ausgewählt.

Auswahl invertieren

- Alle Objekte, die zuvor nicht ausgewählt waren, werden ausgewählt.

Nächstes Objekt darüber ⌥⌘+

- Das Objekt, das in der Objekthierarchie über dem ausgewählten platziert ist, wird ausgewählt.

Nächstes Objekt darunter ⌥⌘ü

- Das Objekt, das in der Objekthierarchie unter dem ausgewählten platziert ist, wird ausgewählt.

Gleich ►

Die Befehlsgruppe wählt Objekte aus, die identische Objektattribute besitzen. Es werden erst ein oder mehrere Objekte mit einem beliebigen **Auswahl-Werkzeug** markiert und anschließend der entsprechende Auswahlbefehl aktiviert.

Füllmethode

- Diese Auswahlmöglichkeit wählt Objekte anhand ihrer Füllungsattribute aus. Unter einer Füllmethode versteht Adobe Illustrator z.B. die unterschiedlichen Transparenz-Methoden. Wird der Befehl *Gleich* ➛ *Füllmethode* auf ein ausgewähltes Objekt angewendet, wird nur unterschieden zwischen **Transparenz-Methode** und Standard-Füllung.

Fläche und Kontur

- Es werden nur Objekte ausgewählt, deren Fläche- und Konturattribute identisch sind. Es werden allerdings Tonwerte einer globalen Farbe berücksichtigt, sofern die Option *Bearbeiten* ➛ *Voreinstellungen* ➛ *Allgemeine...* ➛ *Gleicher Tonwert-Prozentsatz* nicht aktiv ist.

Flächenfarbe

- Nur Objekte mit identischen Flächenfarben werden ausgewählt. Es werden allerdings Tonwerte einer globalen Farbe berücksichtigt, sofern die Option *Bearbeiten* ➛

Voreinstellungen ➛ *Allgemeine...* ➛ *Gleicher Tonwert-Prozentsatz* nicht aktiv ist.

Deckkraft
- Es werden Objekte aufgespürt, deren Deckkraftregelung identisch ist.

Konturfarbe
- Alle Objekte, deren Konturen identische Farbwerte aufweisen, werden ausgewählt. Es werden allerdings Tonwerte einer globalen Farbe berücksichtigt, sofern die Option *Bearbeiten* ➛ *Voreinstellungen* ➛ *Allgemeine...* ➛ *Gleicher Tonwert-Prozentsatz* nicht aktiv ist.

Konturstärke
- Alle Objekte, deren Konturen identische Stärken aufweisen, egal welche Farbwerte benutzt wurden, werden ausgewählt.

Stil
- Das Programm spürt alle Objekte mit identischen Stilinformationen auf.

Symbolinstanz
- Wurden in ein Dokument Instanzen eines Symbols eingefügt, können diese mit dem Befehl schnell entdeckt und ausgewählt werden.

Objekt ►

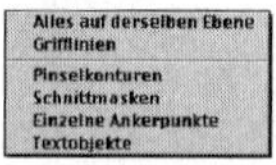

In diesem Untermenü sind Befehle angeordnet, die spezielle Objektgruppen auswählen können. Diese Befehle können z. B. das Aufräumen eines Dokuments enorm vereinfachen und damit beschleunigen.

Alles auf derselben Ebene
- Auf der aktiven Ebene wird alles ausgewählt und könnte anschließend gemeinsam z. B. einer anderen Ebene zugeordnet werden. Alternativ hierzu kann auch der kleine Kreis neben der Ebenenbenennung in der **Ebenen-Palette** angeklickt werden.

Grifflinien
- Bei den ausgewählten Pfaden werden alle Ankerpunktgriffe aktiviert, sodass sie sofort änderbar sind. Hierbei ist es egal, ob das oder die Objekte zuvor mit dem **Auswahl-** oder dem **Direktauswahl-Werkzeug** markiert wurden. Nach Ausführung besitzen alle Ankerpunkte ihre Grifflinien.

Eckpunkten werden natürlich keine Griffe hinzugefügt.

- **Pinselkonturen** Alle im Dokument verwendeten Pinselkonturen, egal ob sie mit dem Pinsel-Werkzeug oder per Zuweisung erstellt wurden, werden ausgewählt.
- **Schnittmasken** Schnittmasken können schnell aus dem Bereich des Sichtbaren entrücken, wenn sie verschoben werden, ohne dass sie zuvor mit dem maskierten Objekt fixiert wurden. Der Befehl kann sie schnell und sicher aufspüren.
- **Einzelne Ankerpunkte** Es passiert sehr schnell, dass mit dem Stift-Werkzeug Ankerpunkte erzeugt werden, die keine Verbindung zu einem weiteren Ankerpunkt besitzen. Sie aufzuspüren ist mühsam und anstrengend. Der Befehl findet sie alle auf einmal, und sie können anschließend mit der Backspace-Taste, Entf-Taste oder dem Löschen-Befehl entfernt werden.
- **Textobjekte** Ähnlich wie mit den Ankerpunkten verhält es sich mit den Textpfaden. Ein Pfad, der mit dem **Flächentext-Werkzeug** an der Kontur ausgewählt wurde, verliert sofort seine Grafikattribute. Wird die Auswahl aufgehoben, wenn er noch keinen Textinhalt besitzt, wird er unsichtbar. Auch bei Pfadtexten verhält es sich ähnlich. Ein Pfad, mit dem **Pfadtext-Werkzeug** an der Kontur ausgewählt, verliert die vorherigen Attribute und wird unsichtbar, wenn kein Text auf den Pfad geschrieben und die Auswahl aufgehoben wird. Solche Textpfade werden mit dem Befehl aufgespürt und können anschließend gelöscht werden.
- **Auswahl sichern…** Werden häufiger identische Auswahlbereiche benötigt, ist es möglich, diese erst einmal als Auswahlen abzuspeichern.

Nach Ausführen des Befehls erscheint ein Dialogfeld, in das der Name der zu sichernden Auswahl eingegeben werden kann.

Um ein einfaches Erkennen der gespeicherten Auswahlbereiche zu erleichern, sollten sinnvolle Namen vergeben werden. Werden Objekte und Objektgruppen gelöscht, für die Auswahlbereiche gesichert wurden, werden die gesicherten Auswahlen nur dann an die entsprechende Situation angepasst, wenn wenigstens eines der Objekte erhalten bleibt. Wurden alle Objekte der gesicherten Auswahl entfernt, wird mit dem Befehl keine Wirkung erzielt.

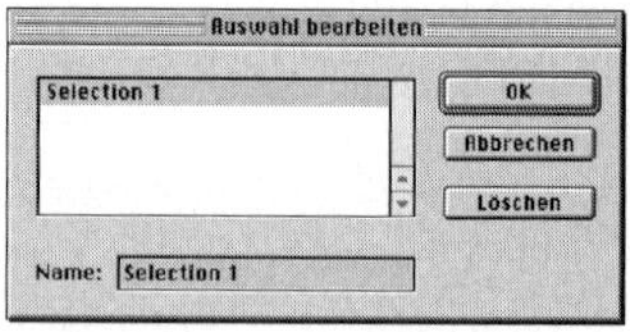

Auswahl bearbeiten...

- Um gesicherte Auswahlen zu entfernen, bietet Adobe Illustrator den Befehl **Auswahl bearbeiten...** an. Die namentlich aufgelisteten Auswahlbereiche können hier umbenannt und gelöscht werden. Die bereits bestehenden Einträge hinsichtlich veränderter Situationen zu korrigieren, ist hiermit jedoch nicht möglich.
- Existieren gesicherte Auswahlbereiche, werden diese im unteren Teil an das Menü *Auswahl* angehängt und können dort komfortabel ausgewählt werden.

Pfade

Alle in Adobe Illustrator gezeichneten Elemente sind Pfade.

Die Wahl des Zeichenwerkzeuges ist beim Erstellen eines Pfades von persönlichen Vorlieben und Arbeitsweisen und der beabsichtigten Form abhängig.

Ein Pfad besteht aus mindestens zwei Ankerpunkten, die durch eine Linie miteinander verbunden sind. Werden mit dem **Stift-Werkzeug** Ankerpunkte gesetzt, erscheint nach dem Setzen eines jeden Ankerpunktes das neue Liniensegment.

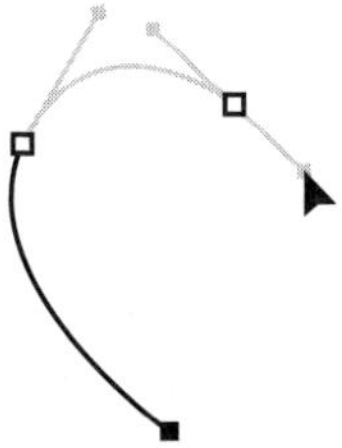

Man unterscheidet zwischen offenen und geschlossenen Pfaden.

Der offene Pfad hat einen Anfangs- und einen Endpunkt. Bei einem geschlossenen Pfad sind die beiden Ankerpunkte miteinander verschmolzen beziehungsweise durch eine Linie verbunden.

Richtung des Pfades

Jeder Pfad hat eine Laufrichtung, die abhängig von der Erstellung bzw. dem Erstellungs-Werkzeug und -Prozess ist.

- Wird er mit dem **Stift-Werkzeug** erzeugt, läuft er in der Richtung vom ersten zum letzten Punkt.
- Alle objekterzeugenden Werkzeuge zeichnen im Uhrzeigersinn.
- Ein Pfad, der transformiert wurde, kann je nach Vorgang seine Laufrichtung ändern.

Richtung umkehren
Die Richtung eines Pfades kann in der **Attribute-Palette** mit den Schaltflächen **Pfadrichtung umkehren: Ein/Aus** geändert werden. Vorausgesetzt, der Pfad ist Bestandteil eines zusammengesetzten Pfades. Nur dann ist es auch wichtig, die Richtung des Pfades zu ändern, da sonst ein typisches Merkmal von zusammengesetzten Pfaden, die Überschneidungstransparenz, nicht sichtbar ist.

Ankerpunktarten

Es gibt in Adobe Illustrator zwei grundsätzlich unterschiedliche Ankerpunktarten: Eckpunkte und Übergangspunkte.

- Eckpunkte besitzen keine Griffe. Ein Pfadsegment, das an einen Eckpunkt anschließt, verlässt den Pfad normalerweise gerade und führt auch gerade in ihn hinein.
- Übergangspunkte besitzen Griffe, mit denen Kurven geformt werden können. Verlässt ein Segment einen Übergangspunkt, dann geschieht das in einem Bogen. Entsprechend wird es auch in einem Bogen in den Übergangspunkt hineinführen.

Adobe Illustrator wäre ein schlechtes Illustrationsprogramm, würde es nicht auch Ausnahmen gestatten. Eckpunkte können um Griffe erweitert werden und Übergangspunkte können um einen oder zwei Griffe reduziert werden. Das Werkzeug, mit dem dies möglich ist, nennt sich **Umform-Werkzeug** und ist in der Abreiß-Palette des **Stift-Werkzeuges** zu finden. Das Umformen kann sowohl während der Erzeugung des Pfades als auch im Nachhinein erfolgen.

- Klickt man mit dem Umform-Werkzeug in einen Ankerpunkt hinein, werden seine Griffe sofort entfernt. Ein Eck- oder Übergangspunkt mit Griffen ist in einen Eckpunkt ohne Griffe umgeformt worden.

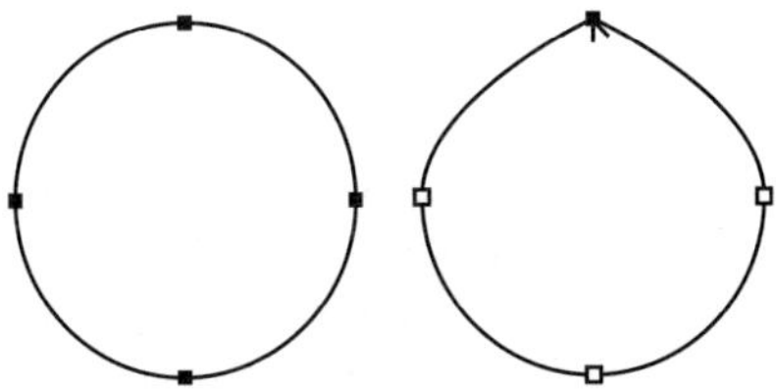

- Klickt man mit dem **Umform-Werkzeug** in einen Ankerpunkt hinein, hält die Maustaste gedrückt und zieht, dann zieht man aus dem Ankerpunkt Griffe heraus, die Kurven formen können. Der Ankerpunkt ist zum Übergangspunkt geworden.

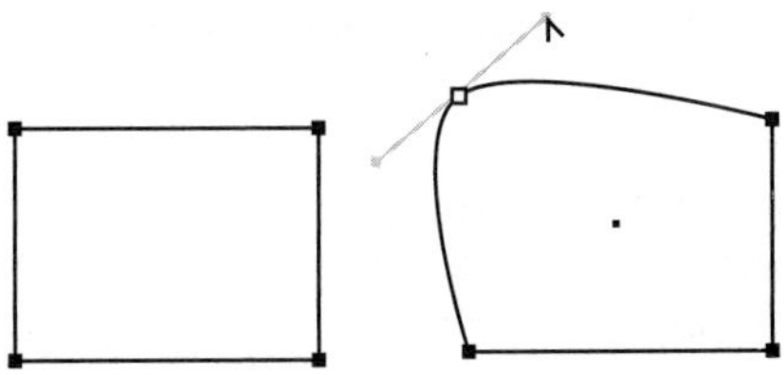

- Klickt man mit dem **Umform-Werkzeug** in einen Griff hinein, hält die Maustaste gedrückt und zieht, dann kann man unabhängig von dem anderen Griff den ausgewählten verändern.

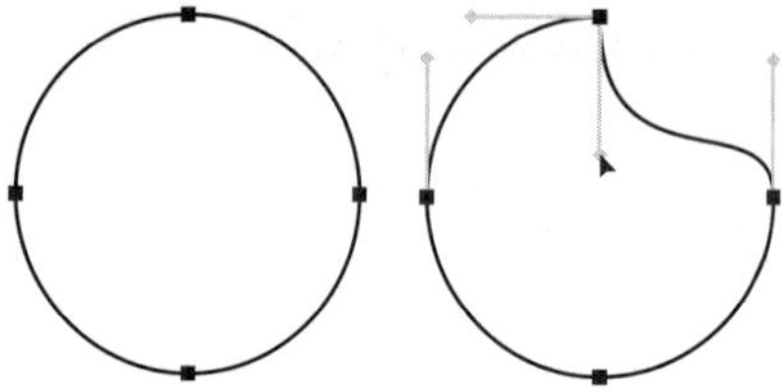

- Auf gleiche Weise wie zuvor erklärt kann man einen Griff des Übergangspunktes auch wieder in den Ankerpunkt hineinschieben.

In vorhandene Pfade können jederzeit weitere Ankerpunkte aufgenommen werden. Im Kapitel „Zeichen-Werkzeuge“ (Seite 227ff)wird ausführlich auf diese spezielle Form der Bearbeitung eingegangen.

Geschlossene Pfade können auch jederzeit mit anderen Formen zu Gemeinschaftsformen, sogenannten zusammengesetzten Pfaden, erweitert werden. Sie besitzen dann besondere Fähigkeiten. Das Bilden von solchen speziellen Pfadformen erfolgt entweder mittels des Befehls *Objekt ➛ Zusammengesetzter Pfad ➛ Erstellen* (siehe Seite 224ff) oder mit den Pathfinder-Funktionen (siehe Seite 319ff).
Einzelne offene Pfade können mit anderen offenen Pfaden kombiniert werden. Das kann entweder mit dem **Stift-Werkzeug** oder den Befehlen **Durchschnitt berechnen…** und **Zusammenfügen…** aus dem Menü *Objekt ➛ Pfad* geschehen.
Mit anderen Worten, Adobe Illustrator ist, was die Erzeugung und Veränderung von Pfadstrukturen angeht, extrem flexibel. Damit hat man die Möglichkeit, jede erdenkliche Form zu bilden. Weitere Möglichkeiten stehen dann mit diversen zusätzlichen Zeichen- und Veränderungs-Werkzeugen zur Verfügung.

Objektanordnungen

Objekthierarchien

Objekte, die der obersten Ebene zugeordnet sind, liegen automatisch oben, so wie Objekte, die einer unteren Ebene zugeordnet sind, weiter unten liegen.

Innerhalb der einzelnen Ebenen liegen die Objekte in ihrer Erstellungsreihenfolge übereinander (das zuletzt gezeichnete liegt oben). Die Reihenfolge kann jederzeit geändert werden. Hierfür stellt Adobe Illustrator mehrere Funktionen zur Verfügung. Sie sind alle im Menü *Objekt* ➛ *Anordnen* angesiedelt. Alternativ hierzu kann auch das **Kontext-Menü** benutzt werden.

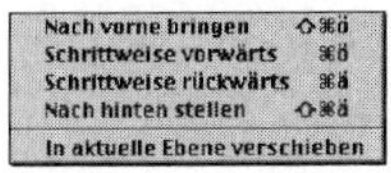

Sind ein oder mehrere Objekte ausgewählt, lassen sie sich mit dem Befehl **Nach vorne bringen** (⇧ ⌘ ö) in der Hierarchie der Objekte der aktuellen Ebene an oberste Stelle verschieben.

Nach vorne bringen
⇧ ⌘ ö

Auf die gleiche Weise kann man Objekte mit dem Befehl **Nach hinten bringen** (⇧ ⌘ ä) in der Hierarchie der Objekte der aktuellen Ebene an unterste Stelle verschieben.

Nach hinten bringen
⇧ ⌘ ä

Werden die Befehle **Schrittweise vorwärts** (⌘ ö)/**rückwärts** (⌘ ä) gewählt, gelangen die ausgewählten Objekte jeweils eine Stelle in der Objekthierarchie nach oben oder unten.

Schrittweise vorwärts
⌘ ö
Schrittweise rückwärts
⌘ ä

Befinden sich in der Zwischenablage Objekte, sind im Menü *Bearbeiten* ➛ *Dahinter/Davor einsetzen* aktiv, die direkt auf Objekthierarchien einwirken können. Besteht eine

Auswahl, wird das Objekt aus der Zwischenablage hinter oder vor dieser Auswahl eingesetzt. Somit nimmt es dann also einen entsprechenden Platz zum ausgewählten Objekt ein. Normalerweise werden Objekte mit dem Befehl *Bearbeiten ➛ Einsetzen* immer in der Mitte des Dokumentfensters eingesetzt. Werden die Objekte mit **Davor/Dahinter einsetzen** eingefügt, werden sie direkt am ehemaligen Platz des Originalobjekts eingefügt, jedoch in entsprechender Hierarchiefolge zum ausgewählten Objekt. Diesen Vorgang kann man sich auch bei komplexen Objekten wie Schnittmasken zunutze machen.

1.Das Objekt wird platziert und ausgeschnitten.

2. Das maskierte Objekt mit dem **Direktauswahl-Werkzeug** auswählen

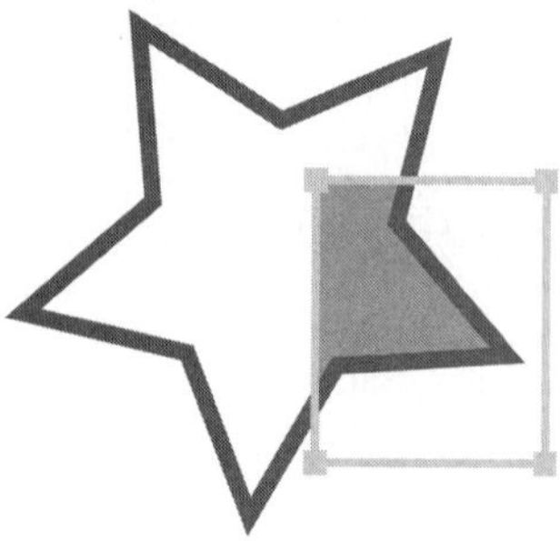

3. Den Befehl **Dahinter einsetzen** ausführen.

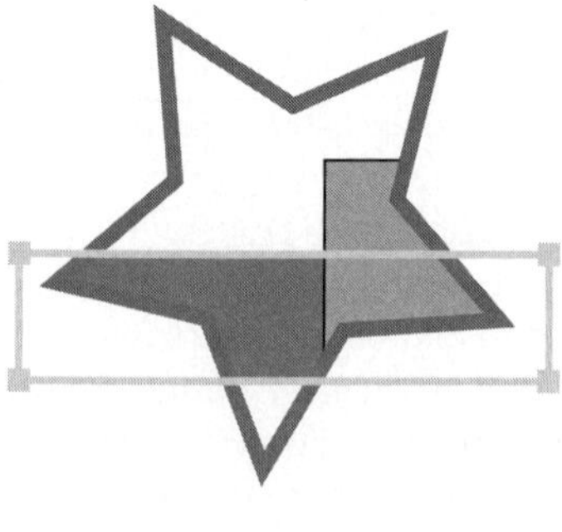

Durch diesen Vorgang wurde das Zwischenablageobjekt in die bestehende Maskierung aufgenommen und hinter dem bereits maskierten Objekt platziert. Die Position zur Seite ist erhalten geblieben.

Gruppierungen

Um einfacher mit mehreren Pfadobjekten umzugehen, können sie in Adobe Illustrator zu Gruppen zusammengefasst werden. Gruppen werden auch als solche vom Programm gekennzeichnet. Öffnet man, nachdem mit dem Befehl **Gruppieren** ⌘G aus dem Menü *Objekt* eine Gruppe erzeugt wurde, die **Aussehen-Palette**, bekommt man dort die Information „Gruppe“ angezeigt.

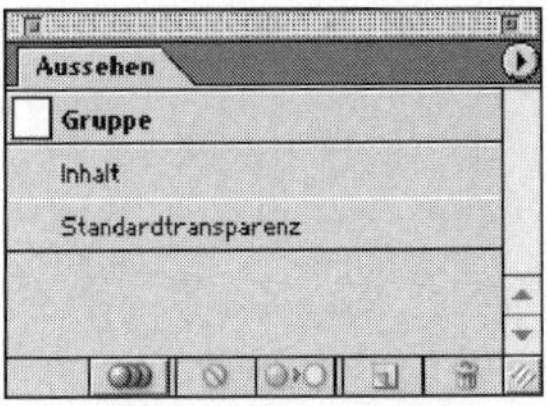

Wird die Gruppe mit dem ebenfalls im Menü Objekt angesiedelten Befehl **Gruppierung aufheben** wieder aufgelöst, erscheinen in der **Aussehen-Palette** wieder Pfadinformationen.

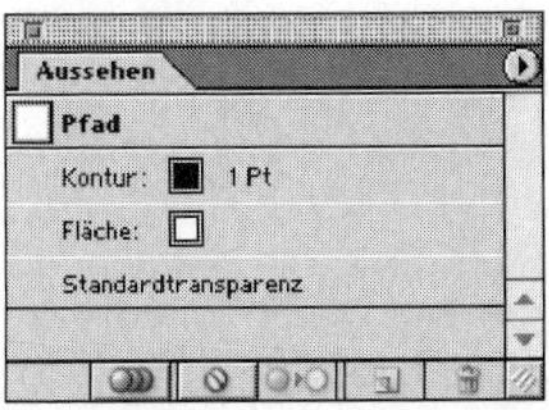

Besitzen die Einzelobjekte unterschiedliche Informationen, bekommt man auch die Aussage **Gemischtes Aussehen** angezeigt, wobei je nachdem, welche Information unterschiedlich ist, der Zusatz „gemischt“ vor der Objekt- oder Flächen-/Konturbeschreibung existiert.

Die einzelnen Gruppenmitglieder werden mit dem **Auswahl-Werkzeug** immer gemeinschaftlich markiert.

Mit dem **Direktauswahl-Werkzeug** lassen sich jedoch auch die Einzelobjekte auswählen und verändern. Auch das **Gruppenauswahl-Werkzeug** lässt einzelne Auswahlen zu.

Zusammengesetzte Pfade

Zusammengesetzte Pfade stellen, ähnlich den Gruppierungen, einen Zusammenschluss von Objekten dar. Sie verhalten sich jedoch grundsätzlich anders als Gruppierungen. Erzeugt man eine Gruppe, behalten die Einzelobjekte ihre Grafikattribute. Stellt man mit dem Befehl *Objekt ➛ Zusammengesetzter Pfad ➛ Erstellen* einen zusammengesetzten Pfad her, verlieren die Einzelobjekte ihre Grafikattribute, und das Gemeinschaftsobjekt bekommt die Grafikinformation des an oberster Stelle der Objekthierarchie

Ausgangsobjekt

liegenden Objekts zugewiesen. Zusätzlich besitzen zusammengesetzte Pfade besondere Fähigkeiten. Sie können als gemeinschaftliche Schnittmasken benutzt werden.

Zusammengesetzter Pfad

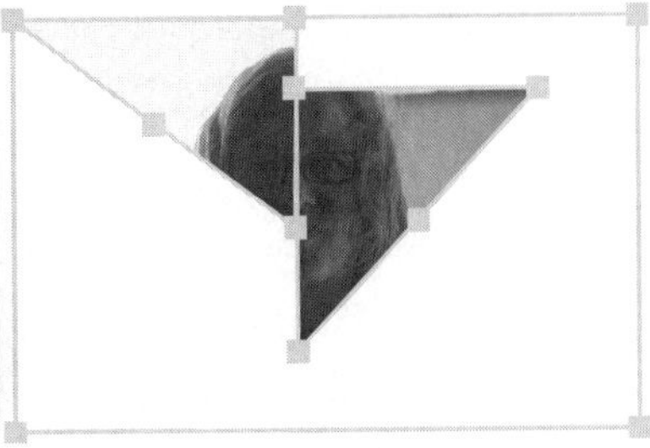
Zusammengesetzter Pfad als Schnittmaske

Eine Objektsituation, die zu einem zusammengesetzten Pfad werden soll, muss sich nicht zwingend berühren oder überschneiden. Entsteht beim Anordnen der Einzelpfade eine Überschneidung, kann dieser Überschneidungsbereich durchsichtig sein, je nachdem, wie die Einstellung des Pfades in der Attribute-Palette hinsichtlich der Laufrichtung des Pfades ist. Wird bezüglich des zusammengesetzten Pfades die Option **Pfadrichtung umkehren: Ein** in der **Attribute-Palette** aktiviert, werden die Überschneidungsbereiche undurchsichtig.

Zusammengesetzter Pfad als Schnittmaske mit Überschneidung

Überschneiden sich mehrere Einzelpfade eines zusammengesetzten Pfads, wird das Ganze etwas komplizierter. Einfache Pfadumkehr reicht dann nicht mehr aus, um die Überschneidungssituationen zu regeln. In solchen Objekten regeln die Füllregeln der **Attribute-Palette** die Überschneidungssituationen. Adobe Illustrator stellt zwei

Zusammengesetzter Pfad als Schnittmaske mit Überschneidung Attribut-Option **Pfadrichtung umkehren: Ein**

Option
Füllregel Gerade-Ungerade
Füllregel Nicht-Null

Schaltflächen zur Verfügung: **Füllregel Gerade-Ungerade** und **Füllregel Nicht-Null** .

- Die Füllregeln bestimmen anhand mathematischer Gleichungen, ob sich ein Punkt innerhalb oder außerhalb einer Form befindet. Die **Füllregel Gerade-Ungerade** ist vorhersehbarer. Bei einem zusammengesetzten Pfad, der dieser Regel unterliegt, ist in jedem zweiten Bereich, unabhängig von der Pfadrichtung, ein Loch. In Adobe Illustrator ist **Nicht-Null** die Standardregel. In Adobe Photoshop und Macromedia FreeHand ist **Gerade-Ungerade** die Standardregel. Aus diesen Anwendungen importierte **zusammengesetzte Pfade** folgen demnach der **Füllregel Gerade-Ungerade**. Beide Füllregeln finden nur bei Objekten Anwendung, die **zusammengesetzte Pfade** darstellen. Lesen Sie hierzu im Kapitel **Palettenübersicht** ab Seite 126ff.

Füllregel Gerade-Ungerade

Füllregel Nicht-Null

Zeichen-Werkzeuge

Adobe Illustrator stellt eine Vielzahl von unterschiedlichen Zeichen-Werkzeugen zur Verfügung. Die Werkzeuge sind alle in der **Werkzeug-Palette** auszuwählen. Die einzelnen Werkzeuge sind in Gruppen zusammengefasst. Ist die untere rechte Ecke eines Werkzeuges schwarz hervorgehoben, befinden sich dort noch weitere, jedoch versteckte Werkzeuge. Klickt man auf das Werkzeug und hält die Maustaste gedrückt, klappt eine sogenannte **Abreiß-Palette** auf, über die dann die anderen Werkzeuge erreichbar sind. Wandert man mit der Maus zu dem Steg am rechten Ende des **Abreiß-Palette** und lässt dort die Maustaste los, bilden die entsprechenden Werkzeuge eine eigenständige schwebende **Werkzeug-Palette**. Hier kann man nun alle Werkzeuge einfach erreichen. Der Nachteil ist jedoch, dass man den Monitor relativ schnell verbaut. Man sollte also vielleicht nur die Werkzeuge und Paletten abgerissen lassen, mit denen man wirklich häufig arbeitet.

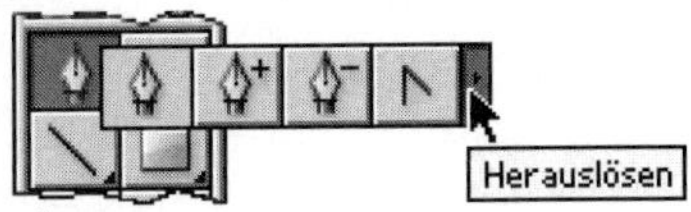

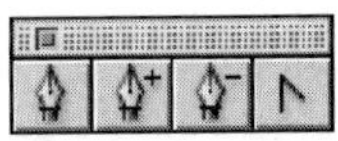

Klickt man bei gedrückt gehaltener [⌥]-Taste auf ein Werkzeug-Symbol, werden nacheinander die anderen Werkzeuge angezeigt.

Adobe Illustrator stellt folgende Werkzeuge zur Verfügung:

Das **Stift-Werkzeug** ist eines der wichtigsten Werkzeuge zur Pfaderstellung und -veränderung. Die Palette stellt zusätzlich Variationen des Werkzeugs zur Verfügung. Diese lassen sich jedoch viel komfortabler und funktional sinnvoller über Tastenkürzel bzw. Automatismen nutzen, sofern unter *Bearbeiten ➛ Voreinstellungen ➛ Allgemeine...* die Option **Autom. hinzuf./löschen aus** nicht aktiviert ist und das **Stift-Werkzeug** als aktuelles Werkzeug ausgewählt wurde.

Das **Ankerpunkt-hinzufügen-Werkzeug**. Bewegt man das **Stift-Werkzeug** auf ein Pfadsegment, erkennt das Werkzeug automatisch, dass an der gezeigten Stelle noch kein Ankerpunkt existiert, und wendet den Automatismus an.

Das **Ankerpunkt-entfernen-Werkzeug**. Bewegt man das **Stift-Werkzeug** auf einen Ankerpunkt, erkennt das Werkzeug automatisch den existierenden Ankerpunkt und wendet ebenfalls den Automatismus an.

Das **Ankerpunkt-konvertieren-Werkzeug**. Drückt man die ⌥-Taste, während das **Stift-Werkzeug** aktiv ist, verwandelt sich das Werkzeug in das **Ankerpunkt-konvertieren-Werkzeug**.

Möchte man nun neue Pfade erstellen, geht das mit dem **Stift-Werkzeug** am komfortabelsten. Je nachdem, ob man mit der Maustaste bei aktivem Werkzeug an der Stelle, an der ein Ankerpunkt entstehen soll, anklickt oder klickt und zieht, entsteht ein Eck- oder Übergangspunkt. Mit dem **Ankerpunkt-konvertieren-Werkzeug** schließlich lassen sich die Ankerpunkte bei der Erstellung oder hinterher in Eck-, Übergangs- oder Ankerpunkte mit einem oder zwei abgeknickten Griffen verwandeln.

Positionieren von Eckpunkten

Mit dem **Stift-Werkzeug** auf die Zeichenfläche klicken.

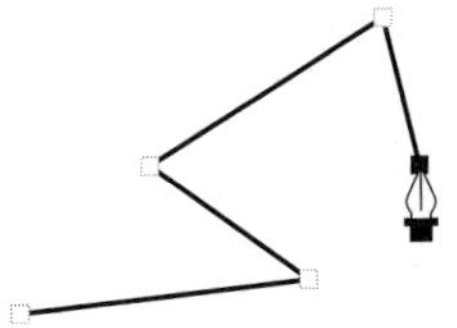

Positionieren von Übergangspunkten

Mit dem **Stift-Werkzeug** auf die Zeichenfläche klicken, die Maustaste gedrückt halten und ziehen. Das Werkzeugsymbol verändert sich durch das Halten der Maustaste. Es wird zum Änderungssymbol.

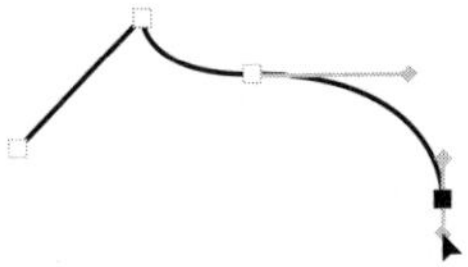

Hinzufügen von Ankerpunkten

Wenn man mit dem **Stift-Werkzeug** auf ein gerades Pfadsegment klickt, wird es zum **Hinzufügen-Werkzeug** und erzeugt automatisch einen Eckpunkt.

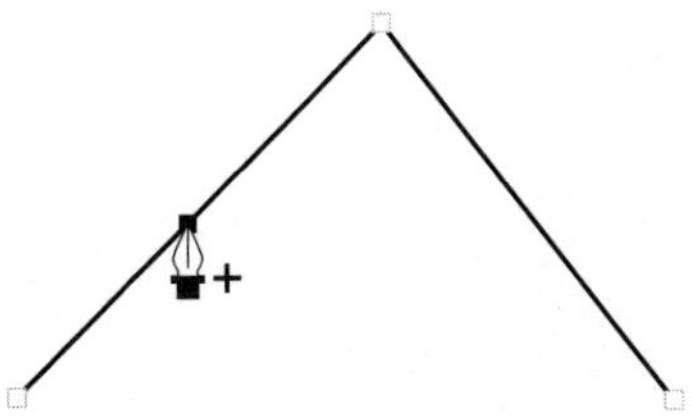

Klickt man mit dem **Stift-Werkzeug** auf ein gebogenes Pfadsegment, wird es zum **Hinzufügen-Werkzeug** und erzeugt automatisch einen Übergangspunkt.

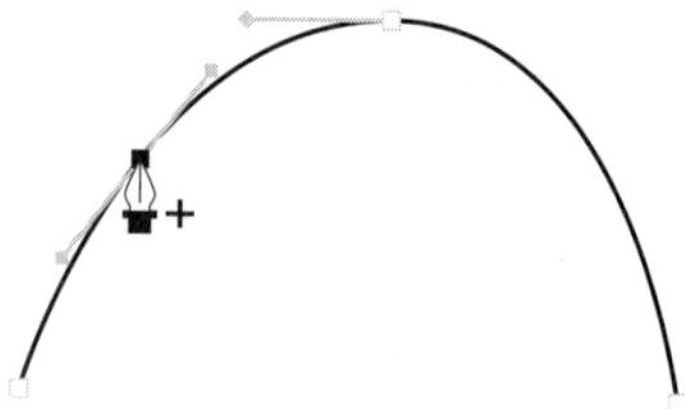

Entfernen von Ankerpunkten

Wenn man das **Stift-Werkzeug** auf einen Ankerpunkt bewegt, wird es zum **Entfernen-Werkzeug** und löscht den Ankerpunkt. Die anschließende Struktur des Pfades ist abhängig von der Art der angrenzenden Ankerpunkte. Bei einem Übergangspunkt entstehen eher runde Segmente und bei einem Eckpunkt gerade.

Ein Eckpunkt grenzt an

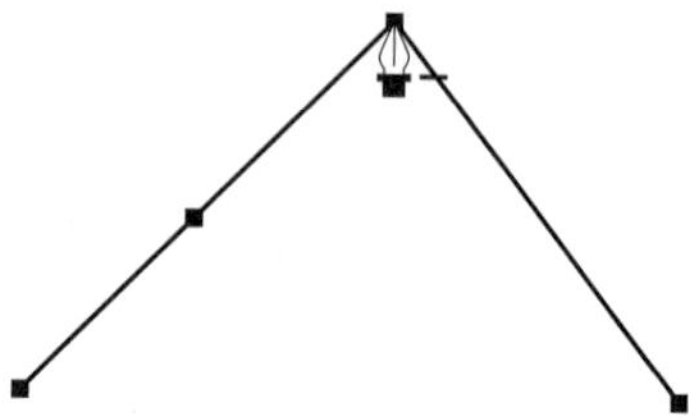

Resultat

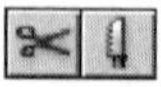Sollen keine Ankerpunkte entfernt werden, sondern stattdessen der Pfad an einem bestimmten Ankerpunkt aufgetrennt werden, kann das nicht mit dem **Stift-Werkzeug** geschehen. Hier muss auf das **Messer-** oder **Scheren-Werkzeug** aus der **Werkzeug-Palette** zugegriffen werden. Die Werkzeuge unterscheiden sich ein wenig in der Funktionsweise.

Das **Scheren-Werkzeug** zerschneidet nur offene Pfade und immer nur an einem Punkt. Ist kein Ankerpunkt vorhanden, werden zwei neue Punkte gesetzt. Die beiden Punkte liegen deckungsgleich übereinander.

Das **Messer-Werkzeug** zerschneidet prinzipiell nur geschlossene Pfade. Wird ein offener Pfad zerschnitten, wird er automatisch zum geschlossenen gemacht. Leider lassen sich mit diesem Werkzeug keine geraden Schnitte machen.

Wird mit dem **Direktauswahl-Werkzeug** ein Ankerpunkt oder mehrere markiert und anschließend die **Backspace-** oder **Löschen-Taste** gedrückt, wird nicht nur ein Ankerpunkt entfernt, sondern zusätzlich auch die angrenzenden Pfadsegmente.

Ein Übergangspunkt grenzt an

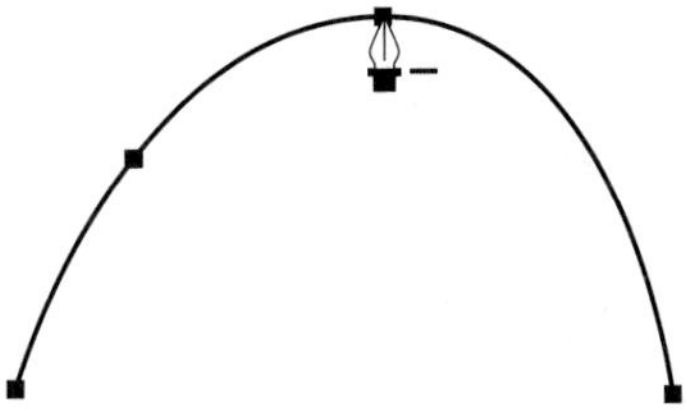

Resultat

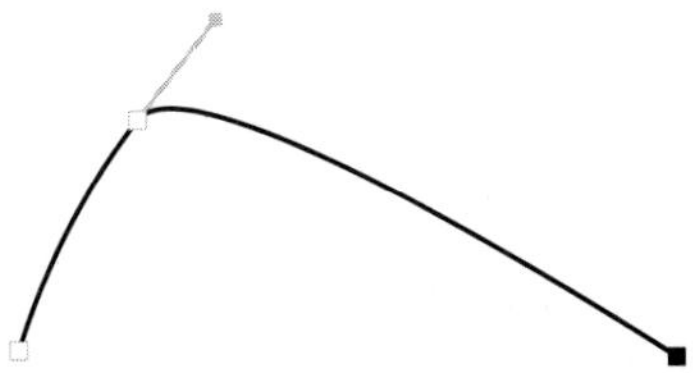

Umformen von Ankerpunkten

Klickt man mit dem **Ankerpunkt-konvertieren-Werkzeug** auf einen Eckpunkt, passiert gar nichts. Klickt man indes auf einen Übergangspunkt, wird er zum Eckpunkt.

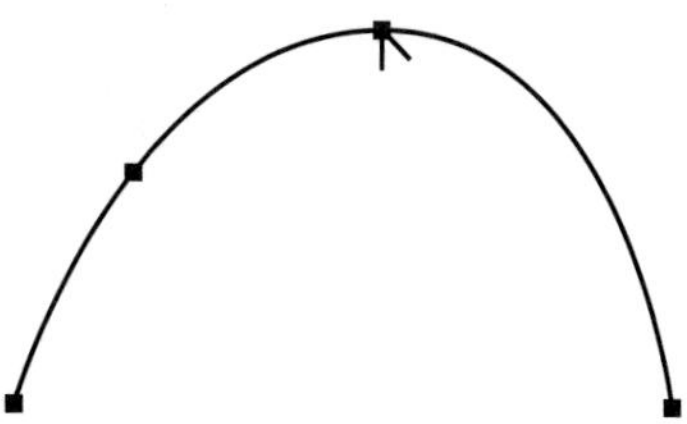

Resultat

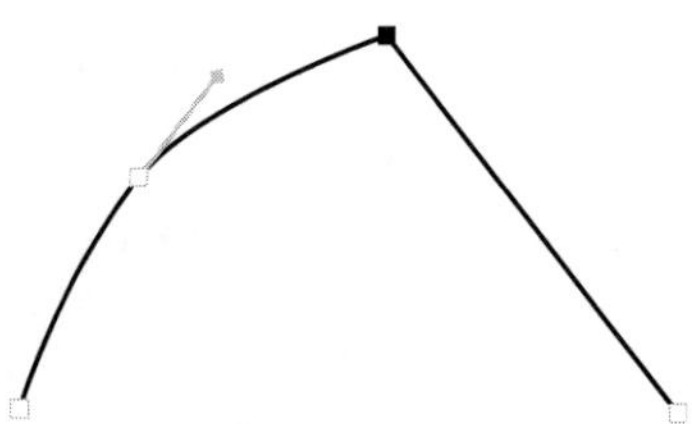

Klickt man mit dem **Ankerpunkt-konvertieren-Werkzeug** auf einen Eckpunkt und zieht bei gedrückter Maustaste, zieht man aus dem Ankerpunkt Griffe heraus und formt den Ankerpunkt damit in einen Übergangspunkt um.

Bei einem Übergangspunkt passiert das Gleiche, die Form der angrenzenden Kurven wird dann jedoch neu definiert.

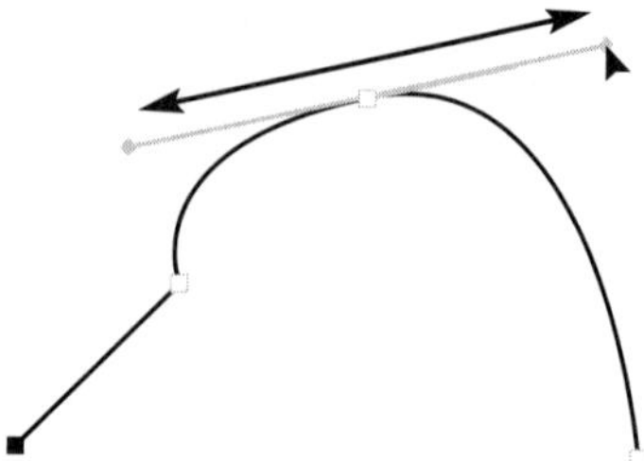

Klickt man mit dem **Ankerpunkt-konvertieren-Werkzeug** auf einen Griff und zieht bei gedrückter Maustaste, bricht man die starre Achse, die die beiden Griffe eines Übergangspunktes miteinander verbindet, und erzeugt so einen Eckpunkt mit zwei Anfassern. Auf diese Weise kann man dann z. B. eine umgekehrte Kurve erstellen.

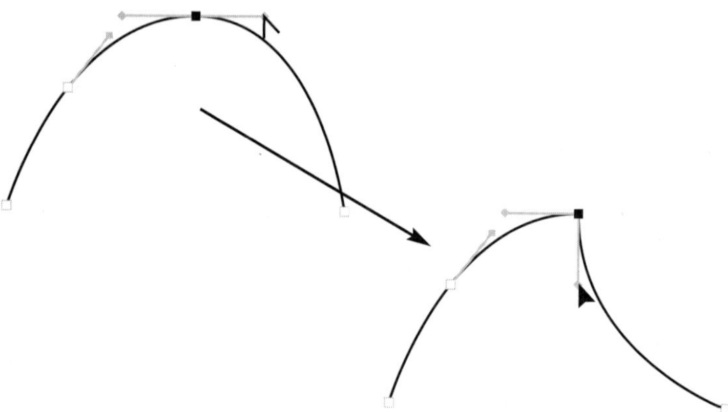

Der zweite Griff eines Übergangspunktes muss, falls auch er verändert werden soll, anschließend mit dem **Direktauswahl-Werkzeug** verändert werden. Der zweite Griff ist nämlich nicht mit dem **Ankerpunkt-konvertieren-Werkzeug** zu erfassen.

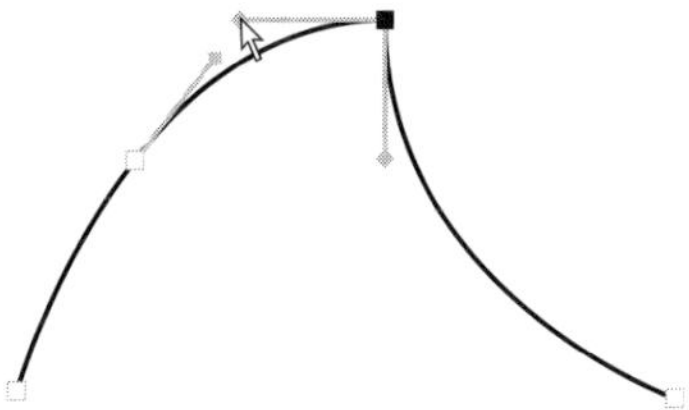

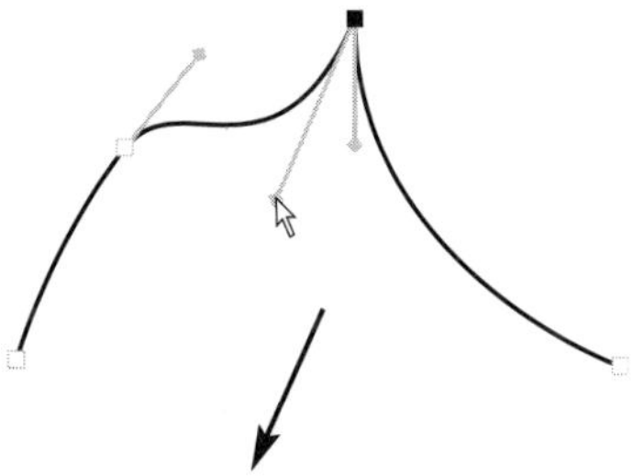

Die schnellste Art, das **Direktauswahl-Werkzeug** benutzen zu können, ist, die Befehls- bzw. Strg-Taste (⌘) zu drücken. Vorausgesetzt, es war das zuletzt benutzte **Auswahl-Werkzeug.**

Umformen beim Erstellen von Ankerpunkten

Kommt man nach Erstellen eines Ankerpunktes erneut mit dem **Stift-Werkzeug** in seine Nähe, bekommt das **Stift-Werkzeug** ein kleines Umwandeln-Symbol angefügt.

Klickt man nun in den Ankerpunkt hinein, hält die Maustaste gedrückt und zieht, dann zieht man aus dem Ankerpunkt einen oder zwei Griffe heraus.

Führt man diese Veränderung bei einem Eckpunkt durch, zieht man den Griff heraus, der die Kurve zum nächsten Ankerpunkt definiert.

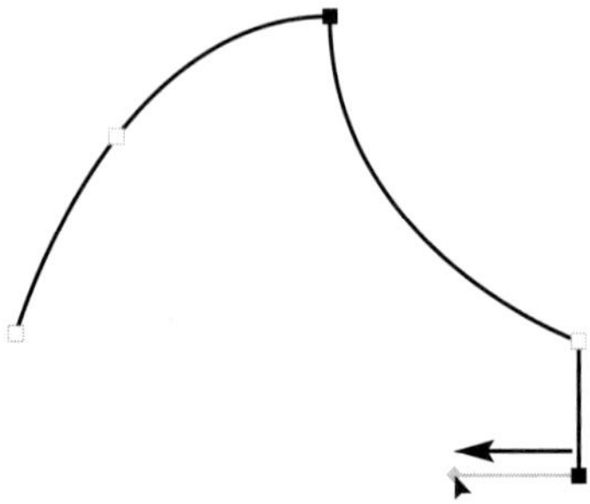

Bei einem Übergangspunkt würden die beiden schon vorhandenen Griffe erneut aus dem Ankerpunkt herausgezogen werden. Damit muss die Kurvenrichtung natürlich erneut ausgerichtet werden. Im Unterschied zur einfachen Erstellung von Übergangspunkten kann man auf diese Weise die Grifflänge unterschiedlich gestalten.

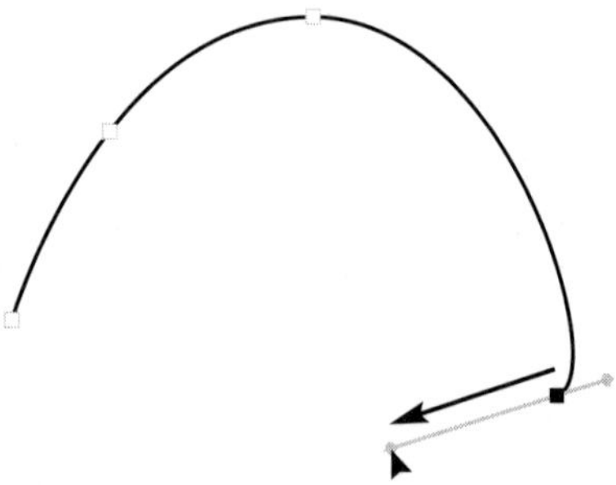

Klickt man stattdessen mit dem Werkzeug nur in den Übergangspunkt hinein, wird der

Griff, der zum nächsten Ankerpunkt führt, abgeschnitten.

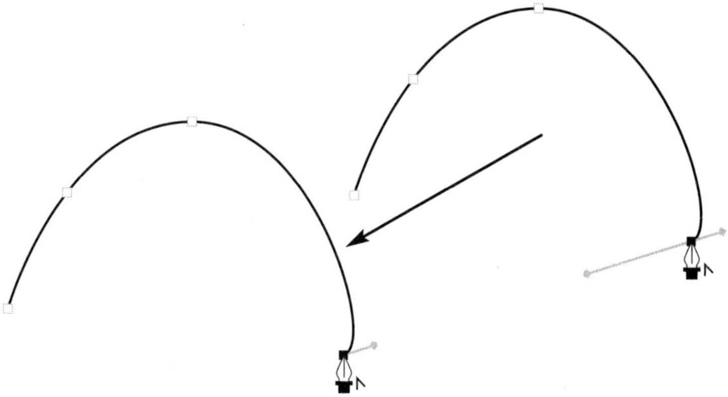

Buntstift-Werkzeug

Das **Buntstift-Werkzeug** ist eine Art Freihand-Werkzeug. Die Pfade werden der Spur des Mausweges nachempfunden. Wird mit einem Grafiktablett gearbeitet, ist dieses Werkzeug als Skizzierungs-Werkzeug ganz gut zu gebrauchen. In Zusammenarbeit mit den beiden anderen Werkzeugen dieser **Abreiß-Palette**, dem **Übergangs-Werkzeug** und dem **Löschen-Werkzeug**, kann es sehr passable Pfade erzeugen.

Nach Auswahl des Werkzeuges muss man bei gedrückter Maustaste den Pfad formen. Der spätere Pfad wird dabei in einer Punktlinien-Vorschau angezeigt. Erst nach Loslassen der Maustaste wird der Pfad generiert.

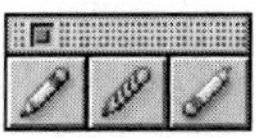

Klickt man bei gedrückt gehaltener [⌥]-Taste auf ein Werkzeug-Symbol, werden nacheinander die anderen Werkzeuge angezeigt.

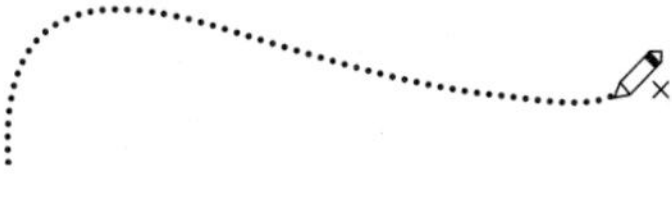

Wird der Pfad anschließend dargestellt,

kann man ihn mit dem Buntstift auch wieder verändern, indem man an dem letzten Ankerpunkt oder Pfadsegment erneut mit dem Werkzeug ansetzt und neu definiert.

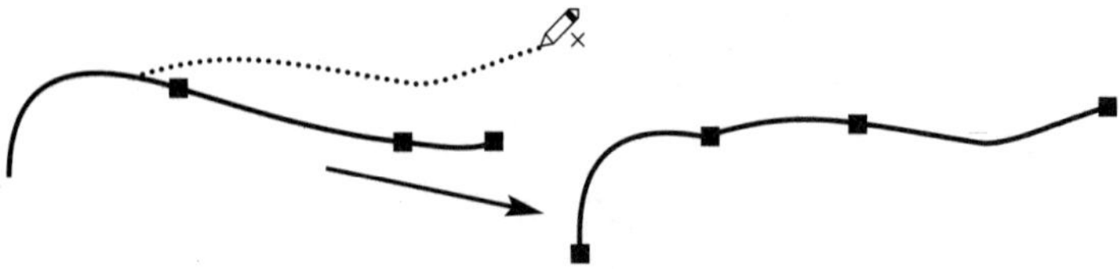

Mit jedem erneuten Ziehen mit dem **Buntstift-Werkzeug** wird der Pfad neu umgeformt.

Das **Übergangs-Werkzeug** kann optimierenderweise auf den bestehenden Pfad angewendet werden. Deswegen kann man es auch jederzeit per [⌥]-Taste benutzen, egal ob das **Buntstift-** oder **Löschen-Werkzeug** aktiv ist.

- Zieht man bei gedrückter Maustaste über einen bestehenden Pfad, werden die Ankerpunkt- und Segmentplatzierungen verbessert. Die Pfadstruktur bleibt dabei so gut wie möglich erhalten.

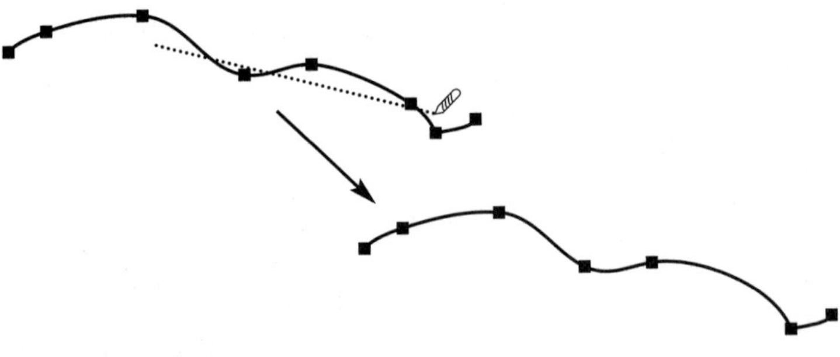

Mit dem **Löschen-Werkzeug** können schließlich Pfadsegmente wieder entfernt werden.

- Man zieht einfach bei gedrückter Maustaste über den Teil des Pfades, der wieder gelöscht werden soll. Der Pfad muss dazu ausgewählt sein. Deaktivierte Pfade werden nicht erkannt und lassen sich somit auch nicht ändern.

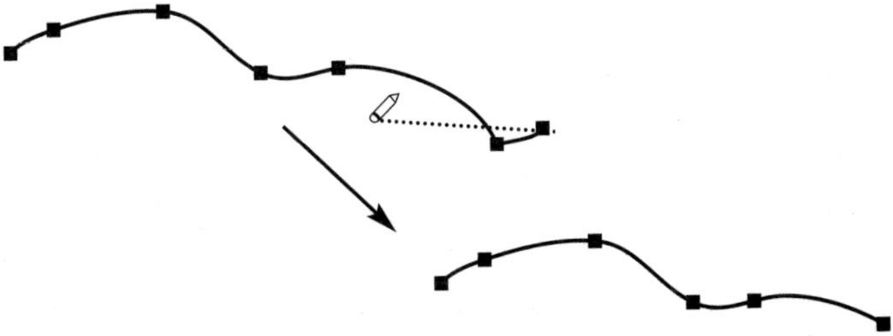

Grundzeichen-Werkzeuge

Das **Rechteck-Werkzeug** kann Rechtecke mit gleichen (gedrückte ⇧-Taste) oder ungleichen Kantenlängen erzeugen. Zudem ist es möglich, das Objekt zentrisch zu erstellen (gedrückte ⌥-Taste), das heißt ausgehend vom Platzierungspunkt gleichmäßig nach allen Seiten ausdehnend. Auch eine dialoggesteuerte, numerische Größenangabe ist möglich. Wird das **Rechteck-Werkzeug** ausgewählt, ändert sich das Maussymbol in eine Kreuzmarke. Klickt man nun an der gewünschten Platzierungsstelle mit dem Werkzeug an, hält die Maustaste gedrückt und zieht, definiert man damit die Ausdehnung des späteren Rechtecks. Nach Loslassen der Maustaste entsteht das Rechteck. Die ehemalige

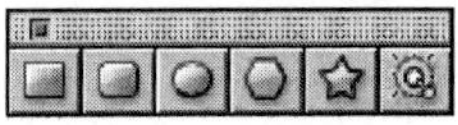

Klickt man bei gedrückt gehaltener ⌥-Taste auf ein Werkzeug-Symbol, werden nacheinander die anderen Werkzeuge angezeigt.

Rechtecke, abgerundete Rechtecke und Ellipsen besitzen Mittelpunkte. Sie können in der **Attribute-Palette** ein- und ausgeschaltet werden.

Position der Kreuzmarke definiert nun die linke untere Ecke des Rechtecks.

Platzierungspunkt des Rechtecks

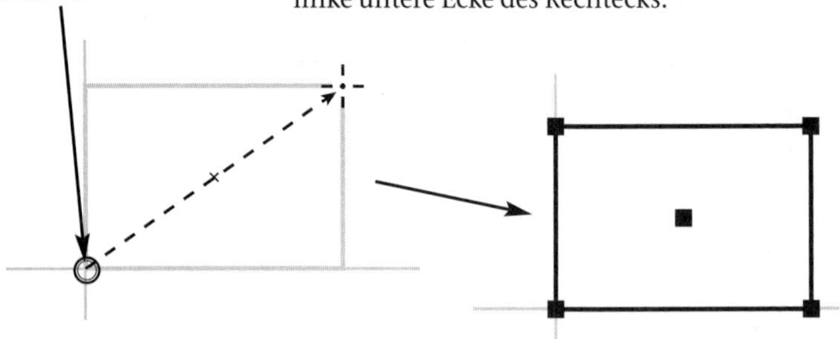

Quadrate erzeugen

- Sollen Rechtecke mit gleichen Kantenlängen erzeugt werden (Quadrate), hält man einfach beim Aufziehen des Rechtecks so lange die [⇧]-Taste gedrückt, bis das Rechteck die richtige Größe hat. Dann lässt man zuerst die Maustaste los und anschließend die [⇧]-Taste.

Platzierungspunkt des Rechtecks

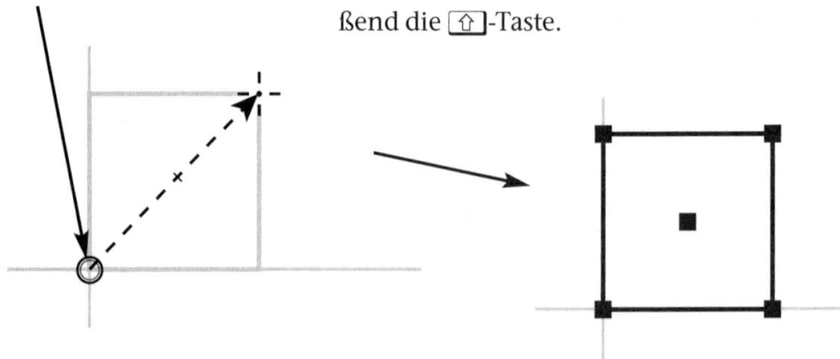

zentrisch aufziehen

- Wenn Rechtecke zentrisch erstellt werden sollen, hält man beim Aufziehen des Rechtecks die [⌥]-Taste gedrückt. Das Aussehen der Kreuzmarke ändert sich dann und wird zum Mittelpunkt-Platzierer. Wenn das Rechteck die richtige Größe hat, lässt man zuerst die Maustaste los und anschließend die [⌥]-Taste. Das Rechteck dehnt sich dann nach allen Seiten ausgehend vom Mittelpunkt, der der

Platzierungspunkt der Kreuzmarke war, gleichmäßig aus.

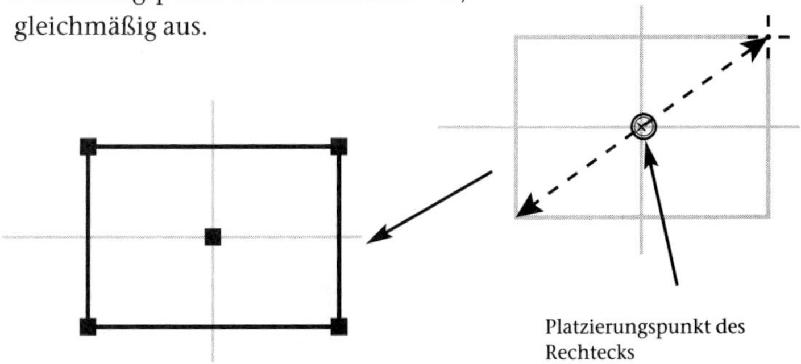

Platzierungspunkt des Rechtecks

Dialoggesteuertes Definieren

- Das Erstellen eines Rechtecks per Dialogeingabe ist ebenfalls denkbar einfach. Wurde das **Rechteck-Werkzeug** ausgewählt und man klickt mit der Kreuzmarke auf die Arbeitsfläche, wird an dieser Stelle später die linke obere Ecke des Rechtecks platziert. Zuvor springt jedoch ein Eingabefeld auf, worin man die Ausmaße des Rechtecks definieren kann.

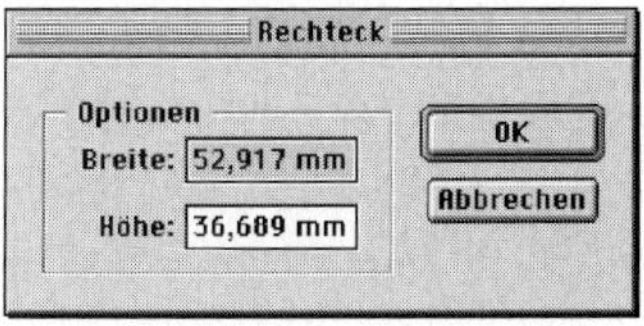

  Wurde zuvor die ⌥-Taste gedrückt, wird die Platzierungsstelle der Kreuzmarke zum späteren Mittelpunkt des Rechtecks.
- Soll per Dialogsteuerung ein Quadrat erstellt werden, gibt man im Dialogfeld einen Wert im Eingabefeld **Breite** ein. Klickt man anschließend auf das Wort **Höhe**, wird der Wert aus dem Eingabefeld Breite für Höhe übernommen.

Abgerundetes Rechteck-Werkzeug
und

Ellipsen-Werkzeug

Diese Erstellungsformen unterstützen neben dem **Rechteck-Werkzeug** das **abgerundete Rechteck-Werkzeug** und das **Ellipsen-Werkzeug**. Im Dialogfeld des abgerundeten Rechtecks steht zusätzlich zu den Eingabefeldern **Höhe** und **Breite** noch das Eingabefeld **Eckenradius** zur Verfügung.

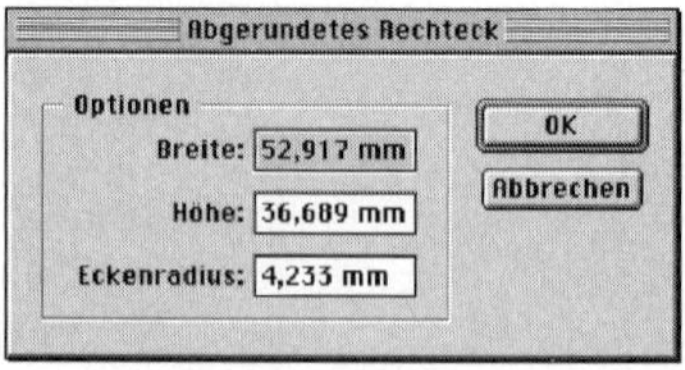

Der Wert des Eckenradius kann unter *Bearbeiten ➛ Voreinstellungen ➛ Allgemeine...* voreingestellt werden.

Ähnliche Werkzeuge stellen das **Stern-**, **Polygon-** und **Blendenfleck-Werkzeug** dar.

Das **Stern-Werkzeug** erzeugt Sterne, deren **Größe** und **Anzahl der Spitzen** in einem Dialogfeld einzustellen sind. Klickt man mit dem Werkzeug auf die Zeichenfläche, springt das entsprechende Dialogfeld auf.

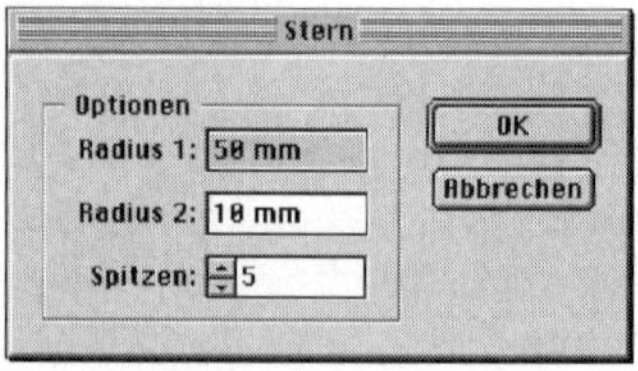

Radius 1 entspricht dem äußeren Durchmesser und **Radius 2** dem inneren.

Überdrucken

Bei unveränderten Transparenz-Einstellungen (Füllmethode Normal, Deckkraft 100 %) erscheinen Objekte deckend. Das obere, gelbe Objekt erzeugt in der darunter liegenden Fläche eine Aussparung.

Das Aussparen lässt sich in der **Attribute-Palette** für Fläche und Kontur ausstellen. Die Farbe der unteren Fläche mischt sich dann mit der des oberen Objektes.

Illustrator bietet eine Vorschau, die dem zu erwartenden Ergebnis ähnelt: *Ansicht ➛ Überdrucken-Vorschau* (Sie sehen Bildschirm-Schnappschüsse der oben gezeigten Objekte).

Die Überdrucken-Option wird auch zur Erzeugung von tieferem Schwarz genutzt. Gern wird Magenta eingesetzt (die dunkelste der bunten Prozessfarben). Schwarz ist hier auf 100 % gesetzt, die überdruckten Flächen weisen jeweils 40 % Farbanteil auf.

Überfüllen

Wählen Sie überdeckende Objekte aus. Die Überfüllungseinstellungen finden Sie in den Befehlen der **Pathfinder-Palette** im Menü *Effekt* ➛ *Pathfinder* (nur in CMYK-Dokumenten).

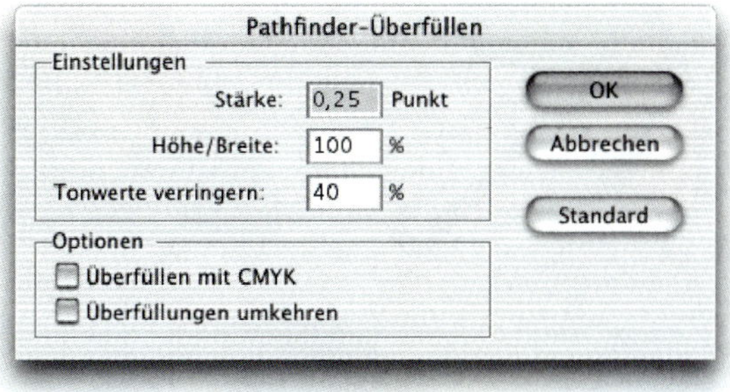

Die Stärke der Überfüllung wird bei horizontalen Linien mit Werten über 100 % für Höhe / Breite vergrößert, unter 100 % verringert. Hier wurde der Wert auf 33 % gesetzt.

Der Farbauftrag läßt sich im Tonwert verringern. Hier ist ein Wert von 40 % gewählt worden. In der Abbildung links drucken 100 % Gelb über die blaue Fläche.

Illustrator verändert die Form des helleren Objektes (Über-/Unterfüllung):

Das oben liegende Objekt ist heller und wird vergrößert. Es überfüllt das untere. Die Aussparung in der roten Fläche bleibt unverändert.

Das obere Objekt ist dunkler und bleibt unverändert. Die Aussparung in der helleren Fläche verringert sich und unterfüllt das obere Objekt.

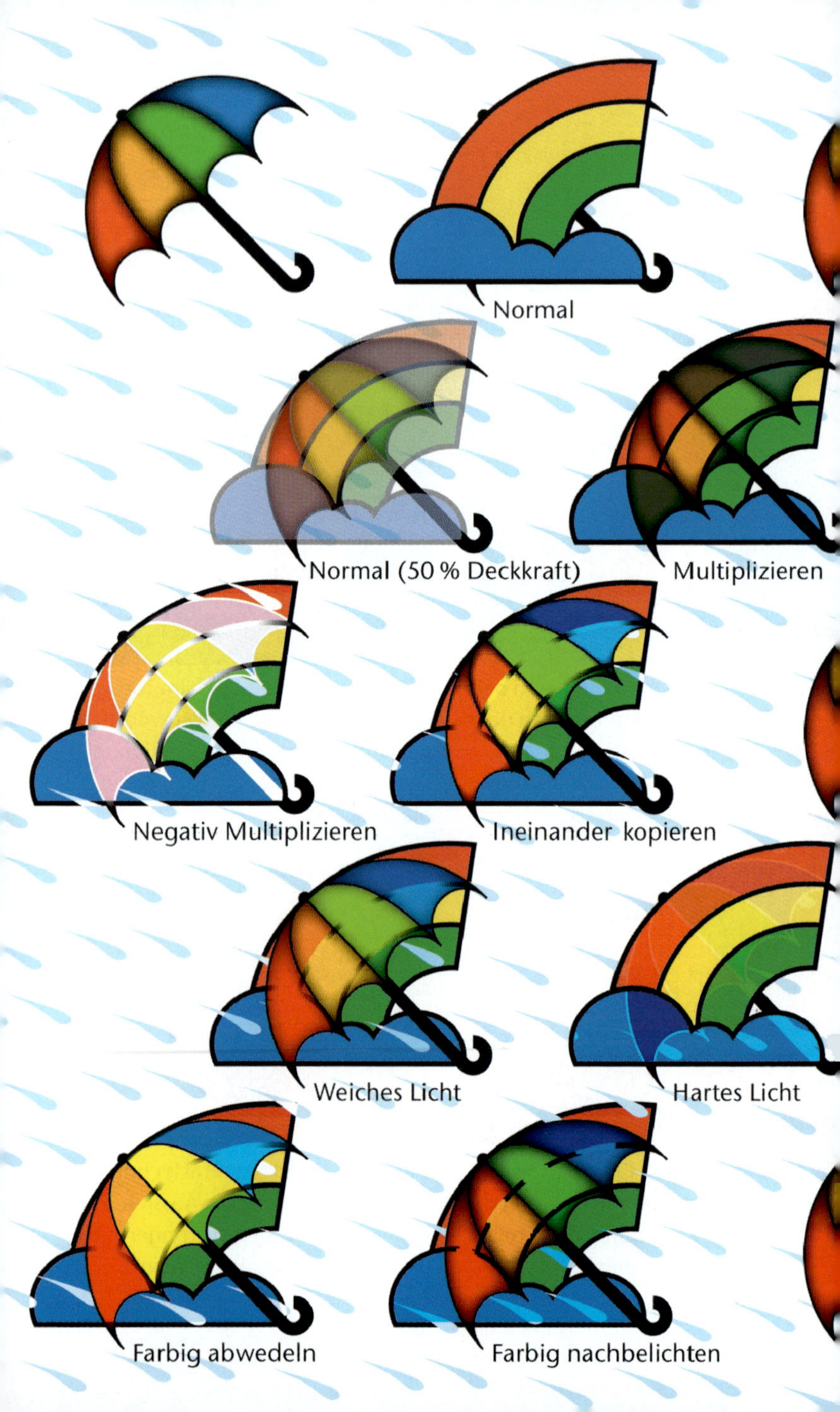
Normal
Normal (50 % Deckkraft)
Multiplizieren
Negativ Multiplizieren
Ineinander kopieren
Weiches Licht
Hartes Licht
Farbig abwedeln
Farbig nachbelichten

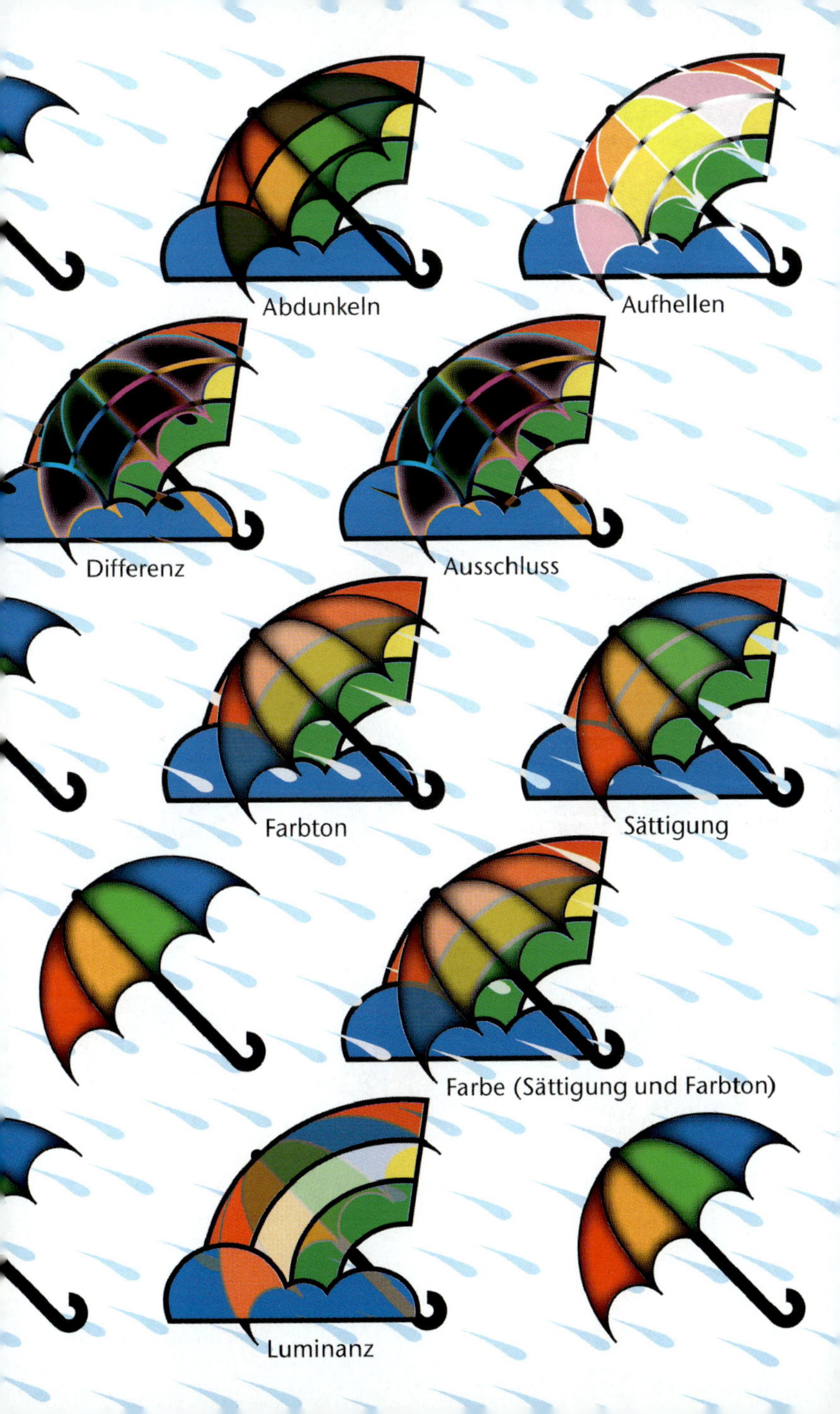
Abdunkeln
Aufhellen
Differenz
Ausschluss
Farbton
Sättigung
Farbe (Sättigung und Farbton)
Luminanz

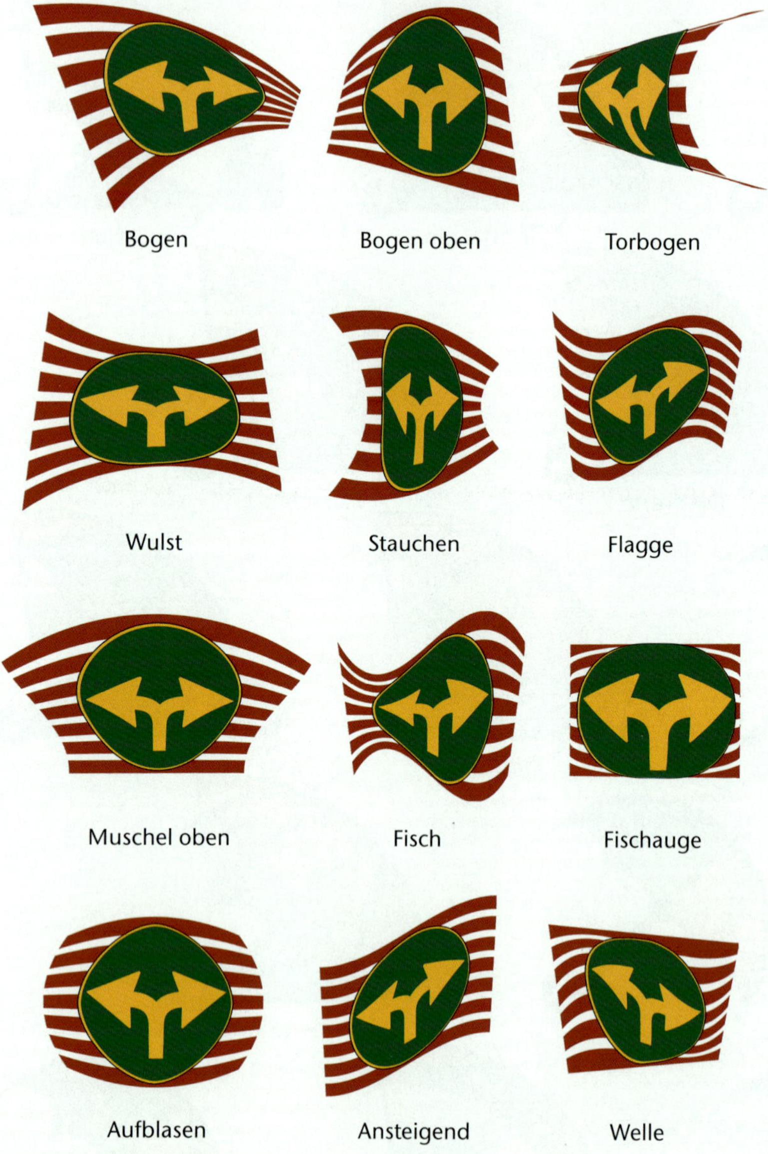

Verkrümmen-Effekte

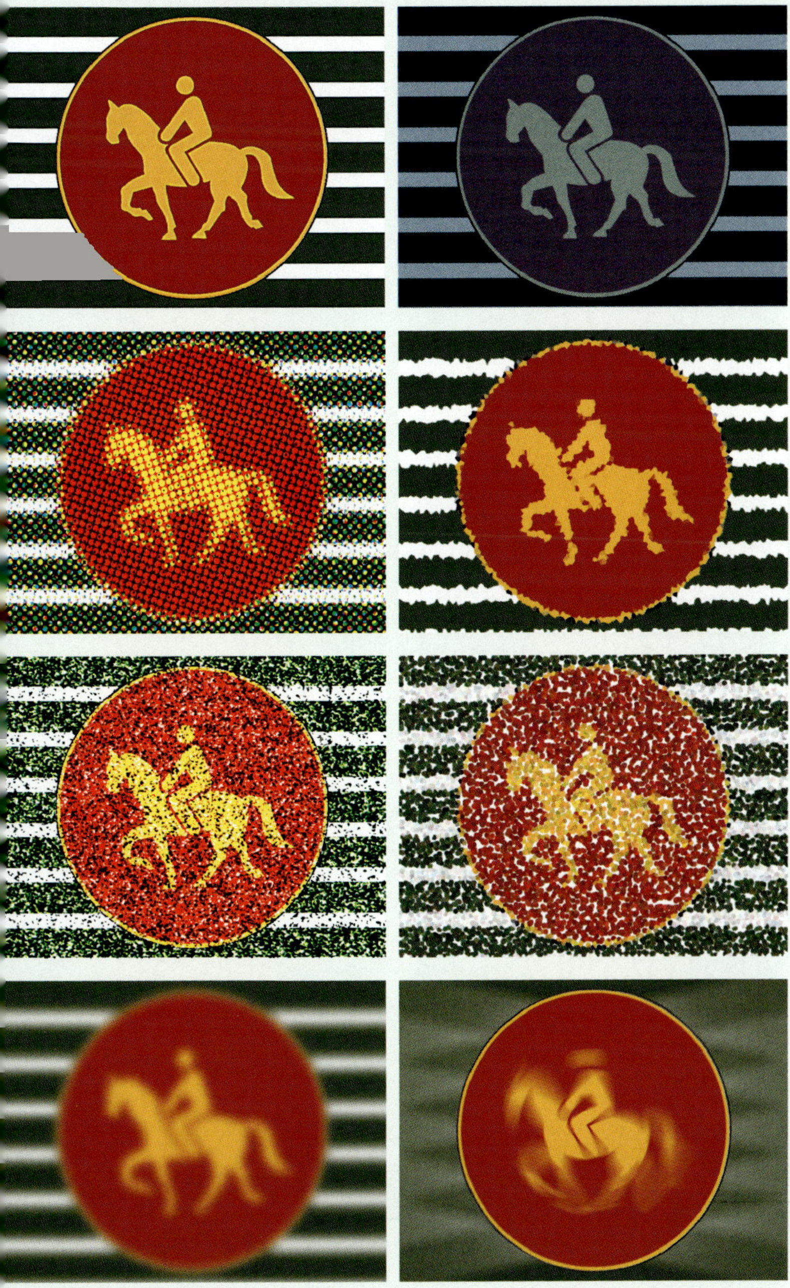

Filter für Pixel-Bilder

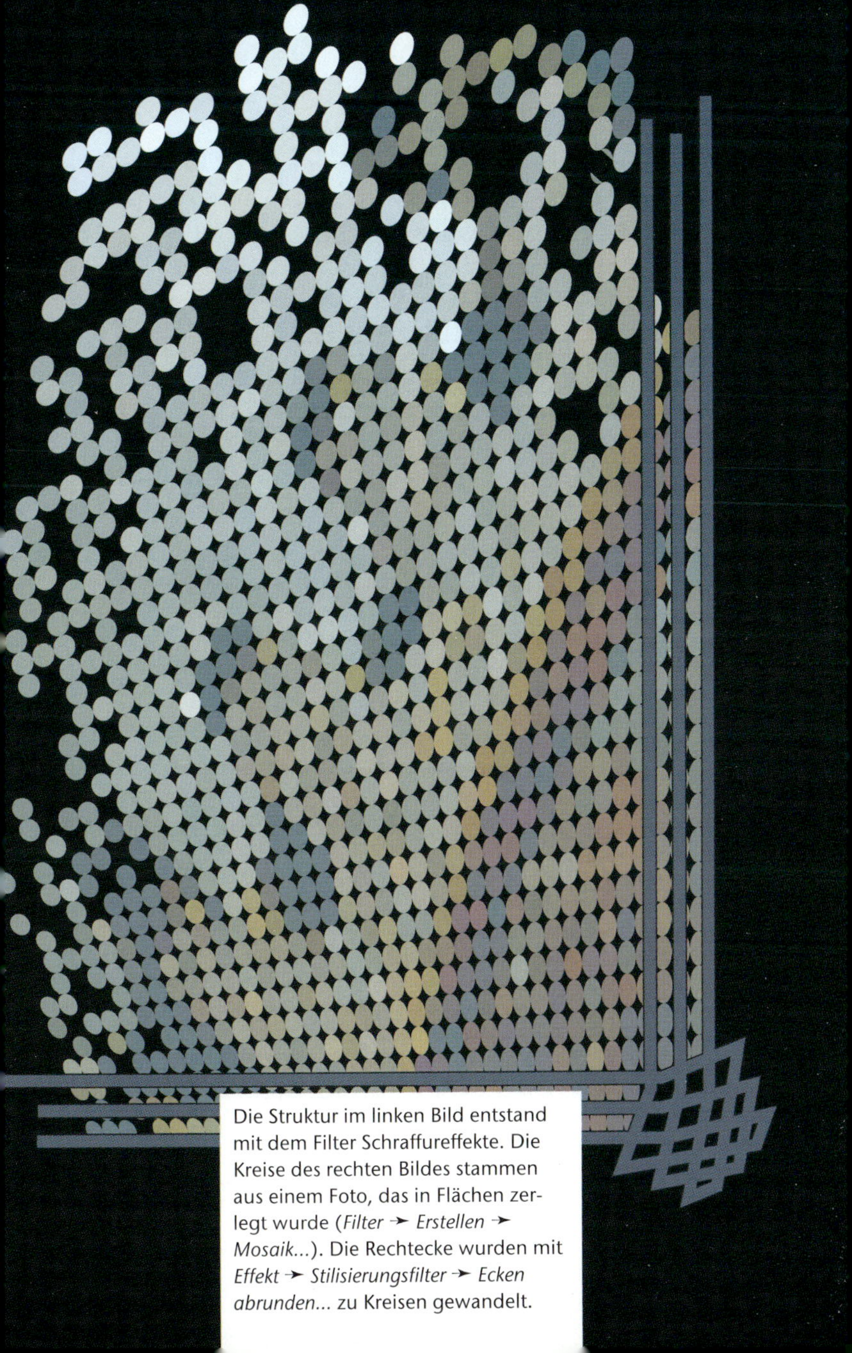

Die Struktur im linken Bild entstand mit dem Filter Schraffureffekte. Die Kreise des rechten Bildes stammen aus einem Foto, das in Flächen zerlegt wurde (*Filter ➛ Erstellen ➛ Mosaik...*). Die Rechtecke wurden mit *Effekt ➛ Stilisierungsfilter ➛ Ecken abrunden...* zu Kreisen gewandelt.

© Nils Oskamp, Hamburg, www.nils-oskamp.de

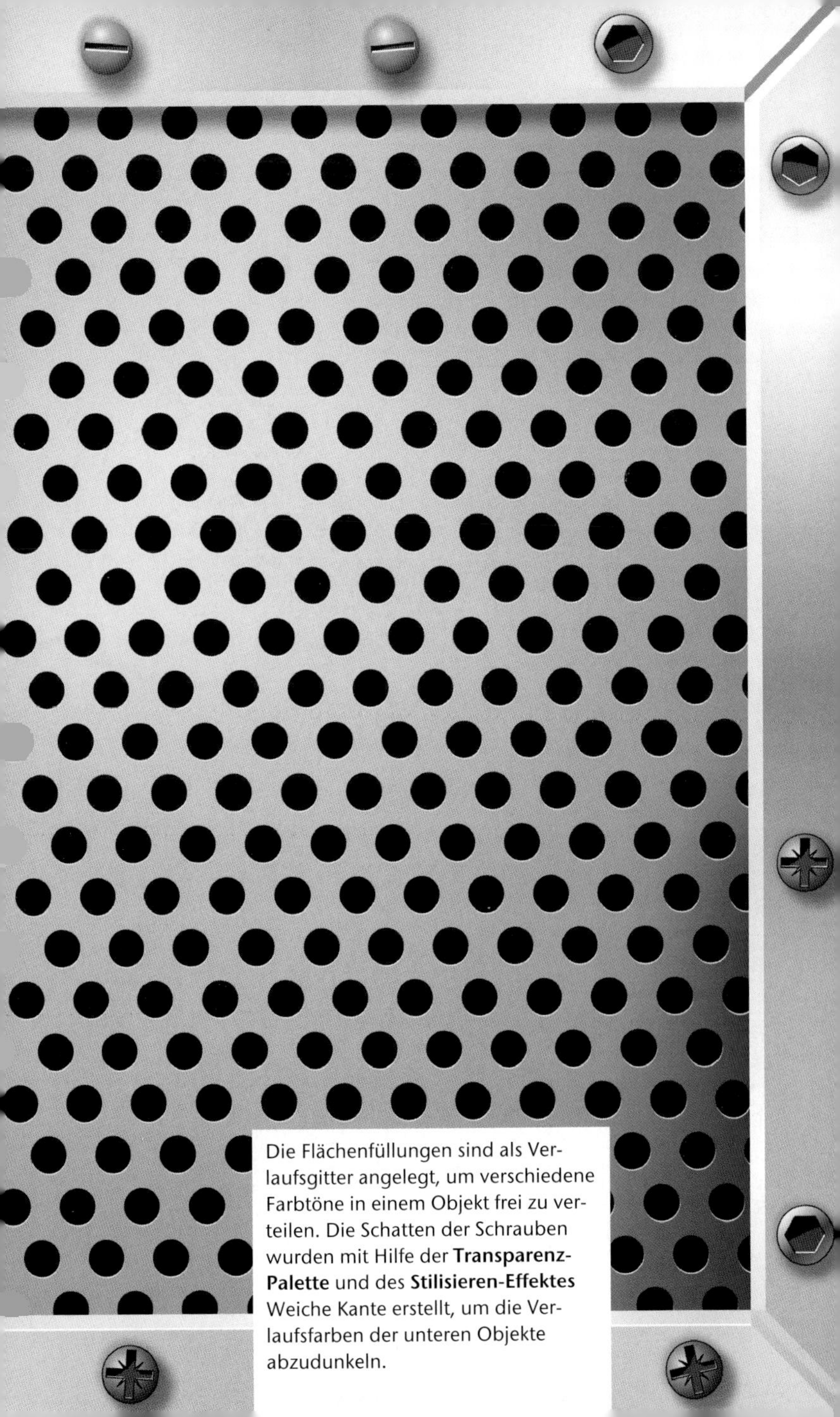

Die Flächenfüllungen sind als Verlaufsgitter angelegt, um verschiedene Farbtöne in einem Objekt frei zu verteilen. Die Schatten der Schrauben wurden mit Hilfe der **Transparenz-Palette** und des **Stilisieren-Effektes** Weiche Kante erstellt, um die Verlaufsfarben der unteren Objekte abzudunkeln.

Die Struktur des Korpus wurde mit Hilfe des Filters **Schraffureffekte** erzeugt, dessen Holzstruktur modifiziert wurde.– Die verblassenden Schatten der Saiten sind deren schwarz gefüllte Kopien mit Deckkraftmasken.

Ein großer Stern wurde um den Kreismittelpunkt rotiert (als Kopie). Der Vorgang wurde dupliziert. Der Sternenkreis wurde als Kopie skaliert und der Vorgang wurde erneut dupliziert. Die Schrift wurde verdoppelt und an einigen Stellen modifiziert. Aus Original- und Duplikat-Buchstaben wurde jeweils eine Schnittmaske erstellt (das Original lag oben, es fungiert als Maske).

Nach Betätigen der Schaltfläche OK wird auf der Zeichenfläche der Stern erstellt. Zieht man mit dem Werkzeug einen Stern auf, statt auf die Zeichenfläche zu klicken, wird die zuletzt gemachte Einstellung benutzt.

Das **Polygon-Werkzeug** ist dem **Stern-Werkzeug** sehr ähnlich. Statt der Anzahl der **Spitzen** wird hier im Dialogfeld jedoch nach der Anzahl der **Seiten** gefragt und es gibt auch nur einen **Radius**.

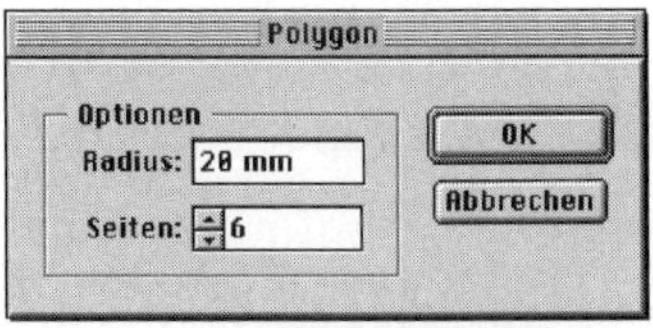

Blendenfleck-Werkzeug

Mit dem **Blendenfleck-Werkzeug** werden anders als mit den zuvor beschriebenen Werkzeugen mehrere Objekte erzeugt, die in einem dem Angleichen-Objekt ähnlichen Verbund stehen. Mit diesem Werkzeug können Blendenfleck-Objekte mit einer hellen Mitte, einem Lichtkranz, Strahlen und Ringen erstellt werden. Dadurch lässt sich ein ähnlicher Effekt wie bei einem Blendenfleck auf einem Foto erzielen. Das Dialogfeld, das geöffnet wird, wenn mit dem Werkzeug auf die Zeichenfläche geklickt wird, lässt eine multiple Einstellung des Effektes zu.

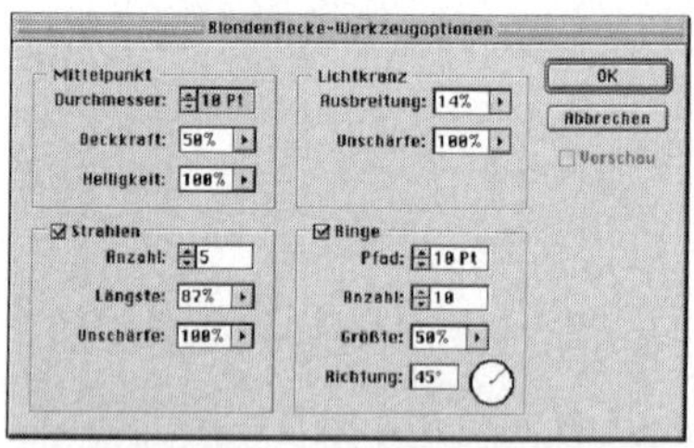

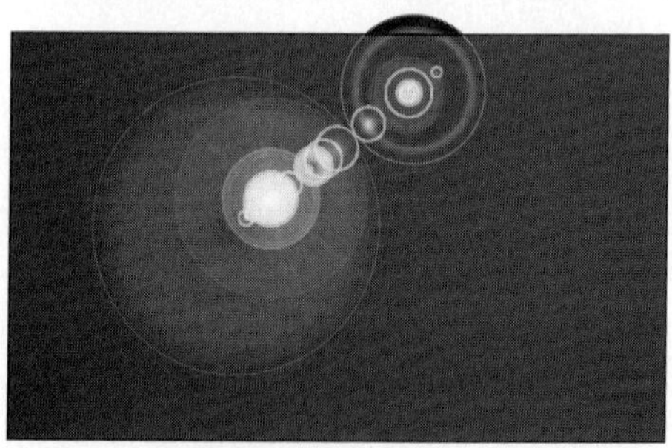

Ohne Transparenz läuft auch hier nicht viel. Dieser aussagekräftige Effekt lässt sich auch jederzeit im Nachhinein neu einstellen. Wird das Blendenfleck-Objekt markiert, kann mit einem Doppelklick auf das **Blendenfleck-Werkzeugsymbol** das Dialogfeld geöffnet werden. Hier lassen sich nun die für das Objekt gemachten Einstellungen verändern.

Folgende Parameter lassen sich einstellen: **Mittelpunkt, Strahlen, Lichtkranz und Ringe.**

Aufbau eines Blendenflecks

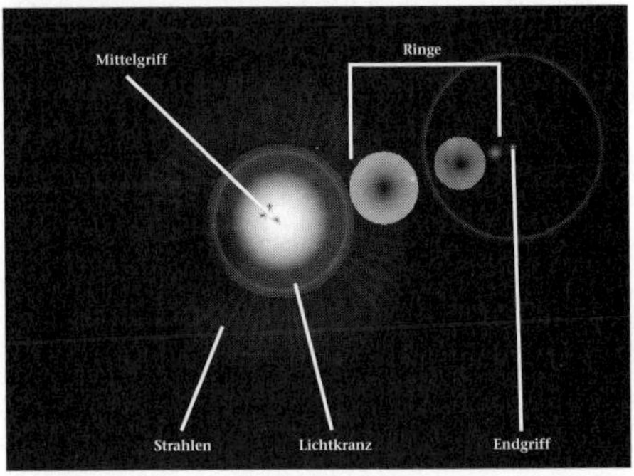

Mittelpunkt

- Der Durchmesser steuert, wie groß das innere Mittelpunktobjekt sein soll. Es kann ein Wert in Punkt eingegeben oder durch Klicken auf die kleinen Pfeile der eingestellte Wert in 1-Punkt-Schritten verändert werden.
  Die Regler für **Deckkraft** und **Helligkeit** stellen unter Verwendung der **Transparenz-Modi** die Opazität ein.

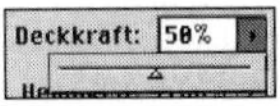

Strahlen

- Das Eingabefeld Anzahl definiert, wie viele Strahlen von der Mitte ausgehend erzeugt werden sollen.
  Die Regler **Längste** (Prozentsatz der durchschnittlichen Strahlenlänge) und **Unschärfe** (0 = scharf, 100 = unscharf) definieren die Sichtbarkeit und Ausdehnung der Strahlen.

Lichtkranz

- Die **Ausbreitung** steuert die Breite des Lichtkranzes und entspricht einem Prozentsatz der Gesamtgröße.
  Der Regler **Unschärfe** steuert die Schärfe der Darstellung (0 = scharf, 100 = unscharf).

Ringe

- **Pfad** steuert den Abstand zwischen dem Mittelpunkt des Lichtkranzes (Mittelgriff) und dem Mittelpunkt des am weitesten entfernten Ringes (Endgriff).
  Zusätzlich können noch die **Anzahl** der Ringe, die **Größe** des größten Rings (als Prozentsatz der durchschnittlichen Ringgröße), und die **Richtung** der Ringanordnung eingestellt werden.

Vorschau

- Die Option ist nur nutzbar, wenn ein bereits erstelltes Objekt verändert werden soll.

Abbrechen und Zurück

- Wird im Dialogfeld die ⌥-Taste gedrückt, wandelt sich die Schaltfläche **Abbrechen** in **Zurück**. Damit kommt man zu den Standardeinstellungen zurück.

Erweitern

Sollen einzelne Teile eines Blendenfleck-Objektes verändert werden, kann im Menü *Objekt ➛ Erweitern...* gewählt werden. Im Dialogfeld wird dann ausgewählt, wie die Umwandlung vorgenommen werden soll.

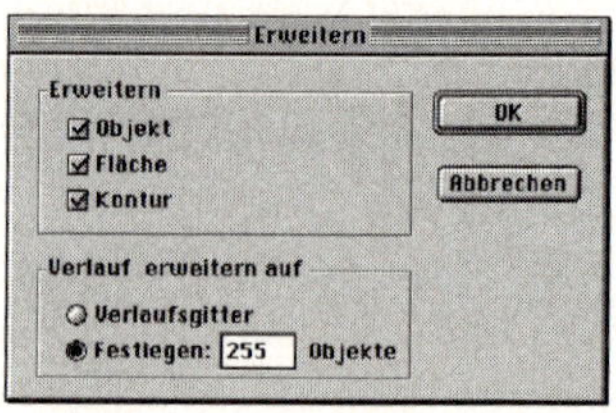

Nach dem Aufheben der Blendenfleck-Struktur muss zusätzlichen die Gruppierung aufgehoben werden. Danach lassen sich alle einzelnen Objekte verändern.

Die Option **Verlauf erweitern auf** steuert, ob einzelne Objekte oder ein bzw. mehrere Verlaufsgitter entstehen sollen.

Man kann ein Blendenfleck-Objekt auch aufziehen. Hierbei wird die letzte Einstellung der Blendenfleck-Optionen benutzt, mit Ausnahme der Pfadstrecke. Das erste Klicken und Ziehen (Schritt 1) auf der Zeichenfläche definiert die Position der Blendenflecke und deren Größe. Das zweite Klicken und Ziehen (Schritt 2) definiert die Platzierung der Ringe und deren Entfernung vom Mittelgriff.

Schritt 1

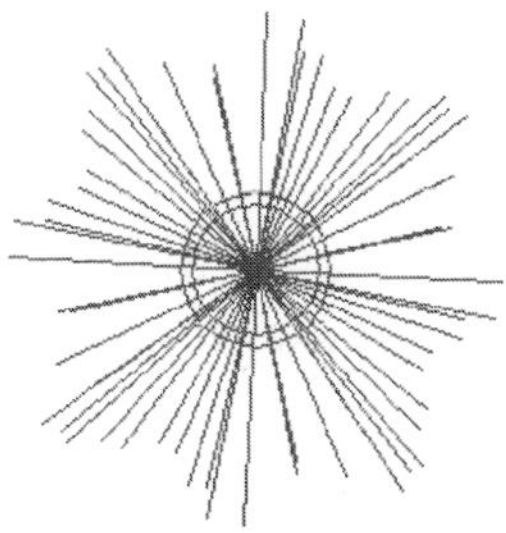

Schritt 2

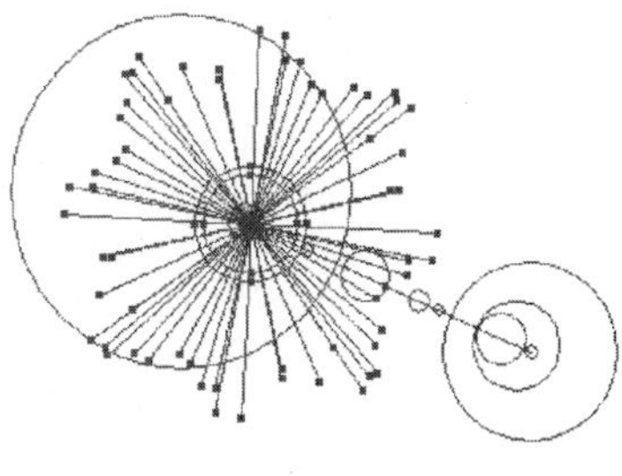

Resultat

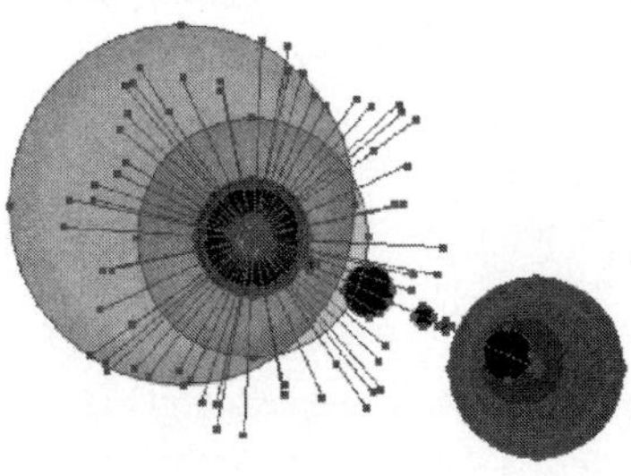

Linien- und Bogen-Werkzeug

Klickt man bei gedrückt gehaltener [⌥]-Taste auf ein Werkzeug-Symbol, werden nacheinander die anderen Werkzeuge angezeigt.

Das **Linien-Werkzeug** erzeugt Pfade, die von A nach B gehen. Nicht mehr und nicht weniger. Die Länge richtet sich nach der Strecke, die mit der Maus aufgezogen wird.

- Klicken Sie mit der Maus auf die Zeichenfläche, halten Sie die Maustaste gedrückt und ziehen Sie die Strecke auf, über die sich die Linie erstrecken soll.

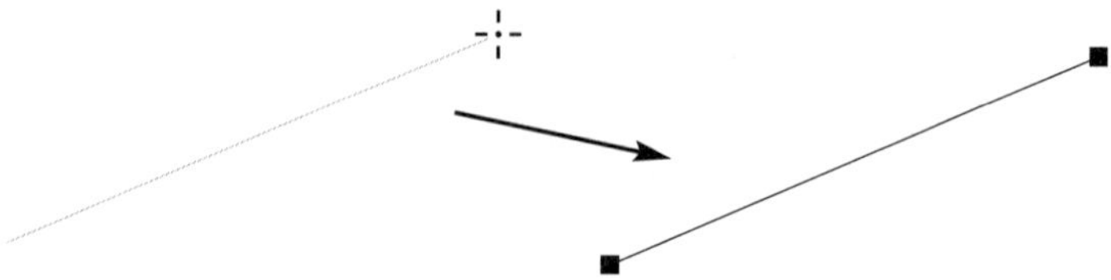

Tipp Wird beim Ziehen die [⇧]-Taste gedrückt gehalten, wird die Linie in festen Winkeln zu 45° erstellt (0°, 45°, 90°, 135°, 180°, 225°, 270° und 315°).

Klickt man mit dem **Linien-Werkzeug** auf die Zeichenfläche, ohne zu ziehen, öffnet sich ein Dialogfeld.

In diesem Dialog kann auch bestimmt werden, ob die Linie sofort gefüllt werden soll oder nicht. Nach einem **OK** wird die Linie, ausgehend von der Stelle, an der mit dem Werkzeug angeklickt wurde, erstellt.

Das **Bogen-Werkzeug** erzeugt Pfade, die von A nach B gehen, jedoch keine gerade Verbindung zueinander haben. Stattdessen wird beim Ziehen der Grad der Krümmung definiert, die der Bogen besitzen soll. Auch hier richtet sich die Länge und Krümmung der Bogenstrecke nach der Entfernung, die mit der Maus gezeigt wird.

- Klicken Sie mit der Maus auf die Zeichenfläche, halten Sie die Maustaste gedrückt und ziehen Sie die Strecke auf, über die sich der Bogen erstrecken soll. Je nach Richtung und Länge wird eine entsprechende Krümmung entstehen.

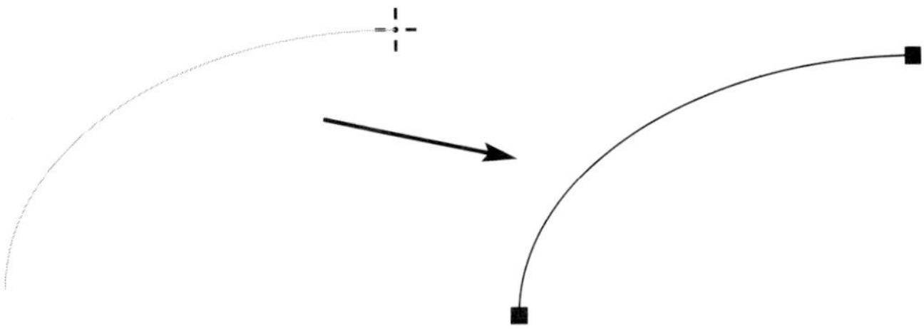

Tipp Wird beim Ziehen die ⇧-Taste gedrückt gehalten, wird der Bogen ein Viertelkreis.

Klickt man mit dem **Bogen-Werkzeug** auf die Zeichenfläche, ohne zu ziehen, öffnet sich ein Dialogfeld.

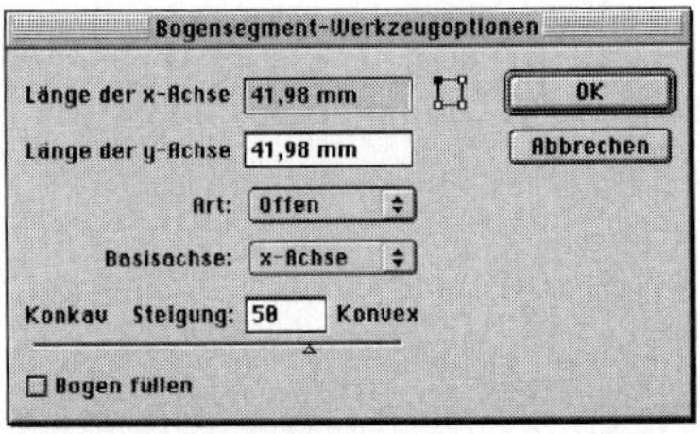

Die Eingabefelder Länge der x-Achse und Länge der y-Achse steuern, ob der Bogen eher ellipsoid oder kreisförmig sein soll. Das Symbol daneben ⌗ definiert, in welche

Richtung der Bogen erstellt werden soll. Der schwarze Punkt gibt an, wo der Ursprung des Bogens sein soll. Im PopUp-Menü **Art** kann anschließend bestimmt werden, ob ein offener oder geschlossener Bogen entstehen soll. Der Regler für **Steigung** definiert, ob sich der Bogen eher nach innen (konkav)

oder nach außen (konvex)

richten soll. Auch hier steuert die Option **Bogen füllen**, ob der Bogen nur als Kontur oder als Fläche erstellt wird.

Das **Spiral-Werkzeug** erzeugt spiralförmige Pfade. Sie bewegen sich vom Mittelpunkt (Anklickpunkt) im oder entgegen dem Uhrzeigersinn in gleich bleibenden Abständen weg.
Klickt man mit dem Werkzeug auf die Zeichenfläche, hält die Maustaste gedrückt und zieht, wird mit den zuletzt gemachten Einstellungen eine Spirale erzeugt.

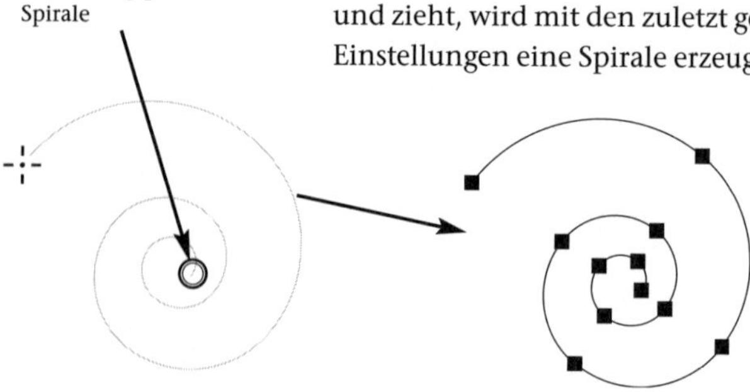

Klickt man jedoch ohne zu ziehen auf die Zeichenfläche, öffnet sich das Dialogfeld.

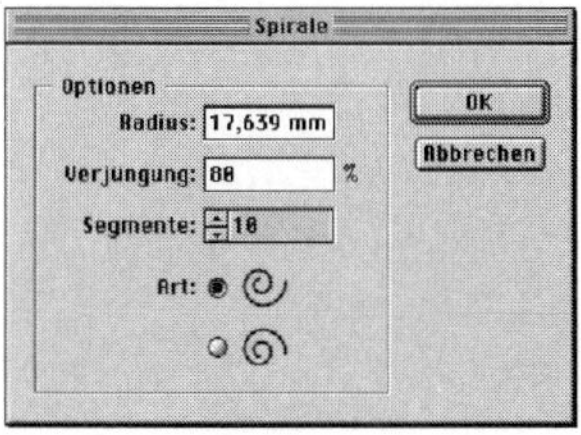

- **Radius** definiert die Entfernung zwischen dem Mittelpunkt und dem am weitesten entfernten Punkt der Spirale.
- **Verjüngung** steuert, wie stark sich die Spirale von Windung zu Windung verjüngen soll.
- Jede komplette Windung besteht aus 4 Segmenten. Die Zahl der Segmente steuert die Ausdehnung der Spirale.

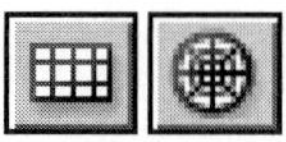

Die **Gitter-Werkzeuge** zeichnen rechteckige oder radiale Objekte, die eine gitterartige Struktur aufweisen. Klickt man auf die Zeichenfläche oder macht einen Doppelklick auf das Werkzeugsymbol, springt das Dialogfeld des Werkzeuges auf. Hier können die Größe des Rasters und die Anzahl der Spalten und Zeilen (**Rechteckiges-Raster-Werkzeug**) bzw. der konzentrischen und radialen Unterteilungen (**Radiales-Raster-Werkzeug**) festgelegt werden.

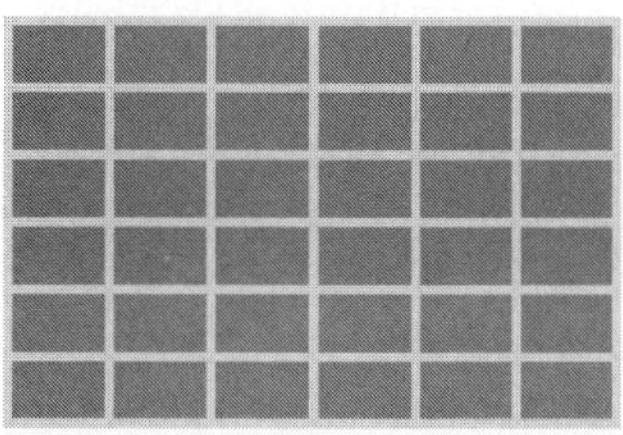

Wird anschließend auf die Zeichenfläche geklickt und bei gedrückt gehaltener Maustaste gezogen, erzeugt man ein Rasterobjekt nach den zuletzt gemachten Einstellungen.

Ausgangspunkt des Rasters

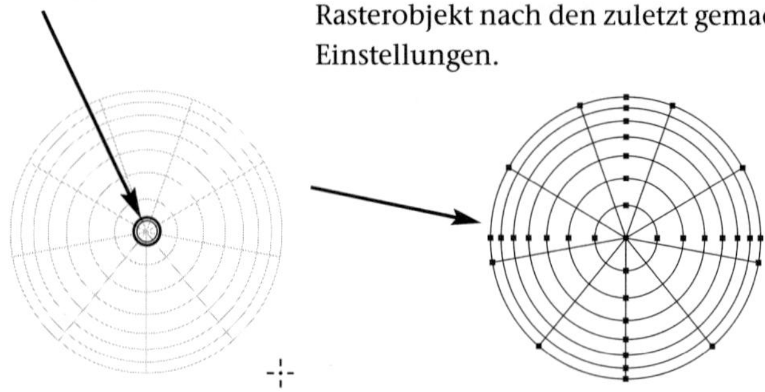

Wird das Rasterobjekt bei gedrückter [⇧]-Taste aufgezogen, entsteht als Grundobjekt ein Kreis bzw. ein Quadrat.

Das **Rechteckige-Raster-Werkzeug** erstellt rechteckige Raster mit einer bestimmten Größe und einer festgelegten Anzahl von Zeilen und Spalten. Beim **Radialen-Raster-Werkzeug** werden konzentrische Unterteilungen erzeugt.

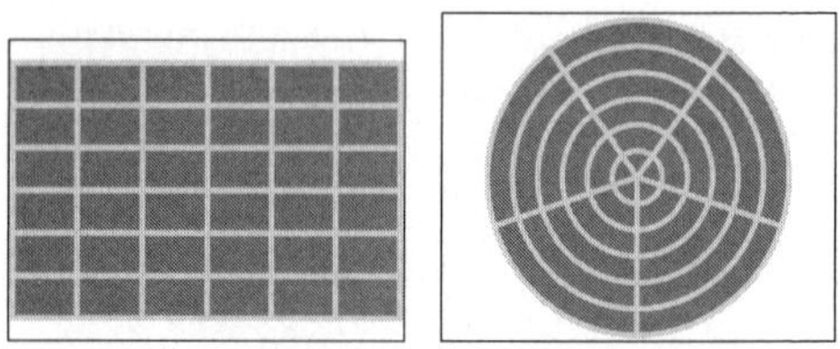

- Im Dialogfeld definieren die Eingabefelder **Breite** und **Höhe** die Ausdehnung des späteren Rasterobjektes. Zusätzlich kann mit dem nebenstehenden Symbol bestimmt werden, welche Ecke des späteren Objektes an der Anklickposition positioniert werden soll.
- Die Regler für **Horizontale** und **Vertikale Unterteilungen** (**Rechteckiges-Raster-**

Werkzeug) oder

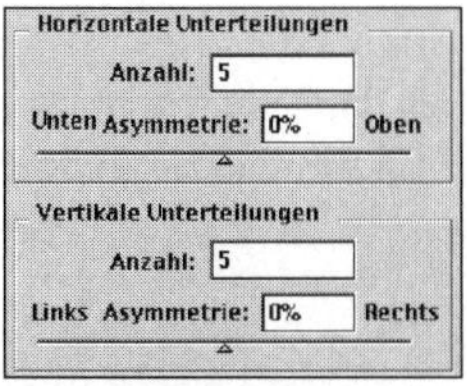

Konzentrische und **Radiale Unterteilungen** (**Radiales-Raster-Werkzeug**)

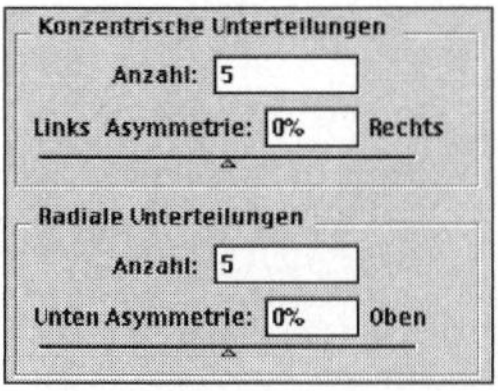

steuern, ob die Rastereinteilungen gleichmäßige oder zu einer Seite (**Rechteckiges-Raster-Werkzeug**) oder zum Mittelpunkt größer werdende Abstände (**Radiales-Raster-Werkzeug**) besitzen sollen. Der Wert für **Anzahl** definiert jeweils die Zahl der entsprechenden Unterteilungen.

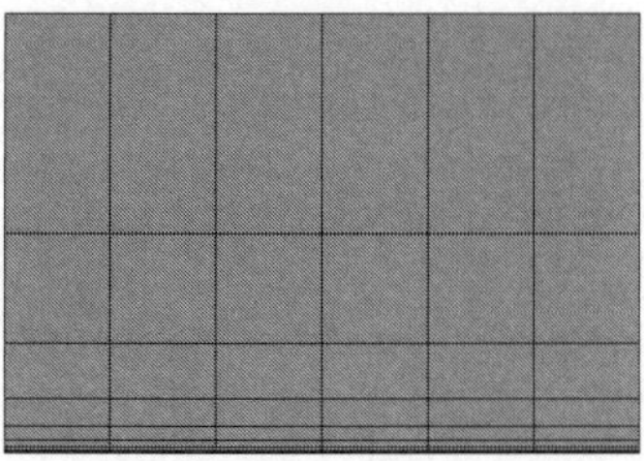

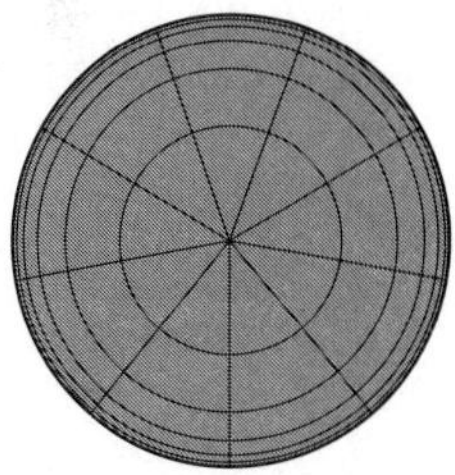

Rasterfläche und -kontur können hinterher beliebig verändert werden. Die einzelnen Zellen lassen sich beim rechteckigen Raster jedoch nicht farblich verändern. Beim radialen Raster lassen sich allerdings die konzentrischen Kreise farblich verändern.

- Klicken Sie dazu die konzentrischen Kreise mit dem **Direktauswahl-Werkzeug** einzeln an und vergeben Sie jeweils unterschiedliche Farbinformationen für Fläche und Kontur. Hierfür kann auch auf Pinsel und Muster zurückgegriffen werden.

- Wird im Dialogfeld die ⌥-Taste gedrückt, wandelt sich die Schaltfläche **Abbrechen** in **Zurück**. Damit kann zu den Standardeinstellungen zurückgekehrt werden.
- Die Optionen **Äußeres Rechteck als Rahmen verwenden**

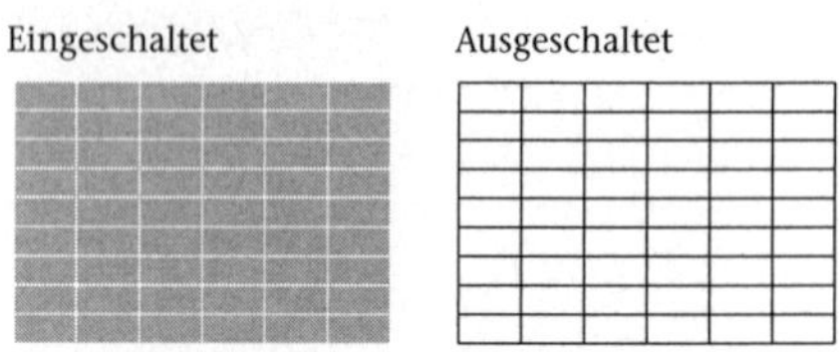

und **Zusammengesetzten Pfad aus Ellipsen erstellen** regeln die innere Struktur des späteren Objektes.

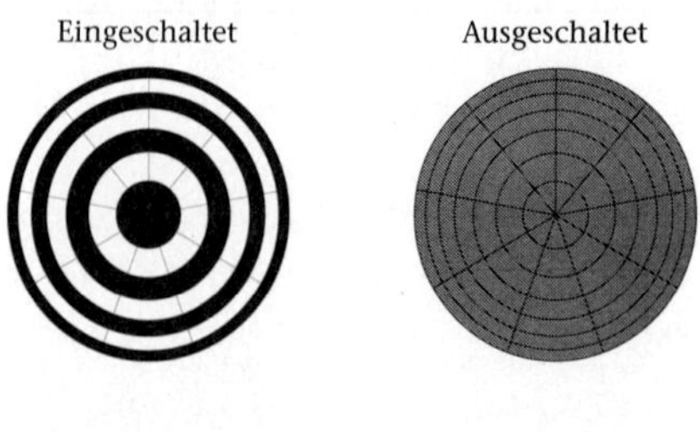

Pinsel-Werkzeug

Da das **Pinsel-Werkzeug** ein so umfangreiches Repertoire an Möglichkeiten bietet, ist das Buch so konzipiert, dass diesem Werkzeug ein eigenes Kapitel gewidmet wird.

Ein Doppelklick auf das Werkzeugsymbol in der **Werkzeug-Palette** öffnet den Voreinstellungsdialog.

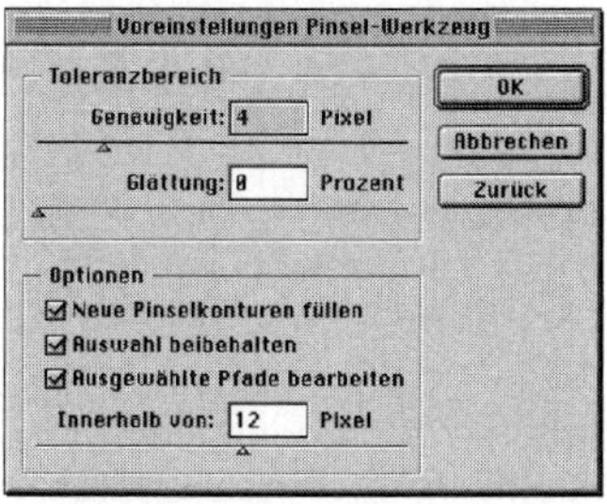

Genauigkeit

- Im **Toleranzbereich** wird eingestellt, wie genau Adobe Illustrator die Umsetzung des gezeigten Pinselpfades vornehmen soll. Je höher der Wert, desto glatter die errechnete Kurve. Die Werte können zwischen 0,5 und 20 Pixel variieren.

Glättung

Dieser Regler erreicht eine zusätzliche Optimierung des errechneten Pfades. Es können Werte von 0 % bis 100 % eingegeben oder über die Pfeile eingestellt werden. Je höher der Wert, desto glatter wird die Kontur bzw. die Kurve.

Neue Pinselkonturen füllen

- Wird die Option aktiviert, werden die Pfade, die mit dem Werkzeug anschließend erstellt werden, mit der aktuellen Flächenfarbe versehen.

Auswahl beibehalten

- Nachdem der Pinselpfad erstellt wurde, bleibt er bei aktivierter Option ausgewählt und könnte sofort verändert werden.

Ausgewählte Pfade bearbeiten

- Die Option ermöglicht, dass Pinselpfade, die mit einem **Auswahl-Werkzeug** markiert wurden, mit dem **Pinsel-Werkzeug** erweitert werden können. Ist die Option nicht aktiviert, werden immer neue Pfade erstellt, auch wenn man mit dem Pinsel-Werkzeug auf den Endpunkt eines Pinselpfades kommt. Ist die Option aktiviert, wird der Pinselpfad umgeformt um den Bereich, der mit dem Pinsel-Werkzeug gezeigt wird. Der Regler steuert die Empfindlichkeit, ab welcher Pixelentfernung ein entsprechender Endpunkt erkannt wird.

Ein Pinselobjekt erstellen

Sind alle notwendigen Einstellungen gemacht, kann mit dem Werkzeug und einer aus der **Pinsel-Palette** gewählten Pinselkontur ein Pinselstrich vorgenommen werden. Benutzt wird das Werkzeug ähnlich dem **Buntstift-Werkzeug**. Durch Anklicken und Ziehen bei gedrückt gehaltener Maustaste wird die Pinselkontur gezeichnet und nach Loslassen der Maustaste in eine Pinselkontur umgewandelt.

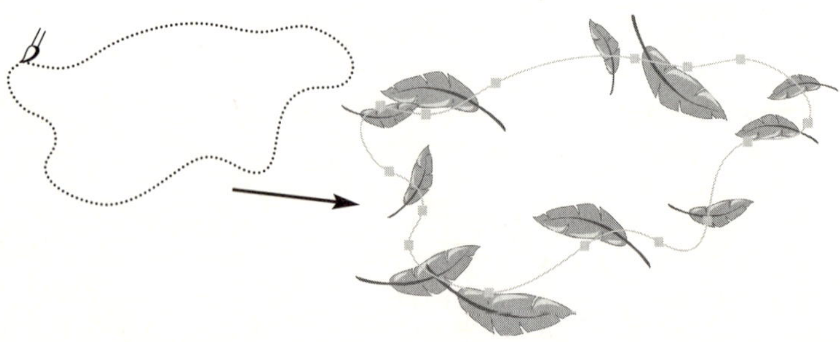

Einen Pfad umformen

Eine weitere Möglichkeit, eine Pinselkontur zu erzeugen, stellt das Belegen eines bereits bestehenden Pfades mit einer Pinselkontur dar.

- Wählen Sie einen bereits gezeichneten Pfad aus und klicken Sie anschließend die Pinselkontur in der Pinsel-Palette aus, die Sie benutzen möchten. Der Pfad wird sofort in einen Pinselstrich umgeformt.

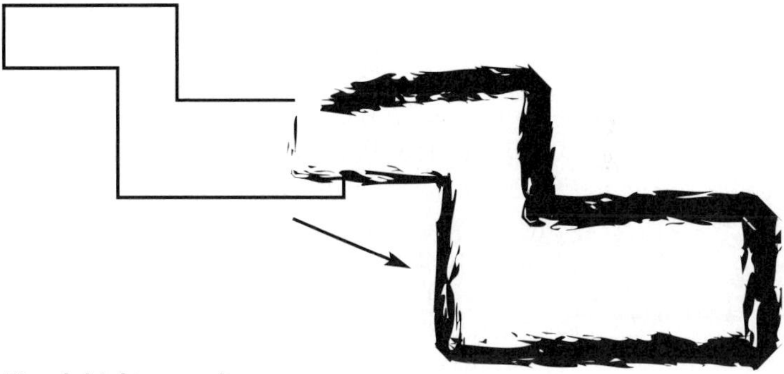

Pinselobjekte erweitern

Pinselobjekte können mit dem **Pinsel-Werkzeug** auch erweitert werden, sofern die Option **Ausgewählte Pfade bearbeiten** aktiviert ist.

- Wählen Sie den Pinselpfad, der erweitert werden soll, aus und aktivieren Sie das **Pinsel-Werkzeug**. Setzen Sie an der Stelle mit dem Werkzeug an, wo der Pfad geändert werden soll, und ziehen Sie bei gedrückt gehaltener Maustaste den zu erweiternden Bereich auf.

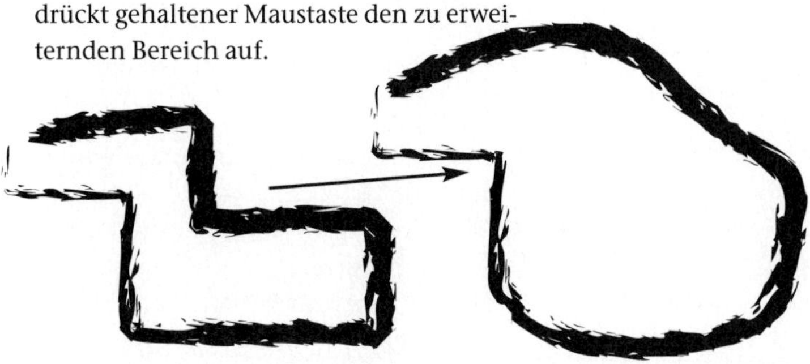

Geschlossene Pinselpfade erstellen

Wird beim Aufziehen des Pinselpfades die [⌥]-Taste gedrückt gehalten, schließt der Pfad automatisch.

! Die [⌥]-Taste muss erst gedrückt werden, wenn bereits begonnen wurde, den Pfad zu zeichnen. Wird die [⌥]-Taste zuvor gedrückt, schaltet das Programm um zum **Übergangs-Werkzeug**. Dass der Pfad zum Schluss geschlossen wird, zeigt das Programm anhand eines kleinen Kreissymbols am **Pinsel-Werkzeug** an.

Die Pinsel-Palette

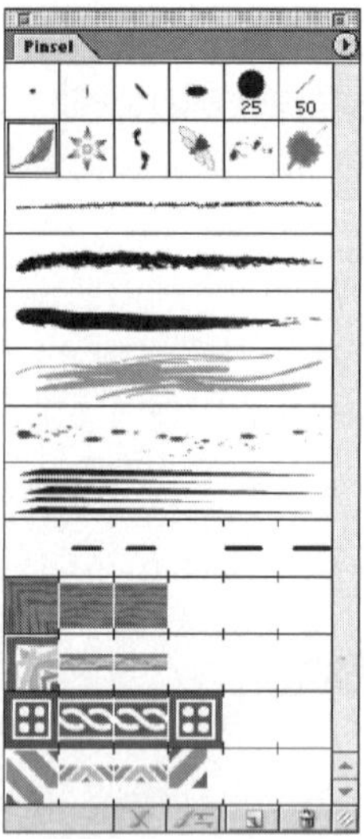

Um Pinselobjekte herstellen zu können, benötigt man Pinsel (Spitzen). Sie werden in Adobe Illustrator in der **Pinsel-Palette** verwaltet. Hier werden Pinsel unterschiedlicher Art bereitgestellt. Adobe Illustrator kann **Kalligraphie-**, **Spezial-**, **Bild-** und **Musterpinsel** benutzen. Weitere lassen sich in den **Pinsel-Bibliotheken** laden. Auch hier stellt das Programm einige bereits zur Verfügung. Weitere evtl. eigene **Pinsel-Bibliotheken** können mit der Funktion **Andere Bibliothek...** geladen werden. Wie die einzelnen Pinselarten strukturiert sind und wie sie im Einzelnen erstellt werden, wird auf den folgenden Seiten beschrieben.

Einschränkungen zur Pinselerstellung

! Sollen eigene Pinsel erstellt werden, müssen einige Einschränkungen für die Verwendung von Objekten beachtet werden.

- Die zu verwendenden Pfade dürfen keine Verläufe besitzen.
- Die zu benutzenden Pfade dürfen keine **Verlaufsgitter**-Strukturen aufweisen.

- Die Pfade dürfen nicht aus Angleichungen bestehen oder Teile davon darstellen.
- Die zu verwendenden Pfade dürfen keine Blendenflecke darstellen oder Teil davon sein.
- Die Pfade dürfen keine Schnittmasken oder Teile davon sein.
- Transparenz und Filtereffekte können nicht verwendet werden.

Kalligraphie-Pinsel

Diese Pinselart hat Ähnlichkeit mit den Werkzeugspitzen, wie sie im Programm Adobe Photoshop benutzt werden. Ein rundes oder ellipsoides Objekt kann einer Pfadkontur folgen. Der Effekt ist damit vergleichbar, dass mit einer Feder mit breiter Spitze geschrieben wird. Wählt man in der **Pinsel-Palette** den Eintrag **Neuer Pinsel** im Paletten-Menü oder klickt auf das Symbol für **Neuer Pinsel** im unteren Teil der Palette, öffnet sich ein Dialog, in dem bestimmt werden kann, welche Art von Pinsel erzeugt werden soll. Besteht keine Auswahl, sind nur zwei Optionen, **Neu: Kalligraphiepinsel** und **Neu: Musterpinsel** auswählbar.

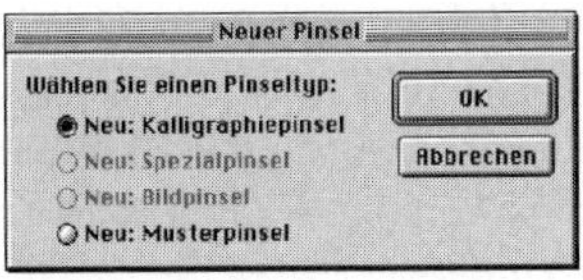

Wählt man **Neu: Kalligraphiepinsel**, öffnet sich ein weiterer Dialog.

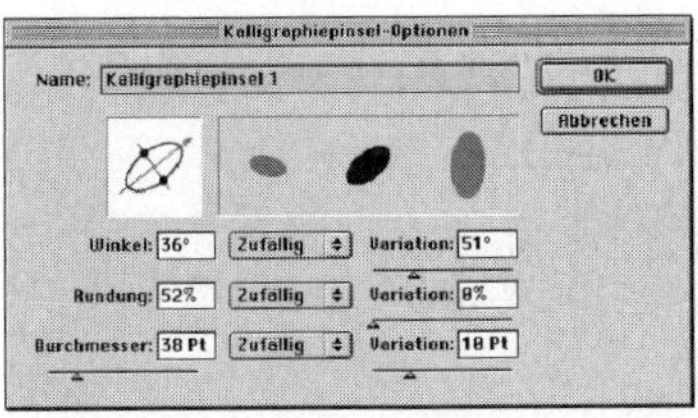

Hier kann man die Pinselart einstellen.

- Als Erstes sollte dem neuen Pinsel ein Name gegeben werden, z. B. die Größe oder Neigung des Pinsels. Viel wichtiger jedoch sind die weiteren Einstellungen: **Winkel**, **Rundung** und **Durchmesser**. Sie lassen sich in der symbolhaften Darstellung zeigen und damit ändern. Viel umfassender ist aber die Einstellung über die Eingabefelder und PopUp-Menüs.

Winkel

- Im Eingabefeld lässt sich der Neigungswinkel des Pinsels einstellen. Zusätzlich stehen im PopUp-Menü die Einstellformen **Fest**, **Zufällig** und **Druck** zur Verfügung. **Druck** ist nur einstellbar, wenn ein Grafiktablett mit drucksensitivem Stift angeschlossen ist. Ansonsten ist der Eintrag grau. **Fest** legt einen immer gleich bleibenden Winkel für den Pinsel fest. **Zufällig** lässt zu, dass in dem nebenstehenden Regler ein Alternativwert eingestellt werden kann. Zwischen den beiden Werten werden sich dann die zu erzeugenden Pinselelemente bewegen, wenn man diesen Pinsel benutzt.

Rundung

- Im Eingabefeld bestimmt der Wert 100 %, dass ein Kreis als Pinsel benutzt werden soll. Ein kleinerer Wert als 100 % erzeugt eine Ellipse. Im PopUp-Menü bestimmt die Option **Fest**, dass prinzipiell der zuvor gemachte Eingabewert benutzt wird. **Zufällig** lässt auch hier zu, dass zwischen dem zuvor eingestellten festen Wert und dem im Regler einzustellenden Wert gesprungen wird.

Durchmesser

- Der Regler steuert die Größe des Pinsels. Im PopUp-Menü können die gleichen Variablen eingestellt werden wie zuvor, sodass auch hier zufällige und feste Größen benutzt werden können.

! Bei den anderen Pinselarten werden die gleichen Optionen einzustellen sein wie im Kalligraphiepinsel. Deshalb wird dann auf diese Beschreibung verwiesen werden.

Der neue **Kalligraphie-Pinsel** wird nach einem **OK** in die **Pinsel-Palette** aufgenommen. Ein Doppelklick darauf öffnet den Einstelldialog erneut, sodass die Einstellungen verändert werden können.

Erstellt man mit dem **Stift-Werkzeug** oder dem **Pinsel-Werkzeug** einen neuen Pfad, kann der neue Pinsel darauf angewendet werden.

Die Vorschau **Option** erlaubt das direkte Überprüfen der Einstellungen. Wurden zuvor Pfade mit dem Pinsel belegt, erscheint nach dem **OK** eine Abfrage, ob der veränderte Pinsel auch auf die bereits bestehenden Pfade angewendet werden soll.

Spezialpinsel

Der **Spezialpinsel** kann ein ausgewähltes Pfadobjekt als Pinsel benutzen.

- Erstellen Sie sich einen beliebig geformten Pfad und markieren Sie ihn mit einem Auswahlwerkzeug.
- Wählen Sie anschließend in der **Pinsel-Palette** den Eintrag **Neuer Pinsel** im Paletten-Menü oder klicken Sie auf das Symbol für **Neuer Pinsel** im unteren Teil

der Palette. Es öffnet sich daraufhin der Dialog **Neuer Pinsel**. Da eine Auswahl besteht, ist nun auch **Neu: Spezialpinsel** auswählbar.

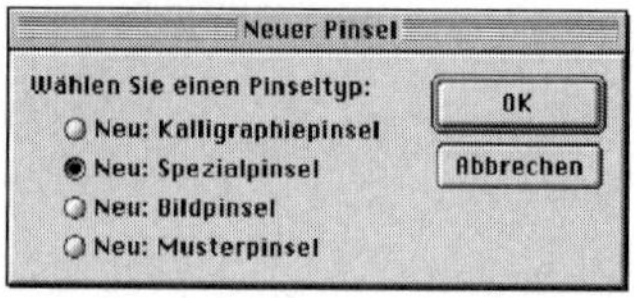

Der Spezialpinsel-Einstelldialog unterscheidet sich etwas vom zuvor beschriebenen beim Kalligraphiepinsel. Es bestehen einige Optionen, die speziell auf Objekte anzuwenden sind. Vom ausgewählten Objekt wird in der unteren linken Ecke auch ein Vorschaubild angezeigt, das allerdings keine weitere Funktion besitzt.

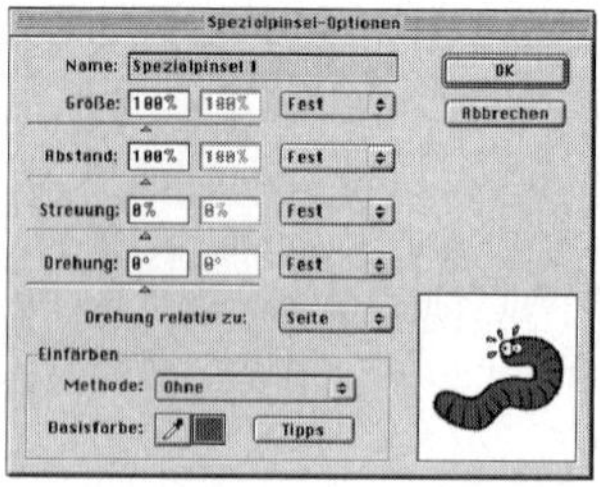

Der ausgewählte Pfad wird nach einem **OK** in die **Pinsel-Palette** aufgenommen. Ein Doppelklick oder die Auswahl des Befehls **Pinsel-Optionen...** öffnet den Einstelldialog erneut, sodass die Einstellungen verändert werden können. Die Einstellwerte für **Größe** und **Drehung** unterscheiden sich nicht von den zuvor beschriebenen.

Größe und **Drehung**

Abstand

- Der **Abstand** definiert die Entfernung der einzelnen Objekte voneinander. Auch hier lassen sich feste und zufällige Werte einstellen. Wird **Zufällig** eingestellt, teilt sich das kleine Dreieck im Regler, und man kann zwei Werte einstellen.

- Der Wert für **Streuung** bestimmt, wie genau die Objekte zu beiden Seiten des Pfades dem Pfad folgen. Je höher der Wert ist, desto weiter können die Objekte vom Pfad entfernt liegen.

Streuung

- Die Option **Drehung relativ zu:** erwirkt eine relative Ausrichtung der Objekte:
  Die Option **Seite** erreicht, dass sich der Drehwinkel der gestreuten Objekte relativ zur Seite (0° zeigt nach oben) bezieht.
  Bei eingestellter Option **Pfad** bezieht sich der Drehwinkel der gestreuten Objekte relativ zum Pfad (0° entspricht einer Tangente zum Pfad).

Drehung relativ zu:

Seite

Pfad

- Der Bereich **Einfärben** bestimmt, dass die Pinselobjekte die Farbe oder den Farbton der gewählten Vordergrundfarbe annehmen können.
  Die Option **Ohne** zeigt die Farbe so an, wie sie im Pinsel in der **Pinsel-Palette** dargestellt wird.
  Wird **Tonwerte** gewählt, wird die Kontur in Tonwerten der Konturfarbe angezeigt. Schwarze Bildteile nehmen die Konturfarbe an. Bildteile, die nicht schwarz sind, werden zu Tonwerten der Konturfarbe. Weiß bleibt Weiß. Wenn Sie eine Volltonfarbe als Konturfarbe verwenden, werden mit dieser Option Tonwerte der Volltonfarbe generiert.

Einfärben

Ohne

Tonwerte

Tipp Wählen Sie **Tonwerte** für Schwarzweißpinsel oder wenn Sie eine Kontur mit einer Volltonfarbe erstellen möchten.

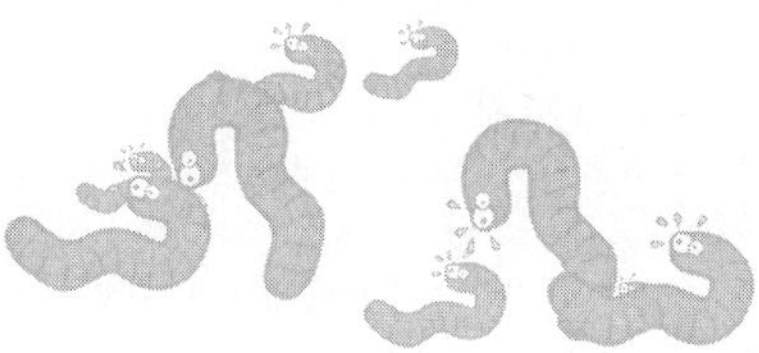

Tonwerte und Schattierungen

■ Wird **Tonwerte und Schattierungen** gewählt, wird die Kontur in Tonwerten und Schattierungen der Konturfarbe angezeigt. Schwarze und weiße Bildteile bleiben erhalten; alles, was dazwischen liegt, wird zu einer Angleichung von Schwarz nach Weiß unter Verwendung der Konturfarbe. Da den Farben Schwarz hinzugefügt wird, ist es eventuell nicht möglich, nur einen Farbauszug zu drucken, wenn Sie **Tonwerte und Schattierungen** mit einer Volltonfarbe verwenden.

Tipp **Tonwerte und Schattierungen** ist besonders für Graustufenpinsel geeignet.

Farbton-Verschiebung

■ Die Option **Farbton-Verschiebung** benutzt die im Feld **Basisfarbe** angezeigte Basisfarbe, um die Konturen damit einzufärben (Die Basisfarbe ist standardmäßig die dominante Farbe im Bild.) Mit der Pipette kann eine andere als die angezeigte benutzt werden. Es kann jedoch nur eine Farbe aus dem angezeigten Bild benutzt werden.

Bild-Pinsel

Auch für diese Pinselart können ausgewählte Pfade benutzt werden. Im Unterschied zu den **Spezialpinseln** werden die Objekte jedoch auf die gesamte Strecke des Pfades ausgedehnt.

Richtung

- Die **Richtung** gibt an, welche Randbegrenzung des gewählten Pfadobjekts am Ende der Pfadkontur platziert wird.
  Wird ← ausgewählt, ist der linke Rand des Bildmaterials das Ende der Kontur.
  Wird → ausgewählt, ist der rechte Rand des Bildmaterials das Ende der Kontur.
  Wird ↑ ausgewählt, ist der obere Rand des Bildmaterials das Ende der Kontur.
  Wird ↓ ausgewählt, ist der untere Rand des Bildmaterials das Ende der Kontur.

Größe

- Unter **Größe** kann ein Prozentsatz eingegeben werden, um den das Bildmaterial im Feld **Breite** skaliert wird. Soll das Seitenverhältnis erhalten bleiben, muss die Option **Proportional** aktiviert werden.

Spiegeln

- Die Ausrichtung entlang des Pfades wird mit **Vertikal spiegeln** oder **Horizontal spiegeln** geändert.

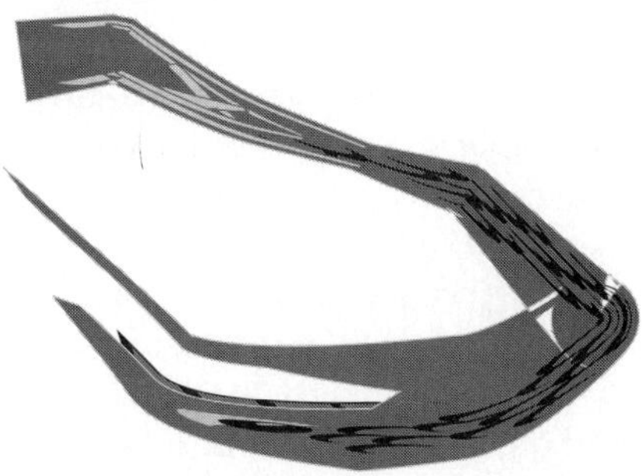

Die Originalgrafik des Bild-Pinsels

Farbton-Verschiebung

- Die Definition der **Farbton-Verschiebung** entspricht der bereits unter **Spezialpinsel** besprochenen Option.

Musterpinsel

Musterpinsel greifen auf Muster in der **Farbfelder-Palette** zurück. Es können für spezielle Positionen innerhalb eines Pfades unterschiedliche Muster benutzt werden. Einer inneren Ecke z. B. kann ein anderes Muster zugewiesen werden als einer äußeren. Sollen andere Muster als die standardmäßigen benutzt werden, können entweder eigene mit dem Befehl *Bearbeiten* ➛ *Muster festlegen...* definiert werden oder auf vom Programm zur Verfügung gestellte Bestände zugegriffen werden.

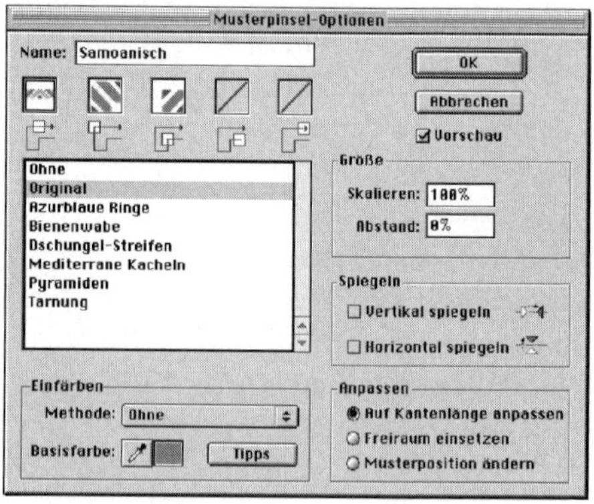

Im Großen und Ganzen entsprechen die Optionen den Einstellungen des Spezialpinsels. Die Optionen **Größe** und **Anpassen** sind unterschiedlich.

Größe

- Ausgehend von der Originalgröße des Musterobjektes werden die einzelnen Muster mit einem Wert kleiner oder größer 100 % für **Skalieren** am Pfad skaliert. Der Wert für **Abstand** bestimmt, ob zwischen den einzelnen Mustern Leerräume sein sollen oder nicht. Der Leerraum wird nach der Größe des Musters bemessen. 0 % bedeutet, dass zwischen den einzelnen

Musterelementen kein Zwischenraum existiert. Sie sitzen also Stoß an Stoß.

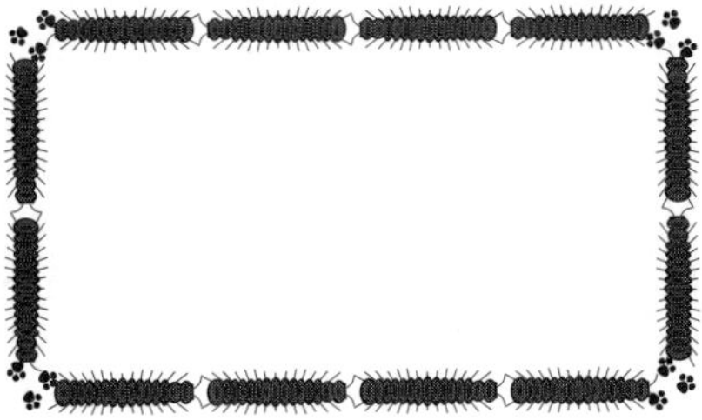

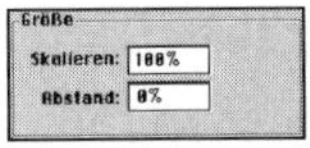

Der Pfad links besitzt die gleiche Ausdehnung wie der Pfad unten. Die Muster sind jedoch unterschiedlich skaliert.

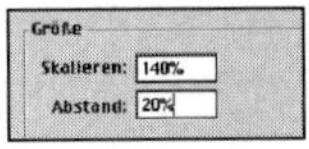

- Werden diese Werte verändert, sollte man sich erstens angewöhnen, mit neuen oder Duplikaten von Musterpinseln zu arbeiten und zweitens immer die Vorschau zu benutzen, mit der man sich die Skalierung der Muster gut betrachten kann.

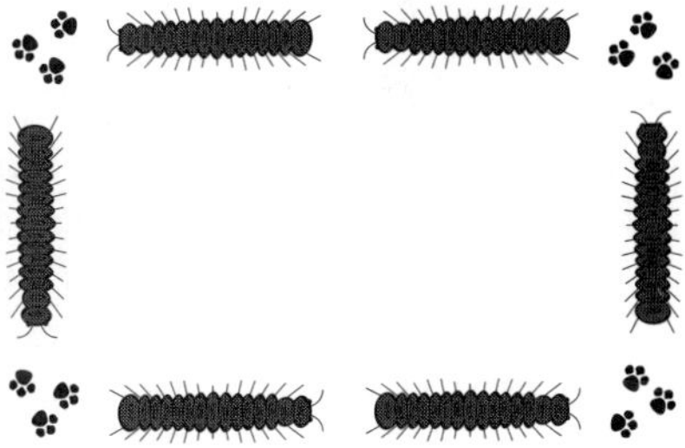

Anpassen

- Hiermit wird das Muster in den Pfad eingepasst. Dadurch kann es natürlich zu Verzerrungen der Musterobjekte kommen. **Auf Kantenlänge anpassen** staucht oder dehnt das Musterelement so, dass es auf das Objekt passt. Dabei kann das Muster ungleichmäßig verteilt werden.

Auf Kantenlänge anpassen

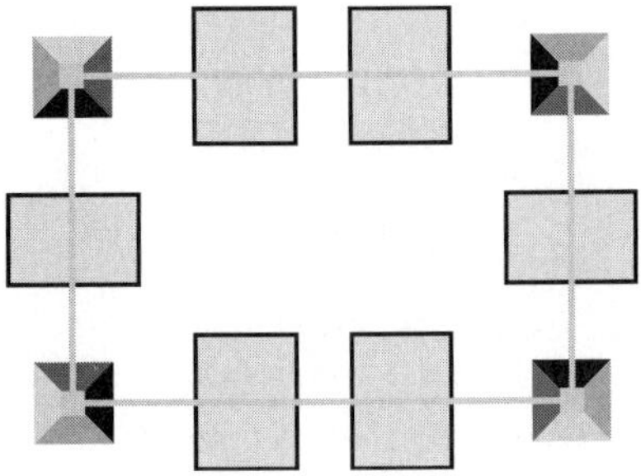

Freiraum einsetzen

Die Option **Freiraum einsetzen** fügt so viel zusätzlichen Platz zwischen den einzelnen Musterelementen ein, dass das Muster proportional auf den Pfad angewendet wird.

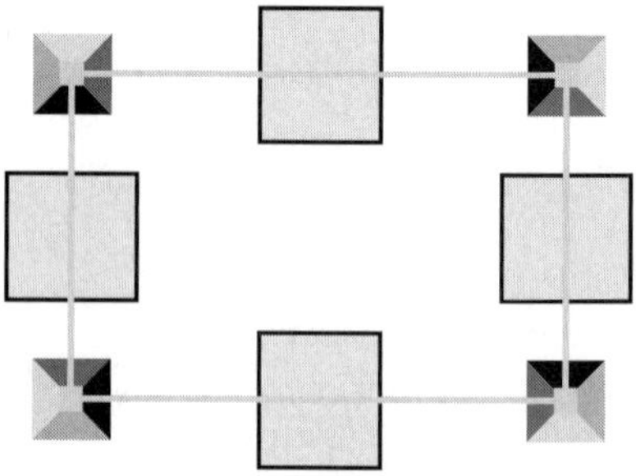

Musterposition ändern

Musterposition ändern (nur bei rechteckigen Pfaden) ist zu wählen, um Muster an den nächstliegenden Pfad anzupassen, ohne das Muster zu verändern. Bei dieser Option wird das Muster leicht innerhalb oder außerhalb des Pfades platziert und nicht auf den Pfad zentriert, wodurch eine gleichmäßige Aufteilung entsteht.

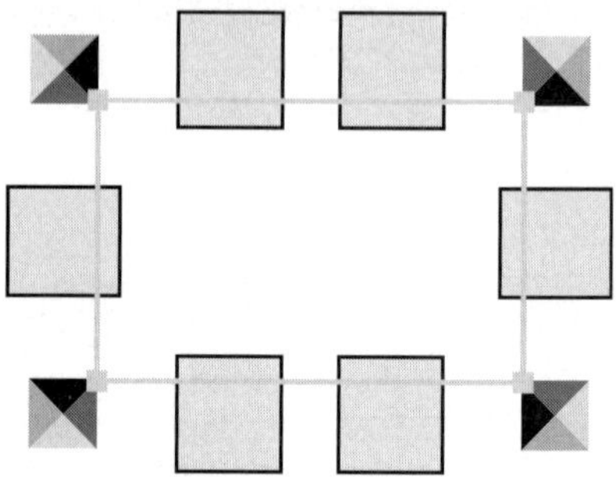

Symbole

Symbole und Instanzen finden Anwendung bei Objekten, die sich in einer Illustration mehrfach wiederholen. Symbole sind hierbei die in der **Symbole-Palette** gespeicherten Objekte. Instanzen sind die im Dokument eingefügten Symbole. Wird ein Symbol verändert, werden automatisch auch alle Instanzen des Symbols verändert. Adobe Illustrator stellt neben der Standardpalette für Symbole auch dazuladbare Paletten mit weiteren Symbolen zur Verfügung. In den weiteren Paletten, die sich im Menü *Fenster ➛ Symbol-Bibliotheken* laden lassen, stehen diverse Motive zur Verfügung. Alle Adobe-Illustrator-Dokumente, die sich im Programmordner *Adobe Illustrator ➛ Vorgaben ➛ Symbole* befinden, können in die Liste der **Symbol-Bibliotheken** aufgenommen werden. Alle in diesen Dateien vorhandenen Symbole werden dann in den ladbaren Bibliotheken angezeigt. Die Bibliotheken erscheinen dann als „schreibgeschützte" Paletten im Programmfenster. Um Symbole verändern zu können, müssen sie in die Standardpalette aufgenommen werden. Das geschieht schnell und einfach, indem

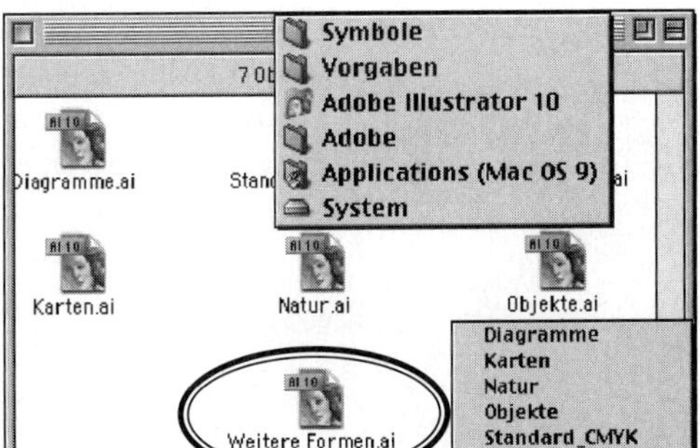

man entweder ein Symbol aus der dazugeladenen Palette auf die Zeichenfläche zieht, das Symbol in der dazugeladenen Palette anklickt oder im Paletten-Menü den Eintrag **Den Symbolen hinzufügen** auswählt, wenn ein Symbol der dazugeladenen Palette aktiviert ist. Zusätzlich können zu den Standardsymbolen natürlich auch eigene hinzugefügt werden.

- Symbole sind schnell und einfach zu definieren. Sie können per Drag & Drop in eine Illustration eingefügt werden und ebenso einfach per Drag & Drop verändert werden.
- Änderungen an Symbolen verändern auch ihre Instanzen.
- Symbole sind dokumentbezogen, sie können jedoch über Bibliotheken geladen werden.

Symbole-Palette

Um die **Symbole-Palette** zu öffnen, wählt man *Fenster* ➛ *Symbole* aus. Weitere **Symbol-Bibliotheken** können, wie schon erwähnt, im Menü *Fenster* ➛ *Symbol-Bibliotheken* geladen werden.

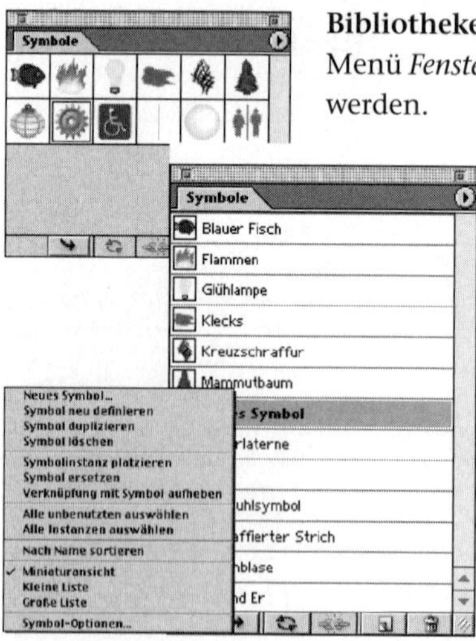

Wurde ein Symbol erstellt, wird es je nach Darstellungsmodus als grafisches Element oder als große oder kleine Liste mit Thumbnail (Ikon) in der **Symbole-Palette** angezeigt. Im Paletten-Menü der Palette werden neben den Darstellungsoptionen weitere Funktionen zur Verfügung gestellt, unter anderem die Funktionen, neue Symbole zu erstellen oder Instanzen freizugeben.

Ein Symbol erstellen

Man erstellt zuerst ein beliebiges Pfadobjekt. Es können jegliche Formen von Objekten zu Symbolen gemacht werden, also auch Gruppierungen, Verbindungen, Verläufe, Verlaufsmuster und Texte. Nachdem die Objekte entsprechend angeordnet wurden, können sie in die **Symbole-Palette** hineingezogen werden. Der Mauszeiger ändert sich dann. Alternativ dazu kann auch die Schaltfläche **Neues Symbol...** in der Palette betätigt werden, bzw. man wählt im Paletten-Menü **Neues Symbol** aus (vorausgesetzt, das entsprechende Objekt ist ausgewählt). Auch der Befehl **Symbol duplizieren** im Paletten-Menü des Bedienfeldes erzeugt ein neues Symbol, es ist identisch zum vorher ausgewählten Symbol.

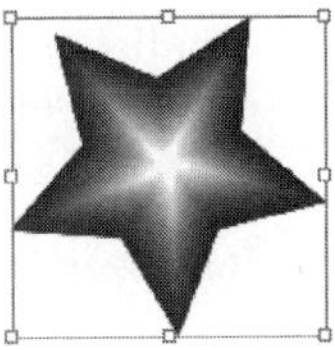

Die Originale bleiben, nachdem sie in die **Symbole-Palette** aufgenommen wurden, erhalten.

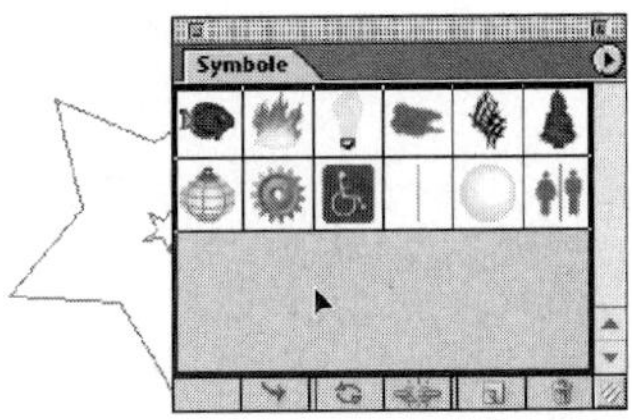

Instanzen einfügen

Alle Objekte, die anhand von Symbolen im Dokument erstellt werden, nennt man Instanzen. Instanzen besitzen einen Sonderstatus gegenüber normalen Objekten. Instanzen passen sich automatisch den Änderungen, die am Symbol gemacht werden, an. Um eine Instanz zu erstellen, gehen sie folgendermaßen vor:

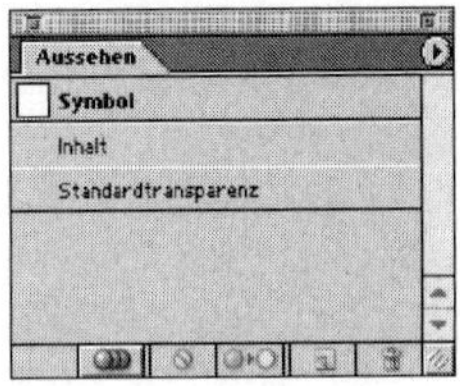

- Klicken Sie das Symbol, von dem Sie eine Instanz erzeugen möchten, in der Symbol-Palette an und ziehen Sie es bei gedrückt gehaltener Maustaste auf die Zeichenfläche. Die Instanz ist dann einerseits anhand der Markierung als eine Art gruppiertes Objekt zu erkennen, und andererseits gibt die **Aussehen-Palette** die Information "Symbol" als Objektart.

Weitere Möglichkeiten bietet die Symbole-Palette. Markiert man das Symbol in der Palette, kann im unteren Teil der Palette die Schaltfläche **Symbolinstanz platzieren**  benutzt werden oder alternativ dazu der gleichnamige Befehl aus dem Paletten-Menü.

Instanzen freigeben

Eine Instanz kann mit Hilfe mehrerer Routinen auch wieder freigegeben werden. Freigeben bezeichnet dabei die Situation, eine Instanz wieder zu einem normalen Pfadobjekt zu machen. Eine Möglichkeit stellt dabei die Schaltfläche **Verknüpfung mit Symbol aufheben**  im unteren Teil der Symbole-Palette dar. Eine weitere Möglichkeit bietet das Menü der Palette mit dem gleichnamigen Befehl **Verknüpfung mit Symbol aufheben**. Auch der Befehl *Objekt ➤ Erweitern...* ermöglicht die Freigabe einer Instanz.

- Klicken Sie die Instanz, die freigegeben werden soll, an und benutzen Sie die gerade genannten Funktionen. Nach Ausführung existiert das Objekt veränderbar auf der Zeichenfläche und hat seine Verbindung zum Symbol verloren.

Je nach ehemaliger Struktur des Objektes existieren nun auch wieder die entsprechenden Merkmale. Ein Objekt, welches vor der Erstellung des Symbols eine Angleichung darstellte, wird es nun auch wieder sein, und eine Gruppe wird auch wieder eine Gruppe sein und so weiter.

Sollen nun einzelne Teile der freigegebenen Instanz verändert werden, muss erst einmal die Struktur aufgehoben werden. Möglichkeiten wären hier das Aufheben der Gruppierung, das Ablösen der Angleichung oder das Ablösen des zusammengesetzten Pfades.

Symbole verändern

Sollen Symbole verändert werden, wird das automatisch auch die in das Dokument eingefügten Instanzen verändern. Man sollte also zuvor genau überlegen, ob das der Effekt sein soll. Wenn schon eingefügte Instanzen nicht verändert werden sollen, wird es sinnvoller sein, vom Symbol ein Duplikat zu erstellen oder ein neues Symbol anzulegen. Häufig ist es aber genau das, was man will. Alle Instanzen des Symbols sollen gleichzeitig ohne Aufwand verändert werden. Gehen Sie folgendermaßen vor:

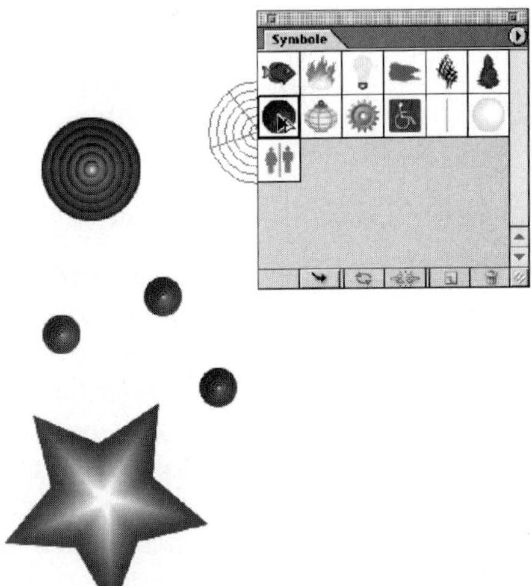

- Ziehen Sie das Objekt, das das Symbol ersetzen soll, bei gedrückt gehaltener Maustaste und [⌥]-Taste auf das Thumbnail des Symbols in der Symbole-Palette. Oder betätigen Sie in der Symbole-Palette die Schaltfläche **Symbol ersetzen**. Alternativ kann auch der gleichnamige Befehl aus dem Paletten-Menü benutzt werden.

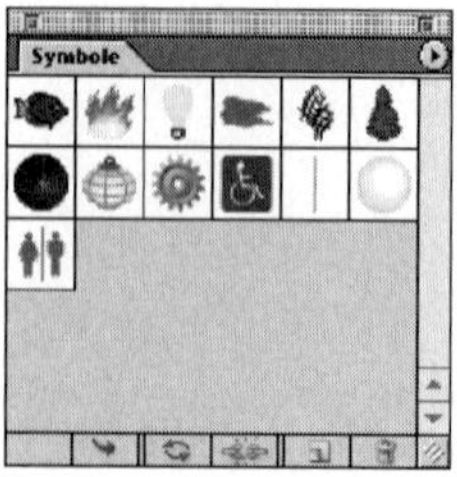

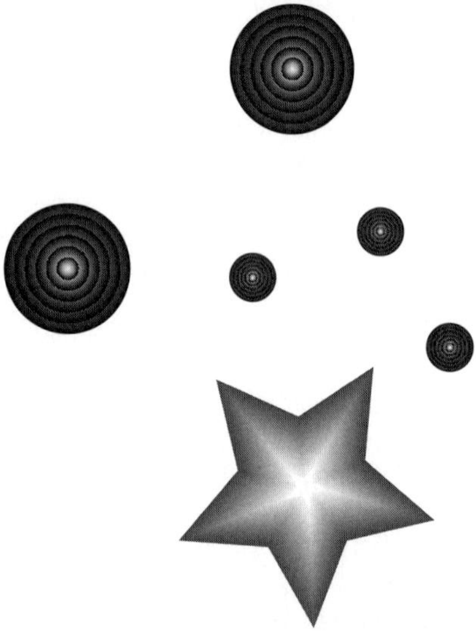

Nach dem Ersetzen des Symbols haben sich automatisch auch die Instanzen verändert, und das Thumbnail in der Symbole-Palette hat sich ebenfalls verändert.

Symbolzuweisungen ändern

Sollen Instanzen im Dokument andere Symbole zugewiesen werden, kann das auch auf recht einfache Weise geschehen.

- Wählen Sie die Instanzen aus, deren Verknüpfung verändert werden soll. Markieren Sie anschließend in der **Symbole-Palette** das Symbol, dessen Aussehen mit den markierten Instanzen verknüpft werden soll, und klicken Sie in der Palette auf die Schaltfläche **Symbol ersetzen** oder wählen Sie alternativ dazu den gleichnamigen Befehl im Paletten-Menü. Den Instanzen wird dann sofort das neue Symbol zugewiesen.

Symbole in andere Dokumente übertragen

Sind zwei Adobe-Illustrator-Dokumente gleichzeitig geöffnet, kann das Übertragen von einem Dokument in das andere entweder über die Zwischenablage vorgenommen werden oder per Drag & Drop.

Kopie über die Zwischenablage

- Wählen Sie die Instanzen aus, die Sie in ein anderes Dokument übertragen wollen, und kopieren Sie mit dem Befehl ⌘C. Wechseln Sie nun in das andere Dokument, indem Sie im Menü Fenster am Ende des Menüs den Namen auswählen. Fügen Sie hier die Instanz mit dem Befehl ⌘V ein. Neben der Instanz wird automatisch auch das Symbol in der **Symbole-Palette** des Dokuments eingefügt.

Kopie per Drag & Drop

- Platzieren Sie die beiden Dokumente, zwischen denen der Austausch stattfinden soll, nebeneinander. Wählen Sie die Instanzen aus, die Sie in das andere Dokument übertragen wollen, und ziehen Sie sie bei gedrückt gehaltener Maustaste in das zweite Dokument hinein.

Symbole löschen

Sollen Symbole aus der Symbole-Palette gelöscht werden, gibt es wiederum mehrere Möglichkeiten. Welche der Möglichkeiten auch gewählt wird, es erscheint auf jeden Fall eine Warnmeldung hinsichtlich der

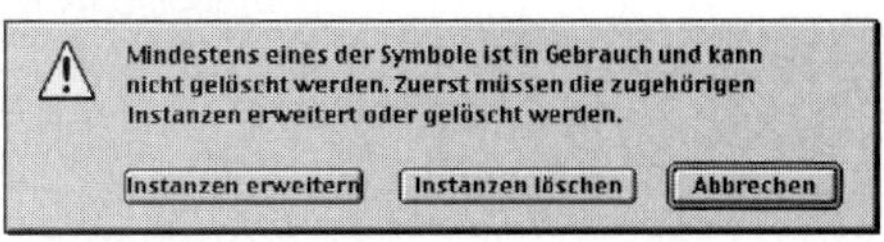

verwendeten Instanzen. Wird die Option **Instanzen erweitern** gewählt, wird die Verknüpfung mit dem Symbol aufgehoben, und das entstehende Objekt ist frei änderbar. Wird **Instanzen löschen** ausgewählt, werden alle Instanzen des gelöschten Symbols aus dem Dokument entfernt.

- Markieren Sie ein oder mehrere Symbole in der **Symbole-Palette** und aktivieren Sie die Schaltfläche **Symbol löschen**  im unteren Teil der Palette oder wählen Sie alternativ dazu den gleichnamigen Befehl im Paletten-Menü aus.

Weitere Funktionen

Zusätzlich stellt das Paletten-Menü noch Auswahlbefehle hinsichtlich Instanzen und Symbolen zur Verfügung.

Alle Instanzen auswählen

- Alle im Dokument verwendeten Instanzen des ausgewählten Symbols werden ausgewählt. Hierfür kann auch der Befehl Menü *Auswahl* ➤ *Gleich* ➤ *Symbolinstanz* benutzt werden.

Alle unbenutzten auswählen

- Alle nicht im Dokument verwendeten Symbole werden in der Symbole-Palette aktiviert.

Nach Name sortieren

- Die Symbole der Palette werden anhand ihrer Namen in der gewählten Darstellungsform geordnet.

Sollen Symbole mehrfach in ein Dokument eingefügt werden, stellt das Programm Werkzeuge zur Verfügung, die Instanzen in intuitiver Weise auftragen können und andererseits diese Instanzen dann auch auf unterschiedliche Weise verändern können.

Symbol-Werkzeuge

Die Werkzeuge zum Auftragen und Verändern von Instanzen stehen in der **Werkzeug-Palette** zur Verfügung.

Zum Auftragen von Instanzen wird das **Symbol-aufsprühen-Werkzeug** benutzt. Anders als beim Platzieren von Instanzen wird hier auf der Zeichenfläche immer eine Instanzgruppe bzw. -satz erzeugt. Alle anderen Werkzeuge in dieser Abreiß-Palette dienen dem Verändern der bereits aufgetragenen Instanzen.

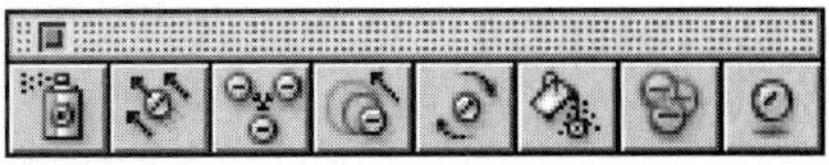

Symbol-aufsprühen-Werkzeug

Das Werkzeug verteilt die Instanzen des in der **Symbole-Palette** ausgewählten Symbols nach in den Optionen eingestellten Mustern auf der Zeichenfläche, bzw. erweitert eine bereits erzeugte Symbolgruppe um weitere. Die Optionen des Werkzeugs werden geöffnet, wenn man einen Doppelklick auf das Werkzeugsymbol in der **Werkzeug-Palette** macht.

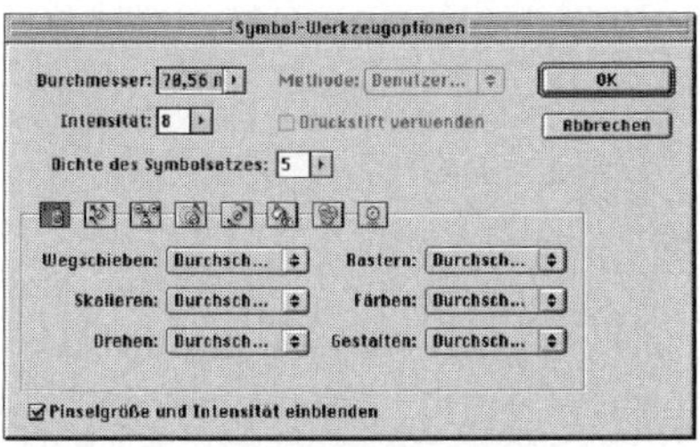

- Der Wert im Eingabefeld bzw. Regler **Durchmesser** gibt die Größe der Werkzeugspitze an, innerhalb deren die Instanzen des ausgewählten Symbols aufgetragen werden.

- Die **Intensität** wiederum verteilt bei einem höheren Wert mehr Instanzen in dem mit dem **Symbol-aufsprühen-Werkzeug** gezeigten Bereich als bei einem kleineren Wert.
- Der **Dichte**wert platziert die Instanzen bei einem hohen Wert dichter zusammen als bei einem niedrigen Wert.

Dichtewert 5

Dichtewert 10

Dichtewert 2

Die einzelnen **Symbol-Werkzeuge** lassen sich mit zwei Optionen benutzen: **Durchschnitt** und **Benutzerdefiniert**.

Option Durchschnitt

- Hiermit werden innerhalb des Pinselradius neue Symbole mit dem Durchschnittswert der vorhandenen Symbolinstanzen hinzugefügt. Eine Instanz, die einem Bereich hinzugefügt wurde, in dem die vorhandenen Symbolinstanzen eine durchschnittliche Transparenz von 50 % haben, wird z. B. mit einer Transparenz von 50 % hinzugefügt. Eine Instanz, die einem Bereich hinzugefügt wurde, in dem vorher keine Instanzen waren, wird mit 100 %iger Deckkraft eingefügt.

! Bei der Option **Durchschnitt** werden nur die Instanzen innerhalb des Pinselradius des **Symbol-aufsprühen-Werkzeuges** berücksichtigt, den Sie mit der Option **Durchmesser** festgelegt haben. Wenn der Radius bereits beim Arbeiten angezeigt werden soll, aktivieren Sie die Option **Pinselgröße und Intensität einblenden**.

Benutzerdefiniert

Hiermit werden den einzelnen Parametern bestimmte voreingestellte Werte zugewiesen:

- **Stauchen** (Dichte) basiert auf der Größe des Originalsymbols.
- **Skalieren** verwendet die Größe des Originalsymbols.
- **Drehen** verwendet die Bewegungsrichtung der Maus (keine Mausbewegung heißt, dass keine Drehung erfolgt).
- **Transparenz** verwendet eine 100%ige Deckkraft.

Ausgangsbild für alle folgenden Werkzeuge

Symbol-verschieben-Werkzeug

- Mit dem **Symbol-verschieben-Werkzeug** können Sie Symbolinstanzen verschieben. Sie können außerdem die Zeichenordnung der Symbolinstanzen in einem Satz ändern.
- Für das Werkzeug stehen im Paletten-Menü **Methode** die folgenden Methoden zur Auswahl:

Benutzerdefiniert verschiebt Symbole zum Cursor hin bzw. von ihm weg.
Zufällig ändert die Dichte im Bereich unter dem Cursor nach dem Zufallsprinzip.
Durchschnitt passt die Dichte nach dem Durchschnittswert an.

Resultat

Symbol-wegschieben-Werkzeug (Stauchen)

- Das Werkzeug kann Symbolinstanzen stauchen oder wieder auseinander schieben. Mit diesem Werkzeug kann die Dichte eines Symbolsatzes festgelegt werden.
 Sie schieben die Symbole auseinander, indem Sie mit dem Werkzeug auf die gewünschte Stelle klicken oder Sie ziehen bei gedrückter Maustaste über den Bereich, in dem Sie Symbolinstanzen stauchen möchten.
Klicken Sie bei gedrückter [⌥]-Taste auf die gewünschte Stelle oder ziehen Sie den Zeiger in den Bereich, in dem Sie die Symbolinstanzen auseinander schieben möchten.

Resultat

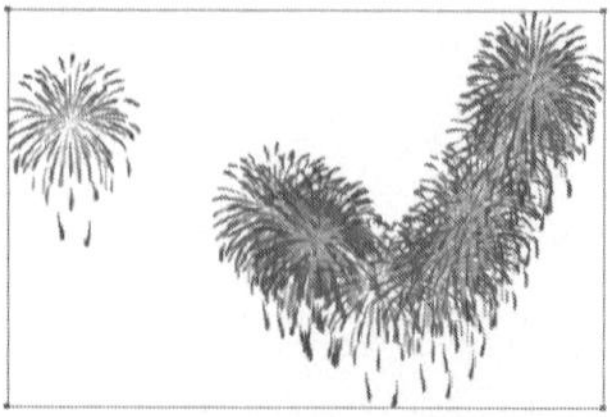

Symbol-skalieren-Werkzeug

- Dieses Werkzeug kann Symbolinstanzen in einem vorhandenen Symbolsatz vergrößern oder verkleinern.
  Beim Festlegen der Optionen können Sie die Option **Proportionale Skalierung** aktivieren, wenn die Form der einzelnen Symbolinstanzen beim Ändern der Größe unverändert bleiben soll. Außerdem können Sie die Option **Skalieren wirkt sich auf Dichte aus** wählen, wenn die Symbolinstanzen beim Vergrößern voneinander weg und beim Verkleinern zueinander hin verschoben werden sollen.

- Es stehen im Paletten-Menü **Methode** die folgenden Optionen zur Auswahl:
  Benutzerdefiniert vergrößert oder verkleinert die Symbolinstanzen.
  Zufällig ändert die Größe im Bereich unter dem Cursor nach dem Zufallsprinzip.
  Durchschnitt ändert die Größe der Symbolinstanzen nach dem Durchschnittswert.

Resultat

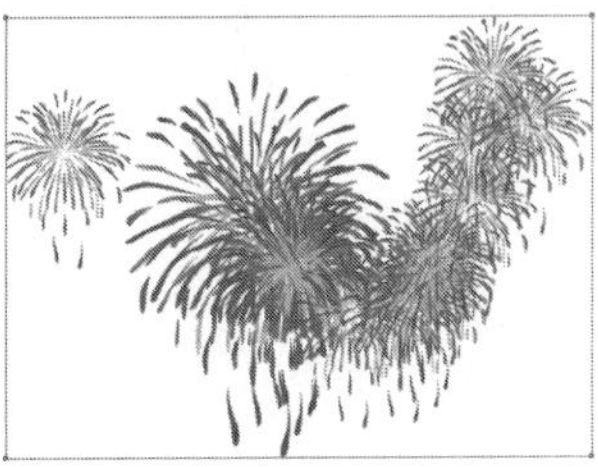

Symbol-drehen-Werkzeug

- Die Symbolinstanzen können mit diesem Werkzeug in einem Satz gedreht werden. Symbolinstanzen, die sich in der Nähe des Cursors befinden, werden in der Richtung gedreht, in der Sie den Cursor verschieben. Wenn Sie den Zeiger an eine andere Stelle ziehen, wird ein Pfeil über dem Cursor eingeblendet, der die aktuelle Ausrichtung der Symbolinstanzen anzeigt.

- Folgende Optionen stehen im Paletten-Menü **Methoden** zur Auswahl:
  Benutzerdefiniert richtet die Symbolinstanzen in Richtung des Cursors aus.
  Zufällig richtet die Symbolinstanzen nach dem Zufallsprinzip aus.
  Durchschnitt richtet die Symbolinstanzen nach dem Durchschnittswert aus.

Resultat

Symbol-färben-Werkzeug

- Dieses Werkzeug verwendet die aktuelle Flächenfarbe und den vollen Tonwert.
  Im Paletten-Menü stehen folgende Optionen zur Auswahl:
- **Benutzerdefiniert** färbt die Symbolinstanzen mit der aktuell ausgewählten Tonwertfarbe.
  Zufällig ändert die Färbung und die zugewiesenen Werte nach dem Zufallsprinzip.
  Durchschnitt färbt die Symbole in einem Satz mit dem Durchschnittswert.

! Wenn Sie Symbole mit dem Symbol-färben-Werkzeug färben, werden Dateien größer und das Programm wird langsamer. Wenn Sie nicht über genügend Arbeitsspeicher verfügen oder möglichst kleine exportierte Flash-/SVG-Dateien benötigen, sollten Sie dieses Werkzeug nicht verwenden.

Resultat

Symbol-rastern-Werkzeug

- Hiermit können Sie die Transparenz der Symbolinstanzen in einem Satz erhöhen oder verringern.
- Für das Werkzeug stehen im Paletten-Menü **Methode** die folgenden Optionen zur Auswahl:
  Benutzerdefiniert erhöht oder verringert die Transparenz.
  Zufällig ändert die Transparenz nach dem Zufallsprinzip.
  Durchschnitt ändert die Transparenzwerte nach einem Durchschnittswert.

- So erhöhen oder verringern Sie die Transparenz:
  Wählen Sie das **Symbol-rastern-Werkzeug** aus und führen Sie einen der folgenden Schritte durch:
  Klicken Sie auf die Stelle oder ziehen Sie den Zeiger über den Bereich, in dem Sie die Transparenz des Symbols erhöhen möchten.
  Klicken Sie bei gedrückter [⌥]-Taste auf die gewünschte Stelle oder ziehen Sie den Zeiger in den Bereich, in dem Sie die Transparenz des Symbols verringern möchten.

Resultat

Symbol-gestalten-Werkzeug

- Mit dem Werkzeug können Sie Symbolinstanzen einen ausgewählten Stil zuweisen. Sie können beim Arbeiten mit jedem anderen **Symbol-Werkzeug** zum **Symbol-gestalten-Werkzeug** wechseln, indem Sie in der **Stile-Palette** auf einen Stil klicken.
- Es stehen im PopUp-Menü **Methode** die folgenden Optionen zur Auswahl:
  Benutzerdefiniert wendet den ausgewählten Stil an. Durch Drücken der ⌥-Taste können Sie den Stil etwas weniger stark anwenden und das ursprüngliche Symbol ohne den Stil dadurch mehr zum Vorschein bringen. Drücken Sie die ⇧-Taste, wenn der Stil mit einem konstanten Betrag angewendet werden soll.
  Zufällig ändert die Stärke des auf die Symbolinstanzen angewendeten Stils nach dem Zufallsprinzip.
  Durchschnitt ändert die Stile und die Stärke der Stile auf die Symbolinstanzen im Satz nach einem Durchschnittswert. Drücken Sie die Umschalttaste, wenn der Stil mit einem konstanten Betrag angewendet werden soll.

Resultat

Stile

Stile stellen in Adobe Illustrator Zusammenfassungen von diversen Grafikattributen dar. Normalerweise besitzt ein Objekt eine Kontur und eine Flächenfarbe, wobei die Flächenfarbe durchaus auch eine Transparenzfüllung oder eine Verlaufsfüllung darstellen kann. Die Stile vereinen nun noch weitere Informationen in einer Definition. Die einfachste Form der Stildefinition würden eine oder mehrere weitere Konturen oder Füllungen darstellen. Des Weiteren können in Stilen auch zusätzliche *Effekte* wie z. B. **Schlagschatten**, **Gauß'scher Weichzeichner** usw. enthalten sein. Die Zuweisung solcher Zusatzinformationen wird über die **Aussehen-Palette** vorgenommen. Die **Stile-Palette** hingegen verwaltet nur, ähnlich der **Symbole-** oder **Pinsel-Palette**, bereits fertig erstellte **Stile** (Aussehen Erscheinungen). Auch bei den Stilen stellt Adobe Illustrator weitere Bibliotheken, die nach Bedarf über das Menü *Fenster* ➛ *Stil-Bibliotheken* zu laden sind, zur Verfügung.

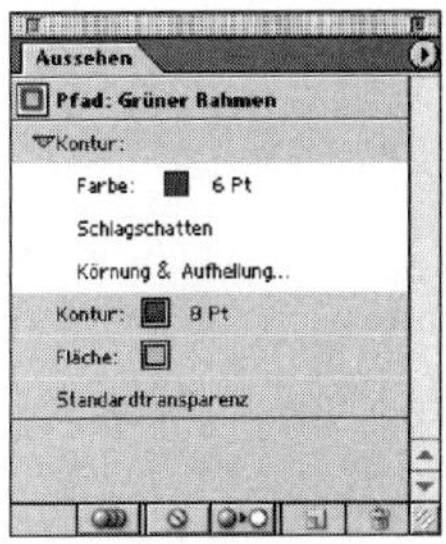

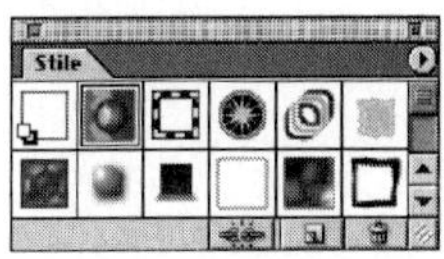

Auf das nebenstehende Rasterobjekt wurde für jede einzelne zentrische Unterteilung der Stil Schwarz-Olivgrün angewendet, wobei die schwarze Füllung jeweils entfernt wurde.

Stile verwalten

Zum Verwalten der einzelnen Stile ist die **Stile-Palette** vorgesehen. Das Paletten-Menü und die Symbolleiste ermöglicht diese Aufgabe sehr effizient. Die hier angeordneten Stile lassen sich per Thumbnail oder Namen anordnen. Die Namensvergabe kann durch einen Doppelklick auf einen Stil vorgenommen werden oder durch Auswahl des Befehls **Stil-Optionen...** im Paletten-Menü. Mit beiden Möglichkeiten wird ein Dialogfeld geöffnet, das zur Namensvergabe auffordert.

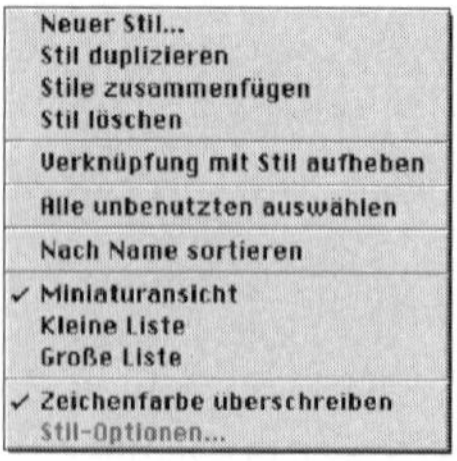

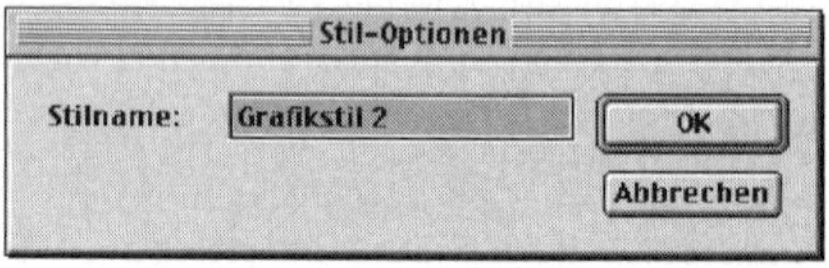

Einen Stil zuweisen

Zum Thema Bibliotheken siehe auch Seite 142 im Kapitel Palettenübersicht

Wird ein Pfad ausgewählt, kann ihm ein entsprechender Stil aus der **Stil-Palette** oder aus einer geöffneten **Stil-Bibliothek** per Anklicken zugewiesen werden. Wurde dem Pfad der Stil zugewiesen, verhält er sich ähnlich der Instanz eines Symbols. Wird der Stil verändert, verändert sich automatisch auch das Objekt, dem der Stil zugewiesen wurde. Auch in der **Aussehen-Palette** wird die Verbindung kenntlich gemacht.

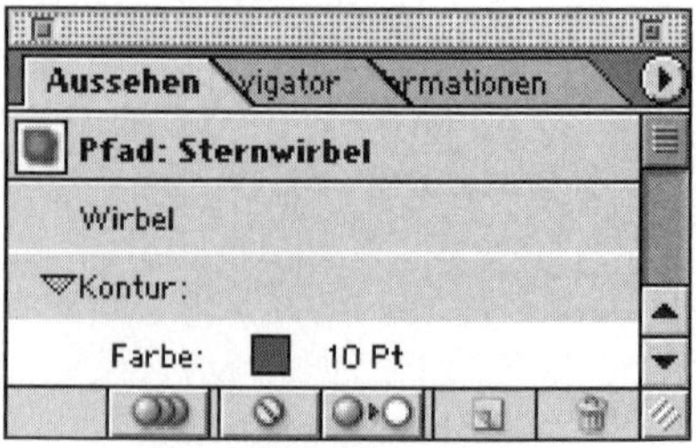

Ein Stilobjekt freigeben

Wurde einem Objekt ein Stil zugewiesen, besitzt es sämtliche Merkmale des Stils, so wie er einmal erzeugt wurde. Eine Änderung dieser Merkmale am Objekt ist allerdings jederzeit möglich. Dabei verliert das Objekt jedoch den Bezug zum Stil. Um die Merkmale des Objektes unabhängig vom zugewiesenen Stil zu verändern, muss es entweder mit dem Befehl **Verknüpfung mit Stil aufheben** aus dem Paletten-Menü der **Stile-Palette** freigegeben werden, oder ein Bestandteil des Stils muss verändert werden. Die ehemaligen Merkmale des Stils bleiben dabei erhalten.

Einen vorhandenen Stil verändern

Ein bereits existierender Stil kann durch die Grafikattibute eines Objektes verändert werden. Gehen Sie dafür folgendermaßen vor:

- Wählen Sie mit der Maus in der **Aussehen-Palette** das Symbol des Pfades aus und ziehen Sie es bei gedrückt gehaltener Maus und ⌥-Taste in die **Stile-Palette** an die Stelle des bereits existierenden Stils. Das Feld des Stils ist dann schwarz umrahmt.

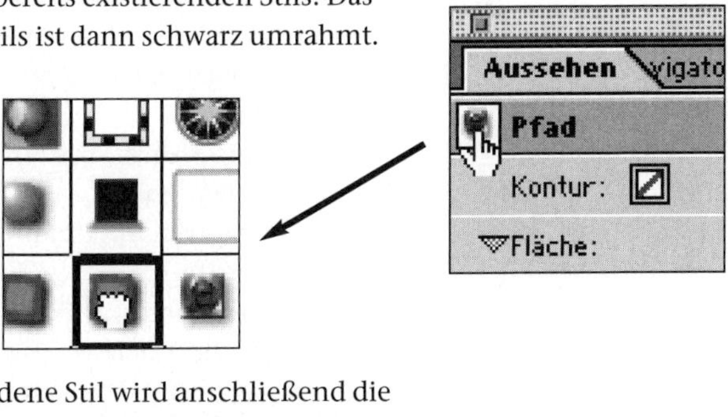

Der vorhandene Stil wird anschließend die Merkmale des neuen Aussehens annehmen, und alle Objekte im Dokument, die in Verbindung mit dem Stil stehen, werden verändert. Der Name des Stils in der **Stile-Palette** bleibt dabei erhalten.

Kombinieren von Stilen

Sollen die Merkmale zweier oder mehrerer Stile in einen Stil einfließen, kann das mit der Funktion **Stile zusammenfügen** erreicht werden.

- Wählen Sie die Stile, die Sie zusammenfügen möchten, in der **Stile-Palette** mit gedrückt gehaltener [⇧]- oder [⌘]-Taste aus. Die [⇧]-Taste wird für aufeinander folgende Stile verwandt und die [⌘]-Taste für unzusammenhängende.

Alle weiteren Funktionen greifen im Großen und Ganzen auf die Zusatzpaletten Aussehen, Farbe, Verlauf und Kontur zu. Um eine entsprechende Struktur in einem Stil zu erzeugen, braucht man die **Aussehen-Palette**.

Einen neuen Stil erzeugen

Neue Stile lassen sich anhand unterschiedlichster Grafikattribute erzeugen. Sollen einem Stil Filteranwendungen wie Verzerrungen, Schatten und weiche Kanten hinzugefügt werden, darf dies nicht über Filter geschehen, sondern muss mit Effekten erwirkt werden. Folgende Effektgruppen stehen zur Auswahl:

Pfade
Stilisierungsfilter
Verkrümmen
Verzerren und Transformieren
Scharfzeichnungsfilter
Vergröberungsfilter

- Öffnen Sie die **Aussehen-Palette**, sodass Sie in die Struktur der Grafikattribute eines Pfades Einblick bekommen.
- Wählen Sie nun ein beliebiges Pfadobjekt aus und weisen Sie diesem unterschiedliche Grafikattribute zu. Zum Beispiel kann aus der **Konturen-Palette** eine entsprechend

dicke Konturstärke ausgewählt werden. Zusätzlich bekommt das Objekt möglicherweise eine Verlaufsinformation, die mit einer Transparenzoption **Hartes Licht** oder **Ineinanderkopieren** gekoppelt wird.

- Dem Pfadobjekt können über die **Aussehen-Palette** auch weitere Konturen und Füllungen zugewiesen werden. Gehen Sie dazu in der Palette in das Paletten-Menü und wählen Sie **Neue Kontur** bzw. **Neue Fläche hinzufügen** aus. Jede neue Fläche und jede neue Kontur lässt sich einstellen wie bei einem Objekt mit einzelnen Grafikattributen.

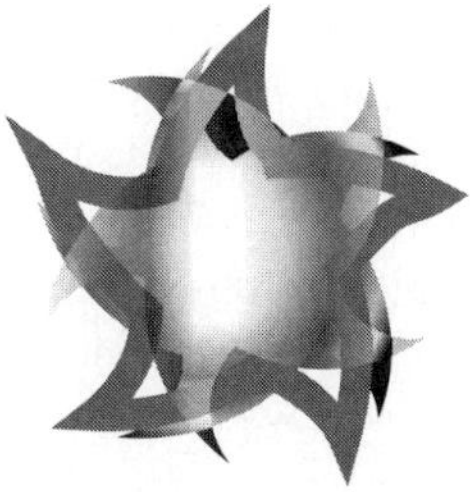

Die einzelnen Konturen und Füllungen solch eines Objektes lassen sich jederzeit wie in der **Ebenen-Palette** durch **Verschieben** in ihrer Anordnung zueinander verändern, sodass möglicherweise dicke Konturen tatsächlich oberhalb dünnerer liegen und Füllungen mit Transparenzeffekt oberhalb normaler Füllungen.

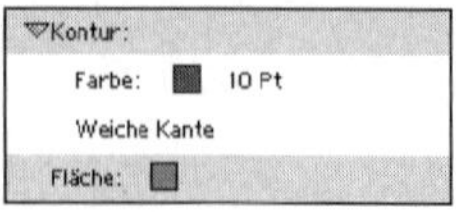

- Werden einer Füllung oder Kontur zusätzliche Effekte zugewiesen, bekommt der Eintrag in der **Aussehen-Palette** ein kleines Aufklappdreieck, mit dem man die einzelnen Attribute verbergen oder einblenden kann. Die einzelnen Einträge lassen sich jederzeit mit dem kleinen Papierkorbsymbol in der Symbolleiste entfernen, sofern sie ausgewählt werden. Alternativ dazu kann auch der Befehl **Objekt entfernen** aus dem Paletten-Menü benutzt werden.

Aussehen löschen

Wird der Befehl **Aussehen löschen** benutzt, werden sämtliche Attribute aus dem Objekt entfernt.

Auf Grundform reduzieren

Wird der Befehl **Auf Grundform reduzieren** ausgewählt, wird der ausgewählte Pfad auf seine ursprünglichen Attribute reduziert.

- Im oberen Teil der Palette wird der Name des Objektes, z. B. Pfad angezeigt. Vor dem Namen existiert ein kleines Symbol, das das momentane Erscheinungsbild des Objekts darstellt. Klickt man dieses Symbol an und hält die Maustaste gedrückt und zieht dann bei weiterhin gedrückt gehaltener Maustaste das Symbol in die **Stile-Palette**, entsteht dort ein neuer Stil mit dem Namen „**Neuer Grafikstil**". Der Name des Stils kann jederzeit per Doppelklick entsprechend dem Symbol des Stils verändert werden.

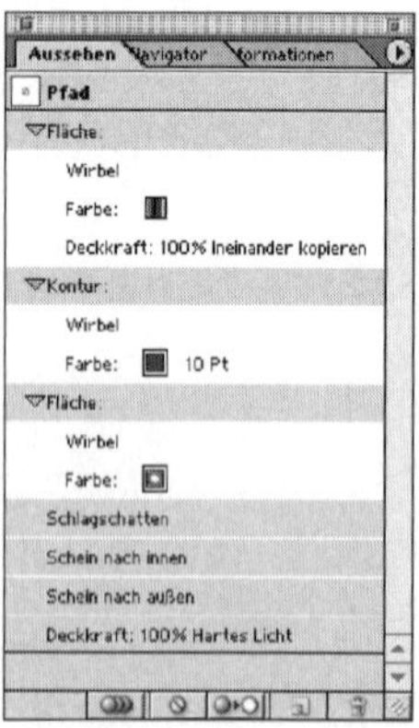

Transformieren

Als Transformationen werden in Adobe Illustrator Vorgänge bezeichnet, die die Objekte in ihrer Ganzheit auf unterschiedliche Weise verändern können. Hierzu zählen das **Verschieben**, **Skalieren**, **Drehen**, **Spiegeln**, **Verbiegen** und **Einzeln transformieren.**

Bis auf **Einzeln transformieren...** lassen sich diese Befehle auch per Werkzeug nutzen. Die **Werkzeug-Palette** stellt sie in zwei Abreiß-Paletten zur Verfügung. In der Werkzeug-Palette sind noch weitere Werkzeuge dieser Struktur zu finden: das **Strudel-Werkzeug**, das **Form-ändern-Werkzeug** und das **Frei-transformieren-Werkzeug**.

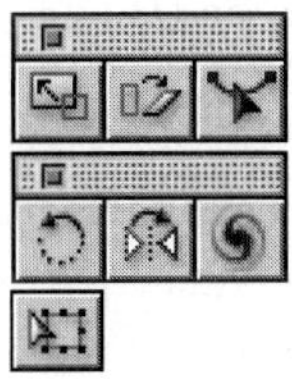

Zusätzlich kommen noch Befehlsstrukturen hinzu, die ausgewählte Objekte deformieren können. Dazu zählt der Befehl **Verzerrungshülle** und das **Verkrümmen-Werkzeug**.

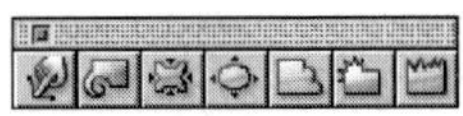

! Werden mit dem **Direktauswahl-Werkzeug** vor dem Transformieren nur einzelne Ankerpunkte aktiviert, wirken sich die Transformationen nur auf diese Ankerpunkte und deren Segmente aus. Soll ein gesamter Pfad oder eine Objektgruppe vollständig transformiert werden, sollte eher das **Auswahl-Werkzeug** benutzt werden.

Allgemeine Transformationen

Zu den allgemeinen Transformationen zählen die schon genannten Befehle **Verschieben**,

Skalieren, **Drehen**, **Spiegeln**, **Verbiegen** und **Einzeln transformieren**. Die entsprechenden Werkzeuge dazu haben den Befehlen gegenüber kleine Unterschiede. Die Befehle führen die Transformationen immer ausgehend vom Mittelpunkt des Objektes aus. Sie können diese Aktion jedoch per Schaltfläche auch an einem Duplikat vornehmen, wenn nämlich beim Transformieren die Schaltfläche **Kopieren** betätigt wird statt **OK**. Auch die Option **Vorschau** ist sehr sinnvoll, wenn man zuerst sehen möchte, ob die Transformation so ausgeführt wird, wie man sich das vorstellt.

Referenzpunkt setzen

Wird mit den Werkzeugen aus der **Werkzeug-Palette** gearbeitet, kann man einen Referenz- oder Aktionspunkt setzen, um den die Transformation ausgeführt werden soll. Es gibt hierbei zweierlei Vorgehensweisen.

Manuelle Transformation

- Wählen Sie das Objekt aus, das transformiert werden soll. Wählen Sie das **Transformations-Werkzeug** aus, mit dem die Transformation vorgenommen werden soll. Klicken Sie nun mit dem Werkzeug auf den Punkt der Zeichenfläche, um den die Transformation erfolgen soll, und halten Sie die Maustaste gedrückt. Ziehen Sie das Objekt nun mit der Maus in die Richtung, in der Sie die Transformation vornehmen wollen. Das Objekt oder die Objektgruppe wird um den Mittelpunkt herum verändert.

manuelle Referenzpunktplatzierung

Klicken Sie mit dem Werkzeug auf den Punkt der Zeichenfläche, um den die Transformation erfolgen soll. Klicken Sie anschließend einen weiteren, virtuellen Punkt an und halten Sie die Maustaste gedrückt. Der zweite Punkt definiert so etwas wie eine Achse zum Referenzpunkt, mit der dann die Transformation vorgenommen werden kann.

Dialoggesteuerte manuelle Transformation

dialoggesteuerte Referenzpunktplatzierung

- Wählen Sie das Objekt aus, das transformiert werden soll. Wählen Sie das **Transformations-Werkzeug** aus, mit dem die Transformation vorgenommen werden soll. Klicken Sie nun mit dem Werkzeug bei gedrückt gehaltener [⌥]-Taste auf den Punkt der Zeichenfläche, um den die Transformation erfolgen soll. Es öffnet sich nun das Dialogfeld des Werkzeugs, in dem entsprechende Werte eingegeben werden können. Anders als beim normalen Transformieren, bei dem die Transformation per Dialogfeld nur um den Mittelpunkt des Objektes oder der Objektgruppe möglich ist, wird hier der mit der [⌥]-Taste gesetzte Punkt als Referenz benutzt.

Der Mauszeiger ändert sein Aussehen in eine Kreuzmarke mit drei Punkten (-¦-).

! Diese Form der Transformation kann nur mit den Werkzeugen **Drehen**, **Spiegeln**, **Wirbel**, **Skalieren** und **Verbiegen** benutzt werden.

Duplizieren per Ziehen

Duplikate erzeugen

- Wählen Sie das Objekt aus, das transformiert werden soll. Wählen Sie das **Transformations-Werkzeug** aus, mit dem die Transformation vorgenommen werden soll. Gehen Sie nach der zuvor genannten Möglichkeit der manuellen Transformation vor. Halten Sie bei der Ausführung der Transformation die [⌥]-Taste gedrückt, wird das Objekt als Duplikat verändert. Das wird auch durch den Doppelpfeil angedeutet, der nun als Mauszeiger sichtbar ist.

Klone erzeugen

- Wird mit einer dialoggesteuerten Eingabe gearbeitet, kann mit der Schaltfläche **Kopieren** ein Duplikat erzeugt werden. Wird in dem Dialogfeld ein Eintrag vorgenommen, der das Objekt oder die Objektgruppe weder verkleinert noch vergrößert, dreht, spiegelt oder sonstige Veränderung vornimmt, entsteht ein deckungsgleiches Duplikat. Solch ein Duplikat wird als Klon bezeichnet.

Manuelles Verschieben

Im Gegensatz zu den beschriebenen Transformationen kann das **Verschieben** nicht in in der Weise vorgenommen werden wie beschrieben. Um manuell verschieben zu können, wird das **Auswahl-** oder **Direktauswahl-Werkzeug** benötigt. Auch hier gilt:

Verschieben per Auswahl- oder Direktauswahl-Werkzeug

- Wählen Sie das Objekt aus, das verschoben werden soll. Wählen Sie das **Auswahl-Werkzeug** oder **Direktauswahl-Werkzeug** aus. Klicken Sie mit dem Werkzeug das Objekt an und halten Sie die Maustaste gedrückt. Ziehen Sie nun das Objekt an die gewünschte Stelle.

Verschieben mit Duplizieren

Das Dialogfeld zum Verschieben von Objekten öffnet sich per Tastenkürzel **Verschieben** ⇧⌘M oder durch Auswahl des Befehls im Menü *Objekt* ➛ *Transformieren* ➛ *Verschieben.*

- Wählen Sie das Objekt aus, das verschoben werden soll. Wählen Sie das **Auswahl-Werkzeug** oder **Direktauswahl-Werkzeug** aus. Klicken Sie mit dem Werkzeug das Objekt an und halten Sie die Maustaste gedrückt. Ziehen Sie nun das Objekt an die gewünschte Stelle. Halten Sie beim Verschieben die ⌥-Taste gedrückt, wird das Objekt als Duplikat verändert. Das wird auch durch den Doppelpfeil angedeutet, der nun als Mauszeiger sichtbar ist.

Die Transformationen-Palette

Neben dem Dialogfeld **Verschieben** bietet die

Transformationen-Palette die einzige Möglichkeit, dialoggesteuert zu verschieben. Hier lässt sich auch ein anderer Punkt als der Mittelpunkt des Objektes als Referenzpunkt benutzen, allerdings nicht in der Weise wie bei den zuvor beschriebenen Transformationen. Hier gibt es nur die Möglichkeit, die Eck-, Mitten- und Mittelpunkte des Begrenzungsrahmens eines Objektes als Referenzpunkt zu wählen.

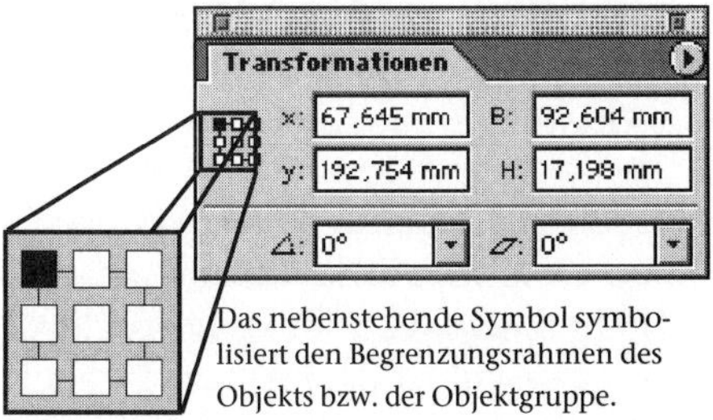

Das nebenstehende Symbol symbolisiert den Begrenzungsrahmen des Objekts bzw. der Objektgruppe.

- Soll beispielsweise der am weitesten rechts oben befindliche Punkt des Objektes als Referenzpunkt benutzt werden, so klickt man ihn mit der Maus in der **Transformationen-Palette** am Symbol an.

Skalieren

- In den Eingabefeldern **B:** (Breite) und **H:** (Höhe) können die Skalierungsfaktoren eingegeben werden. Egal welche Einheit man zur Eingabe benutzt, wird nach einem Return oder Wechsel des Eingabefelds sofort in die aktuelle Einheit des Dokumentes umgerechnet. Es sind auch Prozentwerte zulässig.

Drehen

- Im Eingabefeld **Drehen** kann der Drehwinkel in Grad eingegeben werden, um den das Objekt um den Referenzpunkt gedreht werden soll.

Verbiegen

- Auch für das **Verbiegen** steht ein Eingabefeld zur Verfügung. Es steuert den horizontalen Winkel, um den das Objekt geneigt wird.

Spiegeln

- Das Paletten-Menü stellt zusätzlich die beiden Spiegelfunktionen **Horizontal** und **Vertikal spiegeln** zur Verfügung. Auch hier gilt: Die Funktion wird um den ausgewählten Referenzpunkt ausgeführt.

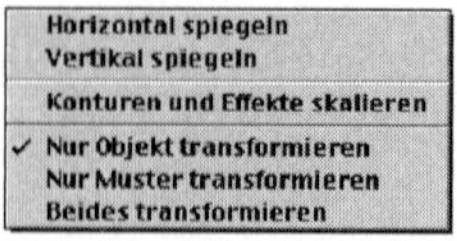

- Die weiteren Optionen des Paletten-Menüs steuern, ob Konturen und Muster ebenfalls transformiert werden sollen. Die Optionen der Palette stehen in den Transformations-Dialogfeldern ebenfalls zur Verfügung. Sie können bei Bedarf natürlich aktiviert oder deaktiviert werden. Wenn im Menü *Bearbeiten ➛ Voreinstellungen ➛ Allgemeine...* die Optionen **Muster transformieren** und **Konturen und Effekte skalieren** aktiviert sind, sind die entsprechenden Optionen in den Dialogfeldern standardmäßig aktiviert.

Transformations-Werkzeuge

Frei-transformieren-Werkzeug

Frei-transformieren-Werkzeug

Das Werkzeug arbeitet im Großen und Ganzen wie der Begrenzungsrahmen eines Objektes. Es bietet aber noch weitere Möglichkeiten. Aktivieren Sie nach Auswahl eines Objektes das **Frei-transformieren-Werkzeug**. Die Ecken und Mittenanfasser besitzen nun eine Mehrfachfunktion.

Drehen

- Wenn Sie in die Nähe eines Eck- oder Mittenanfassers kommen, verwandelt sich der Mauszeiger in einen **Drehen-Pfeil**. Klickt man nun auf die Stelle, an der man sich mit der Maus befindet, hält die Maustaste gedrückt und zieht in eine Richtung, dreht sich das Objekt um seinen Mittelpunkt.

- Wenn Sie auf einen Eck- oder Mittenanfasser kommen, verwandelt sich der Mauszeiger in einen **Skalieren-Pfeil**. Klickt man nun auf die Stelle, an der man sich mit der Maus befindet, hält die Maustaste gedrückt und zieht in eine Richtung, wird das Objekt ausgehend von seinem linken oberen Begrenzungspunkt skaliert.

Skalieren

Hält man beim Skalieren zusätzlich die ⌥**-Taste** gedrückt, verwandelt sich das Objekt ausgehend von seinem Zentrum.

Wird außerdem die ⇧-**Taste** gedrückt, ist die Veränderung proportional.

Ausgangsobjekt

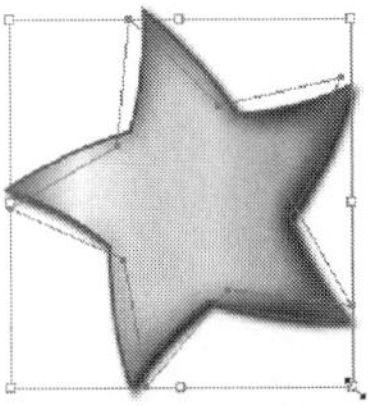

Beim Ziehen

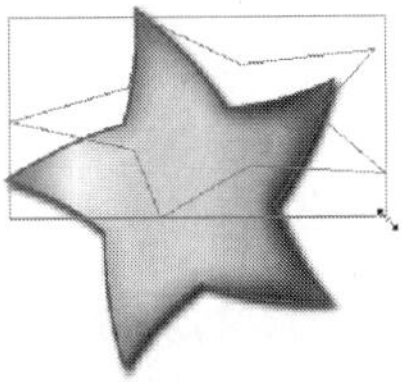

Resultat

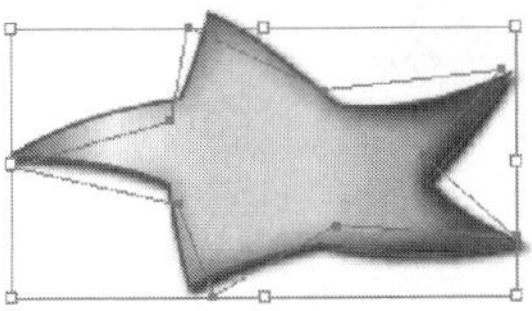

- Halten Sie, während Sie skalieren, die ⌘-Taste gedrückt, können Sie das Objekt verzerren. Der Mauszeiger wandelt sich in den **Transformieren-Pfeil**. Auch hier ist der linke obere Begrenzungspunkt der Ausgangspunkt der Transformation.

Verzerren

Ausgangsobjekt

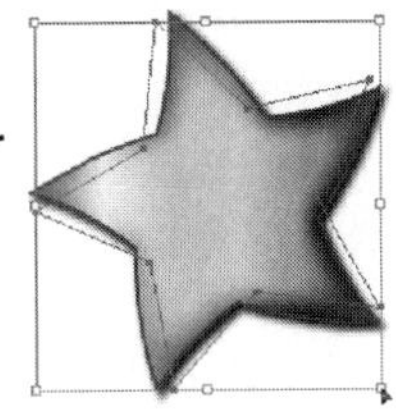

Beim Ziehen

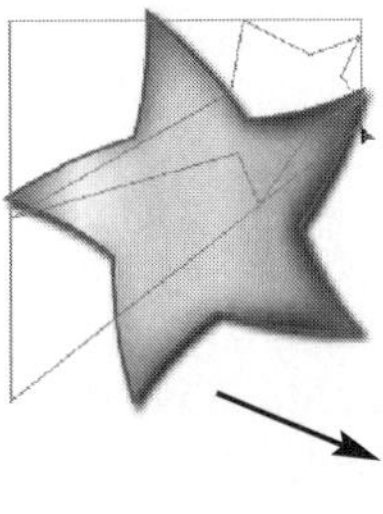

Resultat

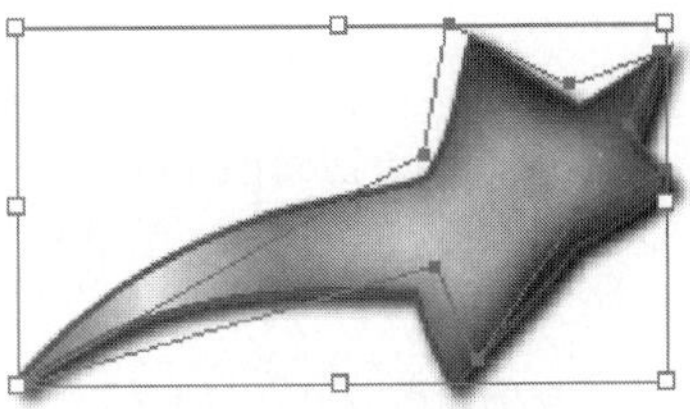

Perspektivisch verzerren

- Halten Sie während des Skalierens die ⇧⌥⌘-Tasten gedrückt, können Sie das Objekt perspektivisch verzerren. Der Mauszeiger wandelt sich in den **Transformieren-Pfeil**. Je nachdem, welche Seite Sie mit dem Mauszeiger anklicken, wird die gegenüberliegende Seite zur Bezugsseite der Transformation.

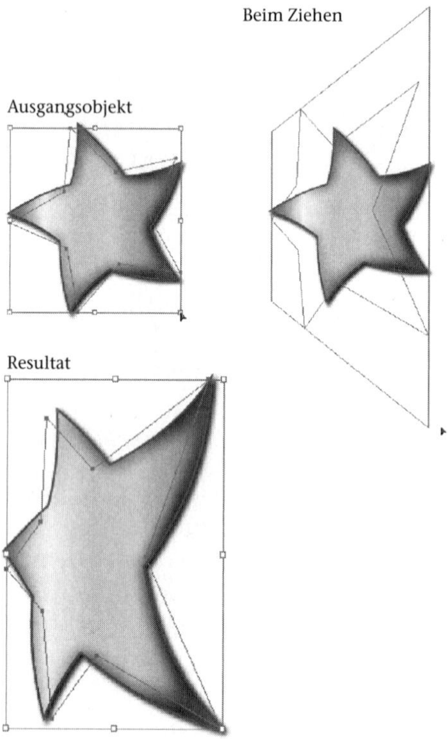

Skalieren-Werkzeug

Skalieren-Werkzeug

Das Werkzeug arbeitet wie im Abschnitt 290ff beschrieben. Die Wirkungsweise ist die, dass ein Objekt oder eine Objektgruppe per Ziehen oder dialogfeldgesteuert vergrößert oder verkleinert wird. Normalerweise wird vom Mittelpunkt des Objektes ausgehend transformiert. Wird zuvor ein Referenzpunkt gesetzt, wird dieser als Ausgangspunkt der Transformation benutzt.

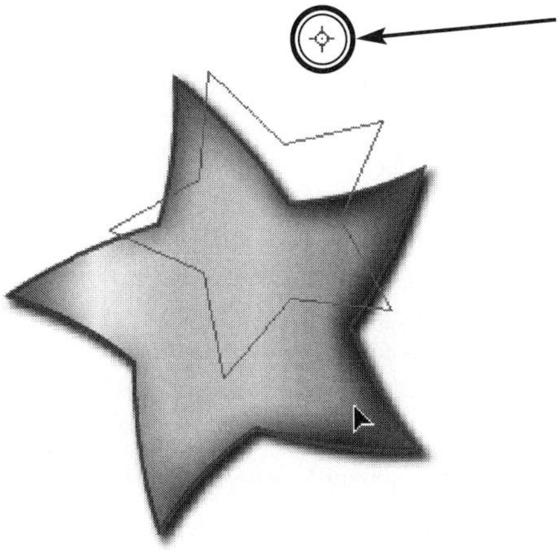

Referenzpunkt

Resultat

verkleinertes Objekt

Der gesetzte Referenzpunkt bleibt hierbei so lange erhalten, bis ein neuer gesetzt oder die Auswahl aufgehoben wird.

Wird die Transformation bei gedrückt gehaltener ⇧-Taste ausgeführt, wird prinzipiell proportional skaliert.

Wird auf das Werkzeug in der Werkzeug-Palette ein Doppelklick gemacht, findet der

Vorgang vom Mittelpunkt des Objektes statt. Der entsprechende Wert der Transformation kann im Dialogfeld gesteuert werden. Alternativ dazu kann auch der Befehl *Objekt ➛ Transformieren ➛ Skalieren* benutzt werden.

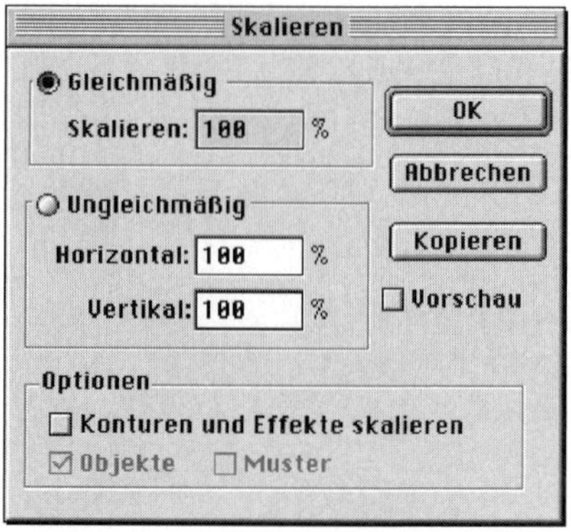

Gleichmäßig

Skalieren

- Ein Wert kleiner 100 % verkleinert die Auswahl proportional. Bei einem Wert größer 100 % wird entsprechend vergrößert.

Ungleichmäßig

Horizontal/Vertikal

- Die Herangehensweise ist identisch zu **Gleichmäßig**, dieWerte **Horizontal** und **Vertikal** lassen sich hier jedoch separat einstellen.

Optionen

- Je nach Objektstruktur sind die Optionen veränderbar oder nicht. Wenn im Menü *Bearbeiten ➛ Voreinstellungen ➛ Allgemeine...* die Optionen **Muster transformieren** und **Konturen und Effekte skalieren** aktiviert sind, sind die entsprechenden Optionen im Dialogfeld standardmäßig aktiviert. Verändern lassen sie sich jedoch nur, wenn ein Objekt auch entsprechende Strukturen aufweist. Beispielsweise wäre bei einem Objekt, das kein Muster als Füllung besitzt, die Option **Muster** deaktiviert. Besitzt ein Objekt ein Muster als Füllung, ist die Option **Muster** aktivierbar bzw. deaktivierbar. Dann lassen sich Objekt und Muster gegebenenfalls unabhängig voneinander verändern.

Das Objekt wurde mit der Einstellung **Muster transformieren** vergrößert.

Wurde einem Objekt vor der Transformation ein Effekt zugewiesen, wie zum Beispiel **Schlagschatten** oder **Schein nach innen** etc., dann wird der Effekt bei aktivierter Option **Konturen und Effekte skalieren** mit dem Objekt vergrößert. Wurde die Option deaktiviert, geschieht das nicht. Der Effekt hat nach der Transformation noch die gleiche Ausdehnung wie zuvor.

! Bei den nachfolgenden Transformationen wird nicht noch einmal auf die Optionen eingegangen, da sie sich identisch zu den gerade besprochenen verhalten.

Verbiegen-Werkzeug

Verbiegen-Werkzeug

Dieses Werkzeug arbeitet ebenfalls wie im Abschnitt 290ff beschrieben. Die Wirkungsweise ist die, dass ein Objekt oder eine Objektgruppe per Ziehen oder dialogfeldgesteuert in **horizontaler**, **vertikaler** oder **freier Richtung** verzerrt wird. Normalerweise wird vom Mittelpunkt des Objektes ausgehend transformiert. Wird zuvor ein Referenzpunkt gesetzt, wird dieser als Ausgangspunkt der Transformation benutzt.

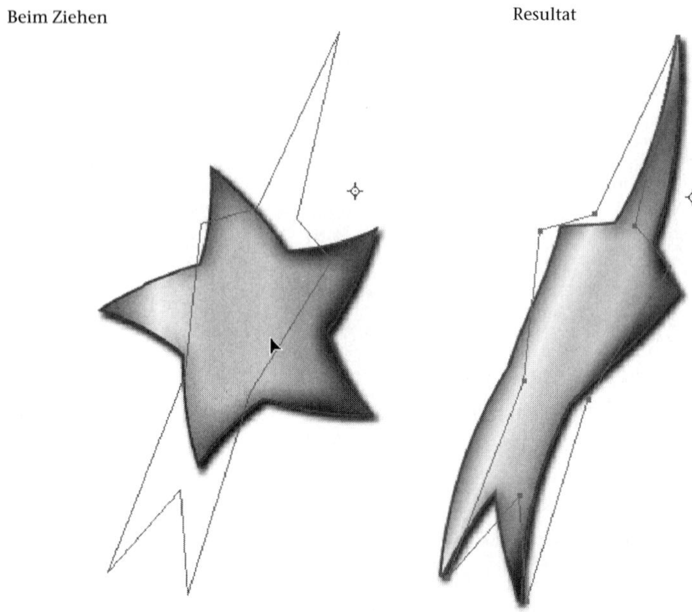

Wird die Transformation bei gedrückt gehaltener [⇧]-Taste ausgeführt, bleibt sie auf Winkelrichtungen des Mehrfachen von 45° begrenzt.
Der gesetzte Referenzpunkt bleibt hierbei so lange erhalten, bis ein neuer gesetzt oder die Auswahl aufgehoben wird.

Wird auf das Werkzeug in der **Werkzeug-Palette** ein Doppelklick gemacht, findet der Vorgang vom Mittelpunkt des Objektes statt. Der entsprechende Wert der Transformation kann im Dialogfeld gesteuert werden. Alternativ dazu kann auch der Befehl *Objekt ➛ Transformieren ➛ Verbiegen...* benutzt werden.

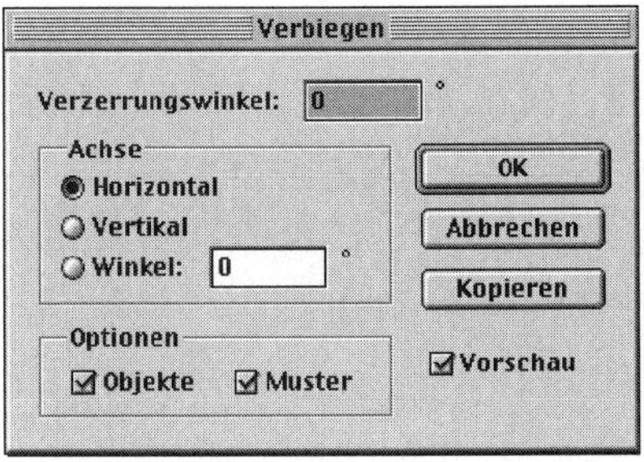

Verzerrungswinkel

- Der Wert bestimmt, wie stark das Objekt relativ zu einer Linie, die rechtwinklig zur Verzerrungsachse verläuft, geneigt wird. (Im Gegensatz zu den anderen **Transformmations-Werkzeugen** wird der Verzerrungswinkel im Uhrzeigersinn von der aktuellen Achse aus berechnet.)

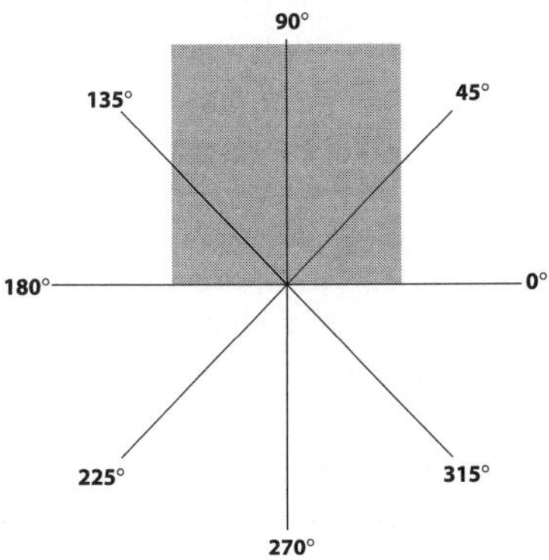

Achse

- Hiermit wird bestimmt, welche Achse des Objektes verzerrt werden soll. Zur Verfügung stehen **Horizontal**, **Vertikal** und **Winkel** (freier Winkel).
Soll eine Achse mit freiem Winkel gewählt werden, geben Sie den gewünschten Achswinkel relativ zur x-Achse in Grad ein.

Die horizontale Achse des Objektes wurde um 30° verzerrt.

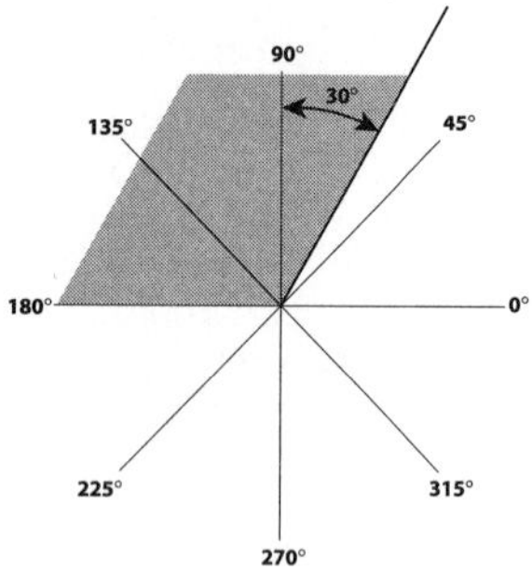

Die vertikale Achse des Objektes wurde um 30° verzerrt.

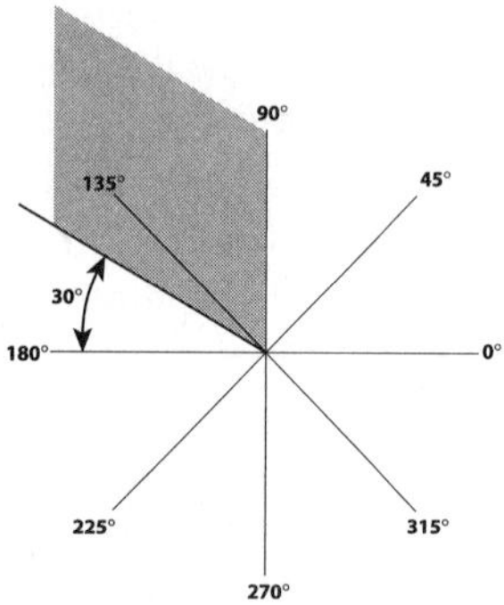

Form-ändern-Werkzeug

Form-ändern-Werkzeug

Mit diesem Werkzeug lassen sich einzelne Segmente eines Pfades nachträglich leicht verändern.

- Wählen Sie einen Pfad mit dem **Direktauswahl-Werkzeug** an seiner Kontur aus. Die einzelnen Ankerpunkte müssen inaktiv sein (**1**).
- Wechseln Sie nun in das **Form-ändern-Werkzeug** und klicken Sie auf die Stelle des Pfades, die Sie verändern möchten. Halten Sie die Maustaste gedrückt und ziehen Sie in die Richtung, in der Sie den Pfad verändern möchten (**2**).

- Wenn Sie die Maustaste loslassen, besitzt der Pfad einen neuen Ankerpunkt und ist entsprechend verändert (**3**).

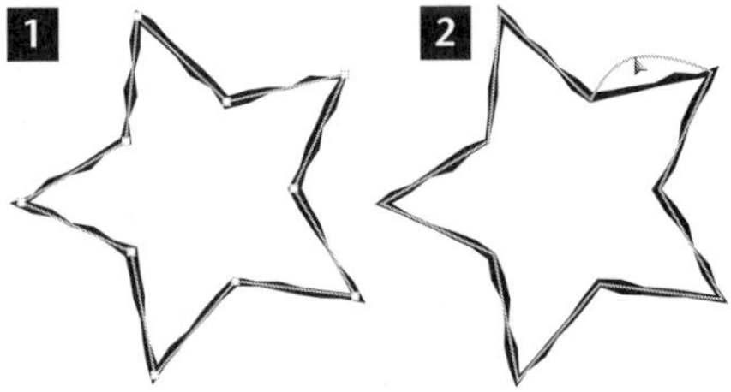

! Der Pfad muss mit dem **Direktauswahl-Werkzeug** an seiner Kontur ausgewählt werden.

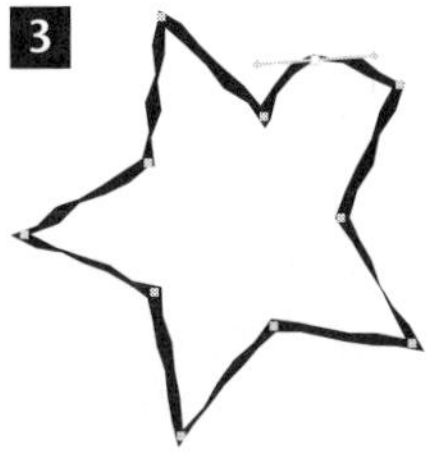

Der neue Ankerpunkt kann hinterher wie ein gewöhnlicher Pfad-Ankerpunkt verändert werden.

Drehen-Werkzeug

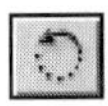

Drehen-Werkzeug

Das Werkzeug arbeitet wie im Abschnitt 290ff beschrieben. Die Wirkungsweise ist die, dass ein Objekt oder eine Objektgruppe per Ziehen oder dialogfeldgesteuert um einen Referenzpunkt herum gedreht werden kann.

Normalerweise ist wie bei anderen Transformationen auch der Mittelpunkt des Objektes der Referenzpunkt.

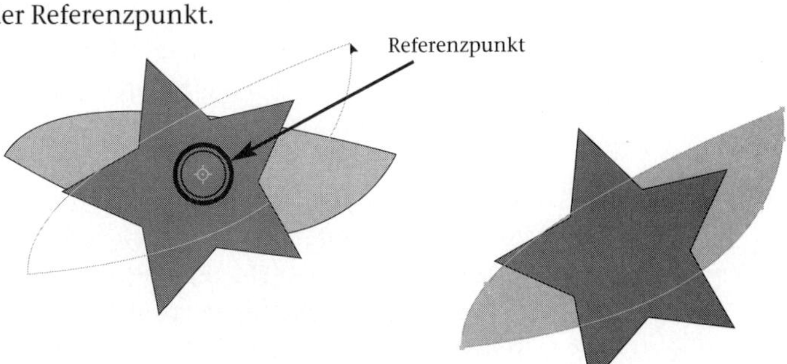

Wird zuvor ein anderer Referenzpunkt gesetzt, wird dieser als Ausgangspunkt der Transformation benutzt.

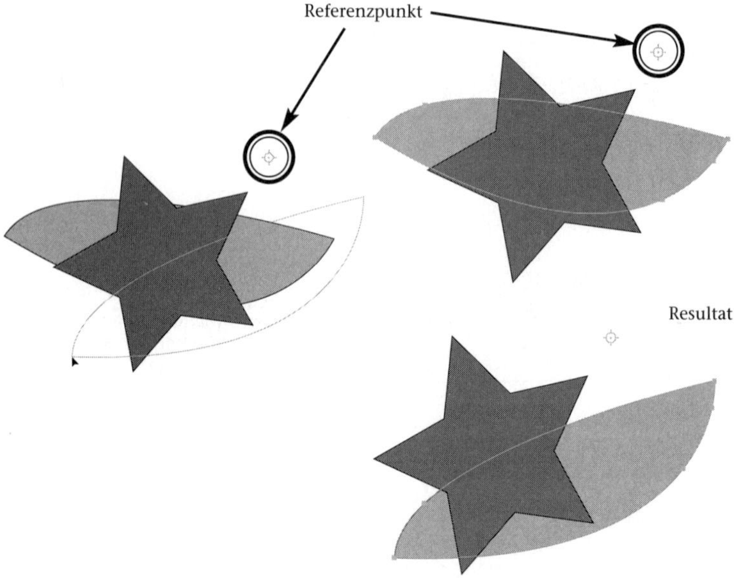

Spiegeln-Werkzeug

Spiegeln-Werkzeug

Auch dieses Werkzeug arbeitet wie im Abschnitt 290ff beschrieben. Die Wirkungsweise ist die, dass ein Objekt oder eine Objektgruppe per Ziehen oder dialogfeldgesteuert um einen Referenzpunkt herum gespiegelt werden kann.

Vom Referenzpunkt ausgehend wird eine virtuelle Achse erzeugt, um die gespiegelt wird. Die Achse wird entweder durch einen zweiten, zu zeigenden Punkt definiert oder durch Eingabe einer Achse, die in einem im Dialogfeld zu definierenden Winkel zum Referenzpunkt steht. Wird kein Referenzpunkt gewählt, ist die Funktion vermeintlich ähnlich dem **Drehen**. Nimmt man die Spiegelung an einem Text vor, wird der Unterschied deutlich.

Auch wenn, wie im Normalfall, um den Mittelpunkt gespiegelt wird, entsteht doch, anders als beim Drehen, ein seitenverkehrtes Objekt.

Bei dieser Spiegelung ist der Referenzpunkt der Mittelpunkt des Objekts.

Wird ein Referenzpunkt außerhalb des Objektes gewählt, ist das Ergebnis offensichtlicher.

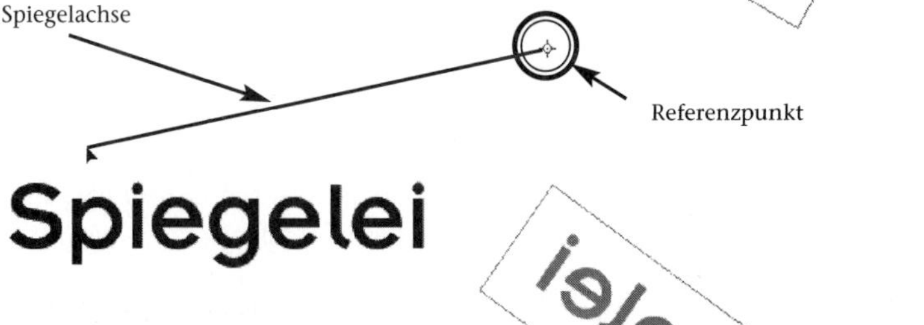

Im Dialogfeld der Funktion, das ebenfalls per Doppelklick auf das Werkzeug oder durch Auswahl im Menü *Bearbeiten ➛ Transformationen ➛ Spiegeln...* zu öffnen ist, lässt sich die Spiegelachse noch genauer bestimmen.

Wirbel-Werkzeug

Das letzte der Transformations-Werkzeuge ist das **Wirbel-Werkzeug**. Hiermit kann man die äußere Hülle eines Objektes um seinen Mittelpunkt oder einen frei zu setzenden Referenzpunkt rotieren lassen.

Alternativ zum Werkzeug kann auch der Effekt **Wirbel** aus dem Menü *Effekt* ➤ *Verzerren und Transformieren* gewählt werden.

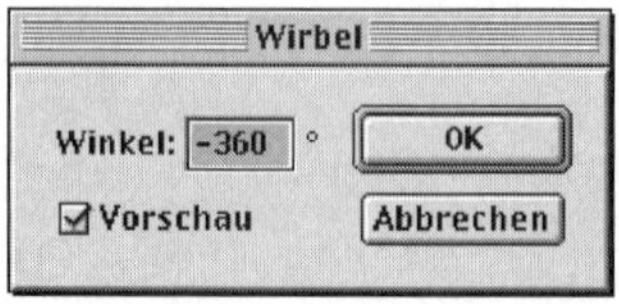

Hierbei muss jedoch beachtet werden, dass die Funktion evtl. mehrfach ausgeführt werden muss, soll sie ebenso effektvolle Ergebnisse erzielen wie das Werkzeug.

Wird der Wirbeleffekt mit dem Werkzeug hergestellt, dreht man den Mauszeiger bei gedrückt gehaltener Maustaste so oft um das Zentrum des Wirbels herum, bis das Ergebnis den Vorstellungen entspricht.

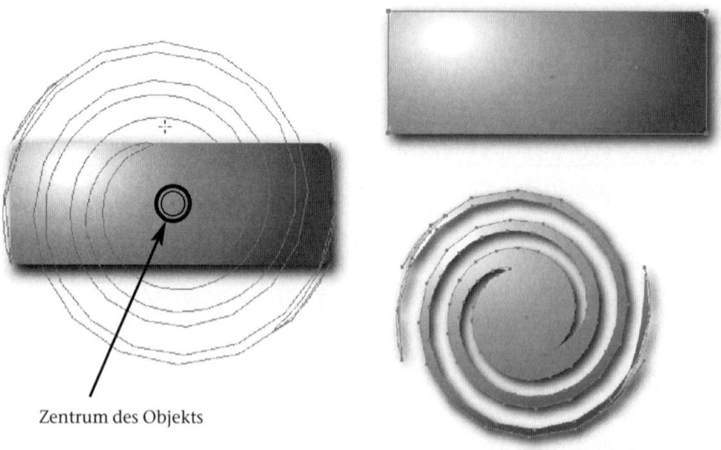

Je nachdem, wie oft man mit der Maus um das Zentrum herumdreht, verdichtet sich das Spiralgebilde.

Wählt man einen Referenzpunkt außerhalb des Objektes, wird das gesamte Objekt um diesen Punkt herumgewirbelt.

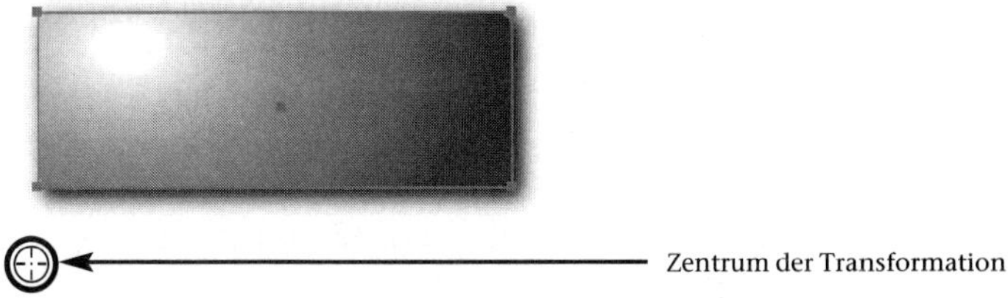

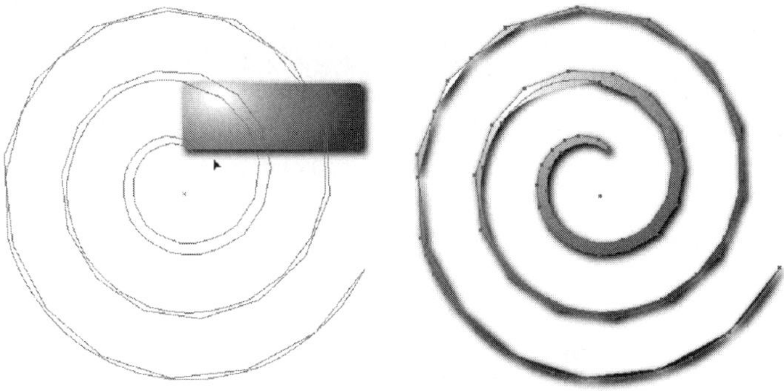

Einzeln transformieren

Einzeln transformieren...
⇧⌥⌘D

Anders als die bisher beschriebenen Transformationsmöglichkeiten bietet dieses Dialogfeld kein Gegenstück als Werkzeug. Das Werkzeug, das in etwa in die Richtung geht, ist das **Frei-transformieren-Werkzeug**.

Das Dialogfeld ist im Menü *Objekt* ➤ *Transformieren* ➤ *Einzeln transformieren...* zu öffnen oder mit dem Tastenkürzel ⇧⌥⌘D.

Das Dialogfeld stellt mehrere Transformationsmöglichkeiten per Eingabe zur Verfügung.

Dazu gehört das **Skalieren**, **Verschieben**, **Drehen** und **Spiegeln** um die X- und **Y-Achse**. Wie bei der Transformationen-Palette steht auch hier das Symbol zum Wählen eines Referenzpunktes hinsichtlich des Begrenzungsrahmens zur Verfügung.

Erneut Duplizieren

Die Schaltfläche **Kopieren** wird alle vorgenommenen Transformationen auf ein Duplikat weitergeben. Wird dann nach der ausgeführten Transformation der Befehl **Erneut transformieren** [⌘]D gegeben, wiederholt sich nicht nur der Befehl an sich, es wird zusätzlich auch das Duplizieren des Objektes wiederholt.

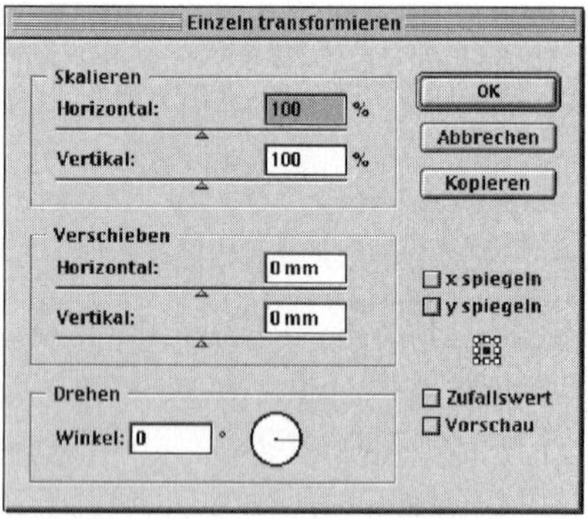

Power-Duplizieren

- Sollen mit der Kopie eines Objektes mehrere Transformationen durchgeführt und diese anschließend erneut inklusive dem Kopieren des Objekts durchgeführt werden, gehen Sie folgendermaßen vor: Markieren Sie das Objekt oder die Objektgruppe und öffnen Sie das Dialogfeld **Einzeln transformieren...**. Nehmen Sie die entsprechenden Einstellungen hinsichtlich der Transformationen vor und betätigen Sie dann die Schaltfläche **Kopieren**. Ein Aktivieren der Vorschau wird hier sehr hilfreich sein.

Nach Verlassen des Dialogfeldes muss nun sofort, ohne dass ein weiterer Befehl oder eine weitere Aktion durchgeführt wird, der Befehl **Erneut transformieren** ⌘D ausgeführt werden. Das kann auch mehrfach in Folge ausgeführt werden, solange keine andere Befehlsstruktur die Anwendungskette durchbricht.

Ausgangssituation

Skaliert auf 70 %, gedreht um -45° um den Mittelpunkt

Das Resultat nach mehrmaligem Ausführen der Tastenkombination ⌘D

Begrenzungsrahmen zurücksetzen

Durch Transformationen werden die Begrenzungsrahmen der einzelnen Objekte ebenfalls transformiert. Um bessere Kontrolle über die Objekte zu haben, ist es von Zeit zu Zeit sinnvoll, die Begrenzungsrahmen auf eine normale Position zurückzusetzen. Der Befehl **Begrenzungsrahmen zurücksetzen** bewirkt das.

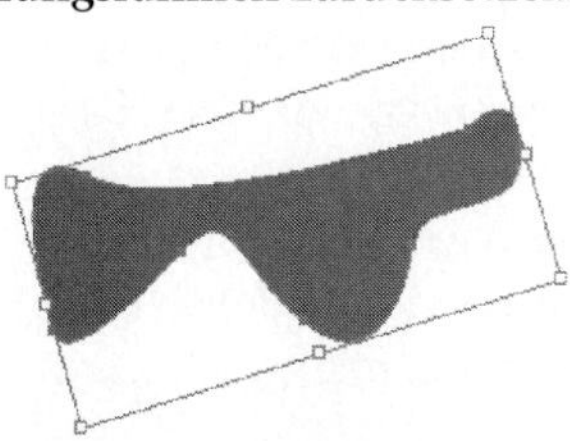

Begrenzungsrahmen zurückgesetzt

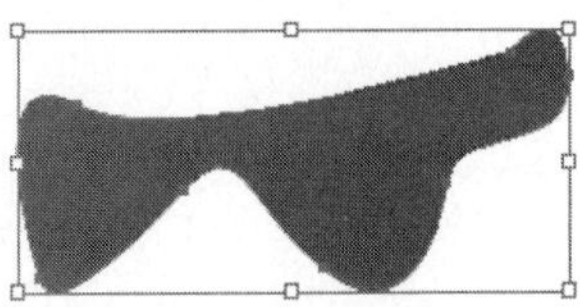

Verkrümmen-Werkzeuge (Verflüssigen)

Adobe Illustrator stellt einige Werkzeuge zur Verfügung, die Objektstrukturen deformieren können. Die Werkzeuge besitzen jeweils

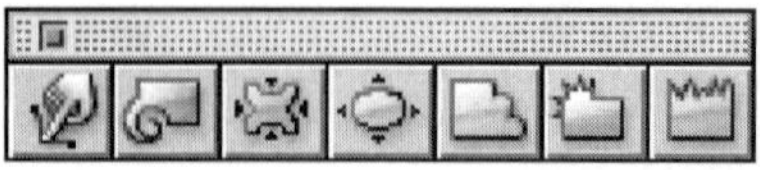

Dialoge, mit denen man die Wirkungsweise der Werkzeuge einstellen kann. Die oberen Bereiche dieser Dialoge sind immer gleich.

Globale Pinseleinstellungen

Hier werden die **Globalen Pinseleinstellungen** vorgenommen.

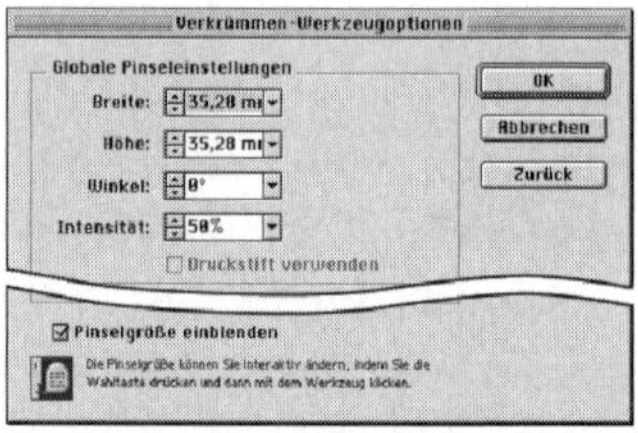

Breite/Höhe

Intensität

Breite und **Höhe** definieren die Ausmaße der Deformierungszone. Der **Winkel** steuert die Anwendungsform der Werkzeugspitze, ebenso wie die **Intensität**, bei der ein höherer Wert eine schnellere Änderung vornimmt. Die Option **Druckstift verwenden** ist nur verfügbar, wenn ein Grafiktablett mit drucksensitivem Stift angeschlossen ist. Die Ausdehnung der Werkzeugspitze lässt sich jederzeit ändern, wenn man bei gedrückter [⌥]-Taste auf die Zeichenfläche klickt und durch Ziehen die Spitzengröße reguliert.

Alle Beispielgrafiken sind mit den gleichen Einstellungen für Pinselgröße (**H** u. **B** 100 Pt), Winkel (0°) und Intensität (50 %) verändert worden. Die Optionen wurden hinsichtlich der Werkseinstellungen nicht verändert. Die Ausgangsgrafik war bei allen Anwendungen ein Vieleck. Die Veränderung wurde bei allen Werkzeugen zweimal ausgeführt.

Verkrümmen-Werkzeug

Verkrümmen-Werkzeug

Dieses Werkzeug ändert markierte Pfade partiell anhand der eingestellten Werkzeugspitzengröße. Die Optionen im Dialogfeld regeln die Feinheit der Änderung.

- Detail: Bestimmt den Abstand zwischen den Punkten, die der Objektkontur hinzugefügt werden (je höher der Wert, desto geringer der Punktabstand).
- Vereinfachen: Der Wert regelt, wie stark überflüssige Punkte reduziert werden sollen, die keine Auswirkungen auf das Gesamtaussehen der Form haben.

Strudel-Werkzeug

Strudel-Werkzeug

Dieses Werkzeug ändert markierte Pfade anhand einer rotierenden Strudelbewegung.

- Strudeldrehung: Mit einem Wert zwischen -180° und 180° wird die Stärke der Strudelbewegung angegeben. Je näher der Wert an einem der Extrempunkte liegt, desto stärker ist der Objektstrudel. Wenn Sie eine geringe Strudelbewegung wünschen, wählen Sie einen Wert nahe 0°.

Zusammenziehen-Werkzeug

 Zusammenziehen-Werkzeug

Das Werkzeug zieht ein Objekt durch Verschieben von Steuerpunkten zum Zeiger hin zusammen.

- Das Werkzeug bietet keine weiteren Optionen zu denen des **Verkrümmen-Werkzeuges**.

Aufblasen-Werkzeug

 Aufblasen-Werkzeug

Das Werkzeug bläst ein Objekt durch Verschieben von Steuerpunkten vom Zeiger weg auf.

- Das Werkzeug bietet keine weiteren Optionen zu denen des **Verkrümmen-Werkzeuges**.

Ausbuchten-Werkzeug

 Ausbuchten-Werkzeug

Das Werkzeug fügt der Kontur eines Objektes in unregelmäßigen Abständen glatte, bogenförmige Details hinzu.

- Hiermit wird ein Wert eingestellt, der festlegt, mit welchem Abstand die Details des Werkzeuges auf der Objektkontur erstellt werden. Dieser Wert ist direkt mit dem Wert für **Detail** verbunden.

Komplexität

- Die Optionen steuern, ob sich der Pinsel auf diese Eigenschaften des ausgewählten Pfades auswirken soll. Die Option **Pinsel verschiebt Ankerpunkt** ist nur bei den Werkzeugen **Kristallisieren** und **Zerknittern** nutzbar.

Pinsel verschiebt hinführende Griffe/ Pinsel verschiebt wegführende Griffe

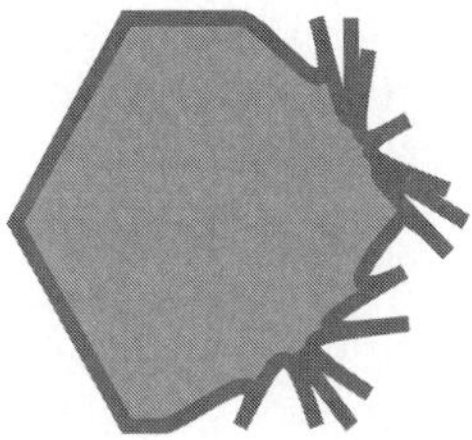

Kristallisieren-Werkzeug

Das Werkzeug fügt der Kontur eines Objektes in unregelmäßigen Abständen zacken- und bogenförmige Details hinzu.

Kristallisieren-Werkzeug

- Die Optionen steuern, ob sich der Pinsel auf diese Eigenschaften des ausgewählten Pfades auswirken soll.

Komplexität

Zerknittern-Werkzeug

Zerknittern-Werkzeug

Komplexität

Das Werkzeug fügt der Kontur eines Objektes in unregelmäßigen Abständen bogen- und zackenförmige Details hinzu.

- Die Optionen steuern, ob sich der Pinsel auf diese Eigenschaften des ausgewählten Pfades auswirken soll.

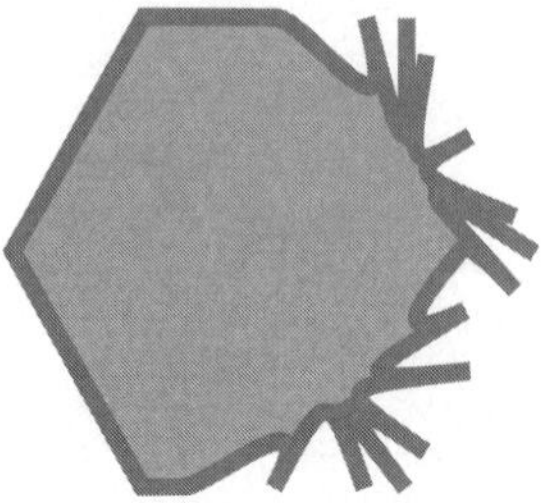

Verzerrungshülle

Verzerrungshüllen verformen Objekte anhand von vordefinierten oder selbst erstellten Pfadstrukturen. Es können auch Gitterobjekte als Hülle verwendet werden. Hüllen können für sämtliches Bildmaterial außer für verknüpfte Objekte (mit Ausnahme von TIFF, GIF und JPEG), Diagramme und Hilfslinien verwendet werden. Sie können Hüllen für Pfade, zusammengesetzte Pfade, Textobjekte, Gitter, Übergänge und Pixelbilder verwenden.

Erstellen von Verzerrungshüllen

- Erzeugen Sie ein beliebiges Pfadobjekt und platzieren Sie es oberhalb eines weiteren.
- Markieren Sie beide Objekte und führen Sie den Befehl aus dem Menü *Objekt* ➛ *Verzerrungshülle* ➛ *Mit oberstem Objekt erstellen* [⌥][⌘]C.

Das untere Objekt wird nun in die Kontur des oberen hineingezerrt.

Hüllen-Optionen

Soll die Verzerrungshülle genauer eingestellt werden, bzw. das Objekt, das sich deren Form anpasst, ist es notwendig, die **Hüllen-Optionen** zu öffnen, die dieses Verhalten regulieren.

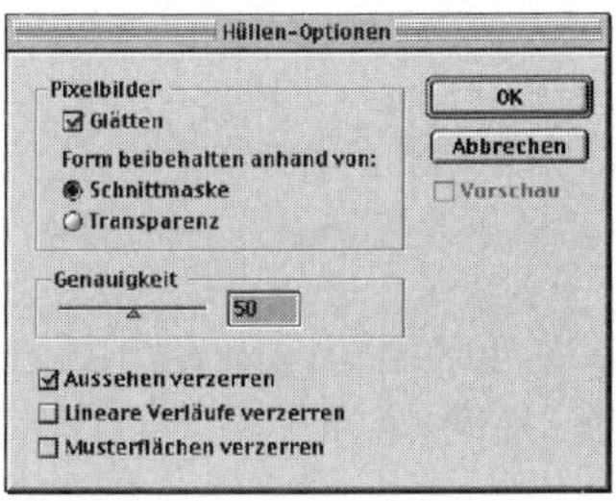

Pixelbilder

Glätten

- Sollen Rasterbilder beim Verzerren geglättet werden, um deren Aussehen zu verbessern, ist es sicher sinnvoll, die Option zu aktivieren. Die Geschwindigkeit der Berechnung sinkt dann jedoch.

Rasterform beibehalten anhand von:

- Zur Auswahl stehen hier **Schnittmaske** und **Transparenz** (hierbei wird ein Alphakanal im Rasterbild verwendet).

Genauigkeit

- Je höher der Wert, desto genauer wird das Objekt in die Form eingepasst. Desto mehr Punkte werden aber gegebenenfalls in den

Verzerrungspfad eingefügt, was die Berechnungszeit wiederum erhöht.

Aussehen verzerren
- Werden in einem Pfad Effekte oder Stile verwendet, können mit dieser Option auch diese verzerrt werden.

Lineare Verläufe verzerren
- Wurden dem Objekt Verläufe zugewiesen, können bei aktivierter Option auch diese verzerrt werden.

Musterflächen verzerren
- Wurden dem Objekt Muster zugewiesen, können bei aktivierter Option auch diese verzerrt werden.

Mit Gitter erstellen...

Ausgewählte Objekte können mit diesem Befehl in einzelne Zellen und Spalten unterteilt werden, die im Nachhinein nach Belieben verändert werden können.

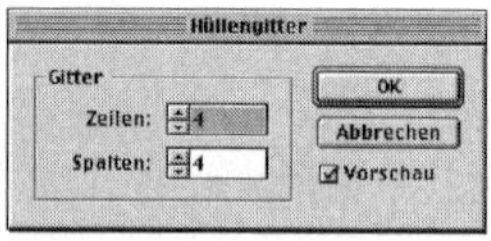

Zeilen
- Hier wird die Unterteilung der Vertikalen eingegeben.

Spalten
- Hier wird die Unterteilung der Horizontalen eingegeben.

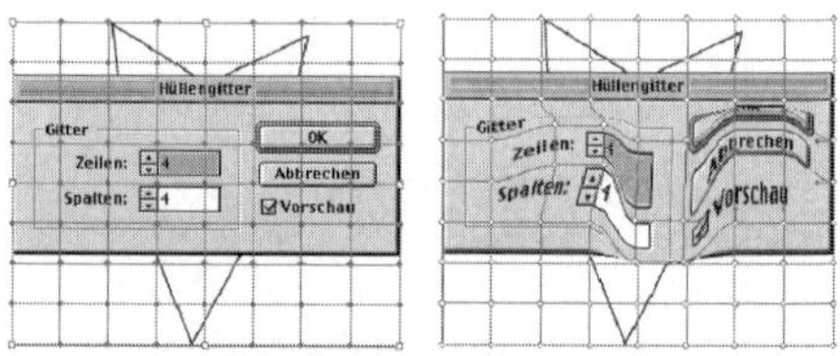

Auf die Unterteilungen kann anschließend mit dem **Direktauswahl-Werkzeug** eingegriffen werden. Wird in die Mitte einer Unterteilung geklickt, sind alle vier Ankerpunkte dieser Zelle aktiviert und können verändert werden. Wird nur ein einzelner Punkt aktiviert, kann an dieser Stelle eine Änderung der Umhüllung vorgenommen werden. Im Nachhinein kann dieses Gitter jedoch jederzeit wieder auf Standardwerte zurückgesetzt werden, indem der Befehl erneut ausgewählt wird. Er heißt dann jedoch **Mit anderem Gitter erstellen...** .

Mit Verkrümmung erstellen...

Dieser Befehl öffnet ein Dialogfeld, in dem auf vom Programm vordefinierte Verzerrungshüllen zugegriffen werden kann und entsprechende Voreinstellungen hinsichtlich deren Anwendung getroffen werden können.

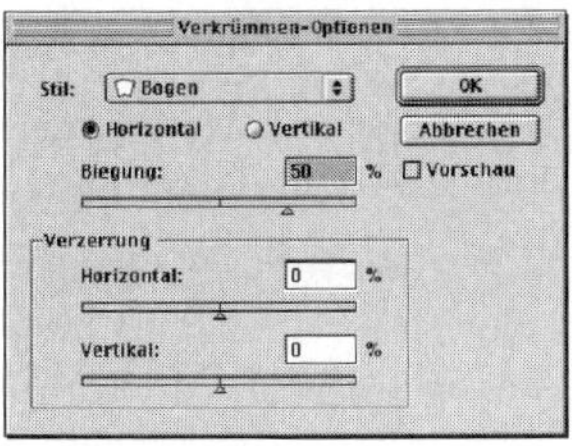

- Das PopUp-Menü stellt einige vordefinierte Hüllen zur Verfügung. — Stil

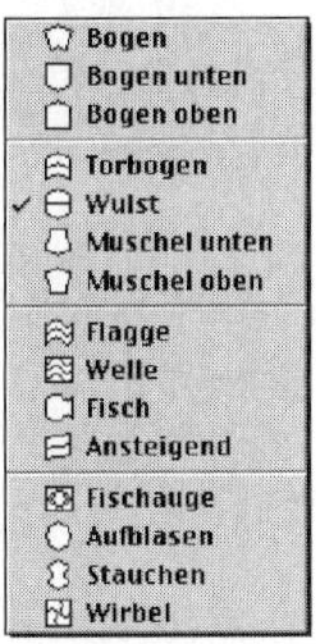

- Die Optionen geben an, in welche Richtung die Biegung vorgenommen werden soll. — Horizontal/Vertikal
- Der Regler steuert die Ausdehnung in der zuvor angegebenen Richtung. — Biegung

Die Werte sind jeweils ohne Verzerrungswerte benutzt worden.

Positiver Wert für Biegung bei Fischauge

Negativer Wert für Biegung bei Fischauge

Verzerrung

- Mit dieser Option wird definiert, wie stark die Verzerrung in der **horizontalen/vertikalen** Richtung vorgenommen wird.

Horizontale Verzerrung

Vertikale Verzerrung

Verzerrungshüllen ablösen

Um Verzerrungsobjekte wieder als einzelne Objekte bearbeiten zu können, kann der Befehl *Objekt* ➛ *Verzerrungshülle* ➛ *Ablösen* benutzt werden. Es entstehen dann jeweils ein Hüllenobjekt und das ehemalige verzerrte Objekt.

Pathfinder

Der Pathfinder ist ein Modul zur Erstellung komplexer Pfade aus Einzelpfaden. Illustrator bietet zwei Vorgehensweisen an: Sie können aus den Pfaden resultierende Objekte errechnen lassen, indem sie verschmolzen oder voneinander subtrahiert werden. Das Ergebnis wird ein Pfad sein; die ursprünglichen Zeichenwege werden dabei verbraucht.

Im zweiten Verfahren lässt sich das gleiche grafische Resultat mit zusammengesetzten Objekten erzeugen. Dabei bleiben die Ursprungspfade erhalten. Beide Methoden erlauben die weitere Bearbeitung wie bei einem Objekt, nur dass Sie im zweiten Fall Veränderungen an den ursprünglichen Pfaden vornehmen können, die das Ergebnis ändern. Diese zusammengesetzten Objekte können Sie jederzeit berechnen lassen, um sie zu einem Objekt zu vereinfachen.

Die Funktionen des Pathfinder sind in einer eigenen Palette untergebracht, die Sie mit *Fenster ➛ Pathfinder* anzeigen. Im oberen Teil sind die Formmodi angeordnet (Erstellung zusammengesetzter Formen), darunter die Funktionen zur Herstellung resultierender Pfade.

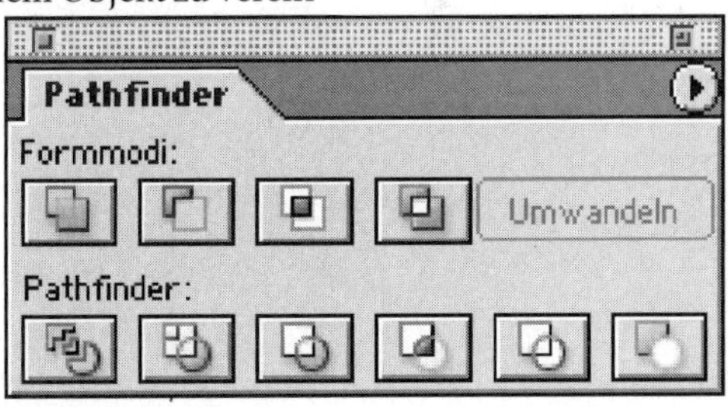

Bevor Sie die Funktionen einsetzen, sollten Sie die Voreinstellungen kontrollieren. Die finden Sie im Menü der Palette (**Pathfinder-**

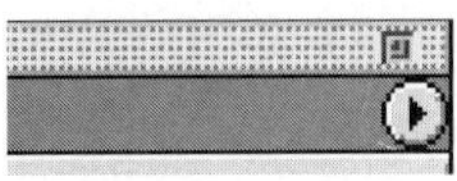

Paletten-Menü aufklappen

Optionen). Darin finden Sie unter anderem Einstellungen zu Rechengenauigkeit.

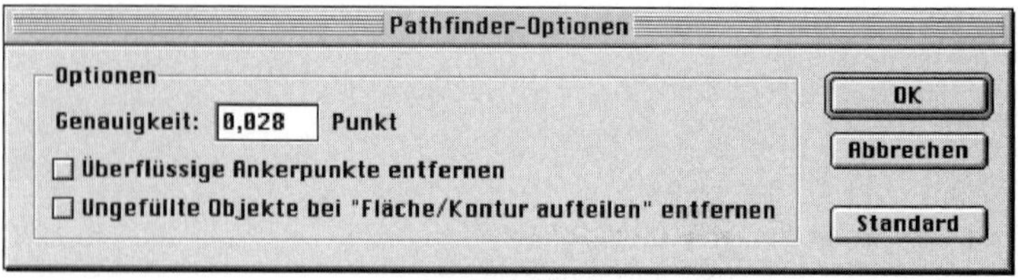

Genauigkeit

Je kleiner der Wert für die Genauigkeit gewählt wird, desto geringer sind die Abweichungen. Die Berechnung nimmt allerdings mehr Zeit in Anspruch, was wohl meist kein Kriterium sein wird.

Überflüssige Ankerpunkte entfernen

Die erste Option ermöglicht die Vereinfachung des Resultates, indem die Punke entfernt werden, die keine Auswirkung auf den Verlauf der Pfade haben (zum Beispiel mehr als zwei Punkte auf einer Geraden). Diese Einstellung kann Arbeit sparen, da nach der Entfernung von Punkten der Pfad unterbrochen wird und anschließend wieder zusammengefügt werden muss. Außerdem entscheidet Illustrator mathematisch genau, welche Punkte keinen Einfluss auf den Verlauf des Pfades haben.

Ungefüllte Objekte bei "Fläche/Kontur aufteilen" entfernen

Die zweite Option entfernt Pfade, die im Resultat zwar noch vorhanden, aber unsichtbar sind. Das sind Pfade, deren Kontur genau unter anderen Konturen liegt und die ungefüllt sind (keine sichtbare Fläche aufweisen). Mit dem Schalter **Standard** lassen sich die Voreinstellungen zurückholen.

Die Pathfinder-Palette

Wählen Sie die Objekte aus, die Sie bearbeiten möchten. Achten Sie darauf, dass sich die Objekte teilweise überdecken. Die Stapelfolge ist für das Ergebnis entscheidend. Wenn unerwartete Pfade entstehen, widerrufen Sie den letzten Arbeitsschritt und überprüfen die Stapelfolge. Einige Befehle bewirken jeweils gegenteilige Ergebnisse (unteres Objekt stanzt oberes aus oder oberes stanzt unteres aus). Bei einigen Befehlen ist es wichtig, ob nur zwei Objekte oder mehr beteiligt sind.

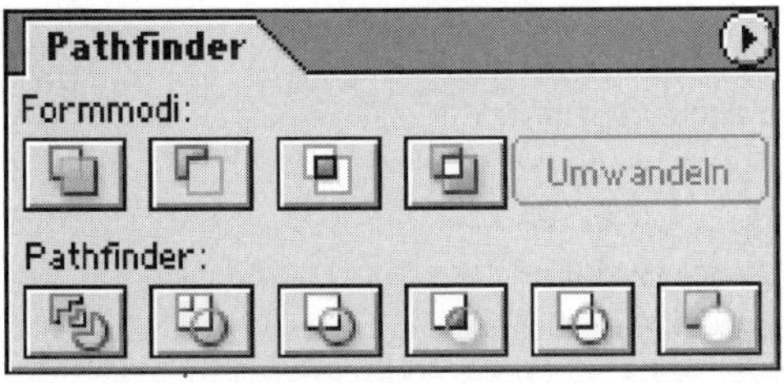

Im oberen Teil finden Sie die **Formmodi**, die wahlweise zusammengesetzte Objekte oder einzelne Ergebnispfade erzeugen. Zusammengesetzte Objeke lassen sich mit der Funktion **Umwandeln** nachträglich berechnen.

Objekte verschmelzen und erhalten die Attribute des vorderen.

 **Hinzufügen** vereint die markierten Objekte. Nach Betätigung des Schalters erhalten Sie ein zusammengefügtes Objekt. Halten Sie dabei die ⌥-Taste (Mac OS) oder die Alt-Taste (Windows) gedrückt, wird

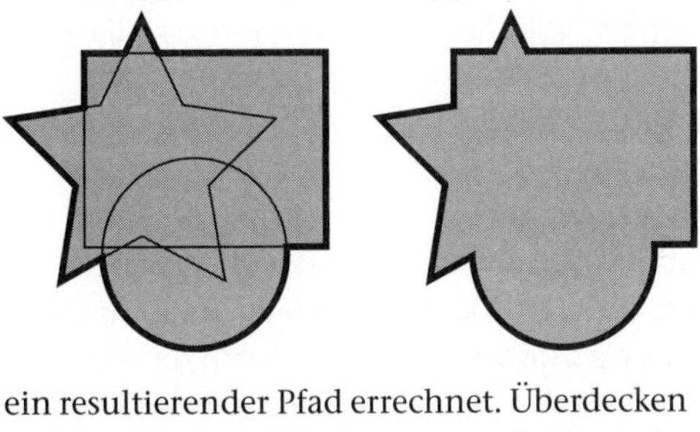

Die linken Darstellungen zeigen die Einzelpfade mit Kontur. Sie entsprechen nicht dem Resultat (nur eine gemeinsame Kontur um das Gesamtobjekt). Das grafische Resultat ist mit dem rechten, reduzierten Pfad identisch.

ein resultierender Pfad errechnet. Überdecken sich die Objekte nicht, erzeugt auch die zweite Variante zusammengesetzte Formen.

 **Subtrahieren** zieht die oberen Objekte vom zuunterst liegenden ab. Auch hier

erhalten Sie ein zusammengesetztes Objekt oder bei gedrückt gehaltener ⌥-Taste (Mac OS) oder Alt-Taste (Windows) einen resultierenden Pfad. Weisen die Objekte keine

Obere Objekte stanzen das unterste aus.

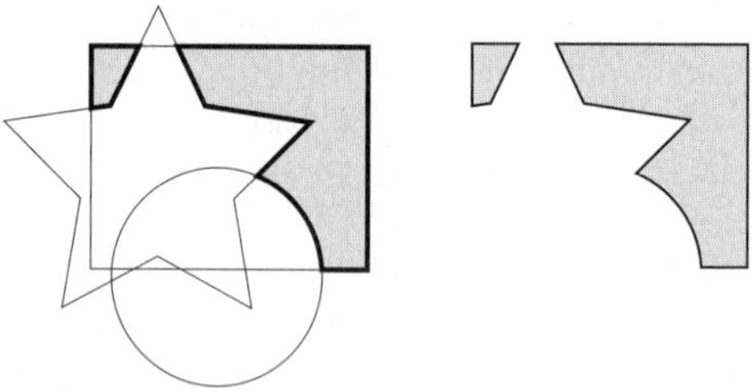

Überdeckung auf, werden die oberen Objekte entfernt, das untere bleibt unverändert.

Bilden Sie die **Schnittmenge** aller markierten Objekte. Nach einem Klick auf den Schalter wird ein zusammengesetztes Objekt erstellt, bei gedrückter ⌥-Taste (Mac

Der allen gemeinsame Bereich bleibt und erhält die Attribute des obersten Objektes.

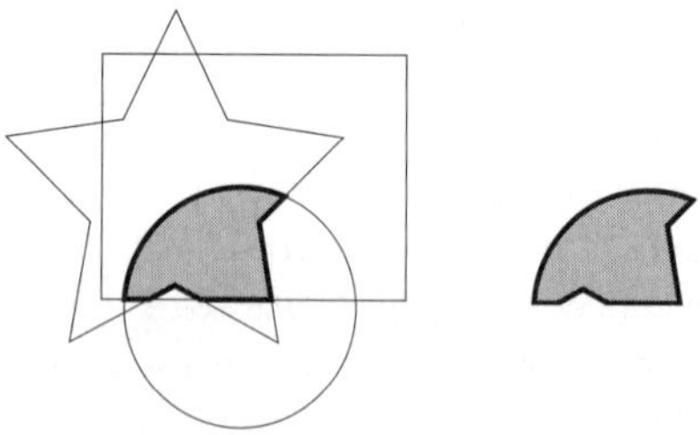

OS) oder Alt-Taste (Windows) wird gleich in einen Einzelpfad gewandelt. Bei fehlender Überdeckung wird eine Warnmeldung eingeblendet.

Entfernen Sie die **Überlappungen**. Auch hier entstehen zusammengesetzte Formen. Bei gedrückter ⌥-Taste (Mac OS) oder Alt-Taste (Windows) werden die resultierenden Formen errechnet (im Beispiel wurden sie etwas gegeneinander verschoben). Falls sich die Objekte nicht überdecken, entsteht bei zusätzlich gedrückter ⌥-Taste eine Gruppe mit einheitlichen Grafikattributen.

Nur Überstände bleiben und erhalten die Attribute des obersten Objektes.

Wenn Sie bei den Formmodi zusammengesetzte Formen erhalten, können Sie jederzeit durch Betätigung des **Umwandeln**-Schalters einen resultierenden Pfad errechnen lassen.

Betätigen Sie die Schalter bei gedrückter Wahl-/Alt-Taste, erhalten Sie sofort resultierende Pfade.

Bei den **Pathfinder**-Befehlen ist der Status des Resultats von der Art der Markierung abhängig. Wählen Sie die Objekte mit dem Auswahlwerkzeug(↖), erhalten Sie gruppierte Pfade. Zur Auswahl der Einzelobjekte können Sie die Gruppierung lösen (*Objekt ➛ Gruppierung aufheben*) oder die **Gruppenauswahl** (↖⁺) einsetzen. Wenn die Ursprungspfade mit der **Gruppenauswahl** (↖⁺) oder der **Direktauswahl** (↖) bei gedrückter ⇧-Taste gewählt werden, sind die resultierenden Pfade nicht gruppiert.

Fläche aufteilen ist die

Funktion zur Erzeugung von Teilflächen, die von keinem Liniensegment unterbrochen werden. Es gibt keine Überdeckungen, wenn in den Optionen der Palette **Ungefüllte Objekte bei „Fläche/ Kontur aufteilen" entfernen** gewählt ist.

Alle Konturen schneiden alle Flächen.

Beim **Entfernen des Überlappungsbereichs** werden verdeckte Bereiche gelöscht. Konturen werden entfernt; gleichfarbige

Objekte trennen sich entlang der Konturen; Flächen bleiben zusammenhängend.

Objekte werden nicht zusammengefügt.

Gleiche Flächen verschmelzen

Diese Funktion **entfernt verdeckte Flächen**; Konturen gehen verloren. Gleichfarbige Flächen, die sich berühren oder überdecken, verschmelzen zu einem Objekt.

Die oberste Fläche schneidet die unteren zu

Die beteiligten Pfade werden in **gefüllte Teilflächen** getrennt. Nur die Teile der unteren Fläche bleiben erhalten. Überstände und die oberste Fläche selbst werden entfernt.

Alle Linien schneiden sich gegenseitig. Ungefüllte Kontursegmente bleiben.

Dieser Befehl **teilt die Konturen auf**. An allen Überschneidungspunkten werden die Linien unterbrochen. Es gibt keine gefüllten Flächen. Dieser Befehl ist zur Erstellung von Überfüllungen geeignet. Es entstehen keine Flächen, wenn in den Optionen der Palette **Ungefüllte Objekte bei „Fläche/ Kontur aufteilen" entfernen** gewählt ist.

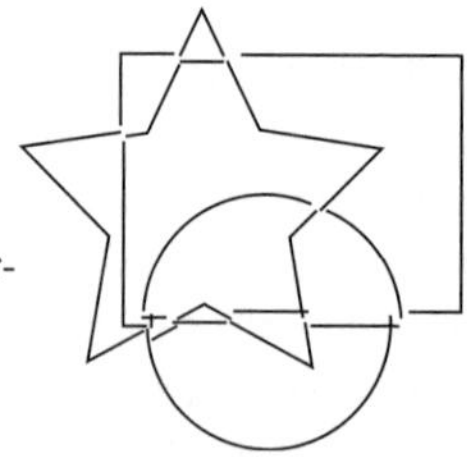

Alle unteren Formen stanzen die oberste aus.

Beim **Abziehen des hinteren Objektes** werden Bereiche der unteren Objekte vom obersten abgezogen. Alle Objekte außer dem oberen werden gelöscht. Es verbleiben nur die Teile, unter denen es keine Überdeckung gab.

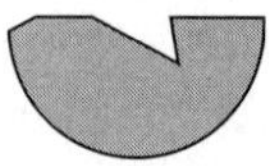

Farbe

Farbe kann im Illustrator aus verschiedenen Systemen erstellt werden. Dazu stehen unterschiedliche Mischsysteme zur Verfügung. Das Programm bietet Unterstützung für Farbmanagementsysteme, um Ihre eingesetzten Farben in der Weiterverarbeitung möglichst konstant zu halten.

Die wichtigste Entscheidung muss zu Beginn einer Illustration gefällt werden: Wozu möchten Sie die Illustration einsetzen? Aus der Antwort ergibt sich das Farbsystem, mit dem Sie arbeiten.

Soll die Datei in Printmedien erscheinen, muss sie aus den Farben für den Druckbereich zusammengesetzt sein. Das sind die standardisierten Farben Cyan, Magenta, Gelb und Schwarz, das **CMYK-System**. Zusätzlich oder alternativ können Volltonfarben zum Einsatz kommen.

Für die Erstellung von Grafiken für den Multimedia- und Internetbereich kommt das **RGB-System** in Frage. Die Farbtöne sind in diesem Fall aus den Grundfarben Rot, Grün und Blau zusammengesetzt. Das sind die Farben, die Monitore benutzen. So sollte auch die Grafik, die zur Darstellung auf dem Monitor gedacht ist, aus diesen Farben bestehen.

Die Systeme können jeweils eine spezielle Anzahl Farbtöne darstellen. Das ist durch die technischen Gegebenheiten bedingt. Man spricht vom Farbumfang oder vom Farbraum eines Systems. Der Farbumfang des RGB-Systems ist größer als der des CMYK-Systems. So ist es möglich, dass Grafiken auf dem Monitor bunter erscheinen als in der gedruckten Ausgabe. Dazu kommt die unterschiedliche Wahrnehmung: Der Monitor stellt Farben mit Hilfe von Licht dar. Das gedruckte Exemplar ist durch die Reflexion des Umgebungslichtes sichtbar. Auf dem Monitor erscheint die gleiche Arbeit also leuchtender, und das im eigentlichen Wortsinn.

Das RGB-Modell

Farbe wird aus den Komponenten Rot, Grün und Blau definiert. Damit ist sie zur Darstellung auf dem Monitor geeignet, auf dem Phosphorteilchen rotes, grünes und blaues Licht erzeugen.

Jeder Anteil der Grundfarben ist in 256 Stufen dosierbar. Das sind die Werte null (kein Anteil dieser Farbe) bis 255 (höchster Anteil). Wenn die drei Anteile den gleichen Wert aufweisen, entsteht Grau. Alle Anteile auf null gesetzt ergibt Schwarz, alle Anteile auf 255 gesetzt ergibt Weiß. Höhere Anteile bewirken hellere Farben (mehr Licht).

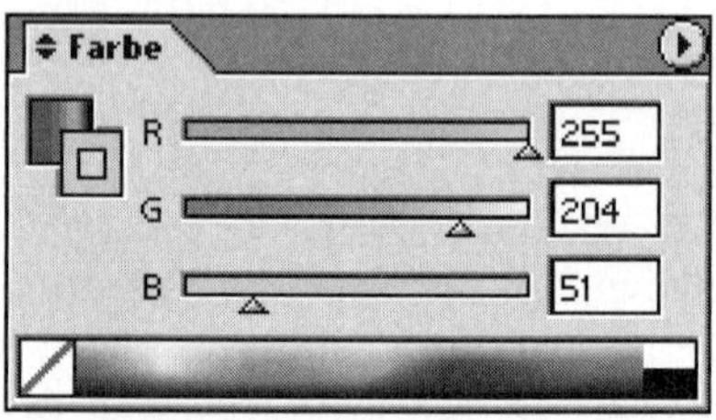

Farbmischer des RGB-Systems

Illustrator bietet zusätzlich ein modifiziertes System an: RGB für websichere Farben. Damit lassen sich Farben erzeugen, die bei der Darstellung in Internetbrowsern konstant sind, also ohne Farbabweichung auskommen.

Das CMYK-Modell

Dieses Modell setzt die gemischten Töne aus den Druckfarben Cyan, Magenta, Gelb und Schwarz zusammen. Das Y steht für Yellow und K für Black.

Die Farben des fertigen Produktes wirken als Reflexion des Umgebunglichtes durch die Druckfarben. Diese sind teilweise transparent, um eine Mischung der Anteile zu ermöglichen. Deswegen ist auch die Reflexion des durchscheinenden Papiers in der Wirkung von Druckfarbe bedacht.

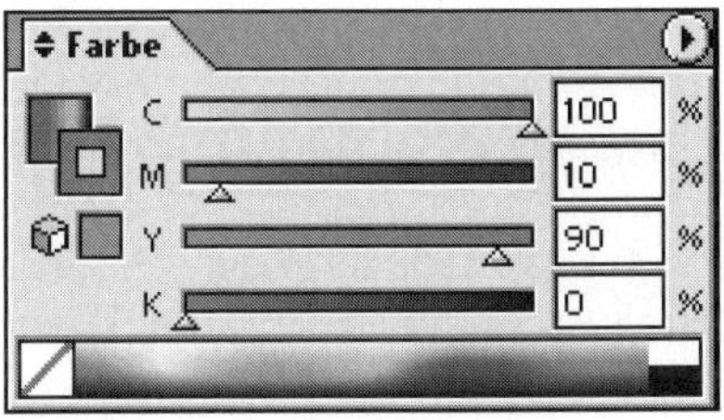

Farbmischer des CMYK-Systems

Die Anteile der Farben werden in Prozent angegeben. Dieser Wert entspricht der aufgetragenen Menge Druckfarbe im fertigen Erzeugnis. Höhere Anteile erzielen dunklere Farben (mehr Absorption, also weniger reflektiertes Licht).

Das Graustufen-Modell

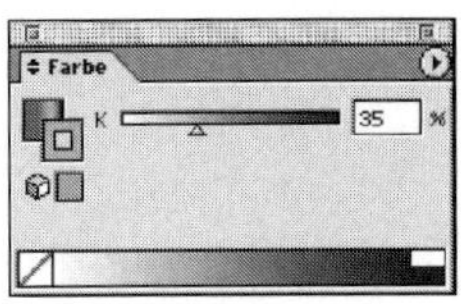

Sie können Illustrationen auch aus einer Farbe erstellen: der Druckfarbe Schwarz. Die Luminanz des Bildes wird als Anteil schwarzer Farbe umgesetzt. Dieses System kommt bei einfarbigem Druck zum Einsatz; etwa in Tageszeitungen oder auf Schwarz/Weiß-Laserdruckern. Sie können jedes Bild in ein Graustufenbild wandeln. Farbige Bilder verlieren die Informationen über Farbtöne und Sättigungen, die Helligkeit bleibt als Graustufe erhalten.

Das HSB-Modell

(**H**ue = Farbton, **S**aturation = Sättigung, **B**rightness = Helligkeit)

Dieses Modell basiert auf der Farbwahrnehmung und nicht auf technischen Prozessen. Es beschreibt die Farbe mit den Merkmalen Farbton, Sättigung und Helligkeit.

Die Farbe selbst wird als Farbton bezeichnet. In diesem Modell liegt ein Farbkreis zugrunde, an dessen Peripherie alle Farbtöne liegen. Der Wert des Farbtons ist die Winkelangabe seiner Position, liegt also zwischen 0° und 360° (Rot 0°, Grün 120°, Cyan 180°).

Die zweite Komponente ist die Sättigung der Farbe. Sie gibt die Intensität an; ihre Werte liegen zwischen 0 % (grau) und 100 % (satte, bunte Farbe). Im Farbmodell ist die Sättigung ebenfalls im Farbkreis ablesbar. In der Mitte des Kreises ist die Sättigung null, am Rand 100 %. Der Farbkreis hat an seiner Peripherie die kräftigen bunten Farben und im Mittelpunkt eine graue Stelle.

Die dritte Komponente ist die Helligkeit. Sie regelt die Luminanz der Farbe, hellt den Farbkreis insgesamt auf oder dunkelt ihn ab. Ein Wert von 0 % erzeugt Schwarz. 100 % bei hoher Sättigung erzeugt eine reine Farbe. Liegt die Sättigung bei 0 %, entsteht Weiß.

Im Illustrator-Farbwähler wird der Farbkreis nicht gezeigt. Hier finden Sie drei Schieberegler für die Komponenten.

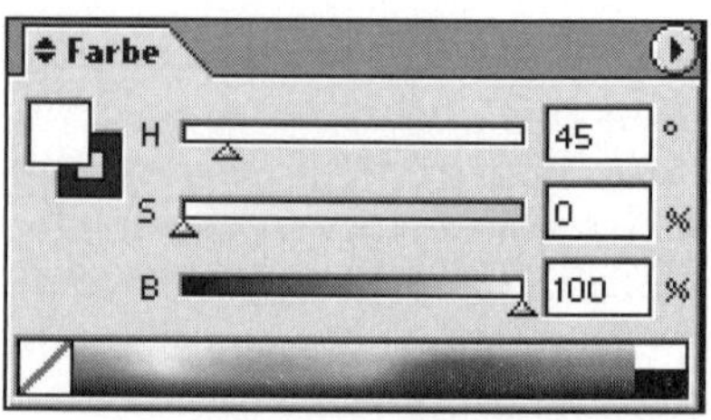

Prozessfarben und Volltonfarben

Für den farbigen Druck stehen zwei Methoden zur Verfügung: die Prozessfarben CMYK, bei denen Farbtöne aus der Mischung der Grundfarben entstehen, und die Volltonfarben. Das sind fertig gemischte Druckfarben in Skalen von Dutzenden oder Hunderten Abstufungen.

Der Einsatz von Volltonfarben ist eine Frage von Qualität und Wirtschaftlichkeit. Jede Volltonfarbe benötigt eine Druckplatte. Drucksachen mit vielen Farben (enthaltene Farbfotos, komplexe Illustrationen) sind also nicht aus Volltonfarben druckbar.

Industriell fertig gemischte Volltöne bieten aber hohe Farbgenauigkeiten, da sie nicht dem Spiel von Mischung, Druckungenauigkeiten, Papier und so weiter unterliegen. Und sie bieten einen weiteren Vorteil: Sie können Töne wiedergeben, die außerhalb des CMYK-Farbraumes liegen. Das sind Metalleffekte, Leuchtfarben und andere sehr kräftige Farben.

Wenn ein Druckauftrag mehr als vier Farben erfordert, sollten Sie den Einsatz von Prozessfarben in Betracht ziehen. Oft werden Volltonfarben in Kombination mit Prozessfarben eingesetzt. Sie bilden eine Ergänzung für Elemente mit hoher Farbgenauigkeit (Signets) oder für Effekte.

Volltonfarben übernehmen Sie aus Farbkatalogen. Illustrator installiert mehrere im Programm. Sie sollten die Farbtöne stets nach ihren gedruckten Mustern beurteilen, da die Simulation auf dem Monitor abweicht.

Globale Farben halten den Bezug zum Objekt. Ihre Änderung wirkt sich unmittelbar auf alle Objekte aus, denen sie zugewiesen wurden. Bei einzelnen Prozessfarben ist dies nicht der Fall.

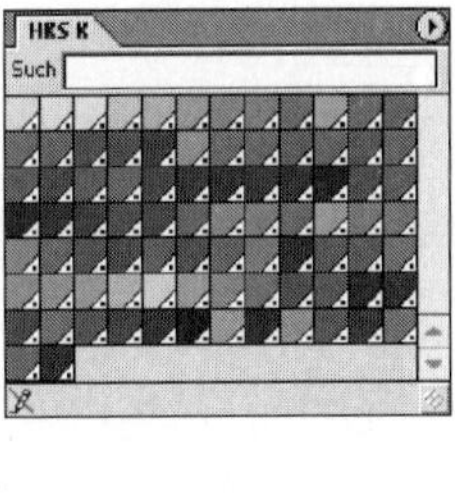

Volltonfarben sind immer global!

Einsatz von Farbe

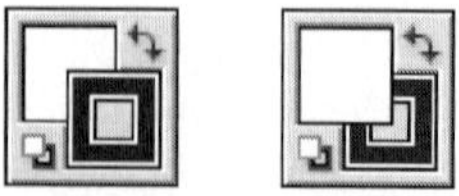

Links: Kontur aktiv
Rechts: Fläche aktiv

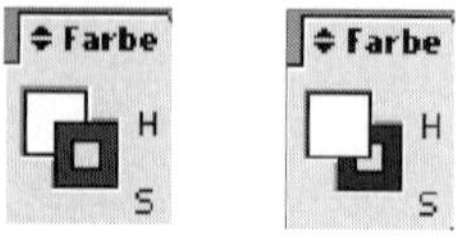

Links: Kontur aktiv
Rechts: Fläche aktiv

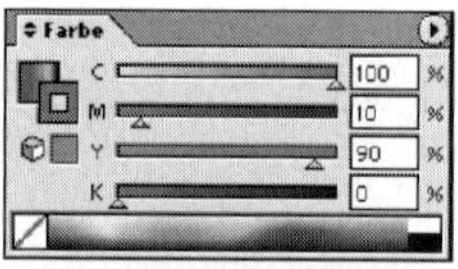

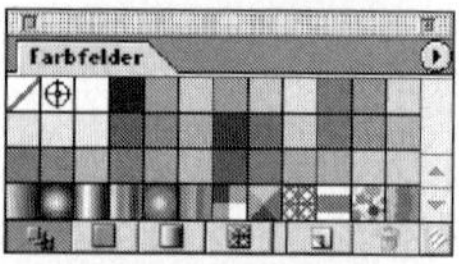

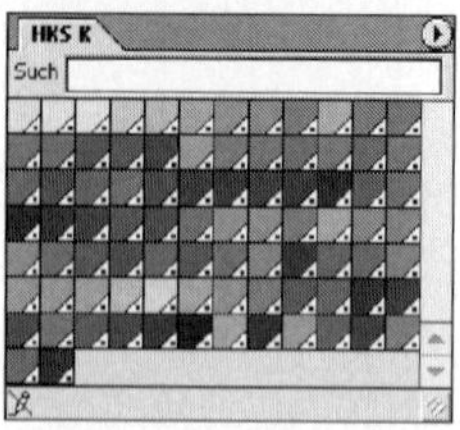

Cursor beim Ziehen von Farbe

Pipette und Füllwerkzeug

Farben werden ausgewählten Objekten zugewiesen, nachdem die Fläche oder die Kontur als Ziel bestimmt wurde. Dafür gibt es mehrere Möglichkeiten:

- Wählen Sie ein Objekt und klicken Sie auf das Flächen- oder Konturfeld der **Werkzeug-Palette**.
- Klicken Sie auf das Flächen- oder Konturfeld der **Farbe-Palette**.

Die Wahl der Farbe kann auf eine der folgenden Arten geschehen:

- Mischen Sie eine Farbe in der **Farbe-Palette**.
- Wählen Sie eine Farbe aus der **Farbfelder-Palette** (*Fenster* ➤ *Farbfelder*).
- Wählen Sie eine Farbe aus den Beständen. Zeigen Sie dazu mit dem Befehl *Fenster* ➤ *Farbfelder-Bibliotheken* einen Katalog an.
- Ziehen Sie eine Farbe aus der **Farbfelder-Palette**, das Flächen- oder Konturfeld der **Werkzeug-Palette** oder der **Farbe-Palette** auf das Objekt. Beim Übertragen von Fläche oder Kontur wird das entsprechende Attribut gefärbt. Beim Ziehen eines Farbfeldes ist das momentan aktive Attribut betroffen.
- Übernehmen Sie Attribute mit **Pipette**- (aufnehmen) und **Füll-Werkzeug** (zuweisen).
- Wählen Sie eine Farbe im Adobe-Farbwähler. Er wird nach einem Doppelklick auf das Flächen- oder Konturfeld der **Werkzeug-Palette** oder der **Farbe-Palette** eingeblendet.

Zugewiesene Farben erkennen Sie bei ausgewählten Objekten im Kontur- und Füllungs-Symbol der **Werkzeug-Palette** sowie der **Farbe-Palette**. Objekte mit verschiedenen Farben zeigen Fragezeichen in den Symbolen.

Die Farbe-Palette

Zum Mischen nutzen Sie die **Farbe-Palette**. Sie bietet alle Farbmodelle, die Sie im Paletten-Menü oder durch Klicken bei gedrückter [⇧]-Taste in den Farbbalken wählen.

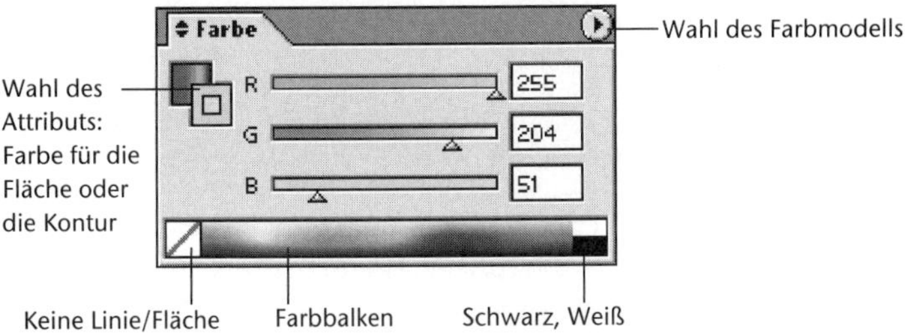

Farben werden durch Ziehen an den Schiebereglern oder mit einem Klick in den Farbbalken gewählt. Sie können auch bei gedrückter Maustaste über den Farbbalken ziehen; die Regler stellen die jeweilige Mischung simultan dar.

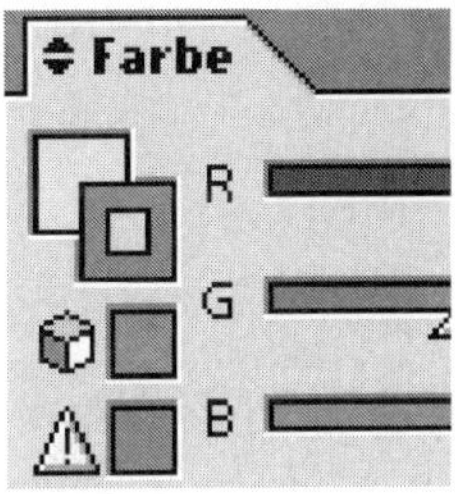

Unter dem Fläche-/Kontur-Schalter können zwei Farbwarnungen erscheinen. Sie weisen auf eine aktuelle Farbe hin, die sich außerhalb des Farbraumes befindet:

Der Würfel markiert Farben, die nicht websicher sind. Die nächste mögliche Farbe wird nach einem Klick auf das nebenstehende Farbfeld eingestellt.

Das Warnschild zeigt Farben außerhalb des CMYK-Farbraumes an (nicht druckbar). Mit einem Klick auf das zugehörige Farbfeld korrigieren Sie zur nächsten druckbaren Farbe.

Die Farbfelder-Palette

Hier finden Sie den aktuellen Farbvorrat. Mit dieser Palette kontrollieren Sie die Farben des Dokumentes. Die aktuelle Farbe wird umrandet. Im **Paletten-Menü** finden Sie Optionen zur Ordnung und Darstellung der Farben.

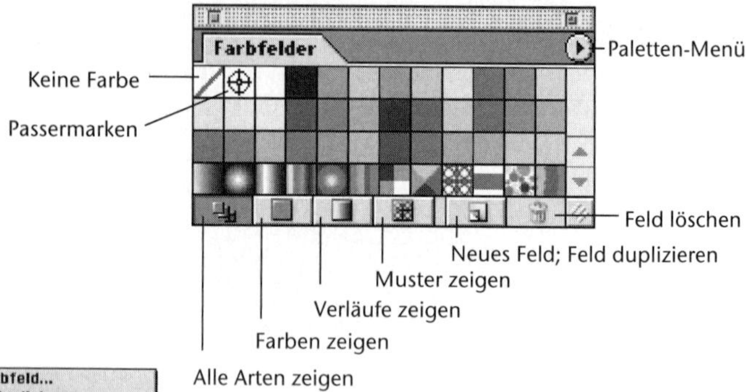

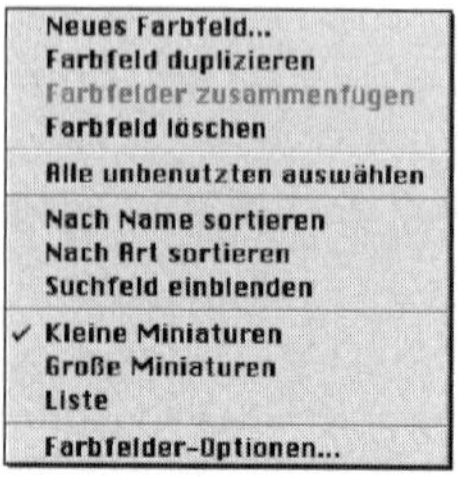

Im Menü der Palette lässt sich die Art der Anzeige wählen (oben dargestellt: Kleine Miniaturen). Die Anzeige als Liste bringt die Farbnamen in die Palette.

Sie finden Befehle zur Erstellung, zum Duplizieren, zum Löschen von Farben und Ordnungkriterien in der Liste. Die Option **Alle unbenutzten auswählen** bietet eine komfortable Kontrolle aller im Dokument eingesetzten Farben (nicht markiert), indem Sie die nicht benutzten löschen.

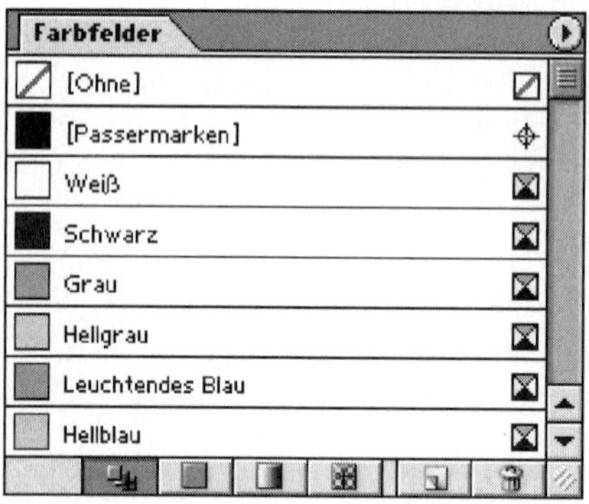

In der Listendarstellung zeigt jeder Listeneintrag am Ende der Zeile ein Symbol, das die Art der Farbe bezeichnet. Es kann sich um CMYK-Farben (nebenstehendes Beispiel), RGB-Farben (drei Streifen), Volltonfarben (Punkt) und HSB-Farben handeln. Zwei weitere Symbole sind zu sehen: ein durchgestrichenes Feld (Ohne) und eine Kreuzmarke (Passermarken).

Mit dem Befehl **Suchfeld einblenden** können Sie Farben durch Eingabe des Namens anzeigen.

Die Farbe **Passermarken** wird für Druckmarken und Beschriftungen eingesetzt, die auf allen Druckformen erscheinen und sich außerhalb der gedruckten Nutzfläche befinden.

Der Adobe-Farbwähler

Illustrator bietet einen großen Farbwähler, der in allen Programmen des Herstellers zu finden ist. Sie öffnen ihn mit einem Doppelklick auf den Fläche-/Kontur-Wähler in der **Werkzeug-Palette** oder in der **Farbe-Palette**.

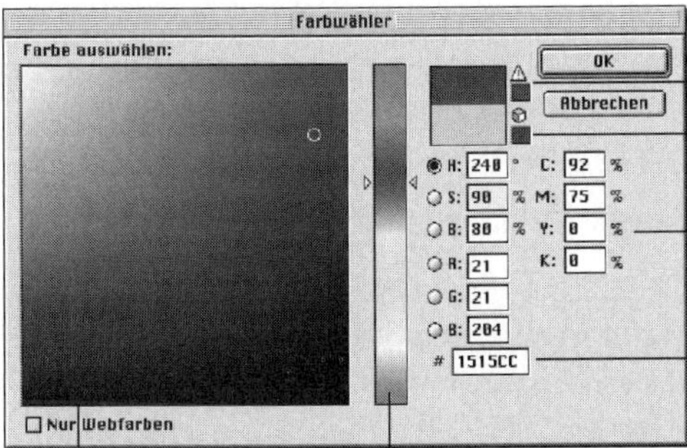

Farbumfang-Warnung CMYK und Korrekturfeld

Warnung nicht websicherer Farben und Korrekturfeld

Farbmodelle HSB, RGB und CMYK

Hexadezimaler RGB-Farbwert

Anzeige der wählbaren Komponente (hier: Farbton des RGB-Modells)

Die anderen beiden Komponenten (hier: waagerecht die Sättigung, senkrecht die Helligkeit)

Eine Farbe wählen Sie durch Eingabe von Werten (alle Anzeigen anderer Modelle werden aktualisiert) oder durch Bewegen der Marken am Streifen und im Farbfeld. Die gewählte Farbe wird nach Betätigen des OK-Schalters auf die markierten Objekte übertragen.

Farb-Bibliotheken

Die mitgelieferten Farbkataloge zeigen Sie mit dem Befehl *Fenster ➛ Farbfelder-Bibliotheken* an. Es handelt sich um Volltonfarben für den Druck. Da auf dem Monitor digitale Simulationen gezeigt werden, sollten Sie den genauen Farbton an gedruckten Farbmustern überprüfen.

HKS-Farben sind der Standard der heimischen Druckindustrie. Für die Farbwirkung auf verschiedenen Materialien gibt es spezielle Kataloge (N: Recycling-Papier, K: Glatte

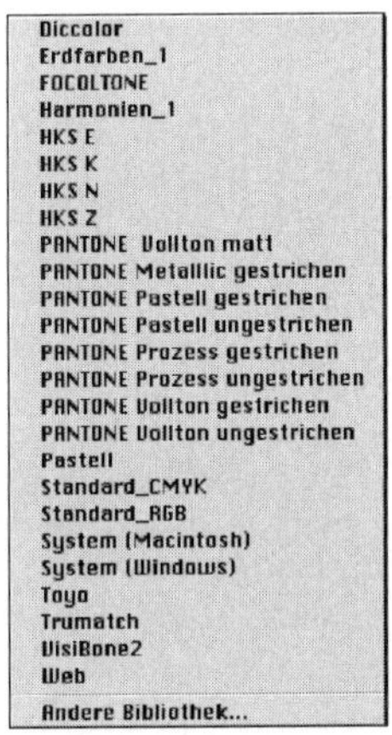

Papiere, Z: Saugfähige Papiere). Die Pantone-Farben finden auch zunehmend Verbreitung. Fragen Sie Ihre Druckerei, welche Volltonfarben sie verarbeitet.

Sie können eigene Bibliotheken aus anderen Illustrator-Dokumenten importieren. Wählen Sie mit *Fenster ➛ Farbfelder-Bibliotheken ➛ Andere Bibliothek* eine Datei. Der Farbbestand wird in einer eigenen Palette gezeigt und erhält den Namen des Dokumentes.

Erstellen eigener Startdateien

Neue Dokumente entstehen als Kopie der Startdokumente. In den Einstellungen zum neuen Dokument geben Sie an, ob ein RGB- oder ein CMYK-Dokument angelegt wird. Das

entsprechende Startdokument wird kopiert.

Die Startdokumente heißen „Adobe Illustrator Startup_CMYK“ und „Adobe Illustrator Startup_RGB“. Sie liegen im Ordner „Zusatzmodule“ des Programmordners. Die Inhalte der Farbfelder-Palette, Muster, Verläufe, Diagramm-Designs und Farb-Bibliotheken werden übernommen, wie auch Dokumenteinstellungen zu Ansicht, Paletten und so weiter.

Modifizieren Sie die Startdateien so, dass jedes neue Dokument die Farben und Einstellungen enthält, die Sie standardmäßig vorzufinden wünschen.

Komfortabel wäre es, die Arbeitsfläche so vorzufinden, wie sie verlassen wurde. Das betrifft Voreinstellungen und die Anzeige der Paletten am gewählten Platz. Das scheint dem Illustrator nicht zu gelingen (MacOS-Rechner). Die Einrichtung des Arbeitsplatzes nach jedem Programmstart ist nicht professionell.

Farben verwalten

Anlegen eigener Farbfelder

Illustrator unterscheidet zwischen Farbfeldern (für den Farbbestand des Dokumentes definiert) und unbenannten Farben. Farbfelder bekommen immer Namen; wenn sie in der **Farbfelder-Palette** dargestellt werden, sind sie benannte Farben.
Die **Farbfelder-Palette** dient zur Verwaltung und Kontrolle der Farben des Dokumentes. Wenn Sie unbenannte Farben einsetzen, erscheinen sie nicht in der Palette. Das erschwert die Kontrolle des Dokumentes. Wenn alle Farben aus CMYK definiert sind, ergibt sich kein Problem im normalen Druckprozess.

Beim Einsatz von Volltonfarben sollten Sie darauf achten, Farben als benannte Felder in der Palette abzulegen. Das ist die Voraussetzung für die korrekte Weiterbearbeitung, bei der jeder Farbauszug namentlich bezeichnet werden muss.

Einsatz unbenannter Farben

Mischen Sie Farben in der **Farbe-Palette** oder im Adobe-Farbwähler. Achten Sie darauf, ob gerade eine Flächen- oder Konturfarbe entsteht. Ziehen Sie das Symbol auf das Objekt oder verlassen Sie den Farbwähler mit OK.

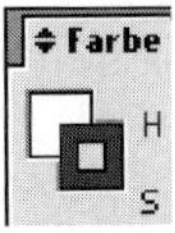

Ziehen Sie das Symbol auf das Objekt, in diesem Fall eine Konturfarbe.

Definieren benannter Farben

Mischen Sie eine Farbe. Ziehen Sie die Farbe in die **Farbfelder-Palette**. Unterhalb der Farbfelder wird sie als letzte Farbe erscheinen, zwischen den Farben schieben sich die folgenden weiter.

Mischen Sie eine Farbe. Klicken Sie auf den Schalter **Neu** im unteren Teil der **Farbfelder-**

Palette. Die neue Farbe erscheint an letzter Stelle.

Zum Definieren einer Volltonfarbe halten Sie die [⌘]-Taste (Mac OS) oder die [Strg]-Taste (Windows) gedrückt, während Sie die Farbe in die Palette ziehen.

Farben bearbeiten

Den Status definierter Farben können Sie an der Symbolik in der Palette erkennen.

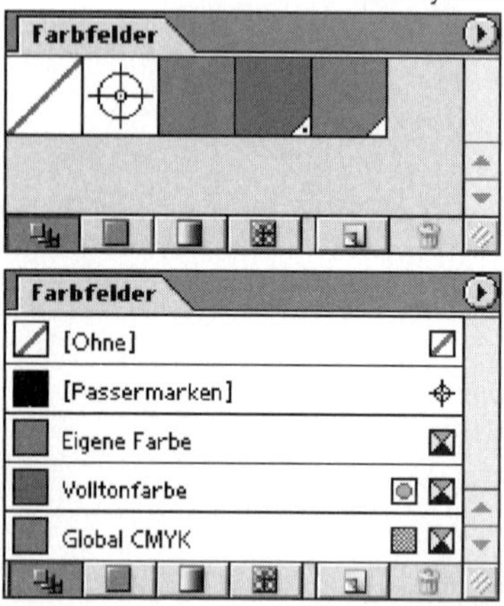

Die weiß gefüllte Ecke eines Farbfeldes markiert globale Farben. Ein Punkt in dieser Ecke zeigt die Volltonfarbe (immer global).

In der Listenansicht werden die globalen Farben mit einer quadratischen Markierung versehen. CMYK-Farben erhalten eine graues Feld, Volltöne eine kreisförmige Markierung. Das letzte Viereck zeigt den Dokumenten-Status CMYK.

Farben lassen sich nach einem Doppelklick bearbeiten. Die Farbfeld-Optionen werden eingeblendet:

Farbe im RGB-Dokument

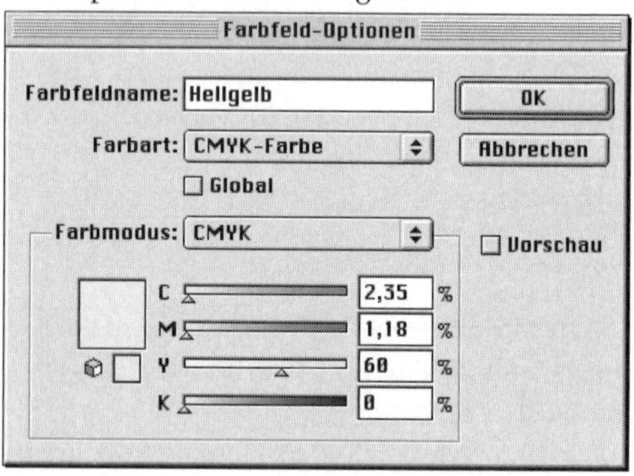

Hier können Sie den vom Programm vergebenen Namen der Farbe und den Status CMYK/Vollton ändern. Die **Global**-Option ist für

CMYK-Farben änderbar. Ab der nächsten Änderung verhalten sich Objekte dieser Farbe entsprechend. Darunter werden die Farbmodi angeboten, mit denen der Farbton neu zu mischen ist.

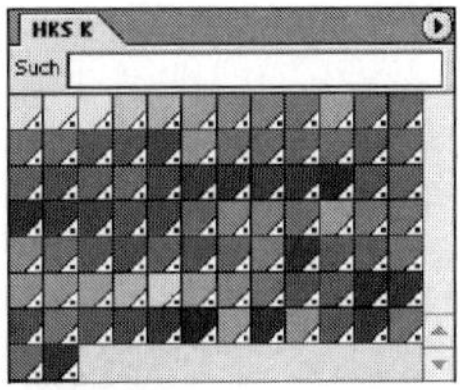

Die Optionen sind auch hilfreich, wenn Sie zum Erstellen eigener Farben Bibliotheken nutzen, die aus Volltönen bestehen (an der Art der Farbfelder erkennbar). Ziehen Sie Farben in die **Farbfelder-Palette** und ändern Sie in den Optionen den Status.

Zum Duplizieren einer Farbe ziehen Sie das Farbfeld auf den Neu/Duplizieren-Schalter.

Zum Entfernen ziehen Sie das Farbfeld auf den Löschen-Schalter. Sie können auch bei markiertem Farbfeld auf den Löschen-Schalter klicken.

Farben übertragen

Die Farben von Fläche und Kontur lassen sich sehr einfach auf weitere Objekte übertragen. Dazu dienen **Pipetten**- und **Füll-Werkzeug**:

Wählen Sie das **Pipetten-Werkzeug** in der **Werkzeug-Palette** oder durch Drücken der Buchstabentaste I. Nehmen Sie mit einem Klick auf das Quellobjekt die Attribute auf. Wechseln Sie zum **Füll-Werkzeug** (in der **Werkzeug-Palette** bzw. mit der Taste K) und klicken Sie auf das Zielobjekt.

Pipetten-Werkzeug und **Füll-Werkzeug** lassen sich durch Drücken der ⌥-Taste (Mac OS) oder Alt-Taste (Windows) wechseln. Also ganz einfach: Buchstaben I/K drücken, Attribute aufnehmen, ⌥-/Alt-Taste halten und die Attribute übertragen.

Welche Attribute übertragen werden, legen Sie nach einem Doppelklick auf eines der beiden Werkzeuge in den Optionen fest (Kategorie **Aussehen**).

Sie können auch Farben außerhalb der Illustrator-Programmfenster aufnehmen: Fahren Sie mit der Pipette bei gehaltener Maustaste über den Schreibtisch oder andere Programme. Lösen Sie die Maustaste zur Übernahme der Farbe.

Aus anderen Dokumenten übernehmen

Bei der Übernahme eines Objektes per Zwischenablage legt Illustrator enthaltene globale Farben in der **Farbfelder-Palette** des Zieldokumentes an. Das betrifft auch Verläufe und Muster.

Farbfilter

Einige Filter sind zum Bearbeiten von Farbe geeignet. Das sind *Filter* ➛ *Farben* ➛ *Farben einstellen...* und die Konvertieren-Filter *Filter* ➛ *Farben* ➛ *In Graustufen konvertieren,* ➛ *In CMYK konvertieren* und ➛ *In RGB konvertieren* (je nach Dokument). Die Objekte müssen für die Farbänderung markiert sein.

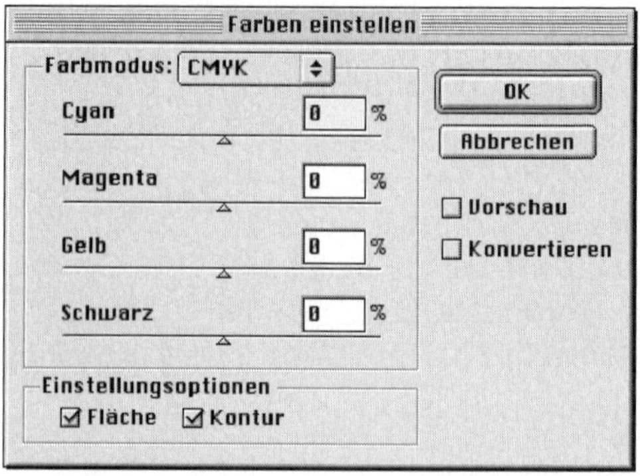

Kontur und Füllung

Die grafische Erscheinung der Pfade wird von Konturen und Flächenfüllungen bestimmt. Pfade selbst haben keine Farben und Stärken; sie wären nicht sichtbar. Zugewiesene Eigenschaften verleihen ihnen jedoch Gestalt, sowohl auf dem Monitor als auch in Druck und Export. Solche Eigenschaften sind Beschaffenheit von Kontur und Füllung der Fläche. Dazu kommen Effekte und Transparenz-Eigenschaften. Effekte können Gestalt und Farbe ändern; Transparenzen erzielen Wirkungen in Überdeckungen der Objekte.

Eigenschaften können Pfaden auf drei Arten zugewiesen werden: dem Objekt selbst, einer Gruppe und einer Ebene. Daraus ergeben sich unterschiedliche Prioritäten. Diese führen oft dazu, dass Objekte die zugewiesenen Eigenschaften scheinbar nicht annehmen. Oder nach der Entfernung von Eigenschaften zeigt sich das Objekt unvermittelt mit neuen Attributen: Andere Prioritäten werden wirksam. Illustrator verfügt diesbezüglich über viele Möglichkeiten. Einzelheiten lesen Sie im Kapitel „Stile" (S. 283ff).

Zuweisen von Farbe

Wählen Sie Objekte oder Gruppen aus. Bestimmen Sie zunächst in der Werkzeugleiste oder in der Farbpalette durch Aktivieren des entsprechenden Symbols, ob Kontur- oder Flächenfarbe zugewiesen werden soll. Bestimmen Sie die Farbe auf eine der folgenden Arten:

- Wählen Sie eine Farbe aus der **Farbfelder-Palette**.
- Mischen Sie in der **Farbe-Palette** einen Ton.
- Mischen Sie im Adobe-Farbwähler einen Ton (Doppelklick auf ein Kontur- oder Flächensymbol).
- Wählen Sie eine Farbe aus den Beständen (*Fenster ➛ Farbfelder-Bibliotheken*).
- Ziehen Sie eine Farbe auf das Objekt (achten Sie darauf, ob Kontur oder Fläche aktiv ist).
- Wenn das Objekt nicht markiert ist, ziehen Sie Kontur- oder Flächensymbol aus der Werkzeug-Palette oder der Farbe-Palette in die Fläche des Objektes. (Bei markiertem Objekt zeigen die Symbole den momentanen Zustand, keine neuen Farben.)

Die neuen Farben sind sichtbar, wenn das Dokument in der **Originalansicht** dargestellt wird.

Überdrucken

Objekte können für die Flächen- und die Konturfarbe die Eigenschaft **Überdrucken** aufweisen. Die Farbe wird bei der Ausgabe nicht ausgespart. Darunter befindliche Objekte erhalten kein „Loch", wie es sonst wäre, um die Farbe des oben liegenden Objektes auf dem weißen Papier zu drucken.

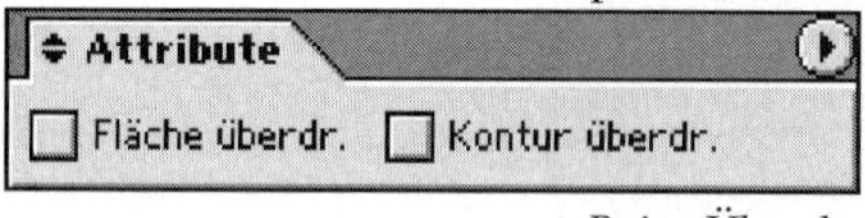

Stellen Sie diese Eigenschaft in der **Attribute-Palette** für markierte Objekte ein.

Beim Überdrucken von Volltonfarben erhalten Sie Mischfarben, die aus beiden Farben bestehen und dunkler als die Einzelfarben erscheinen werden.

Eine Voransicht erhalten Sie mit dem Befehl *Ansicht ➛ Überdrucken-Vorschau*, die dem zu erwartenden Ergebnis ähnelt.

Konturen

Die Stärke der Konturen wird zu beiden Seiten des Pfades angetragen. Bei einer Konturstärke von 6 Punkt nimmt die Größe einer Form um 3 Punkt rundherum zu, da die Hälfte der Stärke nach außen läuft. Die Innenfläche schrumpft um 3 Punkt rundherum.

Akzeptierte Maßeinheiten:

Punkt	(pt)
Inch	(in)
Millimeter	(mm)
Zentimeter	(cm)
Pica	(Pi)

Die Bearbeitung von Konturen erfolgt in der zugehörigen Palette (*Fenster* ➛ *Kontur*). Die verkürzte Palette zeigt nur den Wert für die Stärke. Blenden Sie die verborgenen Einstellungen mit dem Befehl **Optionen einblenden** des Paletten-Menüs ein (oben rechts).

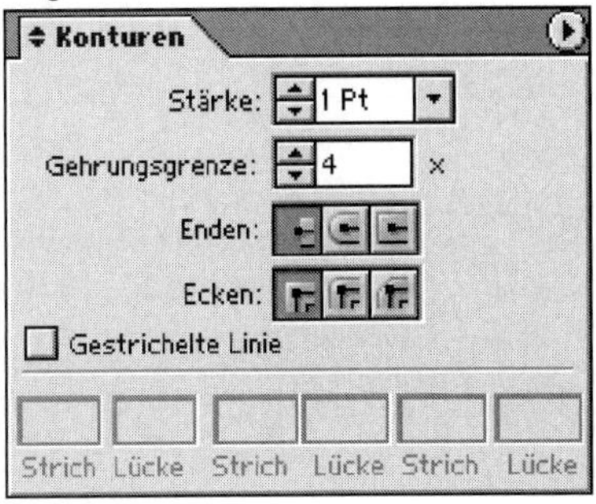

Die Eingabe der Stärke kann in akzeptierten Maßeinheiten erfolgen. Illustrator rechnet die Eingaben in die voreingestellte Maßeinheit um (*Vorgaben* ➛ *Einheiten und Widerrufen: Kontur*). Bei der Eingabe in der voreingestellten Einheit genügt der Zahlenwert. Bei anderen Einheiten geben Sie diese an.

Enden: Diese Option bestimmt den Abschluss der Kontur bei offenen Pfaden und unterbrochenen Linien (gestrichelt). Wählen Sie zwischen geradem Abschluss am letzten Punkt, rundem und eckigem Abschluss mit Überstand einer halben Konturstärke.

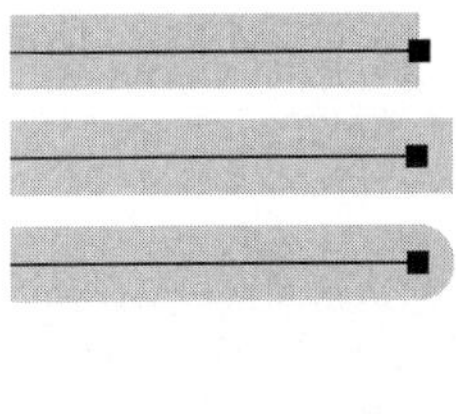

Ecken: Mit dieser Option legen Sie die Außenkontur an den Eckpunkten des Pfades fest. Es lassen sich ungekürzte Ecken, gerundete und abgeschrägte Situationen wählen.

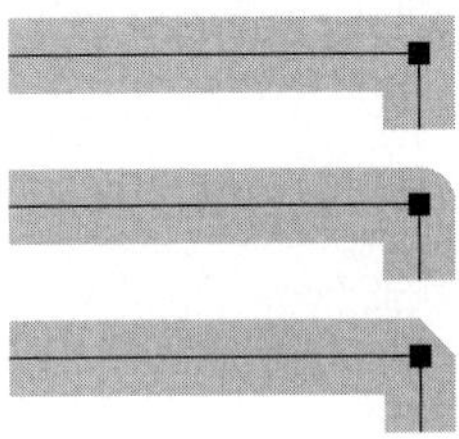

Gehrungsgrenze: Der erste Schalter erzeugt nur dann ungekürzte Ecken, wenn diese bei spitzen Winkeln nicht eine bestimmte Länge

Die Optionen **Ecken** und **Enden** sind wichtig für den Charakter von Grafiken. Markieren Sie beim Abschluss der Arbeit die gesamte Grafik und bestimmen Sie die besten Einstellungen durch Probieren.

überschreiten. Dann kürzt Illustrator diese Spitze geradlinig ab. Die maximale Länge der Spitze stellen Sie mit dem Wert der Gehrungsgrenze ein.

Sie gibt die maximale Länge einer Ecke an, die eine Spitze erreichen soll, gemessen in Vielfachen der Konturstärke. Aus spitzeren Winkeln resultieren längere Ecken. Bei Überschreitung der Grenze schaltet Illustrator auf abgeschrägte Ecken um.

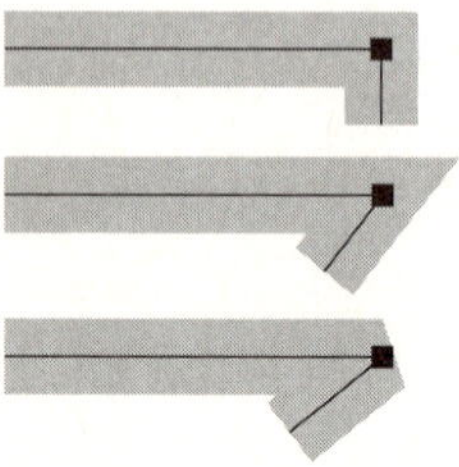

Im nebenstehenden Beispiel ist der Wert auf 3 gestellt. Der untere Winkel würde eine Spitze ergeben, die länger als das Dreifache der Konturstärke wäre. Eine Gehrungsgrenze mit dem Wert 1 erzeugt stets abgeschrägte Ecken.

Die Gehrungsgrenze hat bei der zweiten und dritten Option keine Wirkung; es wird stets abgeschrägt oder gerundet.

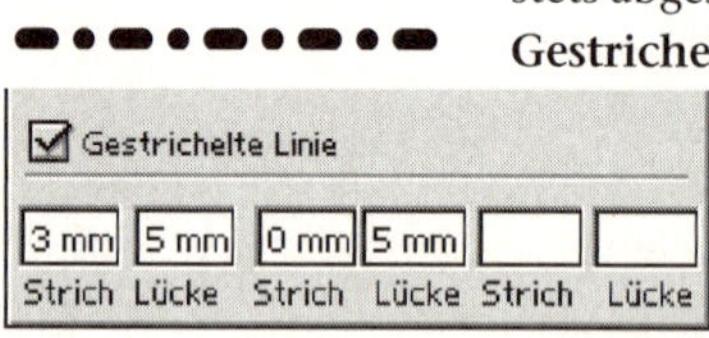

Gestrichelte Linie: Mit dieser Option erzeugen Sie unterbrochene Linien. Sie geben die Länge der Linienstücke und der Unterbrechungen ein. Beginnen Sie mit der Eingabe links, Felder rechts eingetragener Werte können leer bleiben.

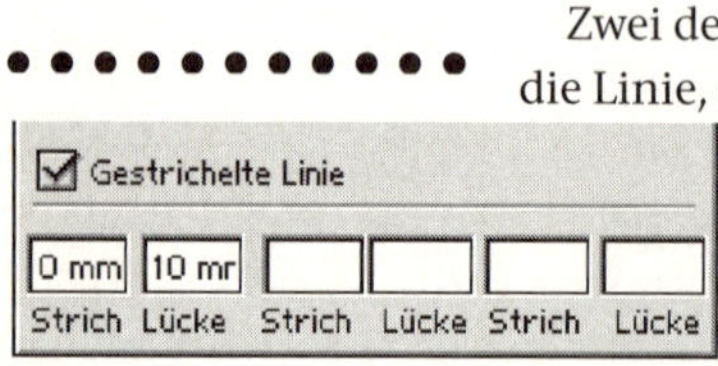

Zwei der drei **Ecken**-Optionen beeinflussen die Linie, da sich die Enden verlängern (gerader und runder Überstand). Die Lücken verkürzen sich.
Der runde Überstand wird zur Erzeugung von Punkten (Kreisen) in der gestrichelten Linie eingesetzt. Die Länge eines Teilstücks (Strich) wird auf den Wert 0 gesetzt. Die Überstände erzeugen dann die Kreise. Sie geben auch in diesem Fall die frei zu lassenden Lücken an.

Verläufe

Flächen lassen sich mit allmählichen Farbübergängen füllen. Dabei können beliebig viele Farben eingesetzt werden. Verläufe können ebenso Übergänge zwischen Tonwerten derselben Farbe schaffen.

Verlaufsfarben können RGB-, CMYK- und Volltonfarben sein. In der Druckvorbereitung werden allerdings Verläufe zwischen verschiedenen Farben in CMYK-Farben gewandelt. Bei Abstufungen derselben Farbe gibt es dieses Problem nicht, sodass jede druckbare Farbe einsetzbar ist.

Wenn Sie einen Verlauf aus Volltonfarben erstellen, müssen Sie vor der Ausgabe die Option **In Prozessfarbe konvertieren** im Dialog *Ablage ➛ Separationseinstellungen...* deaktivieren.

Verläufe definieren

Zum Anlegen und Ändern von Verläufen setzen Sie die **Verlauf-Palette** ein (*Fenster ➛ Verlauf*). Bestimmen Sie Anfangs- und Endfarbe mit Farbmarken (A und C):

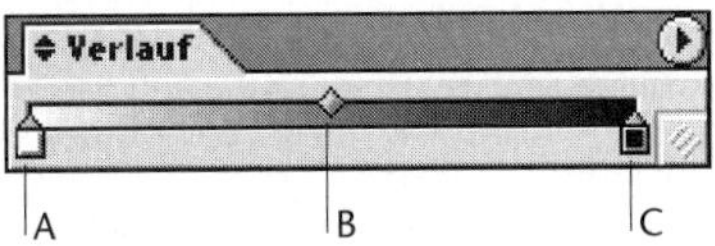

- Ziehen Sie eine Farbfeld aus der **Farbe-Palette** auf die Marke.
- Aktivieren Sie eine Marke und klicken Sie dann bei gedrückter ⌥-(MacOS) oder Alt-Taste (Windows) auf eine Farbe der **Farbfelder-Palette**.
- Mischen Sie nach einem Doppelklick auf eine Farbmarke (**Farbe-Palette** springt auf) einen Farbton.

Während Sie die Farbe einer Verlaufsmarke bestimmen, ist sie markiert: Die Spitze über dem quadratischen Feld ist Schwarz ausgefüllt. Damit bestätigt Illustrator das Ziel der Farbmischung.

Die Farbmarken sind zur Bestimmung der Position seitlich verschiebbar.

Die Graduierung des Verlaufs bestimmen Sie mit Hilfe der Mittelpunktmarke (B). Sie markiert die Position der Mischfarbe, die aus gleichen Teilen von Anfangs- und Endfarbe besteht. Voreingestellte Position ist die Mitte zwischen den Farben.

Zur Anlage weiterer Marken stehen zwei Methoden zur Verfügung: Sie klicken unter den Farbbalken und bestimmen anschließend die Farbe der neuen Marke. Ist die Farbe bereits in der **Farbfelder-Palette** definiert, geht es einfacher: Ziehen Sie das Farbfeld in die Verlaufspalette unter den Farbbalken. Nicht benötigte Marken ziehen Sie nach unten aus der Palette.

Weitere Optionen sind nach dem Erweitern der Palette verfügbar. Wählen Sie dazu den Befehl **Optionen einblenden** im Paletten-Menü oder klicken Sie auf den Doppelpfeil vor dem Paletten-Titel.

Die **Art** des Verlaufs kann **linear** oder **kreisförmig** sein. Bei linearen Verläufen wird die Richtung mit dem Wert des Winkels bestimmt. Der Positionswert gibt die Lage der aktivierten Farb- oder Mittelpunktmarke an. Bei Farbmarken bezieht sich der Wert auf die Länge des Verlaufs (der Anfang entspricht 0 %, das Ende 100 %).– Die Entfernung zwischen zwei Farbmarken entspricht für deren Mittelpunkt 100 %. Er kann sich im Bereich von 13 bis 87 % befinden. Beim Verschieben der Farbmarken bleibt der Mittelpunktwert erhalten.

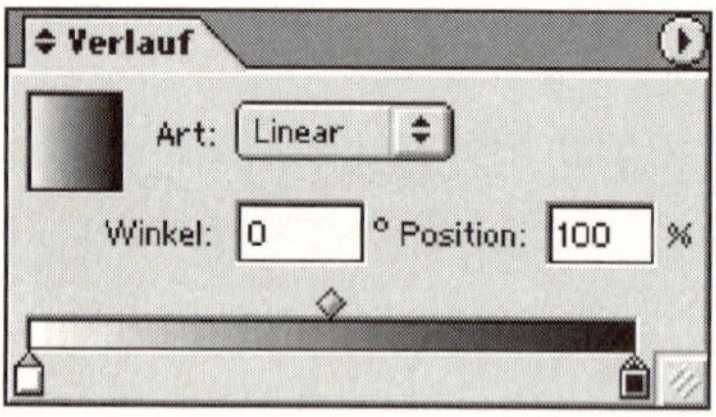

Verläufe einsetzen

Für die Zuweisung von Verläufen bestehen verschiedene Möglichkeiten. Markieren Sie zunächst das Objekt mit einem Auswahlwerkzeug.

- Klicken Sie in der Verlaufspalette unter den Farbbalken oder bei eingeblendeten Optionen in das Verlaufsfeld (links oben).

Verlaufsschalter der **Werkzeug-Palette**

- Klicken Sie auf den Verlaufsschalter in der Werkzeugleiste.
- Wählen Sie einen definierten Verlauf in der **Farbfelder-Palette** (zeigen Sie dort **Verläufe** oder **Alles** an).

Beim Bearbeiten von Verläufen ist es zweckmäßig, den Verlauf in einem markierten Objekt auf der Zeichenfläche zu kontrollieren.

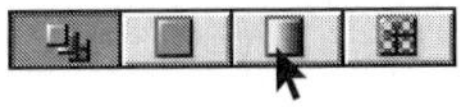

Farbfelder-Palette: Alles zeigen (markiert) oder Verläufe zeigen (Cursor).

Verläufe definieren

Verläufe lassen sich in der **Farbfelder-Palette** ablegen. Damit sind sie im Programm gespeichert. Folgende Möglichkeiten stehen zur Wahl:

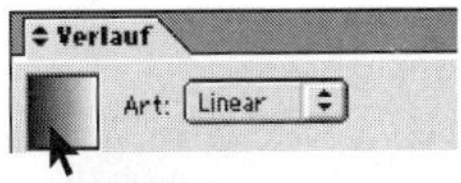

- Ziehen Sie das Feld der Verlaufspalette in die **Farbfelder-Palette**.

- Ziehen Sie das Verlaufssymbol der **Werkzeug-Palette** in die **Farbfelder-Palette**.

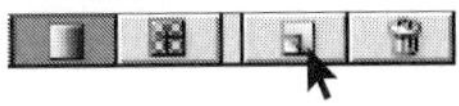

- Klicken Sie auf den Schalter für ein **Neues Farbfeld** in der **Farbfelder-Palette**.

Ein neues Verlaufsfeld erscheint in der Palette. Falls nur Farb- oder nur Musterfelder gezeigt werden, schaltet die Ansicht auf die Verlaufsfelder.

Verlaufsfelder lassen sich – wie Farb- und Musterfelder – nach einem Doppelklick in das Feld benennen, was in der Listenansicht hilfreich ist.

Verlauf-Werkzeug einsetzen

Das Werkzeug dient zur Änderung verlaufsgefüllter Objekte. Es bestimmt Anfangs- und Endposition sowie die Richtung linearer Verläufe. Sie können mit dem Werkzeug Verläufe auf mehrere Objekte verteilen.

Die zu ändernden Objekte müssen Verläufe enthalten (markieren Sie ein oder mehrere Objekte und weisen Sie einen Verlauf per Verlaufsschalter in der **Werkzeug-Palette** zu). Wählen

Jedes Objekt hat einen Verlauf erhalten (in Pfade konvertierter Text).

Verlauf anschließend über mehrere Objekte eingerichtet

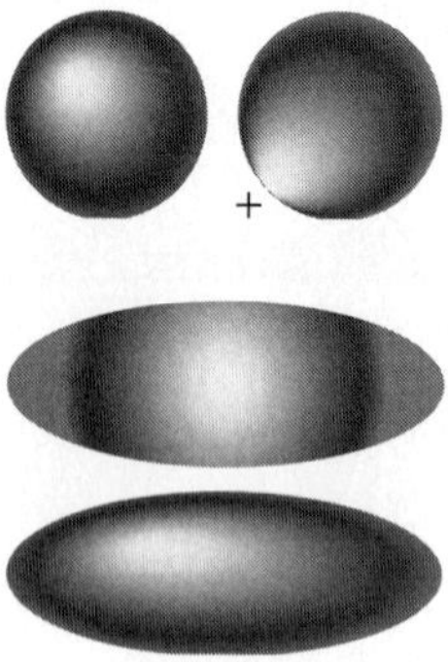

Sie das Werkzeug in der Palette und ziehen Sie bei gedrückter Maustaste (Windows: linke Maustaste) über das Objekt / die Objekte). Folgendes wird eingerichtet:

- Die Position, an der die Maustaste gedrückt wird, bestimmt den Anfangspunkt des Verlaufs.
- Die Position der gelösten Maustaste bestimmt den Endpunkt.
- Die Richtung der Mausbewegung ist die Richtung linearer Verläufe. Halten Sie die Umschalt-Taste gedrückt, um die Richtung auf festgelegte Standardwinkel einzuschränken (*Bearbeiten ➛ Voreinstellungen ➛ Magnetische Hilfslinien und Slices ➛ Winkel*).

Bei kreisförmigen Verläufen korrigieren Sie mit einem Klick den Anfangspunkt / Mittelpunkt. Bei Klicks außerhalb des Objektes wird der Mittelpunkt an den Rand verlegt.

Ein Hinweis zu ovalen Objekten: Soll ein Verlauf der Form folgen, füllen Sie einen Kreis und verändern anschließend die gefüllte Form. Der Verlauf ändert sich der Form entsprechend. Im nebenstehenden Beispiel: Das obere Oval hat nach seiner Erstellung in der fertigen Form einen Kreisverlauf erhalten. Das untere Objekt war ein Kreis. Es erhielt einen kreisförmigen Verlauf und wurde anschließend gestaucht.

Bei der Transformation von Objekten und Gruppen gibt es ebenfalls dieses Problem.

Der Zusammenhang zwischen Objekten hat ebenfalls Auswirkungen auf die Form des Verlaufs. Zusammengesetzte Pfade erhalten einen gemeinsamen Verlauf, der sich in den Einzelformen fortsetzt. Nach Auflösung des Zusammenhangs erhält jedes Einzelobjekt einen vollständigen Verlauf.

Muster

Grafikobjekte können Sie als Muster definieren, um damit Flächen und Konturen zu füllen. Eingesetzte Muster sind durch Ändern der Größe, Transformieren, Verschieben und Färben der Gestaltung anzupassen.

Musterelemente bestehen aus Pfaden, die Konturen und Farbfüllungen aufweisen können, oder Text. Es lassen sich keine Muster, Verläufe, Diagramme, Gitterobjekte, Masken, Bitmaps und importierte Bilder als Muster einsetzen, da diese jeweils einen besonderen Status aufweisen. Wenn Sie derartige Grafiken als Muster einsetzen möchten, wandeln Sie diese vorher in einfache Objekte um (nachfolgendes Thema dieses Kapitels).

Definieren von Mustern

Zeichnen Sie ein oder mehrere Objekte, verleihen Sie ihnen Flächenfüllung (nur Farbe, keine Muster oder Verläufe) und Kontur (ebenfalls nur Farbe). Es gibt zwei Möglichkeiten:

Textobjekte eignen sich ebenfalls als Muster.

- Ziehen Sie die Objekte in die **Farbfelder-Palette**.
- Wählen Sie *Bearbeiten ➛ Muster festlegen...*

Das neue Muster erscheint als neues Feld in der Palette.

Markieren Sie nun ein Objekt und weisen das Muster durch Wählen des Musterfeldes in der Palette zu.

Muster werden nach folgenden Regeln im Objekt eingerichtet:

- Beginnend vom Linealnullpunkt des Dokumentes läuft das Muster waagerecht nach rechts und senkrecht nach oben.
- Musterelemente stoßen direkt aneinander.
- Die Größe entspricht den Ursprungsobjekten bei der Definition des Musters.

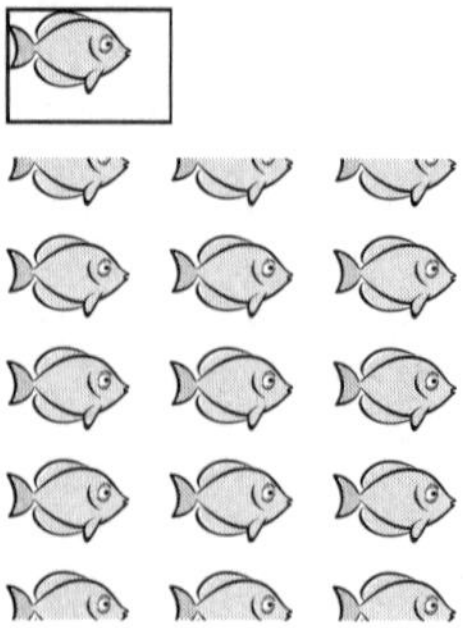

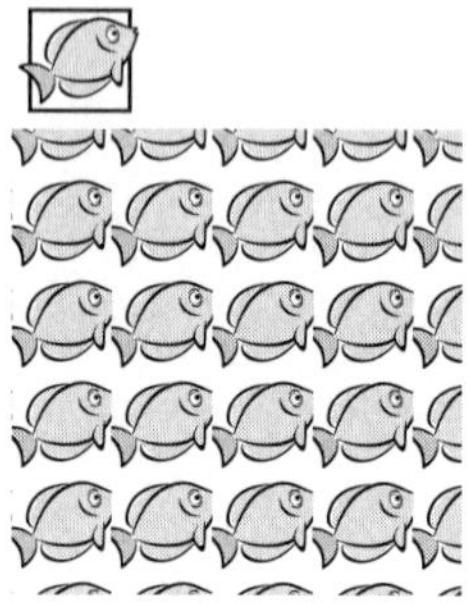

Den Abstand der Musterelemente legen Sie mit einem Begrenzungsrechteck fest. Dieses darf keine Kontur und keine Füllung aufweisen und muss das unterste Objekt in der Stapelfolge sein. Somit ist es unsichtbar und wird vom Programm zur Einrichtung des Abstandes herangezogen. Bei Textobjekten bestimmt der Textrahmen die Mustergöße.

Wichtig sind diese Abstandhalter bei waagerechten oder senkrechten Streifenmustern. Ohne Abstand erzeugen Streifen Farbflächen. Das gilt auch für Muster aus einfarbigen Vierecken.

Das Begrenzungsrechteck wirkt leider auch als Maske. Deshalb ist es nicht möglich, überlappende Muster zu erzeugen. Die Überstände werden entfernt, sodass in der Fläche eines Begrenzungsrechtecks nur das Musterelement liegt (ohne Teile seiner Nachbarn).

Muster ändern

Definierte Muster werden editiert, indem das Musterfeld der **Farbfelder-Palette** auf eine freie Stelle des Dokumentes gezogen und die Objekte korrigiert werden. Anschließend definieren Sie ein neues Muster und löschen das alte.

Muster transformieren

In seltenen Fällen kann es vorkommen, dass alle Muster des Dokumentes verschoben werden sollen. Das geschieht durch Versetzen des Linealnullpunktes (ziehen Sie das Überschneidungsfeld der Lineale in das Dokument).

Meist soll ein Objekt einschließlich Muster, nur das Objekt oder nur dessen Muster geändert werden. Das können Sie mit numerischer Eingabe oder mit der Maus tun.

Für die numerische Eingabe nutzen Sie die **Transformationen-Palette** (*Fenster ➤ Transfor-*

mieren). Wählen Sie in den Befehlen der Palette (rechts oben), ob Sie Objekt, Muster oder beides ändern möchten.

Numerische Änderungen können Sie auch in den Dialogen der Werkzeuge vornehmen (Doppelklick auf die jeweiligen **Transformations-Werkzeuge**). Dort finden Sie die Optionen **Muster** und **Objekt**.

Zum Transformieren per Maus wählen Sie ein entsprechendes Werkzeug (Bewegen: beliebiges Auswahlwerkzeug) und ziehen bei gedrückter Maustaste.

Leider gibt es keine Darstellung des Musters während des Verschiebens. Für Feinkorrekturen der Position können Sie die Pfeiltasten bei gedrückter Alt-Taste benutzen.
Die Schrittweite der Tastatur stellen Sie im Dialog *Voreinstellungen ➛ Allgemeine...* ein.

Umwandeln spezieller Objekte in einfache

Viele Objekte weisen einen besonderen Status auf, der spezielle Funktionen ermöglicht. Diese Objekte können nicht als **Muster** eingesetzt werden.

Diagramme lösen Sie durch das Aufheben der Gruppierung in Objekte auf. Sie erhalten gefüllte Pfade und Textobjekte.

Masken werden mit dem Befehl *Objekt ➛ Schnittmaske ➛ Ablösen* in Pfade zurückgewandelt. Alle beteiligten Objekte sind markiert, der Maskenpfad liegt auf den maskierten Objekten – die ideale Ausgangssituation, um die Objekte zu stanzen (**Pathfinder-Palette**: **Schnittmengenfläche**). Wenn gestanzte Elemente lediglich Farbe enthielten, sollte ein musterfähiges Objekt entstanden sein.

Schnittmengenfläche

Mustergefüllte Objekte wiederum in Mustern einzusetzen, ist nicht möglich. Sie können Muster auf gleiche Art auflösen (*Objekt➛ Erweitern...*). Allerdings erhalten Sie sehr komplexe Objekte, die Sie vereinfachen müssen (Leerräume zwischen Muster-Elementen werden als ungefüllte Flächen angelegt, unter Flächen entstehen Löcher durch zusammengesetzte Pfade, die Sie auflösen müssen, und so weiter). Besser: Wandeln Sie Muster in Objekte zurück (Ziehen des Musterfeldes aus der Farbfelder-Palette auf die Arbeitsfläche) und erarbeiten damit ein neues Muster.

Verläufe lassen sich nicht in Mustern einsetzen. Sie können jedoch Verläufe mit einer Serie Farbflächen simulieren:

Festlegen: Zahl der Objekte:
Dieser Wert bezieht sich auf die Zahl der Objekte eines Verlaufs von Schwarz bis Weiß. Mit anderen Farben erhalten Sie weniger; diese Zahl jedoch zwischen jeder Verlaufsfarbe. Bei Verläufen über viele Farben, bekommen Sie wahrscheinlich mehr Stufen als angegeben. Für den Druck müssen Sie die Zahl nach der geplanten Rasterweite berechnen; meist gilt: probieren.

- Markieren Sie das Objekt und wählen Sie *Objekt ➛ Erweitern...*

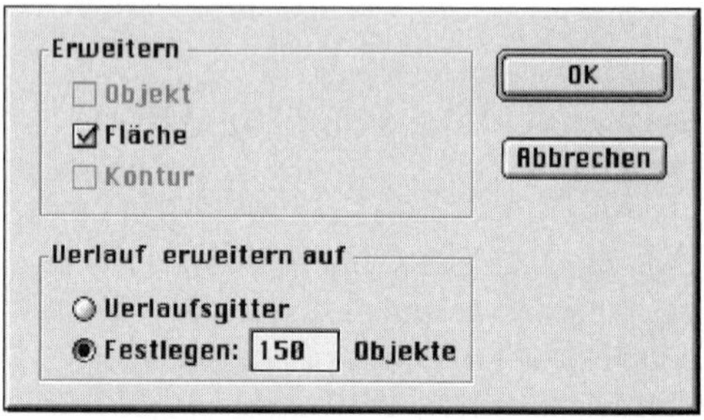

  Legen Sie die Zahl der einfarbigen Streifen fest (Zahl der Objekte).– Sie erhalten ein Masken-Objekt.
- Lösen Sie die Maske auf und stanzen Sie die Objekte mit dem Maskenpfad, wie oben beschrieben. (Die entstandenen Objekte sind gruppiert.) Definieren Sie das Muster.

Bei Objekten mit Kontur können Sie diese auch erweitern (umwandeln) lassen. Dabei erhalten Sie nach Auflösung der Gruppe verbundene Objekte (kleiner Pfad mit merkwürdigem Überstand an Eckpunkten erzeugt Innenraum in größerem).

Mit diesem Verfahren erhalten Sie Muster, die sehr komplex sind. Sie benötigen viel Rechenleistung, und die Gefahr von Ausgabefehlern steigt.

Verlaufsgitter

Pfade lassen sich in Gitterobjekte wandeln. Diese sind mit einem Liniengitter versehen, das Farbverläufe steuert. Dem Gitterpunkt lässt sich jeweils eine Farbe zuweisen. Somit entstehen Verläufe zu allen Nachbarfarben. Auf diese Weise lassen sich Flächen mit Farbverläufen in jeder Richtung modellieren.

Die Wandlung in Gitterobjekte ist nicht umkehrbar. Die Objekte lassen sich nicht in einfache Farb- oder Verlaufsobjekte transformieren.– Gitterobjekte eignen sich nicht als Füllmuster.

Erstellen von Verlaufsgittern

Wählen Sie einen Pfad, der eine Farbfüllung oder Verlaufsfüllung aufweist. (Setzen Sie geplante Grundfärbungen ein, es müssen dann eventuell nicht allen Gitterpunkten Farben zugewiesen werden).

- Klicken Sie mit dem Verlauf-Werkzeug auf das markierte Objekt. Es wird mit einem Gitter versehen, das aus einer Mindestzahl Linien besteht.
- Wählen Sie im Dialog *Objekt ➛ Erweitern...* die Option Verlaufsgitter (nur für Objekte mit Verlaufsfüllung).
- Die meisten Optionen bietet der Befehl *Objekt ➛ Verlaufsgitter erstellen...*

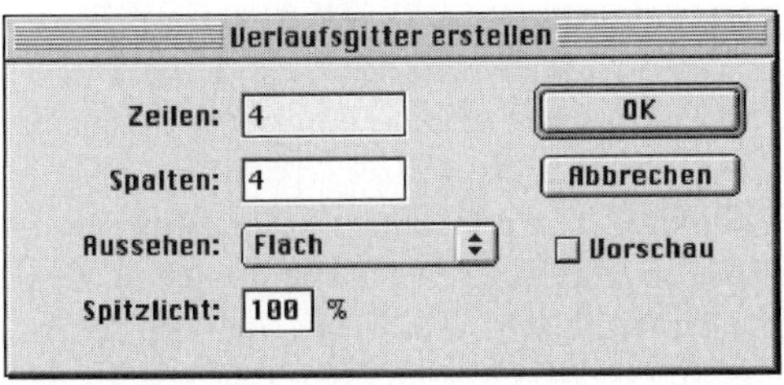

Tragen Sie die Dichte des Gitters als Werte für

Aussehen: Zur Mitte

Aussehen: Zur Kante

Zeilen und **Spalten** ein. Wählen Sie einen Helligkeitsverlauf zur Mitte, nach außen oder keinen (flach). Die Intensität des Verlaufs bestimmen Sie mit dem Wert des **Spitzlichtes** (100 % erzeugt Weiß, 0 % keine Änderung der Originalfarbe).

Bearbeiten von Verlaufsgittern

In das Gitter lassen sich weitere Gitterpunkte sowie Ankerpunkte einsetzen.

Gitterpunkte verhalten sich wie Ankerpunkte, können jedoch Farbe aufnehmen. Diese setzen Sie mit einem Klick des **Gitter-Werkzeugs** auf eine Gitterlinie oder zwischen Gitterlinien (in ein Gitterfeld). Der neue Punkt erzeugt Linien, die bis zur Kontur führen, und erhält die aktuelle Flächenfabe. Setzen Sie den Punkt bei gedrückter ⇧-Taste, um die Flächenfarbe zu ändern. Gitterpunkte werden rautenförmig dargestellt.

Ankerpunkte setzen Sie mit dem **Ankerpunkt-hinzufügen-Werkzeug** in Gitterlinien ein. Sie dienen zur Bearbeitung der Linien und können keine Farbe aufnehmen. Sie werden quadratisch dargestellt.

Zum Löschen eines Gitterpunktes und der zugehörigen Linien klicken Sie bei gedrückter ⌥- (Mac OS) oder Alt-Taste (Windows) mit dem **Gitter-Werkzeug** auf den Punkt.

Zum Bearbeiten der Gitterpunkte eignen sich das **Direktauswahl-**, die **Gitter-** und die **Transformations-Werkzeuge**. Zum Ändern von Kurven- in Eckpunkte und umgekehrt dient das **Ankerpunkt-konvertieren-Werkzeug**.

Einen Gitterpunkt kann man sich als zwei übereinander liegende Punkte vorstellen. Zwei Tangentenhälften bestimmen die Krümmung einer Linie, zwei weitere bestimmen die Krümmung der kreuzenden Linie. Sie drehen bei gewähltem **Gitter-Werkzeug** eine Tangentenhälfte (Eckpunkt) oder zwei gegenüberliegende (Kurvenpunkt). Bei gedrückter [⇧]-Taste bewegen Sie alle vier.

Beim Bewegen der Punkte ist die Wahl des Werkzeugs relevant: Mit dem **Gitter-Werkzeug** können Sie Punkte bei gedrückter [⇧]-Taste auf einer der beiden kreuzenden Linien bewegen, je nachdem in welche Richtung Sie ziehen. Es ändert sich nur eine Linie. Mit gewähltem **Direktauswahl-Werkzeug** bewegen Sie bei gedrückter [⇧]-Taste den Punkt in eingeschränkten Richtungen. Es ändern sich beide kreuzende Linien.

Klicken Sie mit dem **Direktauswahl-Werkzeug** in ein Gitterfeld, um die vier begrenzenden Punkte auszuwählen. Nun lässt sich das Feld bewegen, indem Sie einen Punkt greifen. (Nach einem Klick mit dem **Gitter-Werkzeug** in ein Feld entsteht ein Gitterpunkt mit zugehörigen Linien.)

Farben ändern

Zwei Möglichkeiten: Markieren Sie einen Punkt und wählen eine Farbe (keinen Verlauf) oder ziehen Sie ein Farbfeld auf einen Punkt (der nicht markiert sein muss).

Mit dem **Direktauswahl-Werkzeug** lassen sich mehrere Punkte markieren (bei gedrückter [⇧]-Taste).

Klicken Sie mit dem **Direktauswahl-Werkzeug** in ein Feld, markieren Sie vier angrenzende Punkte. Wählen Sie jetzt eine Farbe für diese Punkte. Das funktioniert auch ohne Markierung: Ziehen Sie eine Farbe in ein Gitterfeld. Die angrenzenden Punkte erhalten diese Farbe. Das ist eine wichtige Methode, um das Gitter zunächst großräumig zu färben.

Transparenz

Transparenzen lassen die Farben tiefer liegender Objekte durchscheinen. Sie lassen sich für Objekte, Gruppen und Ebenen festlegen.

Viele Effekte und Stile enthalten Transparenz-Einstellungen. Das kann zu unbemerkter Anwendung von Transparenzen führen.

Vor der Ausgabe auf Druckern und Belichtern müssen Transparenzen reduziert werden. Dabei prüft Illustrator, ob sich die Transparenzen mit Vektorobjekten darstellen lassen oder ob die Teile gerastert (in Pixel umgerechnet) werden müssen. Die Reduktion führt oft zu veränderten Farben.
In den Druck- und Exporteinstellungen finden Sie Angaben zu deren Punktgröße (Auflösung).

Transparenzen enthalten außer Durchsichtigkeit auch Farbmodi, sodass sich aus den Farben überdeckender Objekte neue Farbwirkungen ergeben können. Gerade im Zusammenhang mit Verläufen und Verlaufsgittern lassen sich malerische Effekte erzielen.

Auf Objekte angewandte Transparenz wirkt sich auf die Überdeckung darunter liegender Objekte aus. Bei Transparenzen, die auf Gruppen und Ebenen angewandt werden, verhalten sich die Objekte der Gruppe / Ebene wie ein Objekt. Innerhalb der Gruppe / Ebene ergibt sich keine Transparenzwirkung.

Anwenden von Transparenzen

Transparenzen werden mit einer speziellen Palette gesteuert: *Fenster ➛ Transparenz.*

Hier stellen Sie die **Deckkraft** und den **Farbmodus** ein. 100 % Deckkraft sind der voreingestellte Wert und kennzeichnen Undurchsichtigkeit. Mit 0 % Deckkraft ist der Farbbereich unsichtbar.

Die Transparenz ist für Kontur und Fläche verfügbar. Dabei kann die Füllung aus Farbe, Verlauf oder Muster bestehen.

Transparenz ist eine Objekteigenschaft, wenn die Einstellung nach dem Markieren der

Objekte vorgenommen wurde. Die Objekte sind gegeneinander und gegenüber anderen transparent. Transparenzwerte akkumulieren

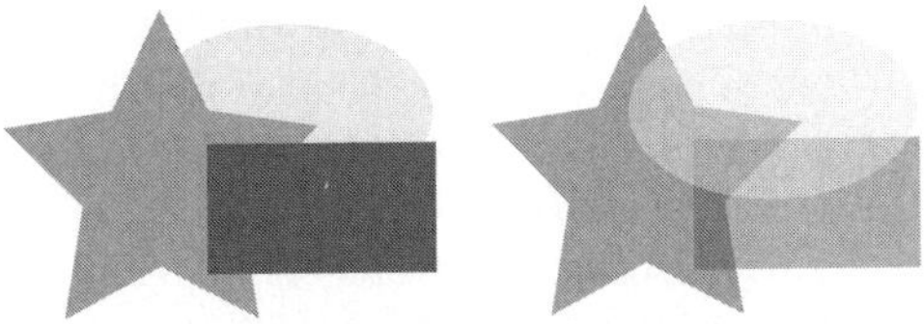

sich: Je mehr Flächen sich überdecken, desto undurchsichtiger wird der Stapel.

Nach einer Gruppierung erhalten die Objekte einen gleichen Transparenz-Wert, der sie nicht gegeneinander transparent macht, sondern nur anderen gegenüber:

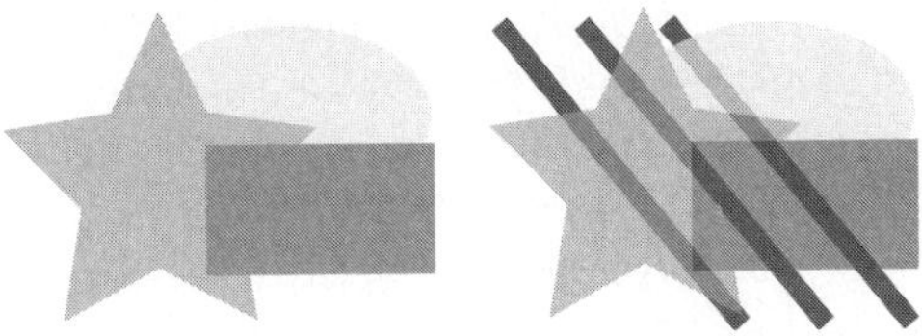

Das Gleiche gilt für Ebenen. Objekte einer Ebene werden nicht gegeneinander transparent, sondern nur gegenüber Objekten tieferer Ebenen.

So richten Sie Ebenen-Transparenz ein:

- Blenden Sie die **Ebenen-Palette** ein und aktivieren Sie das Zielsymbol einer Ebene.
- Nehmen Sie die Einstellungen in der **Transparenz-Palette** vor.

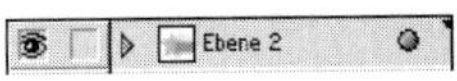

Die Ebene zeigt nun mit einem gefüllten Symbol, dass sie eine Einstellung enthält (in diesem Fall einen Wert für die Transparenz). Das Symbol leert sich, wenn die Ebene auf „Normal, 100 %" zurückgestellt wird oder die Einstellung in der **Aussehen-Palette** entfernt wird (vorausgesetzt, die Ebene enthält nicht andere Einstellungen, etwa Stile oder Effekte).

Transparenz-Symbol der **Aussehen-Palette** für Gruppen und Ebenen

Das Problem mit Transparenz heißt: Übersicht. Die Einstellungen für Objekt, Gruppe und Ebene ergänzen sich zum Gesamteffekt. In kleinen Illustrationen genügen meist Objekt-Einstellungen. Arbeiten Sie zunächst nur mit einer Transparenz-Art. Bei merkwürdigen Ergebnissen schauen Sie in der **Aussehen-Palette** nach.

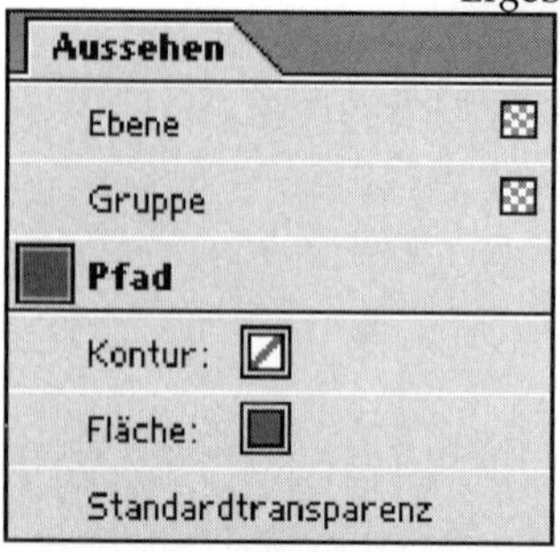

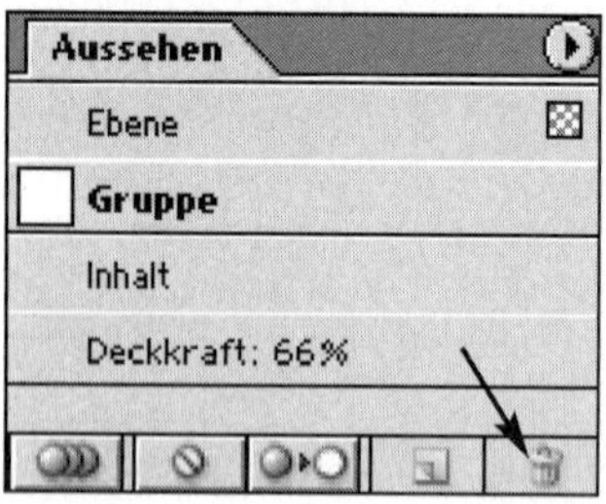

Hier ist gerade ein Objekt (Pfad) markiert. Es hat keine Transparenz-Einstellung (Standard-Transparenz ist „Normal, 100 %"). Die Ebene, auf der es sich befindet, und die Gruppe, der es angehört, haben Transparenz-Einstellungen (Transparenz-Symbol am Ende der Zeilen).

Zum Löschen der Eigenschaft müssen Sie diese erst anzeigen; das Transparenz-Symbol lässt sich nicht entfernen. Markieren Sie Ebene oder Gruppe. Die zugehörigen Objekte werden auf der Arbeitsfläche ausgewählt. Im Beispiel ist die Gruppe gewählt (der Pfad wird nicht mehr gezeigt, da die Gruppe – also mehrere Pfade – markiert ist). Ziehen Sie nun die Zeile der Deckkraft-Einstellung auf das Symbol des Papierkorbes.

Für Ebenen-Einstellungen gilt das Gleiche. Wählen Sie die Ebene (deren Objekte markieren sich auf der Arbeitsfläche, Objekte und Gruppen werden in der Palette nicht mehr gezeigt) und entfernen Sie die Einstellung durch Ziehen auf den Papierkorb.

Transparente Arbeitsfläche

Transparente Objekte werden auf der Arbeitsfläche heller (bei der Ausgabe auf weißem Papier natürlich auch). Deshalb ist herabgesetzte Deckkraft nicht von hellerer Farbe zu unterscheiden. Auf kariertem Grund erkennen Sie mehr: *Ansicht* ➤ *Transparenzraster einblenden*.

Die Befehle der **Transparenz-Palette** beziehen sich auf Deckkraft-Masken. Deren Beschreibung finden Sie im Kapitel „Masken",Seite 359ff.

Füllmethoden der Transparenz

Transparenzen lassen sich mit verschiedenen Farbwirkungen versehen. Dabei wird die Farbe eines Objektes (Füllfarbe) in spezieller Weise mit der darunter liegenden (Grundfarbe) kombiniert, sodass eine neue Farbe entsteht (Ergebnisfarbe). Dabei lassen sich beliebig viele Farbschichten mit verschiedenen Methoden zu erstaunlichen Wirkungen kombinieren; auch ein Feld für experimentelle Effekte.

Füllmethoden sind Eigenschaften der Transparenz und werden in deren Palette gewählt. Sie lassen sich also für Objekte, Gruppen und Ebenen einstellen.

Farbige Darstellungen der Füllmethoden finden Sie im Farbteil des Buches.

Normal ist der voreingestellte Modus. Es gibt keine Farbwirkung; das Objekt wird bei herabgesetzter Deckkraft transparent.

Multiplizieren entspricht überlagernden Farben von Textmarkern auf Papier. Das Ergebnis ist immer dunkler, bei weißer Füllfarbe ist die Grundfarbe unverändert.

Negativ multiplizieren bringt ein umgekehrtes Ergebnis. Es wird heller als die Grundfarbe sein; Schwarz lässt sie unverändert.

Ineinander kopieren ist eine Kombination der vorangegangenen. Muster der Füllung setzen sich durch, von der Grundfarbe bleiben Lichter und Schatten erhalten.

Weiches Licht erzeugt Aufhellungen und Abdunkelungen, je nach Füllfarbe, ohne dass Schwarz und Weiß enstehen. Ist die Füllfarbe heller als 50 %, wird abgewedelt, bei dunkleren wird nachbelichtet. Das Ergebnis ähnelt einer diffusen Lichtquelle in Füllungsfarbe.

Hartes Licht erzeugt ebenfalls Aufhellungen und Abdunklungen. Bei hellerer Grundfarbe wird wie beim negativen Multiplizieren aufgehellt, dunklere Grundfarben werden durch Multiplikation noch dunkler. Schwarz und

Weiß als Füllfarben erzeugen ebensolche Ergebnisfarben. Der Modus ist zum Einfügen von Lichtern und Schatten geeignet.

Farbig abwedeln hellt die Grundfarbe mittels Füllfarbe auf. Schwarze Füllfarbe lässt den Grund unverändert.

Farbig nachbelichten dunkelt die Grundfarbe ab. Weiße Füllfarbe bewirkt keine Änderung.

Abdunkeln vergleicht die Helligkeitswerte von Grund- und Füllfarbe. Die jeweils dunklere Farbe bleibt erhalten.

Aufhellen übernimmt die jeweils hellere Farbe für das Ergebnis.

Differenz subtrahiert Grund- von Füllfarbe oder umgekehrt, je nachdem, welche Farbe heller ist. Bei weißer Füllfarbe werden die Grundfarben umgekehrt, bei Schwarz bleiben sie unverändert (nicht bei Volltonfarben).

Ausschluss ist der Differenz-Methode ähnlich, erzielt jedoch weniger Kontrast (nicht bei Volltonfarben).

Farbton: Die Ergebnisfarbe kombiniert den Farbton der Füllfarbe mit der Sättigung und Helligkeit der Grundfarbe (nicht bei Volltonfarben).

Sättigung: Die Ergebnisfarbe besteht aus Sättigung der Füllfarbe sowie Farbton und Helligkeit der Grundfarbe (nicht bei Volltonfarben).

Farbe überträgt Farbton und Sättigung der Füllfarbe auf die Helligkeit der Grundfarbe. In diesem Modus kolorieren Sie mit der Füllfarbe darunter liegendes Material (nicht bei Volltonfarben).

Luminanz überträgt die Helligkeit der Füllfarbe auf die Grundfarbe, deren Farbton und Sättigung erhalten bleiben (nicht bei Volltonfarben).

Masken

Für die Maskierung von Objekten stellt Illustrator zwei Möglichkeiten bereit. Sie können Pfade als Masken nutzen und mit Transparenzen abgestufte Sichtbarkeiten erzeugen.

Objektmasken

Ein Maskenpfad muss auf den zu maskierenden Objekten liegen. Illustrator übernimmt den obenauf liegenden Pfad als Maske. Der Maskenpfad wird Kontur und Flächenfüllung verlieren, die ihm später erneut zugewiesen werden können.

Maskierte Objekte verschiedener Ebenen werden auf die Ebene des Maskenpfades gezogen, sodass sich alle beteiligten Objekte auf einer Ebene befinden. Damit ändert sich eventuell die Stapelfolge der Objekte, da unbeteiligte Ebenen (ursprünglich zwischen Maskenobjekten) nun unter ihnen liegen.

Masken erstellen

- Markieren Sie die Maskenobjekte und den Maskenpfad. Dieser muss obenauf liegen.
- Rufen Sie den Befehl *Objekt* ➛ *Schnittmaske* ➛ *Erstellen* auf.

Der Maskenpfad ist nun unsichtbar, da er Kontur und Füllung verloren hat. Heben Sie die Markierungen auf und wählen Sie den Maskenpfad mit dem **Gruppenauswahl-Werkzeug** ( ). Falls erforderlich, schalten Sie in die **Pfadansicht**. Weisen Sie ihm grafische Eigenschaften zu. Die Kontur liegt über den Maskenobjekten, die Füllung hinter ihnen. Alle Füllungstypen lassen sich zuweisen.

Masken bearbeiten

Maskenobjekte lassen sich mit Gruppenauswahl (maskierte Gruppen werden nicht wirksam) und Direktauswahl markieren. Der Maskenpfad lässt sich zur Korrektur des Ausschnitts bewegen. Das **Auswahl-Werkzeug**( ) markiert das Gesamtobjekt.

Mit den Befehlen **Kopieren** und **Davor/Dahinter einsetzen** lassen sich maskierte Objekte duplizieren. Sie sind sofort Bestandteil der Maske (Schattenflächen im Beispiel).

Komfortable Bearbeitung komplexer Masken bietet die **Ebenen-Palette**: Sie stellt die Struktur enthaltener Objekte dar. Der Maskenpfad ist unterstrichen. Teile lassen sich gut

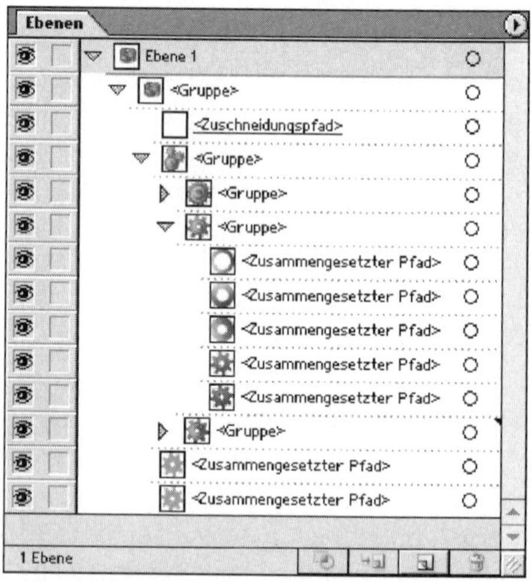

auswählen (Klicken in das Zeilenende), so auch Gruppen. Das Hinzufügen weiterer Objekte geschieht durch Ziehen der Objektzeile in die Maskierungsgruppe. Ebenso lassen sich

Objekte aus der Gruppe herauslösen, duplizieren und löschen.

Masken lassen sich auch mit Hilfe der Ebenen-Palette erstellen. Ordnen Sie die Objekte zunächst auf einer Ebene an. Das ist zwingend notwendig, weil Illustrator die beteiligten Objekte nicht auf eine Ebene ziehen kann (wie es der Befehl im Objekt-Menü tut). Zweiter Nachteil: Alle Objekte der Ebene werden in die Maske einbezogen, auch nicht ausgewählte!

Die Maske entsteht nach einem Klick auf die Schaltfläche **Maske erstellen**.

Der oberste Pfad wird zum Maskenpfad (Zuschneidungspfad) und damit zunächst unsichtbar.

Masken im Dokument zeigen

Für die Suche nach Masken im gesamten Dokument steht der Befehl *Auswahl* ➛ *Objekt* ➛ *Schnittmasken* zur Verfügung. Bestehende Markierungen werden aufgehoben. Es sind nun alle Maskenobjekte ausgewählt.

Masken ablösen

Masken heben Sie mit dem Befehl *Objekt* ➛ *Schnittmaske* ➛ *Ablösen* auf. Der Maskenpfad erhält nicht sein ursprüngliches Aussehen zurück. Maskierte Objekte, die sich vor der Maskierung auf anderen Ebenen befanden, bleiben auf der aktuellen Ebene; sie kehren nicht auf ihre Ursprungsebene zurück.

Sie können statt des Befehls die Schaltfläche der **Ebenen-Palette** nutzen. Dazu muss die Ebene, der Zuschneidungspfad oder ein Teil der maskierten Objekte gewählt sein.

Sie können auch den Zuschneidungs-(Masken-)pfad aus der Gruppe herausziehen, die nun freien Objekte bleiben gruppiert.

Deckkraftmasken

Objekte können anhand ihrer Luminanz (Helligkeit) die Deckkraft anderer Objekte steuern. So wird stufenlos abnehmende Deckkraft innerhalb eines Objektes oder einer Gruppe möglich. Diese Wirkung lässt sich auch bei Farbverläufen und Mustern erreichen.

Die Deckkraftmaske selbst ist nicht sichtbar, sie lässt sich jedoch bearbeiten. Illustrator schaltet dazu in einen speziellen Anzeige-Modus.

Anlegen von Deckkraftmasken

Wählen Sie zunächst die Maske und die zu maskierenden Objekte aus. Die vorgesehene Maske muss obenauf liegen.

Wählen Sie den Befehl **Deckkraftmaske erstellen** aus dem Menü der **Transparenz-Palette**.

Die Maske wird nicht mehr angezeigt. Die Objekte erhalten eine Deckkraft, die den Helligkeitswerten der Maske entsprechen: Weiß bewirkt 100 % Deckkraft (opak), Schwarz bewirkt 0 % Deckkraft (vollständig transparent). Farben mittlerer Helligkeit erzeugen entsprechende Transparenz: Dunkles Blau wird die Objekte durchsichtiger stellen als helleres Blau.

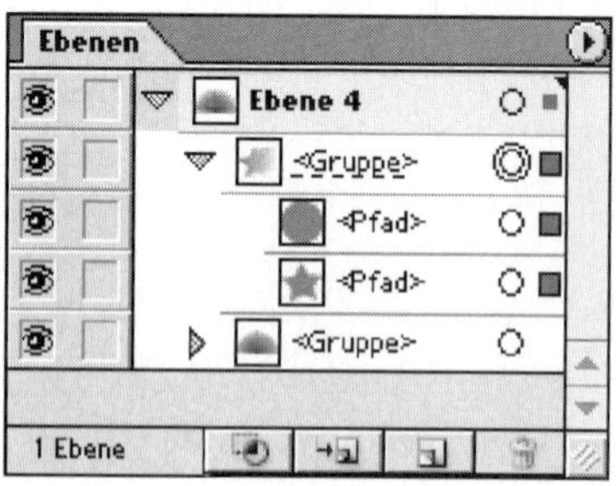

In der **Ebenen-Palette** erscheint die Maske als oberstes Element einer Gruppe. Sie ist zur Kennzeichnung des besonderen Status unterstrichen. Nach Ablösung der Maske wird die Gruppierung der Objekte erhalten bleiben.

Bearbeitung der Maske

Zeigen Sie die Optionen der **Transparenz-Palette** an (**Optionen einblenden** im Paletten-Menü oder Doppelpfeil vor dem Palettentitel).

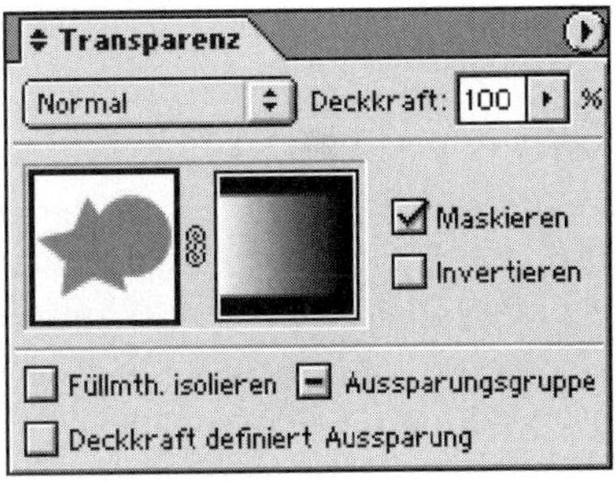

Zwei Miniaturen zeigen die Maske (rechts) und die maskierten Objekte (links). Diese können Sie zum Auswählen nutzen (hineinklicken). Dazwischen befindet sich ein Kettensymbol. Es zeigt das Verhalten beim Bewegen an: Maske und enthaltene Objekte bewegen sich gemeinsam. Klicken Sie auf das Symbol, um diesen Zusammenhang zu lösen. Dann lässt sich die Maske bewegen, um den Bereich gezeigter Objekte zu korrigieren (Bildausschnitt ändern).

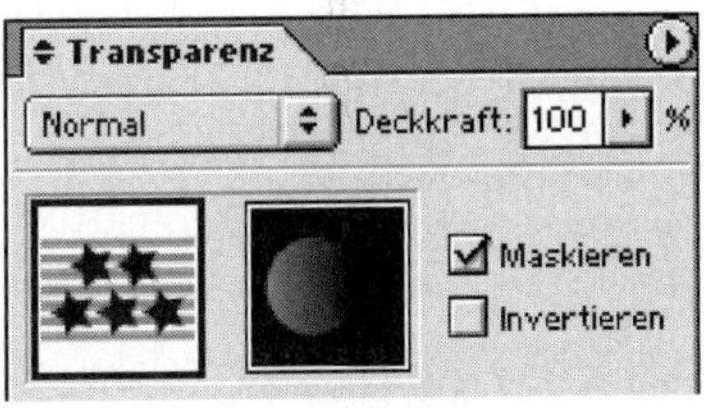

Markieren Sie die Miniatur der eingefügten Objekte (links) oder der Maske (rechts), um den Ausschnitt zu korrigieren. Mit dem **Auswahl-Werkzeug** können Sie den gewählten Teil bewegen. Inhalte lassen sich mit der **Gruppenauswahl** greifen.

Abschalten und separat zeigen

Sie können die Wirkung der Maske abschalten, ohne sie zu entfernen. Klicken Sie bei gedrückter [⇧]-Taste auf die Maskenminiatur. Sie wird durchgestrichen gezeigt.

Zum Anschalten ist ein weiterer Klick auf die rechte Miniatur bei gedrückter [⇧]-Taste erforderlich.

Sie können die Maske separat zeigen lassen. Halten Sie die [⌥]- (Mac OS) oder [Alt]-Taste (Windows) gedrückt, während Sie auf die Miniatur der Maske klicken. Nach der Bearbeitung zeigen Sie die Arbeitsfläche mit einem Klick auf die linke Miniatur wieder an. Sie können auch bei gedrückter [⌥]-/[Alt]-Taste erneut auf die linke Darstellung klicken.

Optionen der Deckkraftmaske

In der **Transparenz-Palette** finden Sie einige Optionen, die das Verhalten der Maske steuern.

Maskieren ist nach der Erstellung von Masken zunächst gewählt. Die Deckkraftmaske wirkt zusätzlich als Schnittmaske: Außerhalb des Maskenpfades werden keine maskierten Objekte sichtbar. Ist die Option abgewählt, erscheinen diese voll deckend.

Im Beispiel sichtbar: ober- und unterhalb der Maske erscheinen bei abgewählter Option (rechts) die Flächen der maskierten Objekte.

Invertieren kehrt die Luminanz der Maske und damit ihre Wirkung um. Helle Maskenbereiche erzeugen viel Transparenz, dunkle Bereiche erzeugen wenig durchsichtiges Material. Hat ein Teil der Maske ursprünglich eine Helligkeit von 35 %, wird die Wirkung nach dem Invertieren einer Helligkeit von 65 % entsprechen (im Beispiel ist die Maske im rechten Teil dunkel und bewirkt hohe Deckkraft-Werte).

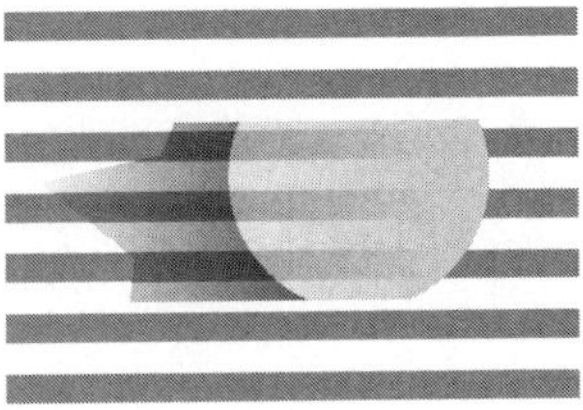

Die Optionen unterhalb des Trennstriches beziehen sich nicht auf die Masken, sondern auf die Füllmodi. **Füllmethode isolieren** beschränkt deren Wirkung auf die Mitglieder einer Gruppe. Ohne diese Option hat eine Füllmethode zur Folge, dass die Farbe des Objektes

Rechts ist die Füllmethode isoliert.

eine spezielle Wirkung auf alle darunter liegenden Farben zeigt. Sind Objekte gruppiert, tritt nur eine Wirkung bei Überdeckungen innerhalb der Gruppe ein. Farben darunter liegender Objekte scheinen nicht durch, als läge eine Isolierschicht direkt unter der Gruppe.

Aussparungsgruppe bewirkt das Gegenteil.

Rechts ist die Füllmethode ausgespart.

Die Transparenzmethoden wirken nicht innerhalb der Gruppe, sondern nur auf darunter liegende Objekte.

Dieser Optionsschalter hat drei Positionen:

ein (Kreuz), neutral (Strich oder grau) und aus (leer). In neutraler Position lässt sich Material gruppieren, ohne das von Ebene oder Gruppe bewirkte Aussparungsverhältnis zu beeinflussen.

Mit der Option **Deckkraft definiert Aussparung** soll der Aussparungseffekt von der Deckkraft abhängig sein.

Deckkraft ändern

Transparenz-Einstellungen lassen sich auch bei maskierten Objekten anwenden. Sie können die Transparenz-Methoden und den Wert der Deckkraft jederzeit festlegen. Maskierte Objekte werden ihre Farbigkeit im Verhältnis zu darunter liegenden Objekten ändern.

Maskenpfade sind unsichtbar. Bei ihnen hat die Änderung der Deckkraft Auswirkung auf die Maskierung. Ist die Deckkraft eines Maskenpfades auf 100 % gestellt, bewirkt die Farbe Weiß eine Sichtbarkeit maskierter Objekte von 100 %. Bei schwächerer Deckkraft des Maskenpfades werden maskierte Objekte entsprechend transparent: Bei einer Deckkraft des Maskenpfades von 50 % erzeugt weiße Farbe in der Maske 50 % Deckkraft bei maskierten Objekten.

Die Maske ist gewählt; ihre Deckkraft bestimmt die Wirkung.

Auf diese Weise lässt sich die Sichtbarkeit des Gesamtobjektes zum komfortablen Testen stufenlos herabsetzen.

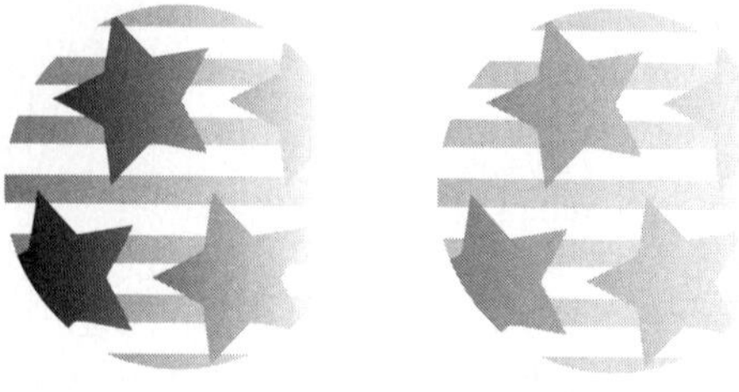

Ebenen

Ebenen dienen der Organisation komplexer Illustrationen. Sie liegen in Stapelfolge übereinander und nehmen die Objekte auf. Ebenen können Unterebenen enthalten, sodass Sie eine Ebenenhierarchie aufbauen können. Sie kann die Arbeit erheblich komfortabler gestalten, da sich Objekte mit Hilfe der Ebenen auswählen lassen und sich somit Eigenschaften ebenenweise festlegen lassen.
Ebenen sind selbst unsichtbar. Sie ermöglichen vorübergehendes Ausblenden von Teilen der Illustration, die andere verdecken oder bei der Arbeit stören können. Widmen Sie sich so gezielt den Details der Arbeit und nutzen Sie die Ebenen, um Teile zu zeigen, ohne andere entfernen zu müssen.

Die Anordnen-Befehle aus dem Objekt-Menü (**Nach vorne bringen, Nach hinten stellen,...**) beziehen sich auf die Stapelfolge innerhalb der Ebenen. Ganz nach vorne gebrachte Objekte überdecken Objekte tieferer Ebenen.

Die Ebenen-Palette

Mit Hilfe der **Ebenen-Palette** werden die Lagen des Dokumentes verwaltet. Blenden Sie die Palette mit dem Befehl *Fenster ➛ Ebenen* ein.

Die Stapelfolge ist aus der Liste erkennbar: Objekte decken Bestandteile jeweils darunter liegender Ebenen ab. Der Schalter vor den Namen klappt eine Liste mit Unterebenen und Objekten aus. Unten ist die Anzahl

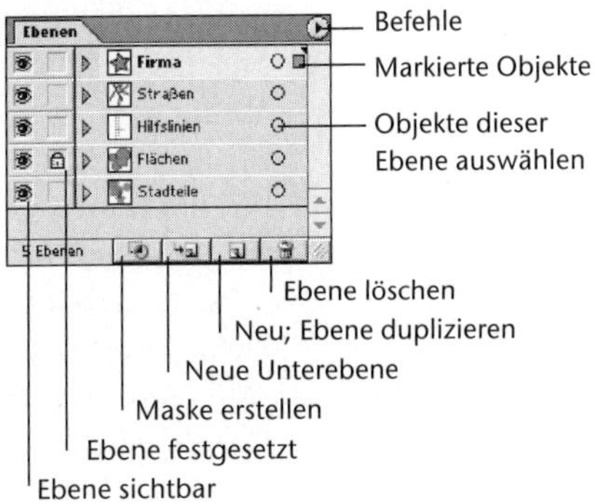

vorhandener Ebenen angezeigt; ein Überblick, falls die Palette nicht alle zeigt.

Ebenen lassen sich in Hierarchien gliedern, indem Sie Unterebenen einrichten. Sie erkennen die Ordnung in der Ebenenliste.

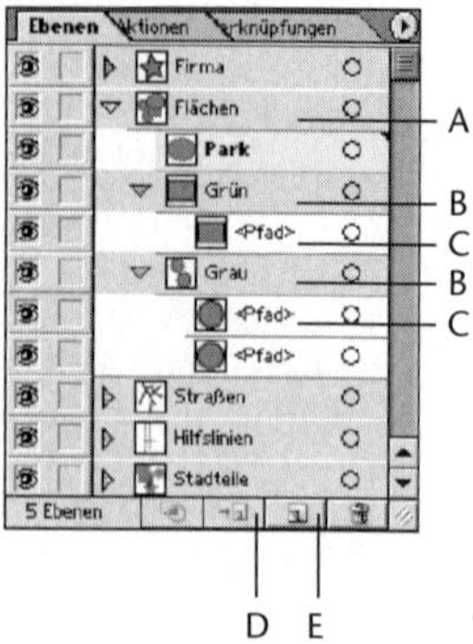

Zeigen Sie den Inhalt von Ebenen (A) durch Aufklappen der Liste mit dem Schalter links vom Ebenen-Namen an. Sie sehen die Unterebenen (B) und Objekte (C).

Sie erkennen es im Beispiel: Das Objekt „Park“ liegt auf der Ebene „Flächen“ und damit auf der gleichen Hierarchiestufe wie die Unterebenen (B). Die Objekte C liegen wiederum auf den Unterebenen, also auf einer tieferen Stufe.

Die **Ebenen-Palette** bietet einige Möglichkeiten zur Organisation:

- Die Stapelfolge entspricht der Ebenen-Liste; Objekte decken darunter liegende ab. Ändern Sie die Stapelfolge, indem Sie Ebenen mit dem Mauszeiger zwischen zwei andere verschieben.
- Legen Sie neue Ebenen an (Schalter E oder Befehl **Neue Ebene...** im Menü der Palette.
- Unterebenen zur momentan aktiven Ebene erstellen Sie mit dem Schalter D oder dem Befehl **Neue Unterebene**...
- Schalten Sie die Ebenen mit Klicks auf die Augensymbole sichtbar/unsichtbar. Hilfreich ist die ⌥- (Mac OS) oder Alt-Taste (Windows): Wird sie beim Klick gehalten, schaltet Illustrator alle Ebenen außer der angeklickten unsichtbar. Klicken Sie erneut bei gedrückt gehaltener Taste auf ein Sichtbarkeitsfeld, werden alle Ebenen wieder eingeblendet.
- Ähnliches gilt für das Festsetzen von Ebenen: Klicken auf die Felder neben den Augen-Symbolen schützt die Ebene vor

Veränderung. Halten Sie die [⌥]- (Mac OS) oder [Alt]-Taste (Windows) dabei gedrückt, werden alle anderen Ebenen festgesetzt. Nur die angeklickte bleibt editierbar. Ein weiterer Klick bei gehaltener [⌥]-Taste gibt alle wieder frei.

- Die freie Stelle rechts vom Ring dient zur Auswahl aller Objekte und Unterebenen. Die Auswahl wird mit einem farbigen Viereck quittiert.
- Bewegen Sie Objekte auf andere Ebenen, indem Sie sie markieren und das farbige Quadrat in der Liste verschieben.
- Löschen Sie Ebenen, indem Sie nach dem Auswählen auf das Papierkorb-Symbol klicken oder die Ebene auf das Symbol ziehen.
- Duplizieren Sie Ebenen durch Ziehen auf den **Neue Ebene ...**- Schalter.

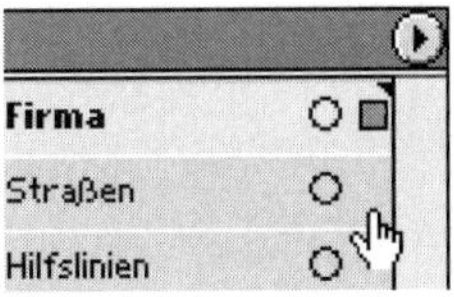

Beim Löschen von Ebenen werden alle ihre Objekte und Unterebenen entfernt. Es wird eine Warnung eingeblendet. Leere Ebenen werden ohne Hinweis gelöscht.

Die Eigenschaften der Ebenen stellen Sie mit dem Dialog **Optionen für...** ein. Den Dialog öffnen Sie schneller mit einem Doppelklick auf den Ebenen-Namen.

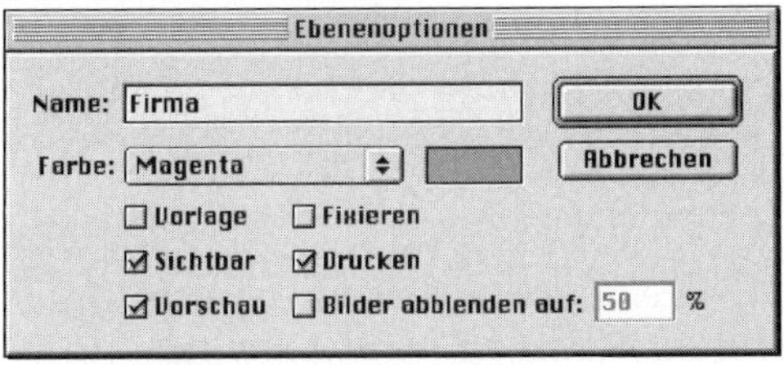

Ändern Sie hier den Namen der Ebene und wählen Sie die Markierungsfarbe, mit der die Auswahl von Objekten dieser Ebene gezeigt wird. Die Option **Vorlage** stellt die Ebene auf eine nicht druckende Ebene für nachzuarbeitende Vorlagen um. Die Intensität der Darstellung können Sie durch Angabe eines Abblenden-Wertes herabsetzen, um Ihre Pfade auf der Vorlage besser erkennen zu können.

Die Optionen **Sichtbar** und **Fixieren** entsprechen den Schaltern der **Ebenen-Palette**. Mit der Option **Drucken** verhindern Sie die Ausgabe der Ebene, um Details der Illustration zu prüfen. **Vorschau** schaltet die Anzeige der Ebene auf den Pfadmodus.

Elemente auf separate Ebenen verteilen

Alle Elemente einer Ebene auswählen:
• Klicken Sie in der Ebenenpalette an das Ende der Zeile (Farbmarke erscheint).
• Klicken Sie bei gedrückter ⌥- (Mac OS) oder Alt-Taste (Windows) auf Ebenenminiatur oder Ebenenname.
• Wählen Sie ein oder mehrere Elemente. Rufen Sie den Befehl *Auswahl ➛ Objekt ➛ Alles auf derselben Ebene* auf.

Sie können für Objekte einer Ebene jeweils eine eigene Ebene erstellen lassen. Illustrator erstellt die Ebenen und legt die Objekte darauf ab. Dieser Befehl ist bei der Vorbereitung von Web-Animationen hilfreich.

- Markieren Sie eine Ebene.
- Wählen Sie den Befehl **Ebenen für Objekte erstellen (Sequenz/Aufbau)** aus dem Paletten-Menü.

Eine **Sequenz** ist die Verteilung der Objekte auf je eine eigene Ebene. Die **Aufbau**-Option staffelt die Objekte auf den Ebenen: Auf der untersten neuen Ebene befindet sich ein Objekt. Auf der nächsten Ebene die ersten beiden, dann die ersten drei, und so weiter. Die oberste Ebene enthält alle Objekte.
Die Stapelfolge beider Befehle entspricht dem ursprünglichen Objektstapel.

Ebenen kopieren, ausschneiden, einsetzen

Beim **Einsetzen** aus der Zwischenablage werden Objekte auf der aktiven Ebene abgesetzt. Ist die Option **Ebenen beim Einfügen merken** im Paletten-Menü gewählt, wird stets in die Ursprungsebene (nicht in die aktive) eingesetzt.

Zusammenfügen in eine Ebene

Sie können Elemente auf einer neuen Ebene anordnen lassen. Markieren Sie die Elemente in der Palette. Wählen Sie im Paletten-Menü **In neuer Ebene sammeln**.

Anzeige der Ebenen

In der **Ebenen-Palette** finden Sie unterschiedliche Anzeigemöglichkeiten.

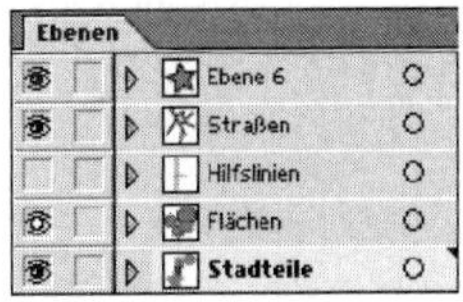

Das Augen-Symbol zeigt die **Sichtbarkeit** der Ebenen. Klicken Sie zum Ausblenden der Ebene darauf. Ein erneuter Klick in das nun leere Feld blendet die Ebene ein. Halten Sie beim Klicken auf das Symbol die ⌥-Taste (Mac OS) oder die Alt-Taste (Windows) gedrückt, werden alle anderen Ebenen ausgeblendet. Erneutes Klicken bei gedrückter ⌥-/Alt-Taste auf das Symbol oder in ein leeres Feld blendet alle Ebenen ein.

Die Sichtbarkeit ist relevant für den Druck: Ausgeblendete Ebenen werden nicht gedruckt.

Symbol der Pfadansicht (Diese Darstellung wird nicht gedruckt.)

Sie können Ebenen in der **Pfadansicht** zeigen lassen: Klicken Sie bei gedrückter ⌘- Taste auf das Augen-Symbol. Die Objekte verlieren ihre Kontur und ihre Fläche. Objekte tieferer Ebenen werden nicht verdeckt.

Zur Originalansicht gelangen Sie nach einem weiteren Klick bei gedrückter ⌘- Taste zurück. Gedruckt wird stets mit den Grafikattributen, nicht die Pfadansicht. Sie erhalten eine Ausgabe entsprechend der **Originalansicht.**

Attribute für Ebenen

Ebenen können **Aussehen**-Eigenschaften aufnehmen. Alle Objekte und die der Unterebenen übernehmen das Aussehen. Wenn diese Objekte die Ebene wechseln, verlieren sie diese Attribute, da es sich um Eigenschaften der Ebene, nicht der Objekte handelt. Objekte, die auf einer solchen Ebene abgelegt werden, übernehmen das Aussehen.
Das betrifft Stile, Effekte und Aussehen-Attribute. Sie können allen Elementen der **Ebenen-Palette** zugewiesen werden (Ebenen, Unterebe-

nen, Pfaden, Gruppen, zusammengesetzte Pfade und Formen).

- Wählen Sie ein oder mehrere Elemente der **Ebenen-Palette** mit einem Klick auf den Ring zum Ziel aus. Der Ring wandelt sich in einen doppelten Ring.
- Weisen Sie Stil oder Effekt zu.

Am gefüllten Ring erkennen Sie nun das zugewiesene Aussehen.

Die Aussehen-Attribute der Ebenen lassen sich durch Ziehen des gefüllten Rings auf das Löschen-Symbol der Palette entfernen.

Ziehen des Symbols auf eine andere Ebene überträgt die Attribute. Halten Sie dabei die ⌥-Taste (Mac OS) oder die Alt-Taste (Windows) gedrückt, werden die Attribute kopiert.

Die Anwendung der Attribute auf Ebenen bringt oft andere geometrische Ergebnisse als die Anwendung auf mehrere ausgewählte Objekte: Alle Objekte einer Ebene werden als geometrische Einheit betrachtet und erhalten bei Verzerrungen einen gemeinsamen Mittelpunkt. Das Ergebnis ist dann dem einer Gruppe vergleichbar.

Ebene ohne Aussehen-Attribute

Ebene ohne Aussehen-Attribute, zum Ziel gewählt

Ebene mit wenigstens einem Aussehen-Attribut

Ebene mit wenigstens einem Aussehen-Attribut, zum Ziel gewählt

Bisweilen gibt es merkwürdige Ergebnisse.
Ein Beispiel:
Eine Ebene bekommt den **Schlagschatten-Effekt**. Alle Objekte der Ebene und ihrer Unterebenen werfen Schatten. Ist eine Unterebene unsichtbar gestellt, werden deren Objekte nicht gezeigt, deren Schatten jedoch bleiben!

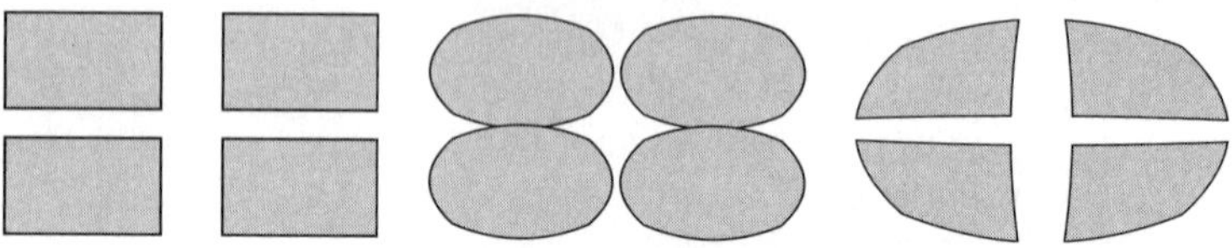

Diese vier Objekte wurden mit dem gleichen Befehl verzerrt (*Effekt* ➤ *Verkrümmen* ➤ *Aufblasen...*). Das linke Bild zeigt das Ergebnis nach Auswahl der Objekte und Anwendung des Befehls. Die rechte Darstellung ist das Ergebnis des Ebenen-Attributs: Alle Objekte der Ebene verhalten sich wie eine geometrische Einheit. (Das gleiche Ergebnis ist auch bei der Anwendung auf eine Gruppe zu erwarten).

Ebenen als Masken

Masken lassen sich mit Hilfe von Ebenen erstellen. Das funktioniert aber nur innerhalb der Ebenen: Die Maske und ihr Inhalt müssen auf der gleichen Ebene liegen. Der oben liegende Pfad fungiert als Maske, alle anderen als deren Inhalt. Der Maskenpfad verliert dabei seine grafischen Attribute, er wird also unsichtbar für Druck und Export. Markierungen sind nicht erforderlich.

- Stellen Sie sicher, dass der geplante Maskenpfad auf der Ebene zuoberst liegt (*Objekt* ➛ *Anordnen* ➛ *Nach vorne bringen*).
- Klicken Sie auf die Schaltfläche **Schnittmaske erstellen/ablösen** der **Ebenen-Palette.**

Schnittmaske erstellen/ablösen

Die Objekte der Ebene sind nur noch innerhalb des Maskenpfades sichtbar.

Zur Bearbeitung der Maske schalten Sie in die Pfadansicht um.

Ein erneuter Klick auf die Schaltfläche hebt die Maske auf. Der Maskenpfad bleibt zunächst ohne Attribute.

Ebenen reduzieren

Die Zahl der Ebenen lässt sich reduzieren, indem sie zusammengefügt werden. Dabei lassen sich alle oder ausgewählte zusammenbringen.

Um alle Ebenen zu verschmelzen, wählen Sie den Befehl **Auf Hintergrundebene reduzieren** aus dem Paletten-Menü. Falls Elemente der Palette ausgeblendet sind, erscheint eine Abfrage. Möchten Sie die Elemente nicht verwerfen, werden sie sichtbar gestellt.

Mehrere Ebenen lassen sich nach deren Markierung ([⇧]-Taste) mit dem Befehl **Ausgewählte zusammenfügen** verschmelzen. Unsichtbar gestellte Elemente werden dabei sichtbar gestellt.

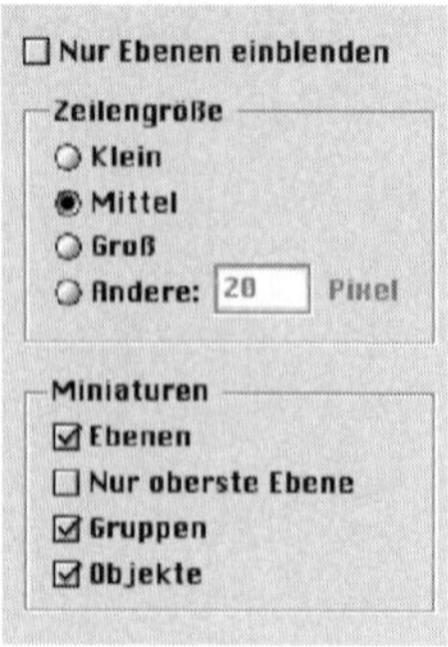

Paletten-Optionen

In den **Paletten-Optionen** legen Sie fest, wie hoch die Zeilen der Palette dargestellt werden und welche Elemente in einer Miniatur dargestellt werden. Mit einer Option können Sie in der Palette ausschließlich Ebenen zeigen lassen. Andere Elemente werden dann nicht gezeigt (Gruppen, Pfade, zusammengefügte Pfade, zusammengefügte Formen, Hüllen).

Die Anzeige der Elemente kann jedoch bei verbundenen Objekten hilfreich sein, da Sie den Status der Zusammengehörigkeit erkennen und alle zugehörigen Objekte per Klick markieren lassen können.

Vorlage-Ebenen

Sie können Ebenen anlegen, die sich für die Arbeit mit dem Pausstift eignen. Sie werden fixiert, zeigen ein anderes Symbol für die Sichtbarkeit und einen kursiven Namen.

Den Befehl **Vorlage** finden Sie nur im Paletten-Menü.

In den Ebenen-Optionen (Doppelklick oder Befehl im Paletten-Menü) lässt sich die Deckkraft herabsetzen. So sind darauf liegende Pfade besser erkennbar.

Objekte in der Ebenen-Palette zeigen

Objekte der Zeichenfläche lassen sich in der Ebenenpalette zeigen, wenn Sie nach deren Markierung auf der Zeichenfläche den Befehl **Objekt suchen** wählen. Ist die Option **Nur Ebenen einblenden** in den Paletten-Optionen gewählt, wird der Befehl **Ebene suchen** angeboten (in diesem Fall markiert Illustrator die Ebene, auf der sich das Objekt befindet).

Sind mehrere Objekte markiert, wird die Position des oben liegenden in der Palette gezeigt.

Diagramme

Diagramm-Werkzeuge können viel Arbeit ersparen, indem sie grafische Elemente automatisch auf die Größe gegebener Zahlenwerte skalieren. Diese Werte können im Illustrator erfasst oder aus anderen Programmen importiert werden.

Diagramme besitzen einen besonderen Status. Es besteht ein permanenter Zusammenhang zwischen der Wertetabelle und der darauf basierenden grafischen Darstellung. Somit hat die Änderung eines Wertes in der Tabelle automatisch die Korrektur seiner grafischen Entsprechung zur Folge.

Um den Diagramm-Status zu erhalten, verhindert das Programm die Ausführung einiger Befehle: Gruppieren, Gruppierung aufheben, Maskieren, Verknüpfen, Zusammenfügen und Durchschnitt berechnen. Alle Diagrammelemente sind Teil einer Gruppierungshierarchie, die beim Markieren erkennbar wird. Jedoch gilt bei der Änderung grafischer Attribute: Was markiert ist, lässt sich ändern. Sie können das Diagramm frei nach eigenen Vorstellungen gestalten (Flächen, Konturen, Schriften).

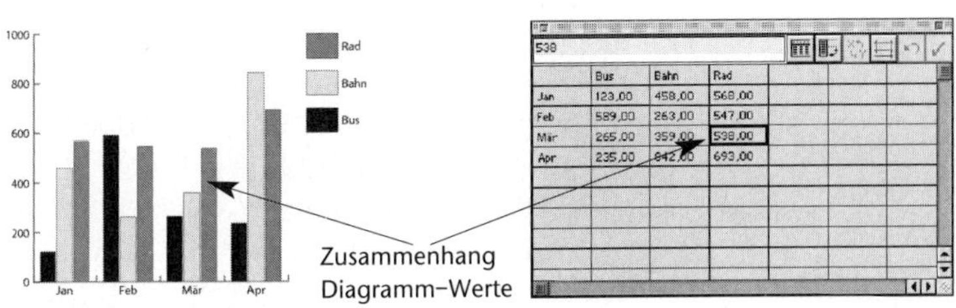

Sie können aus neun Diagrammtypen wählen, für jeden gibt es ein spezielles Werkzeug. Sie können den Typus später jederzeit ändern.

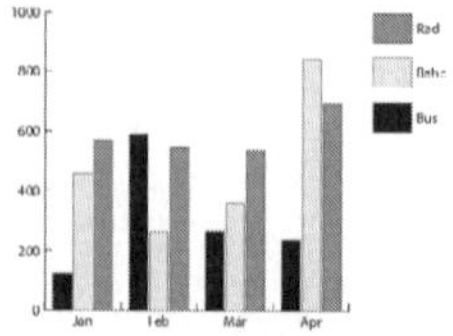

 **Vertikales Balkendiagramm:** Die Standard-Diagrammart wird zum Vergleich absoluter Wertegrößen eingesetzt; ein häufiger Fall. Jede Balkengruppe (Kategorie) entsteht aus einer Zeile oder einer Spalte der Tabelle.

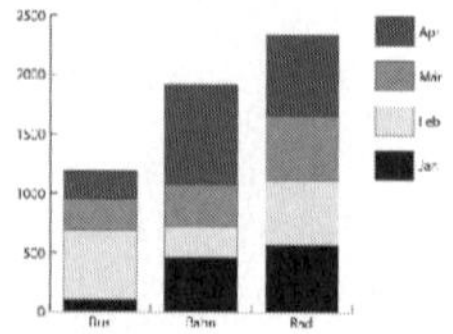

 **Vertikal gestapeltes Balkendiagramm:** Die Werte einer Kategorie werden gestapelt. So zeigt sich der Anteil an einer Gesamtheit besser, die von allen Werten einer Zeile oder einer Spalte gebildet wird.

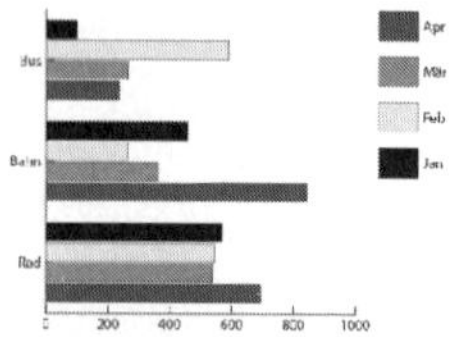

 **Horizontales Balkendiagramm**: Die Balken sind horizontal angeordnet. Sie wirken dynamischer als senkrechte Balken. Die Werte werden in ihren Beträgen gezeigt und lassen sich gut miteinander vergleichen. Tendenzen sind nicht gut ablesbar.

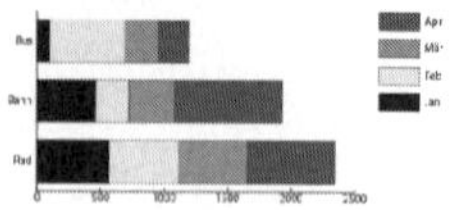

 **Horizontal gestapeltes Balkendiagramm:** Waagerechte Balken zur Darstellung von Anteilen. Die Balken werden aus den Zeilen oder Spalten der Tabelle gestapelt.

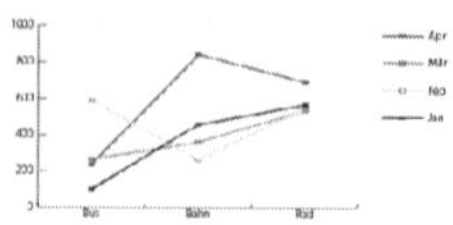

 Beim **Liniendiagramm** werden Datenpunkte durch Linien verbunden. Es eignet sich gut zur Darstellung von Tendenzen.

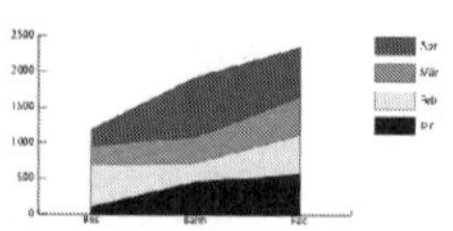

 **Flächendiagramm:** Die Flächen unter den Linien werden gefüllt. Die Größe der Werte ist besser erkennbar als beim Liniendiagramm.

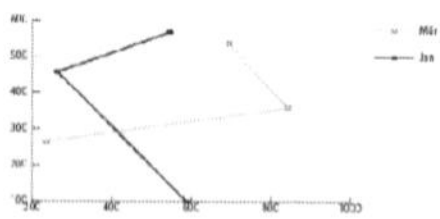

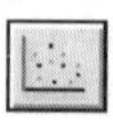 **Streudiagramm:** Datenpunkte entstehen als Koordinatenpaare entlang der x- und y-Achse. Diese Diagramme werden zur Darstellung von Regelmäßigkeiten und Tendenzen eingesetzt. Nebeneinander oder übereinander befindliche Werte der Tabelle ergeben jeweils einen Datenpunkt, was Sie beim

Erstellen der Tabelle bereits berücksichtigen müssen.

Kreisdiagramm: Die Werte von Tabellenzeilen oder -spalten bilden jeweils einen Kreis. Auf diese Weise werden Anteile gezeigt. Die Größe einzelner Werte ist nicht auf den ersten Blick erkennbar.

Netzdiagramm: Die Werte in Zeilen oder Spalten der Tabelle werden konzentrisch in einer kreisförmigen Darstellung angeordnet. Die Datenpunkte sind durch Linien verbunden. Es entsteht eine Grafik, die gut Tendenzen und Regelmäßigkeiten zeigt.

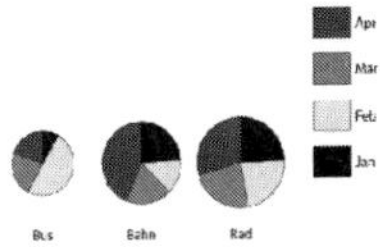

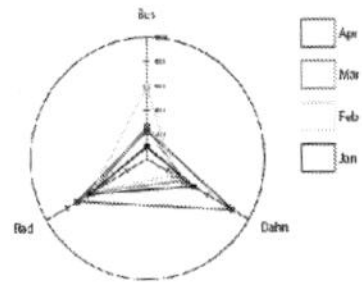

Den Darstellungen dieser Seiten liegt die gleiche (auf der vorangehenden Seite abgebildete) Tabelle zugrunde.

Erstellen eines Diagramms

Wählen Sie ein **Diagramm-Werkzeug**. Sie haben zwei Möglichkeiten, die Größe der Diagrammfläche zu bestimmen:

- Ziehen Sie mit dem Werkzeug ein Viereck auf, das die Größe des geplanten Diagramms umschreibt.
- Klicken Sie mit dem Werkzeug in die Arbeitsfläche. Tragen Sie Breite und Höhe in dem aufspringenden Dialog ein.

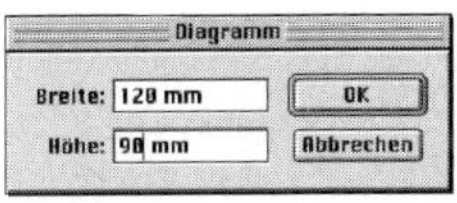

Nachdem Sie die Maustaste gelöst oder den Dialog mit OK geschlossen haben, springt die Wertetabelle auf. Hier geben Sie die Werte ein. Dabei sollten Sie Folgendes beachten:

- Geplante Achsen- und Legendenbeschriftungen müssen in der ersten Zeile und der ersten Spalte stehen. Nur dann werden sie als solche erkannt. Die erste Zelle links oben (Spalte eins, Zeile eins) bleibt frei. Deren Inhalt wird in diesem Fall ignoriert.
- Die Zahlenwerte dürfen nur aus Ziffern und einem Komma bestehen. Bei Verwendung anderer Zeichen wird der Wert auf Null gesetzt.
- Wenn Sie eine Grafik im Typ des Streudia-

Falls Sie eine Lücke im Diagramm haben, kann das an der Verwendung unzulässiger Zeichen liegen: Nur Ziffern und maximal ein Komma sind bei Zahlenwerten zulässig. Die Inhalte „31.720“, „32 720“ und „31720€“ sind Text und haben den Wert null. Ein Balken mit der Höhe null ist eben eine Lücke.

gramms planen, bei dem Wertepaare die Koordinaten der Datenpunkte ergeben, müssen diese Paare direkt neben- oder übereinander stehen.

Wertetabellen

Tabellen können aus maximal 32767 Zeilen und Spalten bestehen. Sie können die Werte in die Tabelle eingeben, über die Zwischenablage aus anderen Programmen holen oder direkt importieren. Dabei müssen die obigen Bedingungen für Werte erfüllt sein.

Die Importfunktion ist für Tabellenkalkulationsprogramme wie Excel oder Lotus 123 gedacht.

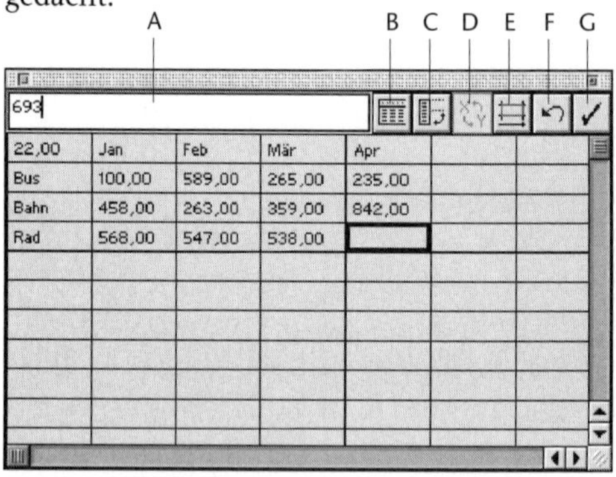

A Eingabefeld
B Daten importieren
C Zeilen/Spalten tauschen
D Achsen eines Streudiagramms tauschen
E Zellengröße der Tabelle einstellen
F Zurück zur letzten Übertragung der Daten auf das Diagramm
G Anwenden

Bei Flächen-, Kreis- und gestapelten Balkendiagrammen ist die gemeinsame Darstellung positiver und negativer Werte unmöglich.

A Das Eingabefeld dient zur Eingabe oder Änderung der aktuellen Zelle (stark umrandet). Der Wert wird nach der Bestätigung übertragen. Dafür gibt es mehrere Möglichkeiten:

- Die **Return-Taste** aktiviert die darunter liegende Zelle.
- Die **Tabulator-Taste** aktiviert die rechte Nachbarzelle.
- Die **Enter-Taste** überträgt den Wert, ohne eine andere Zelle zu aktivieren.
- **Pfeiltasten** markieren die Nachbarzelle.
- Klicken Sie in die gewünschte Zelle.

Bei gedrückter [⇧]-Taste können Sie die Kürzel zur Markierung von Tabellenbereichen nutzen.

Wenn Sie für eine Beschriftung Zahlenwerte eingeben möchten, setzen Sie diese in Anführungszeichen („1998"). Bei der Kombination mit Text ist das nicht notwendig (Jahr 1998).

B Datenimport aus anderen Programmen ermöglicht die grafische Darstellung von Daten, die bereits erfasst sind (vielleicht von den Kollegen der Buchhaltung).

C Nach falscher Erfassung von Daten ist es möglich, Zeilen und Spalten zu tauschen.

Bei der Änderung der Daten setzt Illustrator einige Formate wie Schriftgröße und Datenpunkte auf Standardwerte zurück.

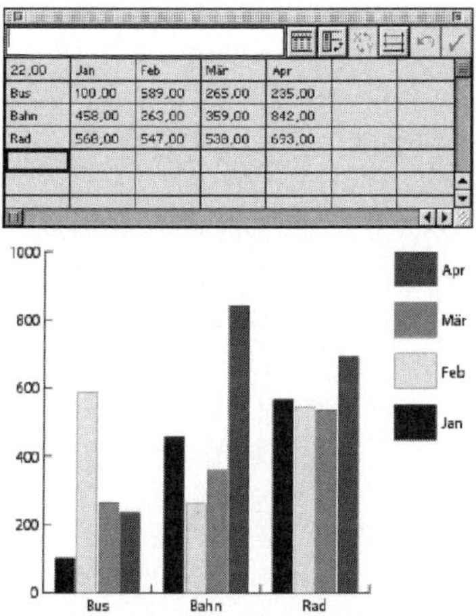

Die Grafik erlaubt die schnelle Erfassung der zeitlichen Entwicklung (Monate) innerhalb der Kategorien.

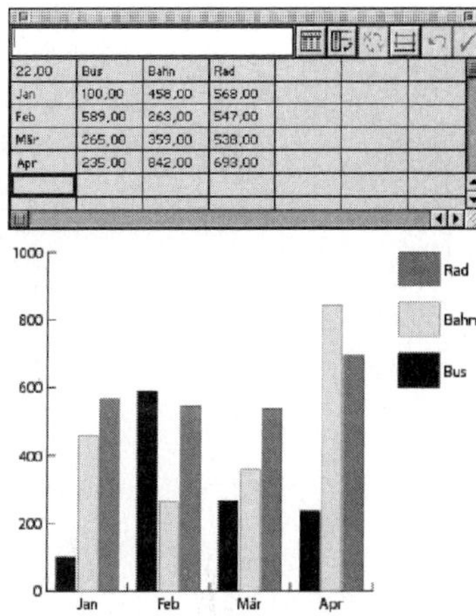

Die getauschte Darstellung vergleicht die Verkehrsmittel innerhalb der Monate.

D Die Achsen von Streudiagrammen lassen sich tauschen (ein Spezialfall wegen der Wertepaare).

E Die Größe der Zellen lässt sich hier festlegen. Geben Sie die Zahl der Zeichen und der Dezimalstellen an.

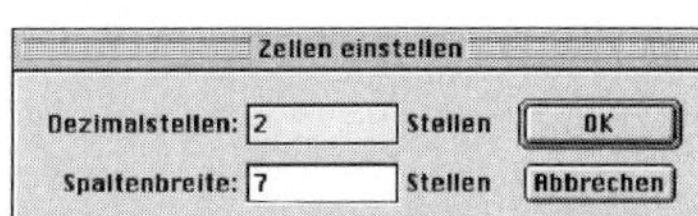

F Mit dem Zurück-Schalter können Sie die letzte Übertragung der Tabellenwerte auf das Diagramm widerrufen.

G Übertragen Sie mit diesem Schalter die

Werte in das Diagramm, ohne die Tabelle zu schließen.

Der Schließen-Schalter befindet sich links oben. Bei dessen Betätigung werden die aktuellen Werte auf das Diagramm übertragen (entspricht dem OK-Schalter anderer Fenster).

Importieren von Diagrammdaten

Wenn sich die Daten in einer Tabelle eines anderen Programms befinden, übernehmen Sie diese mittels der Zwischenablage. Dazu markieren Sie den Bereich der Tabelle, kopieren ihn und setzen ihn in die offene Tabelle eines Illustrator-Diagramms ein. Markieren Sie vor dem Einsetzen die linke obere Zelle des Zielbereichs. Die Daten der Zwischenablage fließen von dieser Zelle nach rechts und unten. Vorhandene Werte werden dabei überschrieben.

Importfunktion

Lassen Sie sich Daten von Zuarbeiten in einfachen Textformaten geben.

Importierbar sind Daten, die als Text gespeichert wurden. Das Ursprungsprogramm ist dabei unwichtig; zur Datenerfassung genügt ein simples Textprogramm.

Die Struktur der Tabelle ist dabei von entscheidender Bedeutung: Zahlenwerte dürfen nur aus Ziffern und maximal einem Komma bestehen. Zwischen den Werten sind nur Tabulator-Marken (keine Leerzeichen, die zur Interpretation als Texteintrag und damit zum Wert Null führen). Zeilen werden mit einem Zeilenumbruch (Return) beendet.

Denken Sie an die geplanten Beschriftungen für Achsen und Wertereihen: Diese müssen in der ersten Zeile und der ersten Spalte (erster Eintrag der neuen Zeile) stehen. Um die erste Zelle frei zu lassen, beginnen Sie den Text mit einer Tabulator-Marke.

Grafische Optionen der Diagrammtypen

Voraussetzung zur Änderung der Optionen ist die Gesamt-Markierung des Diagramms. Wählen Sie dazu das **Auswahl-Werkzeug** (↖) und klicken Sie auf ein Diagrammelement. Den Dialog rufen Sie mit dem Befehl *Objekt* ➛ *Diagramm* ➛ *Attribute...* auf.

Bei teilweiser Markierung werden die Einstellungen nicht wirksam. Haben Sie nichts markiert, definieren Sie Voreinstellungen für künftige Diagramme.

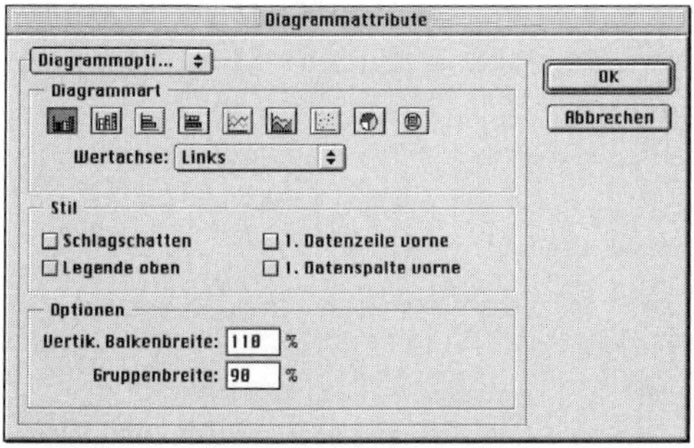

Diesen Dialog erreichen Sie auch mit einem Doppelklick auf das Symbol des **Diagramm-Werkzeugs** in der Werkzeugleiste.

Diagrammart: Ändern Sie den Typ der Grafik.
Wertachse: Geben Sie deren Position vor (links/rechts/auf beiden Seiten, oben/unten/auf beiden Seiten; für Kreis- und Netzdiagramme nicht verfügbar).
Stil: Neben der Legendenposition (rechts oder oben) und der Schlagschatten-Option finden Sie die Reihenfolge der Abdeckung, wenn sich Balken überlappen. Es ist nur eine Option

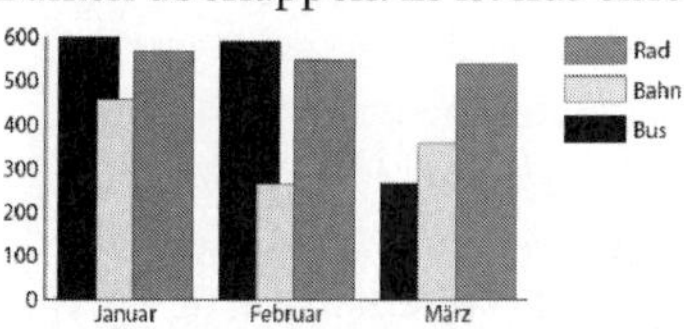

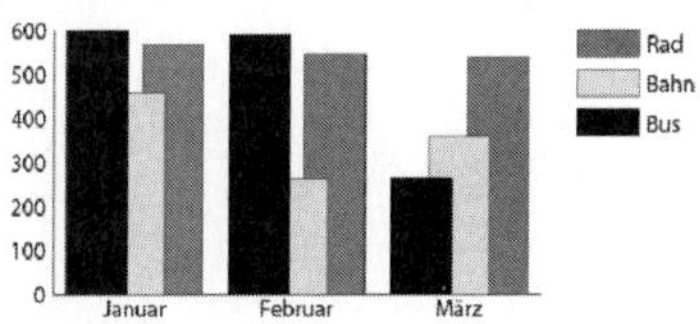

wirksam, je nach Orientierung der Tabellenwerte. Am einfachsten wählen Sie beide. (Wichtig bei Flächendiagrammen: Die Werte addieren sich; somit ist die letzte Reihe stets die größte und verdeckt andere, wenn sie vorn liegt.)
Optionen: Diese typenspezifischen Möglichkeiten finden Sie auf den folgenden Seiten.

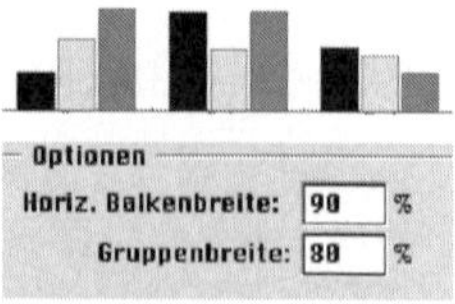

Standardwerte

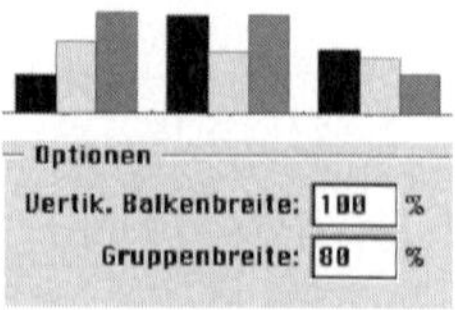

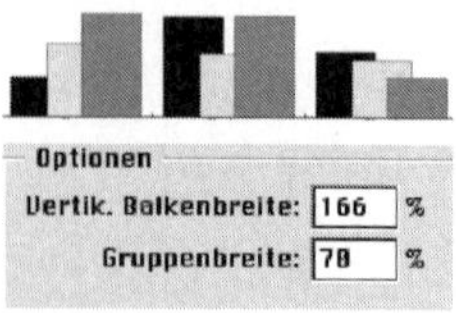

Horizontale, vertikale, gestapelte Balkendiagramme erlauben die Angabe der Balkenbreite. Diese richtet sich so ein: Die Länge der Achse wird für die Gruppen gleichmäßig geteilt; daraus ergeben sich 100 % der Gruppenbreite. Der eingetragene Wert bestimmt den Platz, der davon genutzt wird. Unter 100 % entstehen Lücken, darüber Abdeckungen der Nachbargruppen. Die Gruppenbreite wird gleichmäßig auf die Daten der Gruppe verteilt; daraus ergeben sich wiederum 100 % der Balkenbreite. Kleinere Werte erzeugen Lücken, größere Werte Überschneidungen innerhalb der Gruppe und Ausdehnung der Gruppe (deren tatsächliche Breite übersteigt den Gruppenbreite-Wert).

Diese Einstellungen gelten sinngemäß für horizontale und vertikale Diagramme. Es ändert sich nur die Beschriftung des Wertes im Dialog.

Liniendiagramme bieten die Möglichkeiten angezeigter Datenpunkte und deren Verbindungslinien (standardmäßig gewählt), der Nutzung von erster und letzter halber Gruppenbreite (standardmäßig nicht gewählt) und des Tausches der Linien gegen konturierte Flächen.

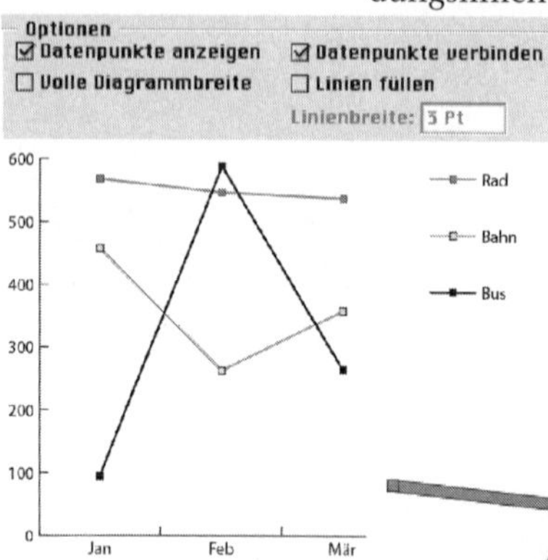

Das Beispiel im Ausschnitt ist mit Flächen erstellt. Meist wird man diese Variante in den grafischen Attributen nacharbeiten müssen, um eine ansprechende Darstellung zu bekommen (Größe der Datenpunkte, Farben der Flächen und Konturen).

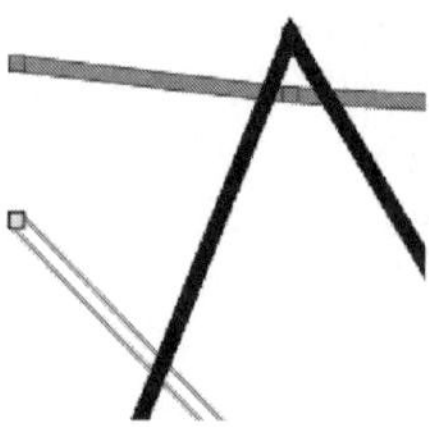

Für **Flächendiagramme** sind keine Optionen verfügbar.

Streudiagramme bieten die gleichen Optionen wie Liniendiagramme. Die Option **Volle Diagrammbreite** entfällt.

Kreisdiagramme erlauben die Wahl der Legendenposition. Die voreingestellte normale Legende zeigt am Rand beschriftete Farbflächen. Alternativ können Sie die Legende in den Segmenten zeigen oder abwählen.

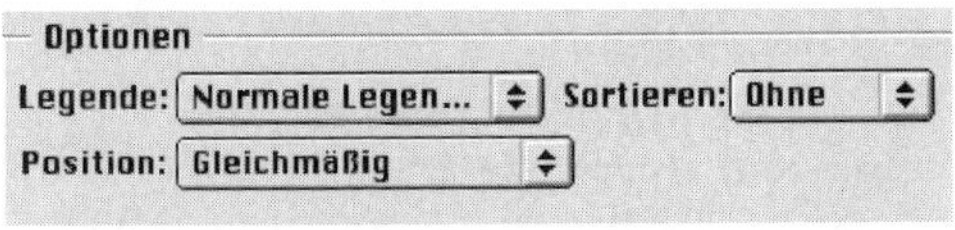

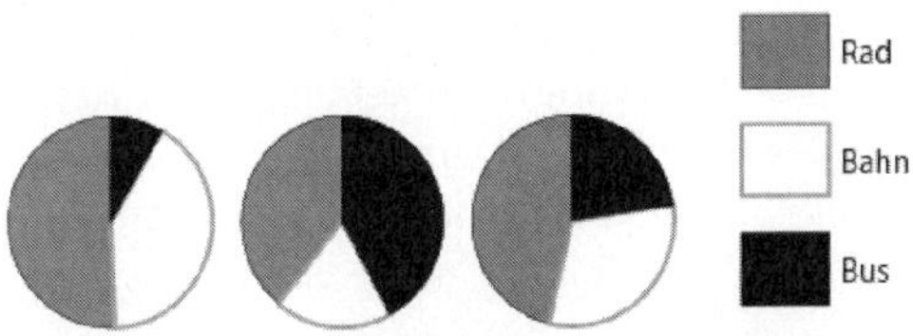

Normale Legende

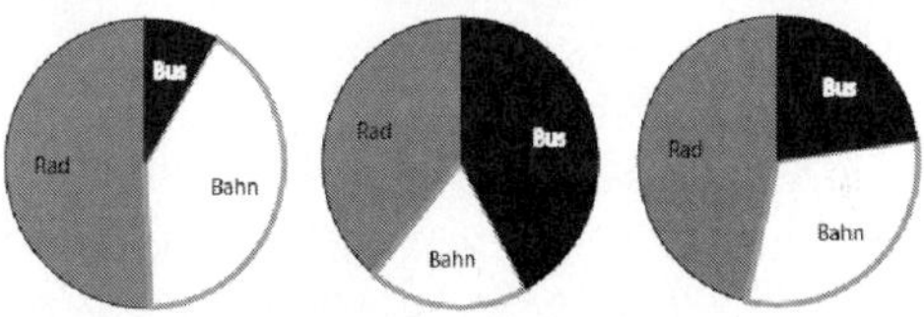

Legende in den Segmenten.
Die weiße Schrift wurde nach einer Markierung mit der **Gruppenauswahl** (↖⁺)
umgefärbt.

Die Position gibt das Größenverhältnis und die Lage zueinander an. Die gleichmäßige Position stellt alle Kreise gleich groß dar. Es sind nur die Anteile an der Summe erkennbar. Bei proportionaler Darstellung wird die Größe den Summen angepasst. Eine gestapelte Darstellung erzeugt konzentrisch übereinander gelegte Kreise.

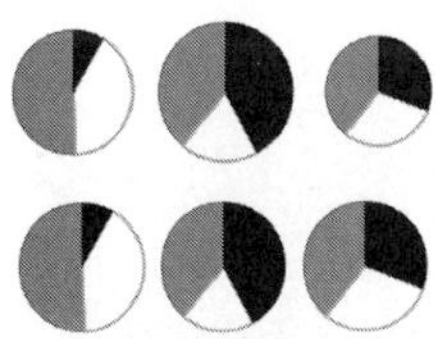

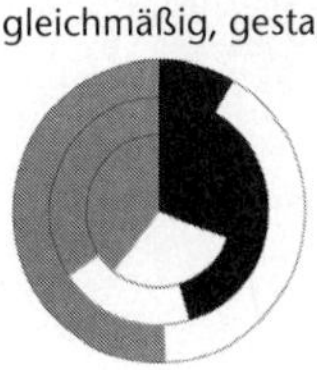

Positionen proportional, gleichmäßig, gestapelt

Beim Sortieren können Sie eine Reihenfolge der Daten innerhalb der Kreise wählen. Ohne Sortierung gilt die Folge der Tabelle. **Erste** bringt den größten Wert der ersten Gruppe nach oben (übrige bleiben in ihrer Folge), **Alle** sortiert nach der Größe.

Wertachse

Die Einstellungen der Achsenformate finden Sie im Dialog der Diagrammattribute.

Rufen Sie die Einstellungen der Achsen auf.

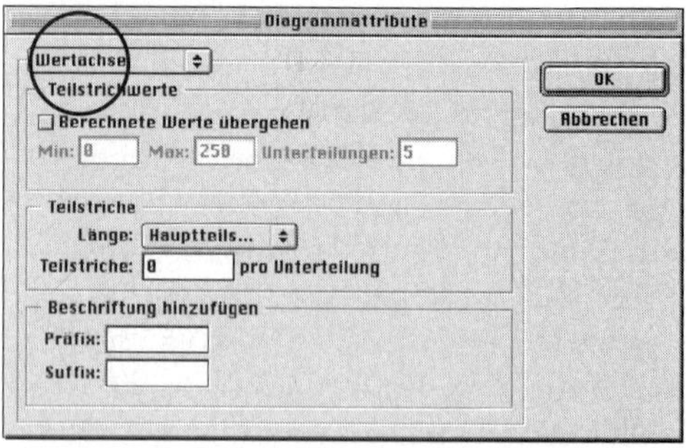

Das Programm richtet die Achse nach den Werten der Tabelle so ein, dass der größte Wert die gewählte Höhe der Diagrammfläche nutzt. Sie können diese Vorgabe übergehen und die Achse nach eigenen Vorstellungen teilen.

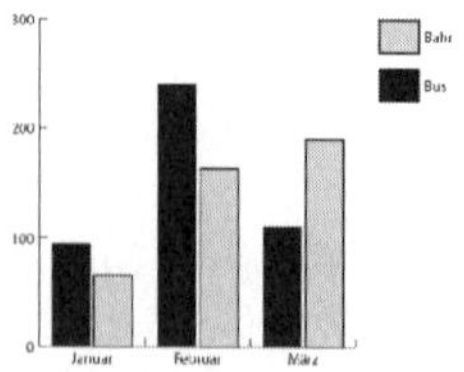

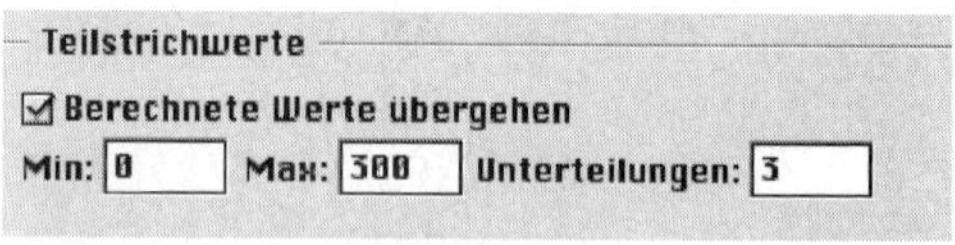

Sie können Minimum und Maximum frei wählen. Die Darstellung der Werte beginnt beim Minimum. Größere Daten als das gewählte Maximum überragen die Wertachse. Wählen Sie glatte Teilungen, um die Beschriftungen mit vielen Kommastellen zu vermeiden.

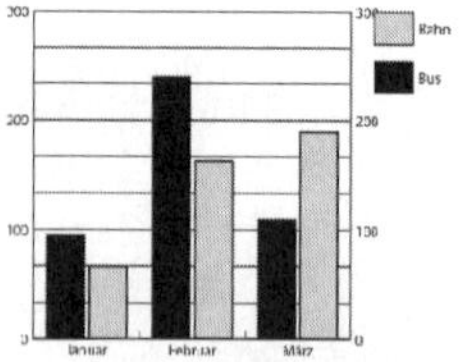

Die gewählte Teilung können Sie wiederum mit Strichen unterteilen lassen. Im Beispiel sehen Sie die gewählte Unterteilung, wobei die Länge auf Gitternetzlinien gesetzt wurde. Um die Netzlinien nicht ins Leere laufen zu lassen, wurde in den Optionen eine zweite Achse gewählt.

Die Voreinstellung ist **Teilstriche** (kurze Linien). Ohne Teilstriche erhalten Sie eine glatte Achse.

Wenn ein Diagramm über zwei Achsen verfügt, bieten die Diagrammattribute zwei Dialoge für die Achsenoptionen. Allerdings werden widersprüchliche Einstellungen (unterschiedliche Teilstrichwerte) nicht umgesetzt.

Die Teilstrich-Beschriftungen lassen sich mit Präfix und Suffix versehen. Vergessen Sie nicht die Leerzeichen.

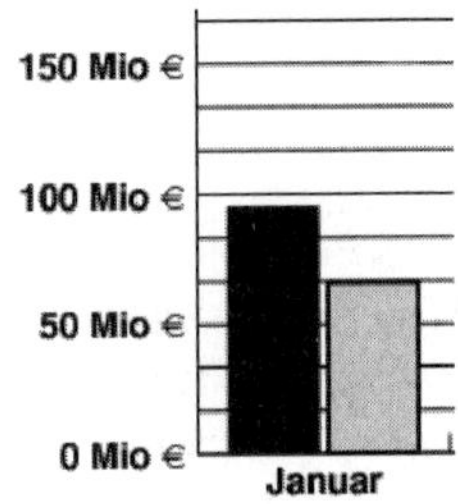

Kategorieachse

Die Optionen der Kategorieachse beschränken sich auf die Einrichtung von Teilstrichen. Diese kann man auf die Höhe des Diagramms zeichnen lassen (**Länge:** Gitternetzlinien).

Mittels einer Option werden die Teilstriche in der Gruppe zentriert oder zur Trennung der Gruppen eingesetzt. Bei der Verwendung mehrerer Teilstriche macht sich diese Option als seitliche Verschiebung bemerkbar.

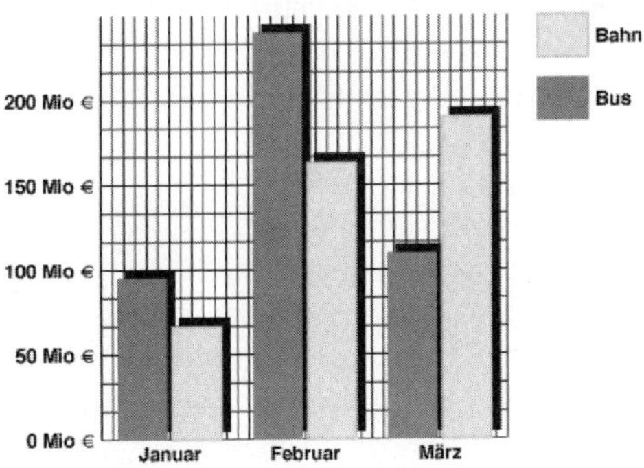

Der **Schlagschatten** wurde in den Diagrammoptionen gewählt.

Wenn Sie eine Diagrammgestaltung bevorzugen oder wiederholt benötigen, legen Sie die Voreinstellungen fest (nichts ist ausgewählt) oder nehmen diese Einstellung gleich in Ihren Startdokumenten vor.

Diagramm-Designs

Eigene Grafiken können die Funktion der Diagramm-Balken übernehmen. Nach der Erstellung (Zeichenwerkzeuge) werden sie als Diagramm-Designs definiert. Damit übernimmt sie Illustrator in die Bestände. Damit stehen sie für den Einsatz in Balkendiagrammen bereit.

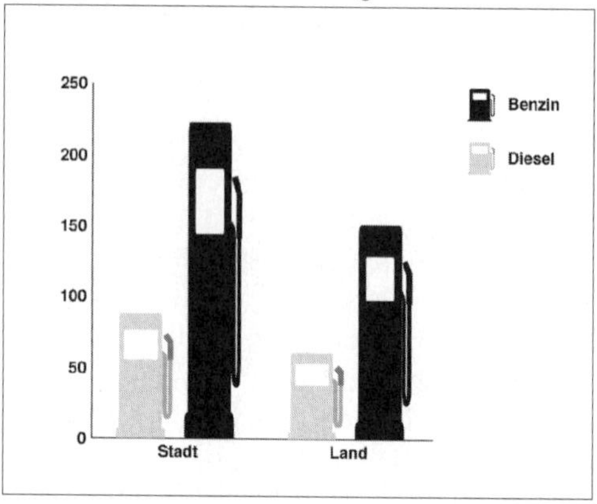

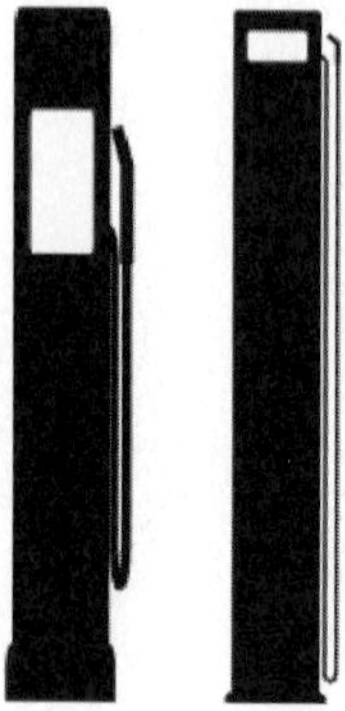

Balken skaliert (links) und gestreckt (rechts)

Zwei Optionen müssen bei der Erstellung bereits bedacht sein: Soll die Grafik an einer bestimmten Stelle streckbar sein? Soll der Zahlenwert, den der Balken repräsentiert, in der Grafik erscheinen?

Zur Erstellung gehen Sie in folgenden Schritten vor:

- Zeichnen Sie die Grafik.
- Legen Sie ein unsichtbares Viereck um das Objekt (keine Kontur, keine Fläche), das die Gesamtgröße bestimmt.
- Falls Sie das Objekt strecken wollen, bestimmen Sie den Streckungsbruch mittels einer Hilfslinie. Diese muss beweglich sein, also nicht fixiert (*Ansicht* ➛ *Hilfslinien* ➛ *Hilfslinien fixieren:* kein Häkchen).
- Falls der Zahlenwert in der Grafik erscheinen soll, legen Sie ein Textfeld an und formatieren es. Der Text gibt die Zahl der Vor-

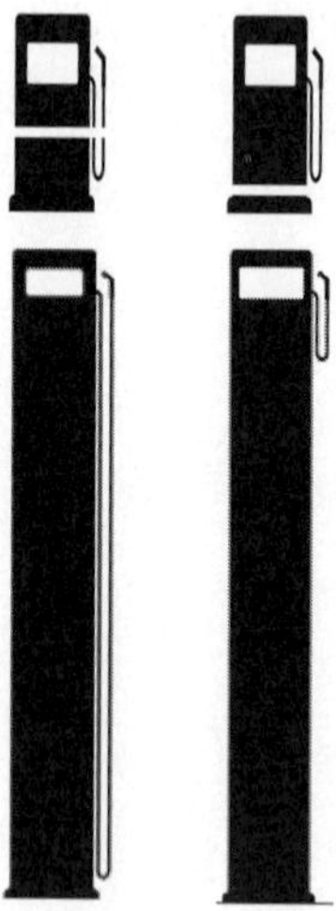

und Nachkommastellen an, die Sie vorgeben möchten, beginnend mit einem Prozentzeichen. Setzen Sie die Null für die Vorkommastelle ein, wenn Sie keine Mindeststellenanzahl erzwingen möchten.

- Gruppieren Sie die Grafik.
- Markieren Sie die Grafik und definieren Sie das neue Design: *Objekt ➛ Diagramm ➛ Designs... ➛ Design* einfügen.

Damit ist es in die Illustrator-Bestände aufgenommen und kann eingesetzt werden.

Zum Einsetzen muss ein Balken, eine Reihe oder das Diagramm markiert sein. Mit dem Befehl *Objekt ➛ Diagramm ➛ Balken...* öffnen Sie den Dialog, der alle Designs im Illustrator-Bestand anbietet.

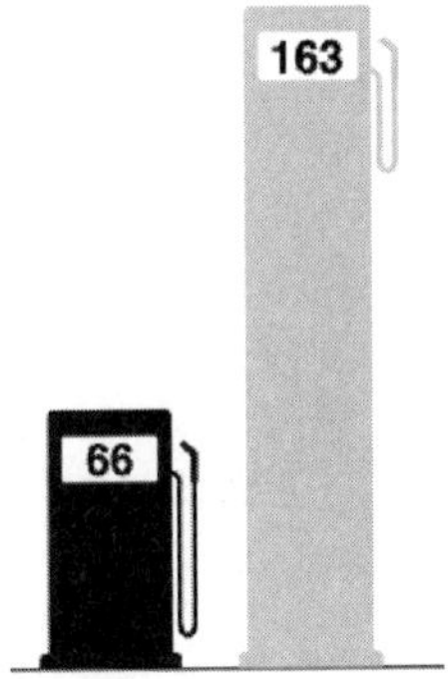

Der Werte-Platzhalter ist hier %00 (keine geforderten Stellen vor dem Komma, keine Nachkommastellen).

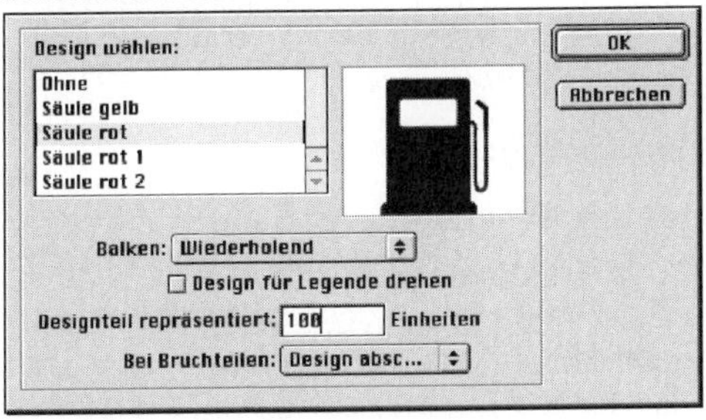

Eine Grafik steht für 100 Einheiten. Links sind die Bruchteile abgeschnitten, rechts sind sie skaliert.

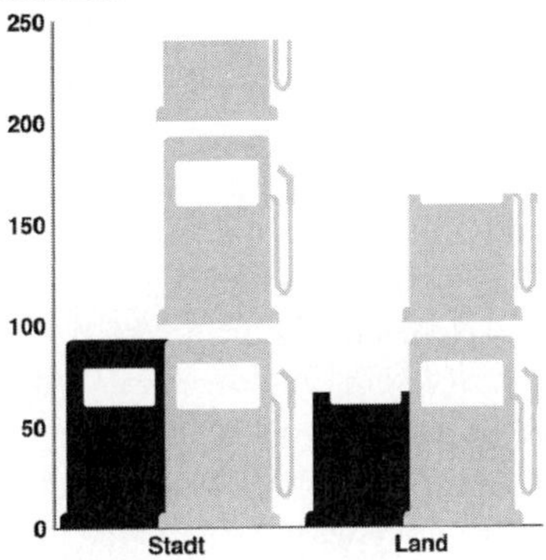

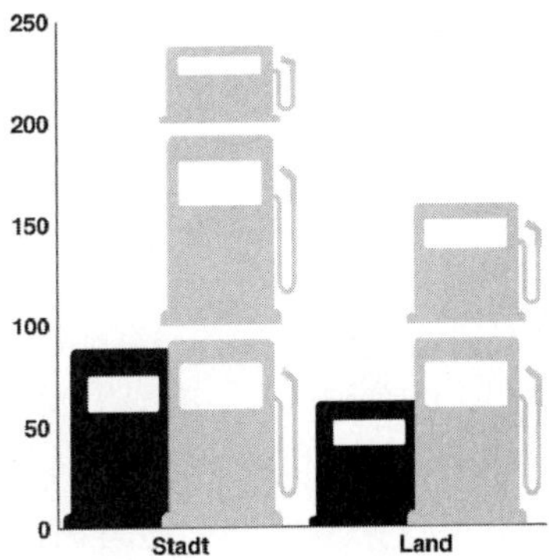

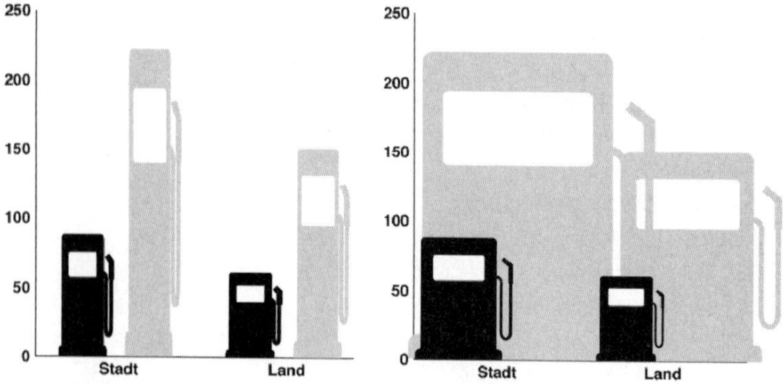

Diese Designs sind vertikal und proportional skaliert.

Diagrammdesigns sind nicht direkt änderbar. Dazu müssen Sie es aus den Beständen herausnehmen, ändern und erneut definieren. Der Befehl ist *Objekt ➛ Diagramm ➛ Designs: Design einfügen*. Die Grafik wird auf die Arbeitsfläche kopiert (meist hinter dem gerade offenen Dialog).

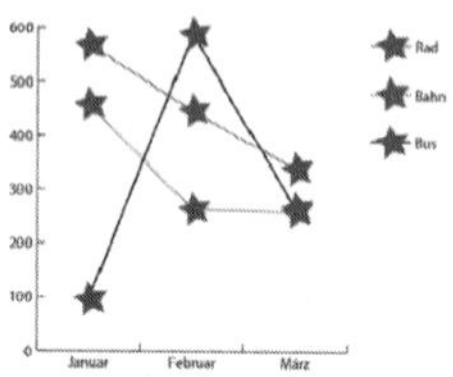

Die Option **Fließend** streckt die Grafik auf die erforderliche Länge. Dazu muss im definierten Design eine waagerechte, nicht fixierte Hilfslinie enthalten sein, welche die Streckungsstelle bezeichnet.

Punkt-Designs

Datenpunkte in Liniendiagrammen können mit eigenen Grafiken versehen werden. Die Definition erfolgt wie bei den Balkendesigns: Zeichnen Sie das Objekt, legen Sie ein unsichtbares Viereck dahinter (Größenanpassung), markieren Sie alles und bestimmen es zum Design: *Objekt ➛ Diagramm ➛ Designs... ➛ Neues Design*.

Das Design setzen Sie bei markiertem Diagramm oder -teilen ein: *Objekt ➛ Diagramm ➛ Punkte...*

Das Viereck hinter dem Design wird auf die Größe des Standard-Punktes skaliert (damit wird es immer zu klein). Deswegen sollte das Viereck für die Größenanpassung deutlich kleiner als die Grafik sein. Im Vorschaufeld des Design-Dialogs ist zwar nur noch sein stark vergrößerter Mittelteil sichtbar, Sie kommen aber so zu brauchbaren Resultaten.

Diagrammteile auswählen

Sie können das Diagramm in allen Teilen auswählen, um Veränderungen vorzunehmen. Dabei sollten Sie jedoch keine Gruppierungen aufheben oder Teile neu gruppieren, da ein Diagramm nur in einer bestimmten Gruppierungshierarchie funktioniert. Wenn diese geändert wird, ist der Zusammenhang zur Wertetabelle verloren. Änderungen in der Tabelle (Wertekorrekturen, Tausch der Achsen) haben dann keine Auswirkung mehr auf das Diagramm. Es handelt sich nicht mehr um ein Diagramm, sondern um normale grafische Objekte.

Oft wird man die Diagrammfunktionen aber so nutzen: Aus gegebenen Werten ein Diagramm erstellen, Diagrammfunktionen nutzen (Säulendesigns erstellen) und dann die Gruppierungen wegen unmöglicher Formatierungen aufheben. Nicht vorgesehene Formatierungen sind freie Positionierung der Legende, Abstände von Daten/Achsen und so weiter.

Beim Skalieren des Diagramms ändern sich Schriften ebenfalls; deshalb lassen sich typografische Formate oft nach der Aufhebung des Diagrammstatus besser zuweisen.

Diagramme bilden Gruppen aus den Datenreihen. Datenreihen sind Gruppen ihrer Werte und ihrer Legende. Einzelne Werte sind ihrerseits ebenfalls gruppiert.

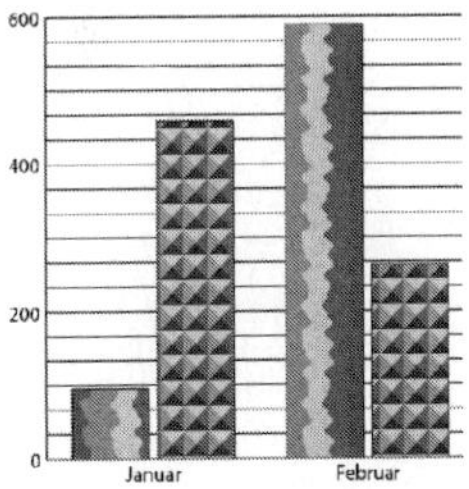

Die Auswahl einzelner Teile erfolgt mit der **Gruppenauswahl** (⭦⁺). Eine Datenreihe läßt sich mit zwei Klicks auf einen Wert (Balken, Datenpunkt) oder auf seine Legende auswählen. Es können aber auch mehr Klicks erforderlich sein (je nach Diagrammtyp).

Diagrammtypen kombinieren

Es lassen sich Darstellungstypen kombinieren, indem bei markierten Datenreihen der Typ gewählt wird (*Objekt* ➛ *Diagramm* ➛ *Attribute...* oder das **Diagramm-Werkzeug** doppelklicken).

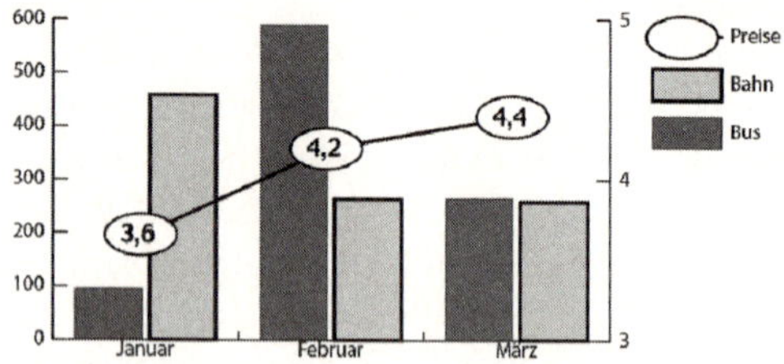

Auf diese Weise lassen sich Werte in einem Diagramm darstellen, die sich in Größenordnung und Maßeinheit unterscheiden (Ticketpreis und Zuschauerzahl, Umsatzvolumen und Aktienkurs).

Bei Verwendung zweier Achsen sollten Sie diese den Werten anpassen; das Programm teilt beide zunächst gleich. Wählen Sie dann die Datenreihe/-reihen aus und rufen Sie den Dialog erneut auf (*Objekt* ➛ *Diagramm* ➛ *Attribute...*), um den Darstellungstyp zu ändern. Bei kleinen Werten (wie im Beispiel gezeigt) findet sich die Linie der Datenreihe eventuell fast auf der waagerechten Achse.

Bei markierter Datenreihe rufen Sie den Dialog erneut auf und wählen die Einstellungen der rechten Achse. Übergehen Sie die berechnete Teilung, indem Sie eigene Werte vorgeben.

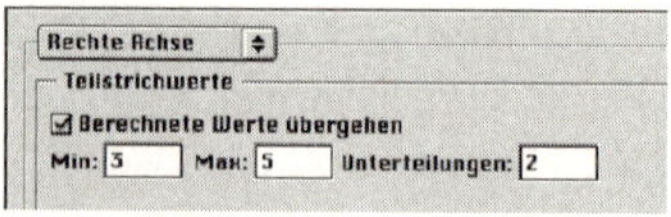

Arbeit mit Text

Es stehen sechs Werkzeuge zur Erstellung von Texten bereit. Sie erstellen Text in rechteckigen Feldern, Text in Farbflächen und Text an Pfaden. Dabei kann der Text jeweils horizontal oder vertikal fließen.

Textwerkzeuge

Sie dienen zur Erstellung rechteckiger Textfelder ohne eigene Grafikattribute (weder Fläche noch Kontur). Sie erhalten zunächst Text im transparenten Rahmen, den Sie beliebig auf anderen Grafikobjekten anordnen können, ohne diese abzudecken. Den Textfeldern können anschließend jedoch Grafikattribute zugewiesen werden.

Werkzeuge für Textfelder, Texte in Farbflächen und Texte an Pfaden

Werkzeuge für vertikale Textfelder, vertikale Texte in Farbflächen und vertikale Texte an Pfaden

Je nach Einsatz der Werkzeuge entstehen Textrahmen, die unterschiedliche grafische Zustände aufweisen:

- Klicken Sie mit dem Werkzeug in das Blatt. Schreiben Sie und beenden Sie jede Zeile mit einem Umbruch (Return-Taste).

Der Rahmen wird sich bei Änderungen seiner Größe und Proportionen wie ein starres Grafikobjekt verhalten (Ziehen eines Anfassers mit dem **Auswahl**- oder **Direktauswahl-Werkzeug**). Der Zeilenfall bleibt erhalten, die Skalierung bewirkt eine Änderung der Buchstabengröße und eventuell der Buchstabenproportionen. Diese Methode bietet sich für kurze Texte an, deren Zeilenlänge bereits feststeht oder beim Schreiben bestimmt werden soll (Bildunterschriften, Anmerkungen in Grafiken).

Um die Proportionen des Schriftblocks und der Buchstaben zu erhalten, ziehen Sie bei gedrückter ⇧-Taste.

So wirken sich Größenänderungen dieses Textfeldes aus:

Ein Textfeld kann sich bei Größenänderungen unterschiedlich verhalten.

Ein Textfeld kann sich bei Größenänderungen unterschiedlich verhalten.

Ein Textfeld kann sich bei Größenänderungen unterschiedlich verhalten.

- Bestimmen Sie ein Textfeld, indem Sie mit dem Werkzeug ein Rechteck aufziehen.

Die Einfügemarke blinkt links oben. Die Eingabe des Textes ist nun auf das angelegte Feld begrenzt. Die Zeilen werden automatisch umbrochen. Schreiben Sie Umbrüche nur am Absatzende zur inhaltlichen Gliederung. So erhalten Sie einen Textrahmen, der bei Skalierung nicht die Typografie ändert, sondern die Zeilen entsprechend der Rahmenbreite neu füllt.

Größenänderungen dieses Feldes wirken sich so aus:

Ein Textfeld kann sich bei Größenänderungen unterschiedlich verhalten.

Ein Textfeld kann sich bei Größenänderungen unterschiedlich verhalten.

Ein Textfeld kann sich bei Größenänderungen unterschiedlich verhalten.

Diese Methode nutzen Sie für größere Textmengen. Hier kommen Sie in den Genuss des automatischen Zeilenumbruchs und erhalten die typografischen Einstellungen. So ist die Typografie (Buchstabengröße, Laufweite, Abstände) ohne Auswirkung auf die Zeilenlänge änderbar, die oft gestalterisch vorgegeben ist (Spaltenbreite). Die Zeilenumbrüche werden jeweils neu eingerichtet. Durch die neue Füllung der Zeilen ändert sich auch die Länge des Textes; der Rahmen wird nach unten mehr oder weniger gefüllt.

Die **Text-Werkzeuge** legen kein neues Textobjekt an, wenn sich das Programm im Textbearbeitungs-Modus befindet. Wählen Sie zunächst das **Auswahl-Werkzeug** (bei aktivem **Text-Werkzeug**: ⌘-Taste gedrückt halten) und deaktivieren Sie den Text mit einem Klick an einer freien Stelle der Arbeitsfläche.

Die Größe des Textfeldes, das durch Anklicken des Cursors auf der Arbeitsfläche entstanden ist, ändert sich mit den typografischen Einstellungen. Nach Änderung der Schriftgröße wird das Textfeld gestreckt, verkleinerte Buchstaben haben ein kleineres Textfeld zur Folge.

Textüberschuss

Bei Größenänderungen eines Textfeldes und bei inhaltlichen Änderungen des Textes wird es häufig vorkommen, dass die volle Textmenge keinen Platz findet. In diesem Fall erhält der Rahmen eine Überschussmarke, ein kleines Quadrat am Ende der letzten positionierten Textzeile. Die Marke wird bei markiertem Text, markiertem Rahmen und in der Pfadansicht gezeigt.

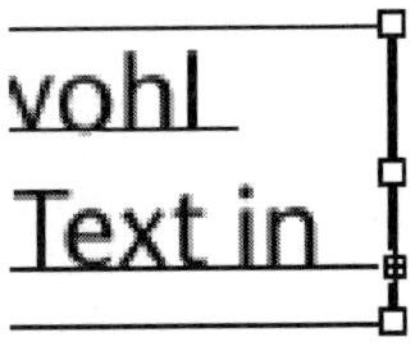

Ist weder Text noch Rahmen ausgewählt, erhalten Sie in der Originalansicht keinen Hinweis auf nicht positionierten Text!

Um den nicht positionierten Text darzustellen, müssen Sie Platz schaffen: Vergrößern Sie den Rahmen (Auswahl-Werkzeug) oder verkleinern Sie die Buchstaben. In beiden Fällen erhalten Sie einen neuen Zeilenumbruch. Sie können auch einen neuen Rahmen aufziehen und den verborgenen Text darin weiterlaufen lassen.

Flächentext-Werkzeuge

Flächentext-Werkzeug

Flächentext-Werkzeug für vertikalen Text

Diese Werkzeuge erstellen Text innerhalb einer frei geformten Pfadfläche (Kontursatz). Eines ist für horizontal laufenden, eines für vertikal laufenden Text gedacht. Für die Zuweisung von Text mit diesen Werkzeugen ist es unerheblich, ob der Pfad offen oder geschlossen ist.

Wenn der Pfad geschlossen und nicht gefüllt ist, erreichen Sie das gleiche Ergebnis mit dem „einfachen“ **Text-Werkzeug**.

Erstellen Sie zunächst mit beliebigem Grafikwerkzeug einen Pfad. Wechseln Sie zum **Flächentext-Werkzeug** und klicken Sie auf die Kontur (*nicht* in die Fläche). Die Einfügemarke

Text in der Fläche kann viel Freude bereiten, wenn auch die gefällige Ausfüllung der Zeilen wegen ihrer Kürze problematisch ist. An guter Silbentrennung sollte es ebenso wenig mangeln wie an gewissenhaften Überlegungen zu Ausrichtung und Zeilenabstand.

Direktauswahl

Pfadtext-Werkzeug

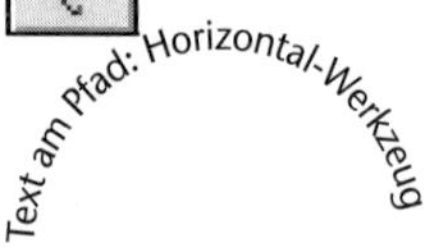

Pfadtext-Werkzeug für vertikalen Text

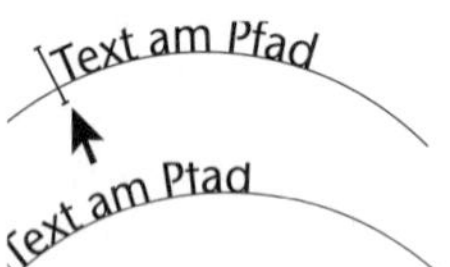

blinkt, Sie können nun Text eingeben. Der Text wird innerhalb der Fläche dargestellt. Falls sie den Text nicht aufnehmen kann, erscheint die Überschussmarke am Ende der letzten Zeile.

Wenn eine Fläche mit Text versehen wird, verliert sie ihre Grafikattribute (Kontur und Füllung). Änderungen der Grafikattribute betreffen nun den Text, nicht den Pfad. Sie können ihn jedoch anschließend mit Hilfe der **Farbe**- oder **Farbfelder-Palette** füllen, wenn Sie ihn mit dem **Direktauswahl-Werkzeug** markiert haben.

Pfadtext-Werkzeug

Text kann entlang offener und geschlossener Pfade laufen. Sie können zwischen den Werkzeugen für horizontalen und vertikalen Textfluss wählen. Bei horizontalem Text stehen die Zeichen senkrecht auf dem Pfad, sodass die Leserichtung des Textes (Textfluss) dem Pfad folgt. Bei vertikalem Text liegen die Zeichen parallel zum Pfad.

Zur Texterstellung klicken Sie mit dem **Pfadtext-Werkzeug** auf die Kontur (*nicht* in die Fläche). Die Einfügemarke blinkt nun an dieser Stelle; hier beginnen Sie zu schreiben. Beim Klicken auf den Pfad ist es unerheblich, ob er gerade markiert ist oder nicht.

Die Position des Textes können Sie entlang des Pfades verschieben, indem Sie mit **Auswahl-** oder **Direktauswahl-Werkzeug** die Positionsmarke am Textanfang greifen und bewegen. Der Text ist an dieser Marke ausgerichtet; bei linksbündigem Text befindet sie sich vor dem ersten Zeichen. Sie dient auch zum Spiegeln des Textes am Pfad: Ziehen Sie die Marke auf die andere Seite des Pfades oder klicken Sie die Marke doppelt an. Die ursprüngliche Richtung folgt der Entstehungsfolge der Pfadpunkte.

Den Abstand zum Pfad verändern Sie mit dem Wert für **Hoch-/Tiefstellen** in der Zeichen-Palette. Bei horizontalem Text werden die Grundlinen der Zeichen zunächst den Pfad berühren (Wert ist auf null eingerichtet). Positive Werte schieben die Zeichen in Richtung ihrer Oberkante, negative nach unten.
Textpfaden können **Füllung** und **Kontur** zugewiesen werden, nachdem Sie mit dem **Direktauswahl-Werkzeug** markiert wurden. Dabei wird zugehöriger Text stets über Füllung und Kontur dargestellt. Achten Sie bei der Markierung (wie auch beim Flächentext) darauf, nicht den Text anzuklicken. Dann wird die Schriftgrundlinie dargestellt; die Einstellungen betreffen nun den Text und nicht das grafische Objekt.

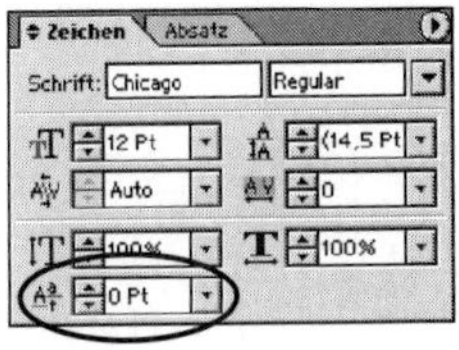

Wenn der Wert für Hoch-/Tiefstellen nicht gezeigt wird, wählen Sie **Optionen zeigen** im Menü der Palette oder klicken Sie auf das Doppelpfeil-Symbol vor dem Registertitel.

Transformieren von Textfeldern

Beim Transformieren von Textfeldern ist entscheidend, welches **Auswahl-Werkzeug** zum Markieren eingesetzt wird. Folgend ist die Wirkung des **Drehen-Werkzeugs** dargestellt:

Transformieren: Drehen, Skalieren und Neigen.

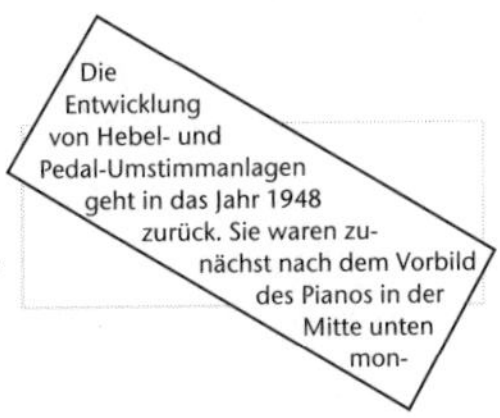

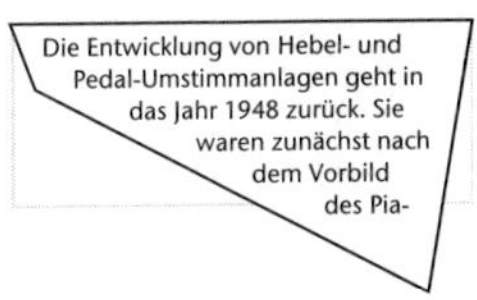

Das **Auswahl-Werkzeug** dreht den Rahmen und den Text.
Dieses Ergebnis erzielen Sie auch mit den anderen beiden **Auswahl-Werkzeugen**, wenn Sie in den Text klicken (Schrift-Grundlinie wird dargestellt).

Das **Gruppenauswahl-Werkzeug** dreht den Rahmen ohne Textinhalt, wenn Sie auf den Rahmen klicken. Nach einem Klick in den Text (wird unterstrichen) würde sich der Text mit dem Rahmen drehen.

Das **Direktauswahl-Werkzeug** dreht ein Teilstück des Rahmens (auf das geklickt wurde).– Nach einem Klick in den Text (Text unterstrichen) würden sich der unveränderte Rahmen und sein Inhalt drehen.

Typografische Einstellungen

Die Schriftmerkmale (Zeichenformate, Typografie) umfassen Schriftart, Schriftgröße, Buchstabenabstand, Zeilenabstand, Ausrichtung, horizontale und vertikale Skalierung. Sie haben mehrere Möglichkeiten, die Schriftmerkmale festzulegen:

- Voreinstellungen treffen Sie, während kein Text und kein Textobjekt markiert ist. Das Programm übernimmt die Festlegungen als Voreinstellungen für zukünftige Texte, die mit diesen Formatierungen erstellt werden; bereits vorhandener Text wird nicht geändert.
- Sie haben ein Textobjekt mit dem Auswahl-Werkzeug markiert. Nun betreffen die Einstellungen den kompletten Text dieses Objektes, auch den nicht positionierten Text in der Überschussmarke.
- Sind mehrere Textobjekte markiert, ändern sich die kompletten Texte aller markierten Objekte. Das ist die einfache Vorgehensweise, um gleiche Merkmale für mehrere Texte festzulegen.
- Nach dem Markieren mit einem der **Text-Werkzeuge** werden die Einstellungen nur auf die markierten Zeichen angewandt. Möchten Sie die ganze Textmenge markieren, klicken Sie mit einem **Text-Werkzeug** in den Text oder markieren einige Worte und wählen dann den Befehl *Auswahl ➛ Alles* (markiert auch den Text in der Überschussmarke).

Schriftart und -größe lassen sich mittels entsprechender Befehle im Menü **Schrift** oder in der **Zeichen-Palette** festlegen.

Die **Zeichen-Palette** öffnen Sie mit dem Befehl *Text ➛ Schrift.*

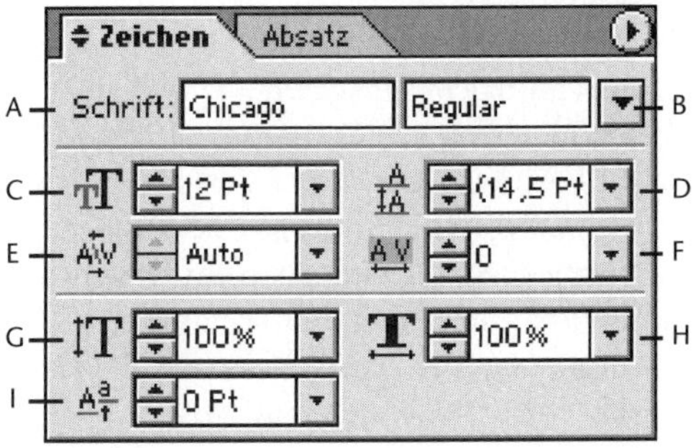

A Schriftfamilie
B Schriftschnitt
C Größe
D Zeilenabstand
E Zeichenabstand
F Laufweite
G Vertikale Skalierung
H Horizontale Skalierung
I Hoch-/Tiefstellen

Markieren von Text

Wählen Sie zum Markieren ein **Text-Werkzeug**. Haben Sie gerade ein **Auswahl-Werkzeug** als Cursor, können Sie damit doppelt auf den Text klicken. Das Programm schaltet zum **Text-Werkzeug** um.
Sie können mit der Einstellung *Bearbeiten ➛ Voreinstellungen ➛ Text und Pausstift ➛ Textbereich auswählen* angeben, ob ein Klick in den Text genügt (Option gewählt) oder ob Sie auf die Grundlinie des Textes klicken müssen, um ihn zu markieren.

- Markieren durch Ziehen: Setzen Sie den Textcursor an den Anfang oder das Ende des zu bearbeitenden Textes und ziehen Sie bei gedrückter Maustaste über die Zeichen, die Sie bearbeiten möchten. Bei mehreren Zeilen ziehen Sie senkrecht, wobei die markierte Textmenge zeilenweise erweitert/verringert wird.
- Markieren durch Klicken: Klicken Sie mit dem **Text-Werkzeug** an den Anfang oder das Ende des auszuwählenden Textes. Halten Sie die [⇧]-Taste gedrückt und klicken Sie erneut. Die Textmenge zwischen den beiden Positionen wird augewählt.
- Bei gedrückter [⇧]-Taste können Sie mit

Es gibt bei der Textauswahl keine Mehrfachmarkierung! Es ist stets nur ein zusammenhängender Bereich auswählbar. Das ist kein Problem des Illustrators, sondern des Rechners; kein Programm kann das.

weiteren Klicks die ausgewählte Textmenge erweitern oder verringern.

- Markieren mit den Pfeiltasten: Setzen Sie die Textmarke mit einem Klick in den Text. Halten Sie die [⇧]-Taste gedrückt und betätigen Sie die Pfeiltasten der Tastatur. Die Pfeile nach links und rechts erweitern/verringern zeichenweise, die Tasten nach oben und unten zeilenweise.
  Diese Technik bietet sich an, wenn bereits Text ausgewählt ist und die Auswahl korrigiert werden soll. (Besonders bei klein dargestelltem Text ist dies oft schneller und komfortabler, als erneut zur Maus zu greifen und die Textmarke präzise in den Text zu setzen.) Halten Sie zusätzlich zur [⇧]- die [⌘]-Taste, arbeiten die waagerechten Tasten wortweise und die senkrechten Tasten absatzweise.
- Markieren mit Doppel- und Dreifachklick: Ein Doppelklick auf ein Wort markiert dieses einschließlich des folgenden Leerzeichens. Ein Dreifachklick markiert einen Absatz einschließlich des Absatz-Umbruchzeichens (Return) am Ende.

Auf diese Weise bleiben beim Löschen ganzer Wörter oder ganzer Absätze keine doppelten Leerzeichen oder Leerzeilen (Returns) zurück.

Steuerzeichen zeigen

Meist ist es bei Arbeiten am Text hilfreich, die nicht druckenden Steuerzeichen im Text zu sehen. Zeigen Sie diese mit dem Befehl *Text ➛ Verborgene Zeichen einblenden* an.

Leerzeichen	▪	Leertaste
Zeilenumbruch	↲	Enter; Umschaltt./Return
Absatzende	¶	Return
Tabulator	→	Tabulatortaste
Textende	∞	

Die **Zeichen-Palette** dient zur Darstellung der Einstellungen des jeweils markierten Textes. Ist ein Palettenfeld leer, weist der momentan markierte Text mindestens zwei verschiedene Einstellungen auf.

Zeilenabstand

Der Zeilenabstand ist der vertikale Abstand zwischen den Schriftgrundlinien. Er ist bei den Zeichenformaten zu finden, wirkt aber zeilenweise. Jedem Zeichen kann eine spezielle Einstellung für den Zeilenabstand zugewiesen werden. Da die Grundlinien aller Zeichen einer Zeile auf einer gemeinsamen Höhe eingerichtet werden (es sei denn, Sie verschieben die Grundlinie), wird der größte Wert der Zeile wirksam. Der größte Wert bestimmt den Abstand der ganzen Zeile.

Der Standardwert des Zeilenabstandes ist „**Auto**". Er beträgt 120 % der Schriftgröße. Dabei handelt es sich um einen relativen Wert; bei einer Änderung der Schriftgröße wird sich der Zeilenabstand ebenfalls ändern. Damit behält der Zeilenrhythmus seine „Dichte". Der automatische Wert wird in Klammern gezeigt.

Bestimmen Sie einen **absoluten Wert**, indem Sie einen Wert eingeben und mit der Return-Taste bestätigen. Er wird erhalten bleiben, wenn sich die Zeichengröße ändert. So kann der Zeilenabstand geringer sein als die Schriftgröße; die Zeilen schieben sich dann ineinander.

Die **Zeichen-Palette** bietet zwei Einstellungen für den relativen Zeilenabstand:

- **Automatisch** (120 % der Schriftgröße): Wählen Sie „**Auto**" im Paletten-Menü oder klicken Sie bei gedrückter ⌘-Taste auf das Symbol für den Zeilenabstand.

Klicken bei gedrückter ⌘-Taste auf Symbole in Paletten: Mit dieser Technik können Sie in vielen Paletten den zugehörigen Wert auf seinen Standard setzen.

- Zeilenabstand gleich Schriftgröße: Doppelklicken Sie auf das Symbol für den Zeilenabstand. Das funktioniert allerdings nur, wenn alle markierten Zeichen die gleiche Größe aufweisen.

Die Maßeinheit der typografischen Einstellungen bestimmen Sie mit der Option *Bearbeiten ➛ Voreinstellungen ➛ Einheiten und Widerrufen ➛ Text*. „Punkt" ist im Bereich der Printmedien üblich. Für die gerasterte Ausgabe im Multimedia- und Internetbereich ist die Einstellung „Pixel" zweckmäßig.

Der Zeilenabstand ist auch per Tastenkürzel einstellbar: Betätigen Sie bei gedrückter [⌥]-Taste die Pfeiltasten für „Aufwärts" oder „Abwärts". Die Schrittweite legen Sie im Menü *Bearbeiten ➛ Voreinstellungen ➛ Text und Pausstift... Größe/Zeilenabstand* fest.

Zeichenabstände

Ke|rning

Laufweite

Laufweite

Laufweite

Die Abstände zwischen den Textzeichen ergeben sich aus zwei Werten: dem Zeichenabstand (paarweiser Ausgleich, Kerning) und der Laufweite. Der Zeichenabstand bezeichnet den Raum zwischen zwei Zeichen, wogegen die Laufweite veränderte Abstände einer Textmenge bezeichnet. Daraus ergibt sich auch die Arbeitsweise: Setzen Sie die Textmarke mit einem Klick in den Text, läßt sich der Abstand zwischen zwei Zeichen bearbeiten. Markieren Sie eine Textmenge durch Ziehen des Cursors bei gedrückter Maustaste, können Sie alle Abstände gleichermaßen ändern.

Sie können beide Möglichkeiten kombinieren. Dann wird der Abstand als Summe beider Einstellungen ermittelt.

In der **Informationen-Palette** wird der Zeichenabstand auch als Summe dargestellt. Im nebenstehenden Beispiel ergibt sich der

Abstand aus einer Laufweite von +100 und dem Abstand dieses Zeichenpaares von -15.

Die Maßeinheit des Abstandes ist ein Tausendstel des Gevierts, das sich auf die Schriftgröße bezieht. Bei deren Änderung bleiben die Abstände somit im Verhältnis zur Schriftgröße konstant.

Die Standardwerte sind „automatisch" und „null". Die Zeichen haben damit den Abstand, der im Zeichensatz programmiert wurde. Zusätzlich haben viele Zeichensätze Informationen über problematische Zeichenpaare, die zur Verbesserung des Textflusses automatisch ausgeglichen werden.

Die Laufweite ist per Tastenkürzel einstellbar: Betätigen Sie bei gedrückter [⌥]-Taste die Pfeiltasten für „nach links" oder „nach rechts". Die Schrittweite legen Sie im Menü *Bearbeiten ➛ Voreinstellungen ➛ Text und Pausstift... ➛ Laufweite* fest.

Überschrift einpassen

Das Programm kann die Laufweite von Text automatisch anpassen. Markieren Sie die Textmenge und wählen Sie den Befehl *Text ➛ Überschrift einpassen.*

Illustrator wird den Absatz, zu dem der markierte Text gehört, in eine Zeile bringen. Mehrzeiliger Text wird unterschnitten. Das Programm bringt zwar eine Fehlermeldung, tut es aber.

Wenn die Abstände (Kerning, Laufweite) geändert werden, ist der Text erneut einzupassen.

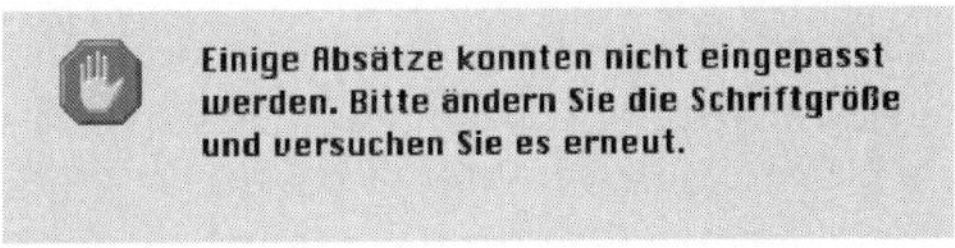

Vvertikal

HHorizontal

Vertikale und horizontale Skalierung

Diese beiden Einstellungen ändern die Zeichenproportionen. Die vertikale Skalierung hat keinen veränderten automatischen Zeilenabstand zur Folge. Bei proportionaler Skalierung ändern Sie die Zeichengröße, nicht vertikale und horizontale Skalierung gleichermaßen.

H_2O v_{max} $3x^2y^5$

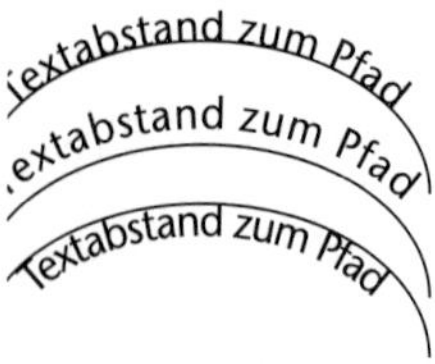

Hoch-/Tiefstellen

Dieser Parameter bewegt die Zeichen nach oben (positiver Wert) oder nach unten. Diese Möglichkeit ist bei der Anordnung von Text am Pfad und beim Formelsatz wichtig.

Das Bewegen des Zeichens aus der Zeile in vertikaler Richtung ist für den automatischen Zeilenabstand irrelevant. Auch hier schieben sich die Zeichen gegebenenfalls in die benachbarten Zeilen.

Die Grundlinienverschiebung ist per Tastenkürzel einstellbar: Betätigen Sie bei gedrückten [⇧]-und [⌥]-Tasten die Pfeiltasten für „aufwärts“ oder „abwärts“. Die Schrittweite pro Tastendruck legen Sie im Menü *Bearbeiten* ➛ *Voreinstellungen* ➛ *Text und Pausstift...* ➛ *Hoch-/Tiefstellen* fest.

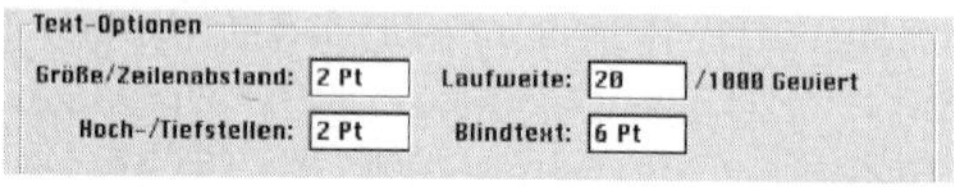

Beim Verschieben der Grundlinie bleibt die eigentliche Fläche des Buchstaben in der Höhe unverändert. Das Zeichen bewegt sich von seiner Fläche fort. Bei großen Werten kann es sich völlig von seiner Fläche wegbewegen (bei mehrzeiligem Text in die darüber oder darunter befindliche Zeile). Sie müssen seine Fläche (also seine eigentliche Position), nicht das Zeichen auswählen. Wo sich das Zeichen tatsächlich befindet, ist nicht relevant.

Absatzformate

¶

Ein Absatz ist die Textmenge zwischen zwei Absatzzeichen (Returns). Die Absatzformate wirken im Unterschied zu den Zeichenformaten auf die gesamte Textmenge bis zum nächsten Absatzzeichen. Es gibt zum Beispiel keine unterschiedlichen Ausrichtungen innerhalb eines Absatzes; eine Zeile linksbündig, die nächste rechtsbündig: unmöglich. In diesem Fall muss jede Zeile mit einem Return beendet werden, sodass sie einen eigenen Absatz bildet.

Wenn innerhalb eines Textes eine einheitliche Formatierung gewünscht ist, sollten Sie ihn als Absatz behandeln. Returns bilden die inhaltlichen Trennungen. Zeilenumbrüche erreichen Sie mit der Returntaste bei gedrückter ⇧-Taste. Das kann zur Vermeidung unschöner Trennungen oder für einen sinngemäßen Zeilenumbruch erforderlich sein, worauf besonders in Überschriften zu achten ist.

Eine Überschrift bildet immer einen Absatz; damit kann sie sich in ihren Formaten vom nachfolgenden Text unterscheiden. Auch eine Leerzeile ist ein Absatz. Sie besteht ausschließlich aus dem Returnzeichen, also ist sie ein Absatz ohne Text. Dieses Returnzeichen enthält ebenfalls Absatzformate; somit weist dieser Raum die Höhe einer Zeile plus eventueller Abstände auf.

Zur Erzeugung genauer Zwischenräume im Text ist die Zuweisung von Abständen als Absatzformat meist dem Einsatz von Leerzeilen vorzuziehen. Allerdings ist eine Leerzeile per Tastendruck schnell erstellt, ihr Abstand zunächst festgelegt (der Abstand des vorausgehenden Textes wird übernommen).

A Ausrichtung
linksbündig
zentriert
rechtsbündig
Blocksatz
absoluter Blocksatz
B Linker Einzug
C Rechter Einzug
D Einzug der ersten Zeile
E Abstand vor Absatz

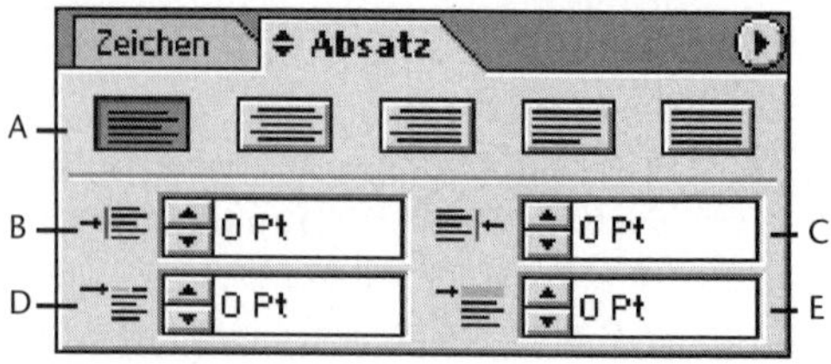

Diese Formate wirken absatzweise. Markieren Sie eine Textmenge durch Ziehen mit einem Textcursor bei gedrückter Maustaste. Die Absätze müssen nicht vollständig markiert sein. Sie können auch in den Text klicken, dann betreffen Ihre Einstellungen den Absatz, in dem die Textmarke blinkt.

Ausrichtung

Die Ausrichtung legt die horizontale Anordnung des Textes innerhalb der Zeile fest. Am Pfad angeordneter Text richtet sich entsprechend zur Einfügemarke aus, mit der Sie seine Position auf dem Pfad bestimmen.

Maileni Ipsframepte worqim vou Bipfsty fenaut, dau mei deu Wespciastumsikela suhr bplyibit worsin.

 **Linksbündige** Ausrichtung ordnet den Text am linken Rand des Textfeldes an, wie der Text, den Sie gerade lesen. Nicht zu füllender Raum der Zeile (erste Silbe der Folgezeile passt nicht hinein) befindet sich am Zeilenende: der Text „flattert“ rechts. Pfadtext ordnet sich mit seinem ersten Zeichen an die Einfügemarke.

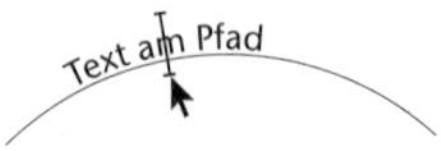

Maileni Ipsframepte worqim vou Bipfsty fenaut, dau mei deu Wespciastumsikela suhr bplyibit worsin.

 **Zentrierter** Text wird mittig in die Zeilen gesetzt, sodass der restliche Raum der Zeile sich gleichmäßig auf die Ränder verteilt.

Maileni Ipsframepte worqim vou Bipfsty fenaut, dau mei deu Wespciastumsikela suhr bplyibit worsin.

 **Rechtsbündige** Ausrichtung rückt den Text an das Zeilenende. Zeilen beginnen mit dem nicht zu füllenden Zeilenstück.

Maileni Ipsframepte worqim vou Bipfsty fenaut, dau mei deu Wespciastumsikela suhr bplyibit worsin.

 **Blocksatz** verändert die regulären Wort- und Zeichenabstände, um die Zeile vollständig zu füllen. Wie viel Raum zwischen den Worten und wie viel zwischen den Zeichen

eingefügt wird, legen Sie im Abstand-Optionen-Feld der Absatz-Palette fest.

Beim **absoluten Blocksatz** wird der Text der letzten Zeile des Absatzes ebenfalls auf Zeilenlänge gestreckt. Da die letzte Zeile meist weniger Text enthält, müssen die Zwischenräume deutlich größer ausfallen.

Maileni Ipsframepte worqim vou Bipfsty fenaut, dau mei deu Wespciastumsikela suhr bplyibit worsin.

Abstand-Optionen

Für die Einrichtung des Blocksatzes sind einige Angaben notwendig. Der zu füllende Raum wird aus veränderten Abständen gewonnen. Die Balance von Wort- und Zeichenabständen stellen Sie in den Abstand-Optionen ein. Wenn diese nicht gezeigt werden, wählen Sie **Optionen zeigen** im Menü der Palette oder klicken Sie auf das Doppelpfeil-Symbol vor dem Registertitel. Sind nicht alle Einstellungen verfügbar, ist momentan kein Blocksatz für den markierten Text gewählt.

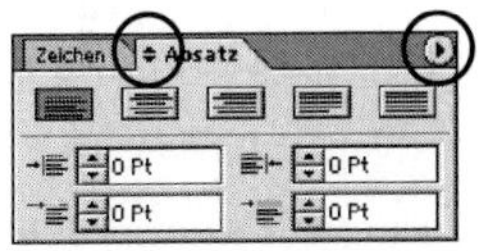

Die Standardwerte sehen Sie in der nebenstehenden Abbildung. Die Prozentwerte beziehen sich auf die Breite des Leerzeichens. Die optimalen Werte tragen Sie bei „Gewünscht" ein: Meist werden das die Werte 100 % (Leerzeichen hat seine vorgesehene Breite) und 0 % sein (Raum zwischen den Zeichen nicht vergrößert oder verkleinert).

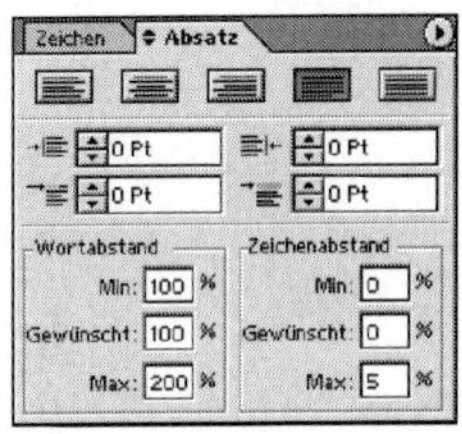

Das Programm geht beim Einrichten des Blocksatzes folgendermaßen vor:

1. Die Wortzwischenräume werden gemäß der eingestellten Leerzeichenbreite vergrößert oder verkleinert.
2. Reicht der Spielraum nicht, werden die Zeichenabstände geändert.
3. Genügt auch dieser Spielraum nicht, setzt sich das Programm für die Füllung der Zeilen über die Vorgaben der Wortabstand-Toleranz hinweg.

Daraus ist die Priorität der Zeichenabstände gegenüber den Wortabständen erkennbar: Veränderte Zeichenabstände erschweren das Lesen, weil jedes Wort als Bild erfasst wird.
So wirken sich die Einstellungen aus:

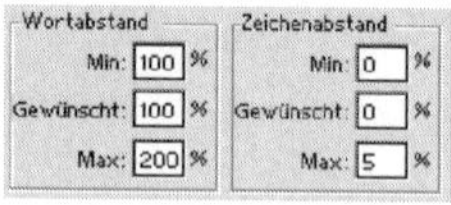

Maileni Ipsframepte worqim vou Bipfsty fenaut, deu Wespciastumsikela suhr bplyibit worsin.

Die Voreinstellungen erzeugen ein Schriftbild mit großen Wortabständen. Für die Zeichenabstände besteht nur die Möglichkeit einer leichten Sperrung. Diese wird nur in Zeilen wirksam, in denen der doppelte Leerraum unzureichend ist. Das ist in der dritten Zeile gut im Vergleich zur ersten Zeile sichtbar.

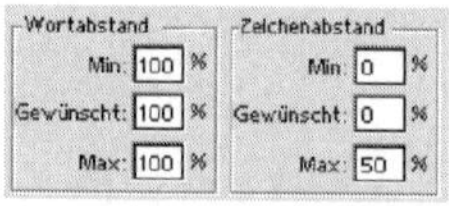

Maileni Ipsframepte worqim vou Bipfsty fenaut, deu Wespciastumsikela suhr bplyibit worsin.

Im zweiten Fall wurde die Toleranz der Wortabstände eingeschränkt. Dafür dürfen die Zeichenabstände gesperrt werden. Der Effekt ist in der zweiten und dritten Zeile erkennbar. Die letzte wird nicht gestreckt, und in der ersten Zeile würde eine Sperrung keine Änderung bringen.

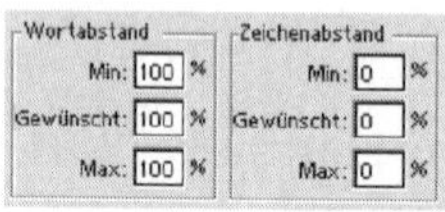

Maileni Ipsframepte worqim vou Bipfsty fenaut, deu Wespciastumsikela suhr bplyibit worsin.

Der Härtefall: Der Spielraum für die Zeichensperrung wurde auf null zurückgenommen. Der Platz für die Füllung der Zeilen wird aber benötigt. Gemäß den Prioritäten setzt sich das Programm über die Vorgabe der Leerräume hinweg und erhält die Zeichenabstände. Das Ergebnis gleicht dem obersten Beispiel; hier nimmt sich das Programm den Spielraum, der oben vorgegeben wurde.

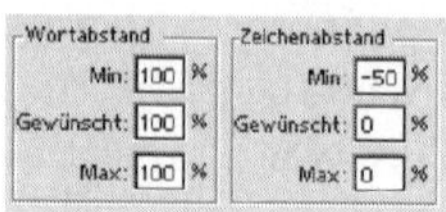

Maileni Ipsframepte worqim vou Bipfsty fenaut, deu Wespciastumsikela suhr bplyibit worsin.

In diesem Fall dürfen die Zeichenabstände verringert werden. Der Spielraum genügt für eine bessere Füllung der Zeilen (erste und dritte). In der zweiten ist das nicht möglich, deswegen werden die Vorgaben für die Wortabstände übergangen; große Leerräume entstehen.

Kleine Änderungen der Abstände im Wort bewirken oft eine deutlich geänderte Erscheinung. Hier wurde eine Sperrung von maximal 5 % der Leerzeichenbreite zugelassen. Gut sichtbar wirkt sich das in der zweiten und dritten Zeile aus. Der Text ist gesperrt und die Leerräume sind nicht ganz so breit wie im vorletzten Beispiel. In der ersten Zeile wurde verringert, dort bringt die Möglichkeit der Sperrung nichts. Die Vorgabe des minimalen Wortabstandes wird übergangen.

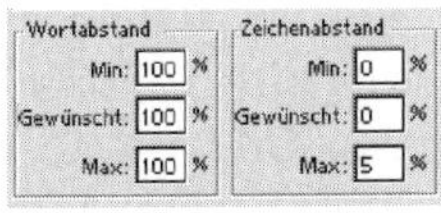

Maileni Ipsframepte worqim vou Bipfsty fenaut, deu Wespciastumsikela suhr bplyibit worsin.

Linker Einzug

Ein positiver Wert bestimmt den Raum zwischen der linken Kante des Rahmens und dem Zeilenbeginn, der nicht mit Text gefüllt wird. Er bildet bei links ausgerichtetem Text eine glatte Kante (linksbündig und Blocksatz).

Der Abstand zwischen Rahmenkante (oder erstem Pfadpunkt) zum Text wird in der gewählten Maßeinheit angegeben (*Bearbeiten* ➛ *Voreinstellungen* ➛ *Einheiten und Widerrufen...* ➛ *Text*). Andere Maßeinheiten geben Sie mit an, das Programm rechnet sie in die Vorgabe um.

Rechter Einzug

Zeilen werden auf der rechten Seite verkürzt. Rechtsbündige und Blocksatz-Ausrichtungen bilden glatte Kanten. Linksbündiger und zentrierter Text flattert maximal bis zum Einzug.

Positive Werte verkürzen die Zeile, negative lassen die Zeile außerhalb des Rahmens enden (Pfadtext läuft über den Pfad hinaus).

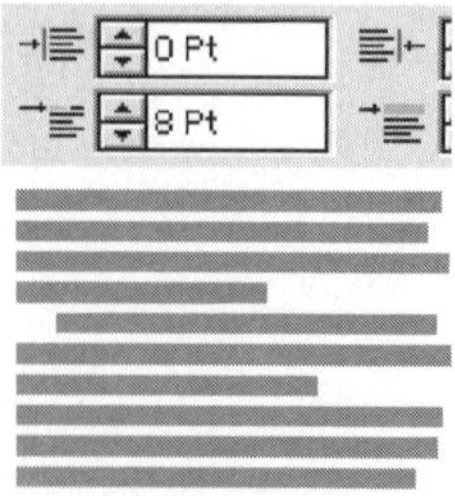

Einzug der ersten Zeile

Die jeweils erste Zeile der betroffenen (ausgewählten) Absätze lässt sich auf der linken Seite unabhängig einziehen. Im vorliegenden Text ist dieses Format für Folgeabsätze eingestellt.

Positive Werte verlegen den Zeilenbeginn nach rechts, negative nach links. Der Ausgangspunkt ist der linke Einzug des Absatzes (null). Dabei kann die erste Zeile (ebenso wie der ganze Absatz bei negativem Wert für den linken Einzug) aus dem Rahmen herausragen.

Ein oft benutzes Format ist ein Einzug des Absatzes (positiver Wert, Einzug nach rechts) und ein gleicher negativer Wert für die erste Zeile, sodass sie am Textrahmen beginnt. Dieses Format finden Sie in diesem Buch bei Aufzählungen.

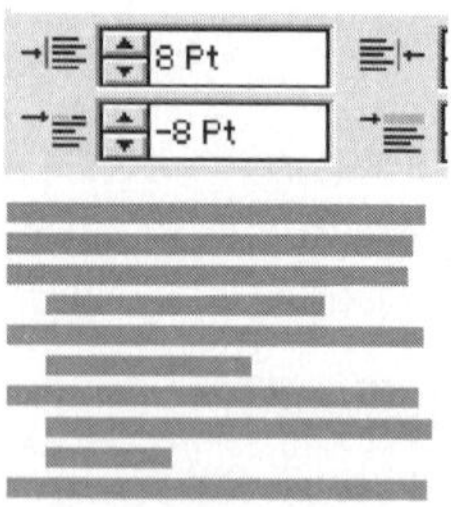

Abstand vor dem Absatz

Dieser Wert vergrößert den Abstand zum vorangehenden Absatz. Beim obersten Absatz eines Rahmens hat der Wert keine Wirkung; der Text bekommt keinen Abstand zum Rahmen.

Es werden auch negative Werte akzeptiert. Dann verringert sich der Abstand, und die Zeilen schieben sich ineinander.

Weitere Optionen

Die **automatische Silbentrennung** trennt Worte an geeigneter Stelle, sodass die Zeilen optimal gefüllt werden können. Einschränkungen legen Sie in den Silbentrennungsoptionen fest.

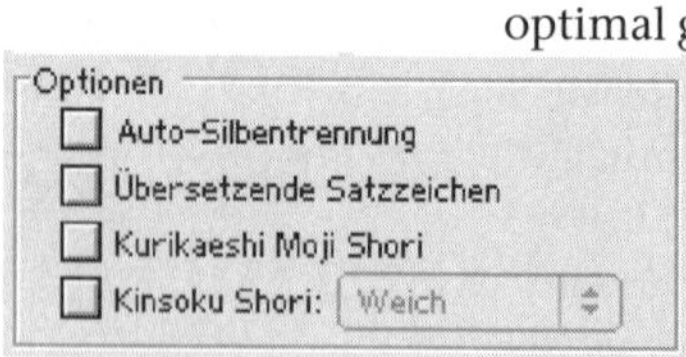

Übersetzende Satzzeichen liegen außerhalb des Textrahmens und verbessern den rechten Rand des Textes. Das betrifft die Zeichen Punkt, Komma, Semikolon, Doppelpunkt, Apostroph,

Trennstrich, Anführungszeichen, Geviert- und Halbgeviertstrich.

Kurikaeshi Moji Shori bestimmt die Verfahrensweise bei aufeinander folgenden identischen japanischen Schriftzeichen, deren zweites durch ein Wiederholungszeichen ersetzt wird (Option nicht gewählt).

Kinsoku Shori wählt die Vorgehensweise bei Zeichenpaaren der japanischen Schrift, die nicht getrennt werden dürfen (Zeichen der Zeile werden gestaucht, um Platz für beide Zeichen zu schaffen). Die betroffenen Zeichensätze können im Kinsoku-Shori-Menü der Absatz-Palette gewählt werden.

Silbentrennung

Legen Sie im Menü der Absatzpalette fest, wie viele Zeichen eine Silbe vor und nach der Trennstelle mindestens haben muss. Sie können auch die Zahl der aufeinander folgenden

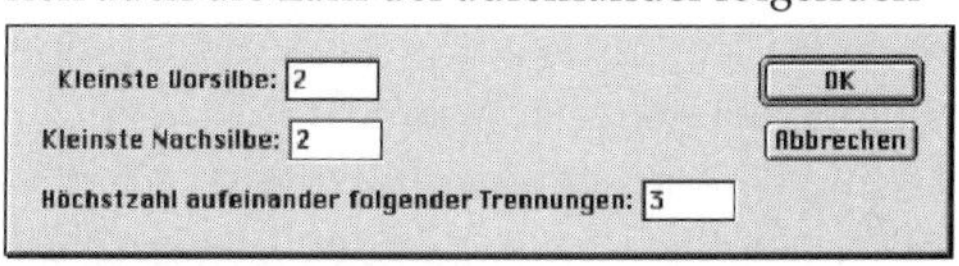

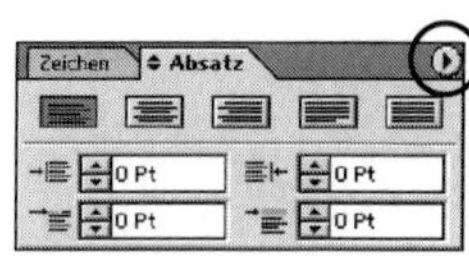

Trennungen begrenzen. Damit werden Trennungen eventuell vermieden, um einer starken Zerklüftung des rechten Textrandes entgegenzuwirken.

Trennstellen lassen sich von Hand angeben, wenn das Programm nicht oder falsch trennt. Für die optimale Füllung der Zeilen ist dies wichtig, gerade bei der Erzeugung guten Blocksatzes.

Setzen Sie mit einem **Text-Werkzeug** die Textmarke in die Trennstelle. Drücken Sie ⇧ ⌘ und **Bindestrich**. Das Programm fügt einen bedingten Trennstrich ein. Dieser erzeugt im Fall einer Trennung einen Trennstrich und entfernt ihn, wenn das Wort in

Silbentrennung von Hand

verändertem Textfluss nicht mehr getrennt wird (im Gegensatz zu geschriebenen Trennstrichen, die im Text verbleiben.

Eine Wörterliste mit Trennvorschriften legen Sie in den Vorgaben an (*Bearbeiten* ➛ *Voreinstellungen* ➛ *Silbentrennung...*).

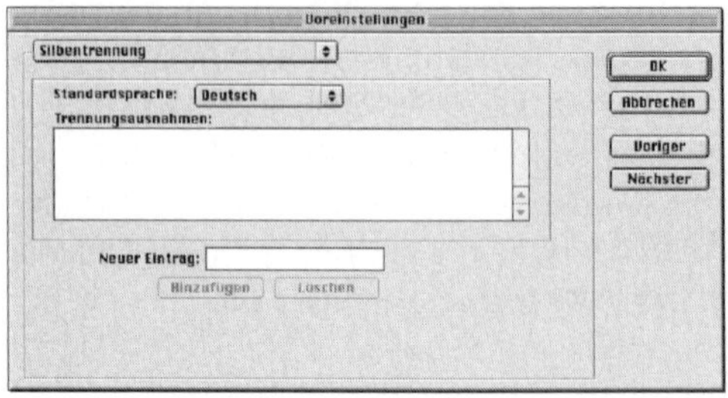

Wählen Sie zunächst die Sprache, die Illustrator als Voreinstellung einsetzen soll (Auswahl des Lexikons im Programmordner). Geben Sie das Wort als neuen Eintrag mit Bindestrichen ein, welche die Trennstellen bezeichnen. Tragen Sie Worte ohne Trennstriche ein, wenn Sie deren Trennung verhindern möchten. Klicken Sie auf **Hinzufügen**. Die gewählte Standardsprache bestimmt, für welche Sprache der Eintrag gelten soll.

Das Trennlexikon wird für das Programm, nicht im Dokument gesichert. Das kann zu veränderten Trennungen beim Öffnen des Dokumentes auf anderen Rechnern führen und große Folgen haben: Der veränderte Zeilenumbruch ändert auch die folgenden Zeilen. Das Textende wird eventuell verschoben, eine weitere Zeile entsteht oder die letzte wird nicht mehr benötigt. Das Problem ist bei kurzen Zeilen größer, zum Beispiel beim Umfließen eines Grafikobjektes.

Tabulatoren

Tabulatoren dienen der Anordnung des Textes in waagerechter Richtung, also innerhalb der Zeile. Sie schieben die Textteile an festgelegte Positionen und halten den Platz dazwischen frei.

Die Arbeit mit Tabulatoren besteht aus zwei Arbeitsgängen: Definieren der Tabulatorpositionen und die Ausrichtung des Textes daran. Letzteres ist einfach getan. Sie setzen die Einfügemarke in den Text und betätigen die Tabulator-Taste auf der Tastatur. Damit schreiben Sie ein Steuerzeichen in den Text, welches den folgenden Text an die nächste Tabulatorposition schiebt. In der Folge ändern sich die Zeichenumbrüche des nachfolgenden Textes, da sich der Folgetext aufschiebt.

Wenn Sie mit Tabulatoren arbeiten, sollten Sie die Steuerzeichen sichtbar machen. Sonst ist es schwer, die Erscheinungen zu deuten, während Sie den Text in Form bringen. Der Befehl ist *Text ➤ Verborgene Zeichen einblenden.*

Tabulatoren finden auch im normalen Fließtext Anwendung. Sie werden überall dort benutzt, wo Textmengen einen festgelegten Abstand zum Nachbarn halten sollen:

- Tabellen ließen sich gar nicht exakt setzen.
- Im Fließtext soll oft Platz entstehen.

Der Abstand hinter dem Quadrat entsteht mit einem Tabulatorzeichen.

Tabulatorpositionen gehören zu den Absatzformaten. Es ist also wichtig, zunächst die gesamte Textmenge zu markieren, für die die Positionen gelten sollen. Darin liegt auch eine häufige Fehlerquelle: Es ist nicht der ganze zu ändernde Text markiert. In Tabellen bildet meist jede Zeile einen Absatz.

	Farbe	Stück	Preis
Jan	blau	40	3,99
Feb	gelb	2000	9,95
Mär	violett	9	189,95
Apr	grün	75	26,00

Linksbündig
Rechtsbündig
Dezimalkomma

Bringen Sie Text niemals mit Leerzeichen in Position! Selbst nach geringen Änderungen verschiebt sich der Text, und Sie beginnen wieder von vorn.

➔
Tabulator-Steuerzeichen

Tabulatorpositionen festlegen

Das ist der erste Schritt bei der Arbeit mit Tabulatoren. Dabei findet keine sichtbare Veränderung im Text statt.

Markieren Sie zunächst den Text, für den die neuen Positionen gelten sollen. Wenn Sie es noch nicht genau wissen, in welchen Absätzen Tabulatoren zum Einsatz kommen sollen, markieren Sie den ganzen Text, da die Definition der Positionen noch keine Änderung bedeutet. Vorsicht ist bei den Absätzen geboten, für die Sie bereits Positionen definiert haben.

Rufen Sie den Tabulator-Dialog auf: *Fenster ➛ Text ➛ Tabulatoren-Palette*. Oberhalb des aktiven Textrahmens erscheint das Tabulator-Lineal.

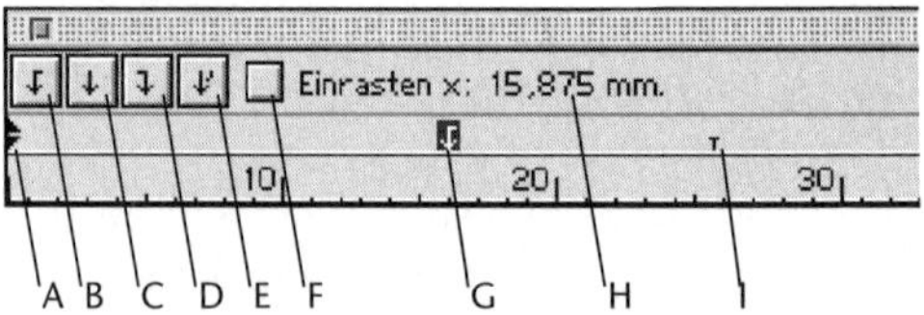

A Einzüge links und erste Zeile
B Linksbündige Position
C Zentrierte Position
D Rechtsbündige Position
E Komma-Position
F Bewegte Tabulatoren rasten auf den Lineal-Unterteilungen ein
G Gesetzter Tabulator (linksbündig)
H Position des aktiven Tabulators
I Standard-Tabulator

Nun definieren Sie die Positionen, indem Sie eine Tabulator-Art wählen (Schalter B–E) und in die Zeile oberhalb des Lineals klicken. Der neue Tabulator entsteht. Falls sich im markierten Text bereits Tabulator-Steuerzeichen befinden, die eine Ausrichtung auf die neue Position bewirken können, wird dies sofort vorgenommen. Die Position des Tabulators wird im oberen Bereich der Palette gezeigt.

Tabulatoren sind seitwärts verschiebbar. Dabei lässt sich die Bewegung auf die Abstände der Linealteilstriche einschränken (Schalter F). Diese Option ist von der momentanen Ansichtsgröße abhängig, weil dadurch die Unterteilung des Lineals variiert.

Im linken Teil des Lineals finden Sie zwei kleine dreieckige Symbole (A). Das sind die aktuellen Einstellungen für den linken Einzug und den Einzug der ersten Zeile (in diesem Zusammenhang wichtig, da Sie keine Tabulatorposition im freigehaltenen Zeilenbereich anlegen können). Das untere Dreieck steht für den linken Einzug, das obere für den Einzug der ersten Zeile. Beim Verschieben des unteren Symbols bewegt sich das obere mit.

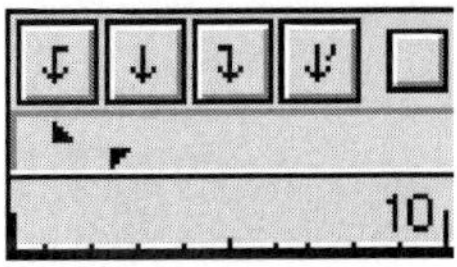

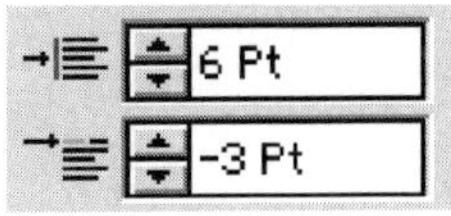

Das Programm bietet vier Tabulatortypen:

An **linksbündigen** Positionen richtet sich das erste Zeichen aus, welches auf das Tabulator-Steuerzeichen folgt.

Rechtsbündige Tabulatoren richten das letzte Zeichen der Textmenge vor dem nächsten Steuerzeichen an der Position aus.

Zentrierte Positionen lassen den Text gleichermaßen nach beiden Seiten laufen.

Dezimal- oder Kommatabulatoren richten ein Komma an der Position aus. Sie sind für die Anordnung von Ziffern mit Kommastellen gedacht.

Text ausrichten

Im zweiten Schritt richten Sie den Text an den gewählten Positionen aus. Dazu setzen Sie die Textmarke vor das erste Zeichen der Textmenge, die an der nächsten Position angeordnet werden soll. Drücken Sie die Tabulatortaste. Illustrator schreibt das Steuerzeichen in den Text. Wenn Sie die Steuerzeichen anzeigen lassen, sehen Sie nun den waagerechten Pfeil des Tabulatorzeichens.

Tabulator-Steuerzeichen

Für Tabellensatz ergibt sich eine bestimmte Struktur: Die Textmengen für die Tabulatorpositionen sind mit Tab-Steuerzeichen voneinander getrennt. Am Ende jeder Zeile steht ein Return-Zeichen. Somit bildet jede Zeile einen Absatz. Diese Struktur ist identisch der von Wertetabellen. Wenn Sie eine Tabelle dementsprechend setzen, können Sie diese in Kalkulationsprogramme exportieren, um die Werte zu berechnen. Und Sie können ein Diagramm daraus erstellen lassen, indem Sie den Tabellentext per Zwischenablage in eine Diagramm-Wertetabelle einsetzen.

Fehlerquellen

Wenn bei der Arbeit mit Tabulatoren merkwürdige Dinge auftreten, liegt es meist an Folgendem:

- Der Text ist nicht linksbündig ausgerichtet, was er beim Setzen von Tabellen sein sollte. Auch in laufendem Text kann die Ausrichtung des Gesamttextes die Funktion der Tabulatoren überschneiden.
- Der Platz zwischen zwei Tabulatorpositionen muss für die Aufnahme der Textmenge genügen. Ist dies nicht der Fall, wird eine Position übersprungen, der Text wird an der nächsten Position ausgerichtet.
- Tabulatormarken am Anfang einer Zeile funktionieren nur, wenn die vorangehende Zeile mit einem Steuerzeichen beendet wurde (Return oder Zeilenumbruch). Die Tabulatormarke findet sonst Platz am Ende der vorigen Zeile und springt dorthin. Das hat sie übrigens mit Leerzeichen gemein, die das Programm zur optimalen Füllung der Zeilen „zurückholt".
- Text an linksbündigen Tabulatorpositionen sollte nicht mit Leerzeichen beginnen. Diese beanspruchen Platz und drängen das erste Zeichen von der Position.

Schließen Sie die **Tabulator-Palette** durch Betätigen des Schließen-Schalters in der Titelleiste links außen.

Arbeit mit Textmengen

Text kann importiert werden. Das bietet gegenüber der Zwischenablage den Vorteil, dass Formatierungen erhalten werden. Bei einer Datei im RTF-Format (Rich Text Format) bleiben Schrift und Schriftschnitte erhalten. Bei Text-Dateien (.txt) lassen sich Import-Optionen wählen.

Textimport

Für den Textimport stehen drei Möglichkeiten zur Wahl:

- Zum Import in eine neue Datei wählen Sie *Datei* ➛ *Öffnen* (Windows) oder *Ablage* ➛ *Öffnen* (Mac OS). Eine neue Datei entsteht, in die der Text importiert wird.
- Wählen Sie *Datei* ➛ *Platzieren* oder *Ablage* ➛ *Platzieren*, um den Text in eine geöffnete Datei zu importieren.
- Ziehen Sie das Symbol der Datei vom Desktop auf ein Objekt des geöffneten Dokuments.

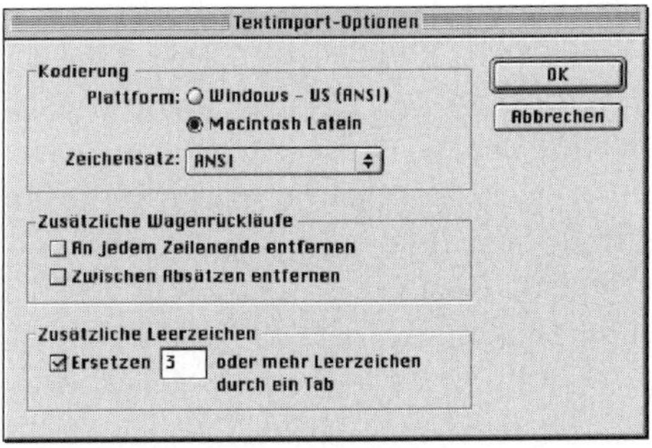

Geben Sie Plattform und Zeichensatz der Erstellung an. Es bietet sich die Möglichkeit, überflüssige Returns (Absatzmarken, Wagenrückläufe) zu entfernen. An Zeilenenden sollte dies geschehen; zwischen den Absätzen bilden Returns Leerzeilen.

Outline

Probleme können Outline-Schriften erzeugen, die auf Ihrem Rechner nicht installiert sind. Sie werden als zusammengesetzte Zeichenwege geladen. Es handelt sich dann nicht mehr um Text, sondern um komplexe Grafiken.

Textprogramme setzen Abstände in den Zeilen oft als Leerzeichen um. Diese werden zweckmäßig durch Tabulatormarken ersetzt, sodass die Formatierungen leicht wieder herstellbar sind.

Wenn keine Erfahrungen zu zweckmäßigen Importoptionen vorliegen, merken Sie sich die Einstellungen. Löschen Sie den importieren Text und testen andere Einstellungen, um den Importvorgang zu optimieren.

Bei größeren Textmengen wird ein Teil des Textes in die Überschussmarke laufen.

Textexport

Texte lassen sich im reinen Textformat exportieren. Die grafische Form ist nicht erheblich. Es kann sich um Text in Textfeldern, in Konturen oder an Pfaden handeln.

Setzen Sie die Einfügemarke in den Text oder markieren Sie den Text. Wählen Sie den Befehl *Datei* ➛ *Exportieren* (Windows) oder *Ablage* ➛ *Exportieren* (Mac OS).

Wählen Sie als Format **Textdatei**.

Textrahmen verknüpfen

Die Verknüpfung von Textrahmen ermöglicht dem Text, durch mehrere Rahmen hindurch zu fließen. Damit kann die Textmenge, die in einem Rahmen keinen Platz findet, in einem anderen weiterlaufen.

Die Verknüpfung kann mit Textfeldern und Textrahmen (Konturen) erfolgen. Die Reihenfolge wird durch die Stapelfolge der Objekte bestimmt. Der Text beginnt im zuunterst liegenden Objekt und füllt zuletzt das oberste Objekt.

Die Reihenfolge ist mit der Stapelfolge änderbar (*Objekt* ➛ *Anordnen*), um den Textfluss in gewünschter Folge durch die verknüpften Rahmen zu lenken. Damit lässt sich die

Reihenfolge auch nachträglich ändern, wenn sie bereits verknüpften Text enthalten.

Wählen Sie zunächst die Pfadansicht. Markieren Sie die Rahmen mit dem **Gruppenauswahl-Werkzeug** (⇷). Wählen Sie den Befehl *Text ➛ Blöcke ➛ Verknüpfen.* Der Text läuft nun durch die Rahmen hindurch.

Rahmen kopieren

Falls der Platz in den verknüpften Rahmen nicht ausreicht, lassen sich automatisch verknüpfte Rahmen als Kopie erstellen.

Markieren Sie einen Rahmen mit dem **Gruppenauswahl-Werkzeug** (⇷). Halten Sie die [⌥]-Taste gedrückt und ziehen Sie die Kopie an eine andere Stelle. Die Verknüpfung weist vom kopierten in das neue Objekt. Es reiht sich nach dem kopierten Objekt ein.

Diese Methode ist gut geeignet, nicht platzierten Text in einem weiteren Objekt unterzubringen.

Rahmen löschen

Markieren Sie ein Objekt mit dem **Gruppenauswahl-Werkzeug** (⇷). Drücken Sie die Entf-Taste. Das Objekt wird entfernt, ohne den Textfluss zu unterbrechen. Der enthaltene Text findet in den folgenden Rahmen Platz. Reicht der Platz nicht aus, entsteht am letzten Rahmen eine Überschussmarke.

Verknüpfung aufheben

Markieren Sie die Objekte mit dem **Auswahl-Werkzeug**(➤) und wählen Sie den Befehl *Text ➛ Blöcke ➛ Verknüpfung aufheben.*

Die Textmengen verbleiben in ihren Objekten. Wenn das nicht gewünscht ist, wird der Text per Zwischenablage in andere Objekte gebracht.

Textrahmen in Zeilen und Spalten teilen

Sie können Textrahmen und grafische Objekte in Spalten und Zeilen teilen lassen. Das ist auch mit unregelmäßigen Objekten möglich. Illustrator legt ein umschreibendes Viereck zugrunde.

Wählen Sie ein Textobjekt mit dem **Auswahl-Werkzeug** (➧) aus. Rufen Sie mit *Text ➛ Textzeilen/-spalten...* den Dialog auf.

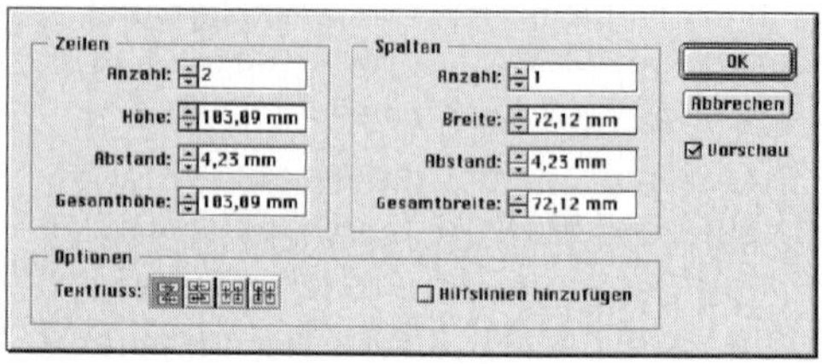

Nehmen Sie die Einstellungen vor. Für die Aufteilung geben Sie mehr als eine Zeile oder Spalte und deren Abstand an. Mit den Einstellungen für die Gesamthöhe und -breite können Sie die Ausdehnung des Gesamtobjektes ändern.

Im unteren Teil des Dialogs geben Sie an, in welcher Folge der Textfluss durch die neu entstehenden Textfelder geführt wird. Mit einer Option können Sie die neuen Textfelder von Hilfslinien begrenzen lassen.

Nach der erfolgten Teilung handelt es sich um verknüpfte Textfelder. Der Zeilen-/Spalten-Dialog bezieht sich nach Änderungen an den Objekten nicht mehr auf die Gruppe entstandener Textfelder.

Wenn Sie den Zusammenhang der Textfelder lösen möchten, markieren Sie die Felder mit dem **Auswahl-Werkzeug** (➧) und wählen den Befehl *Text ➛ Blöcke ➛ Verknüpfung aufheben*.

Umfließen von Grafikobjekten mit Text

Grafikobjekte können mit der Umfließen-Eigenschaft den Text unter ihnen verdrängen, sodass der Text die Grafik umfließt. Der Text kann nicht aus seinem Rahmen heraustreten, dieser muss also groß genug sein. Das Grafikobjekt muss auf dem Text liegen (*Objekt* ➛ *Anordnen* ➛ *Nach vorne bringen*).

Wählen Sie mit dem **Auswahl-Werkzeug** (➧) die Textrahmen und das zu umfließende Grafikobjekt aus. Der Befehl ist *Text* ➛ *Umfließen* ➛ *Erstellen*.

Die Objekte lassen sich unabhängig bewegen (**Gruppenauswahl-Werkzeug** ➧⁺). Die Umfließen-Eigenschaft wird nach Veränderungen aktualisiert. Sie bezieht sich aber nur auf die Objekte, für die dieser Zusammenhang eingestellt wurde. Nicht zugehöriger Text, der unter dem Grafikobjekt liegt, wird von diesem überdeckt. Er kann aber leicht einbezogen werden: Markieren Sie alle Objekte mit dem **Auswahl-Werkzeug** (➧) und wählen Sie erneut *Text* ➛ *Umfließen* ➛ *Erstellen*.

Der Zusammenhang läßt sich mit dem Befehl *Text* ➛ *Umfließen* ➛ *Ablösen* aufheben.

Für das Umfließen sind die Ausrichtung des Textes und die Silbentrennung wichtig. Die Textausrichtung bestimmt die Seite, an der der Text bündig ist. Gegenüber flattert er, füllt die Zeile nicht aus. Blocksatz schafft in kurzen Zeilen extreme Abstände.

Die Zeilenfüllung verbessern Sie mit optimaler Silbentrennung. Fügen Sie Trennungen von Hand ein (im ersten Wort der Folgezeile), indem Sie die Textmarke in die Trennstelle setzen und ⇧ ⌘ **Bindestrich** drücken.

Inhaltliche Arbeiten am Text

Zur Arbeit im Text stellt Illustrator eine Reihe von Hilfsmitteln zur Verfügung: automatische Silbentrennung, Rechtschreibprüfung und eine Suchen/Ersetzen-Funktion.

Suchen und Ersetzen

Diese Funktion ist zur Suche nach Text gedacht. Sie können alternative Schreibweisen vorgeben, um sie vom Programm tauschen zu lassen.

Setzen Sie die Einfügemarke in den Text und wählen Sie *Text ➛ Suchen/Ersetzen.*

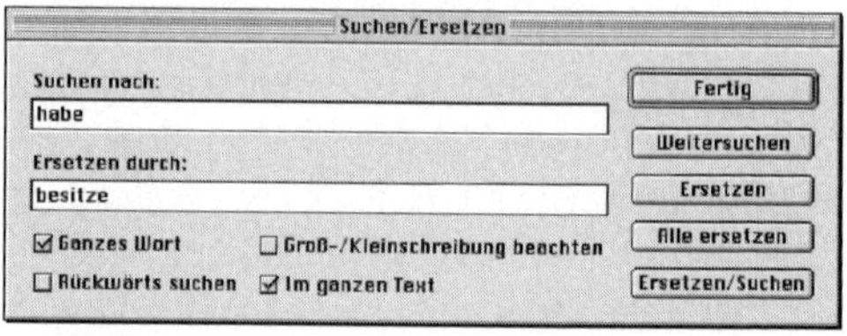

Tragen Sie in der oberen Zeile den zu tauschenden Text ein, darunter die Alternative. Wählen Sie folgende Möglichkeiten:

Die Option **Ganzes Wort** entscheidet, ob das Wort in Zusammensetzungen gefunden wird. Der „Inhaber“ wird in dem Beispiel gefunden, wenn die Option nicht gewählt ist.

Wenn das Programm die **Groß-/Kleinschreibung** beachten soll, muss sie mit der gefundenen übereinstimmen (die „Habe“ wird gefunden, wenn die Option nicht gewählt ist).

Bei der **Rückwärts**-Suche wird der Text vom Anfang bis zur Einfügemarke untersucht.

Der **ganze Text** wird unabhängig von der Position der Einfügemarke untersucht.

Starten Sie die Suche mit dem Schalter **Weitersuchen**. Ist ein Vorkommen gefunden, wird das Wort im Text markiert. Falls es in der aktuellen Ansicht nicht sichtbar ist, wird diese vom

Illustrator geändert. Sie können nun entscheiden, was mit dem Vorkommen geschehen soll:

Ersetzen tauscht den gefundenen Text. Das Programm sucht erst weiter, wenn Sie erneut auf **Weitersuchen** klicken.

Ersetzen/Suchen tauscht den Text und sucht sofort weiter. Dieser Schalter ist geeignet, mit einem Klick den Tausch zu bestätigen und sofort das nächste Vorkommen zu beurteilen.

Alle ersetzen tauscht die Vorkommen, ohne den Einzelfall zu zeigen. Nach dieser Option ist der Text wahrscheinlich in seinem Zeilenumbruch geändert, da die getauschten Texte nicht genau gleich lang sind.

Schriftarten suchen und ersetzen

Sie können nach Schriftarten und -schnitten suchen lassen und diese ersetzen. Diese Funktion ermöglicht eine leichte Kontrolle der im Dokument eingesetzten Schriften (vor dem Speichern als EPS oder einer Ausgabe auf Film etwa).

Auswahlen sind nicht erforderlich, bevor Sie

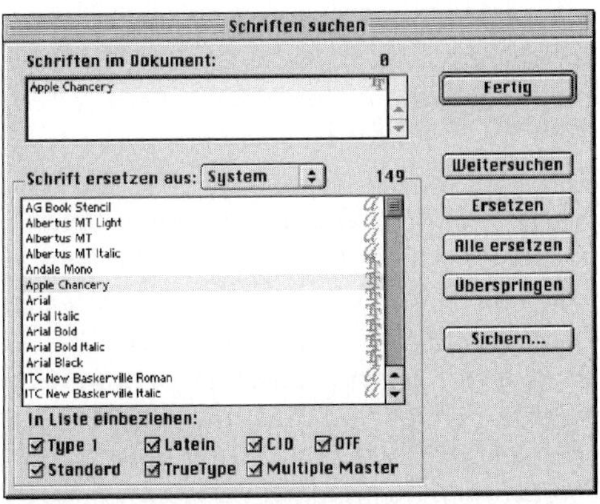

den Befehl *Text ➛ Schriften suchen* aufrufen. Im oberen Feld sind alle eingesetzten Schriften gelistet. Darunter befindet sich eine Liste mit möglichen Austausch-Schriften. Wählen Sie über der Liste, ob nur im Dokument vorkommende Schriften oder alle auf dem Rechner installierten angeboten werden sollen. Der Wechsel zu bereits eingesetzten Schriften kann bei der Reduktion der Schriftenanzahl sinnvoll sein.

Unter der Liste finden sich Optionen, mit denen sich Schriften nach Typen selektieren lassen. Type-1-Schriften sind Postscript-Fonts,

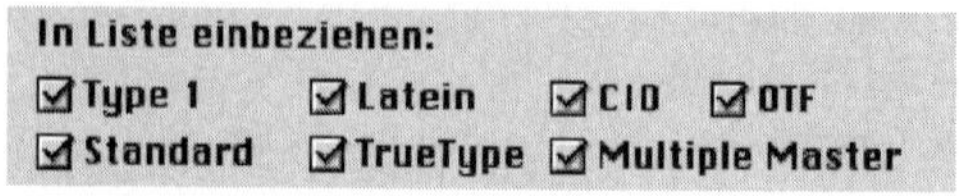

Systemschriften des Rechners sind TrueType-Fonts. Multiple-Master-Fonts sind Zeichensätze mit skalierbaren Strichstärken. Sie müssen Multiple-Master und Type 1 wählen, um diese anzuzeigen (Multiple-Master-Fonts sind Type1-Schriften).

Weitersuchen zeigt Vorkommen der zu ersetzenden Schrift, **Ersetzen** tauscht das Vorkommen und **Alle ersetzen** tauscht ohne Anzeige sofort. Der **Überspringen**-Schalter lässt Vorkommen unverändert.

Rechtschreibprüfung

Die Rechtschreibprüfung erstellt eine Liste unbekannter Wörter. Dies geschieht im Vergleich mit dem Illustrator-Wörterbuch. Dabei handelt es sich um eine Datei, die im Ordner *Illustrator* ➛ *Zusatzmodule* ➛ *Textfilter* liegt. Es werden alle Wörter gelistet, die im Wörterbuch nicht vorhanden sind. Sie können diese Wörter bei der Prüfung übergehen oder in eine Wörterbuchliste aufnehmen.

Sie starten den Vorgang mit dem Befehl *Text* ➛ *Rechtschreibung prüfen...*

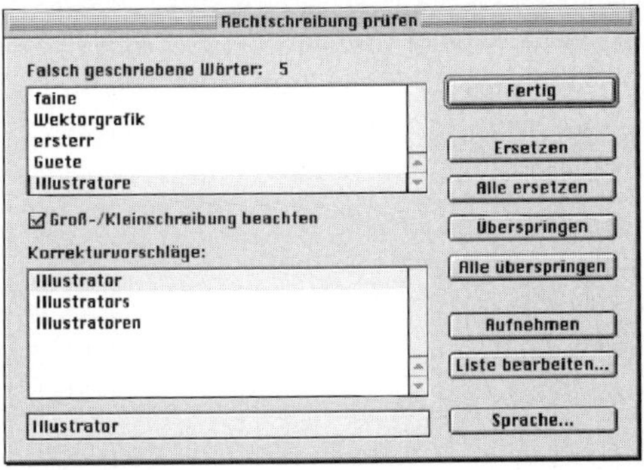

Im oberen Teil des Dialogs finden Sie die unbekannten Wörter, im unteren die vom Illustrator angebotenen Alternativen. In die untere Zeile kommt die korrekte Schreibweise, die zum Tausch eingesetzt wird. Markieren Sie einen Eintrag und entscheiden Sie, wie zu verfahren ist:

- Das markierte Wort steht unten in der Korrekturzeile. Wenn das Programm Alternativen anbieten kann, wird statt des falschen Wortes eine Alternative eingesetzt. Wählen Sie nun aus der Liste einen passenden Vorschlag aus, der in die Korrekturzeile übernommen wird.
- Prüfen Sie die Schreibweise und nehmen Sie Korrekturen vor.
- Das Programm hat das Wort zur Ansicht gebracht. Prüfen Sie den Kontext und tauschen Sie es mit einem Klick auf den Schalter **Ersetzen**. Wenn es mehrere Vorkommen gibt, können Sie diese mit **Alle ersetzen** tauschen. Das Wort wird aus der Liste unbekannter Wörter entfernt.
- Mit dem Schalter **Überspringen** können Sie dieses Vorkommen ignorieren, mit dem Schalter **Alle überspringen** übergehen Sie alle Vorkommen. Auch dieses Wort wird aus der Liste entfernt.

- **Aufnehmen** bietet eine Erweiterung der Wörterbuchliste an. Das ist sinnvoll für Fachbegriffe und Namen, mit denen Sie häufiger zu tun haben.

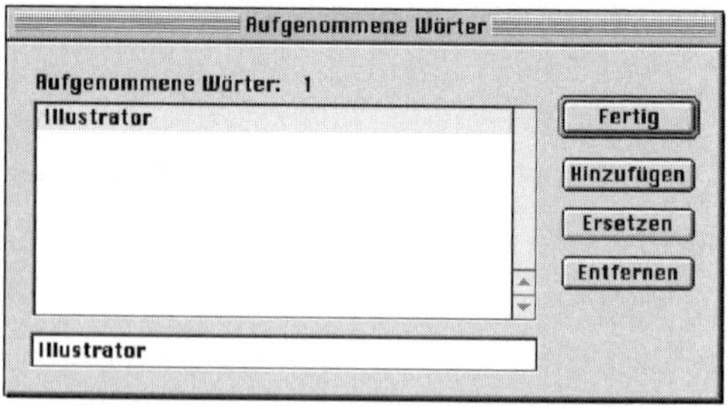

- **Liste bearbeiten...** öffnet die Wörterbuchliste. Hier können Sie Einträge aufnehmen und entfernen.
- Beenden Sie den Vorgang mit einem Klick auf den Schalter **Fertig**.

Silbentrennung

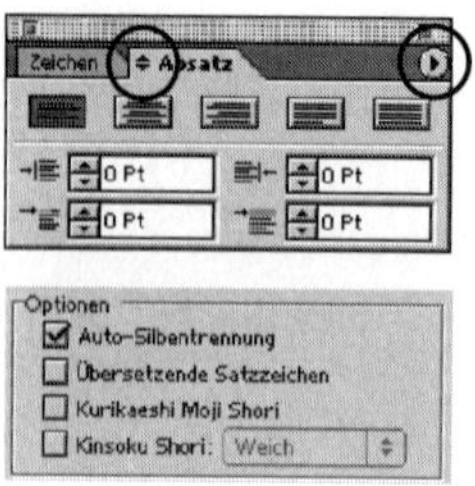

Wie schon im Abschnitt über die Absatzformate beschrieben, ist die Silbentrennung wichtiger Bestandteil des Textsatzes, um die Zeilen gut zu füllen. Kontrollieren Sie, ob die Silbentrennung eingestellt ist (bei markiertem Text in der erweiterten **Absatz-Palette**).– In den Optionen der **Absatz-Palette** finden Sie die Trennungsvorgaben. Auch diese gelten für den aktuell markierten Text.

Gehen Sie den Text von oben durch (Trennungen bewirken geänderte Zeilenumbrüche im Folgetext) und verbessern Sie die Trennung durch die Angabe von Trennstellen im ersten Wort der Folgezeile:
Setzen Sie mit einem Textwerkzeug die Text-

marke in die Trennstelle. Drücken Sie ⇧ ⌘ **Bindestrich.** Das Programm fügt einen bedingten Trennstrich ein. Dieser erzeugt im Fall einer Trennung einen Trennstrich und entfernt ihn, wenn das Wort in verändertem Textfluss nicht mehr getrennt wird (deshalb keinen Trennstrich und keinen Zeilenumbruch einsetzen, die im geänderten Text verbleiben würden).

Eine Wörterliste mit Trennvorschriften legen Sie in den Vorgaben an (*Bearbeiten ➛ Voreinstellungen ➛ Silbentrennung...*):

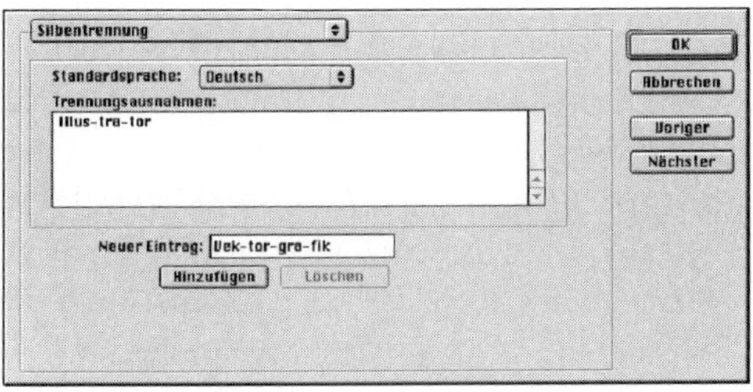

Geben Sie das Wort als neuen Eintrag mit Bindestrichen ein, die die Trennstellen bezeichnen. Tragen Sie Worte ohne Trennstriche ein, wenn Sie deren Trennung verhindern möchten. Klicken Sie auf **Hinzufügen**. Die gewählte Standardsprache bestimmt, für welche Sprache der Eintrag gelten soll.

Das Trennlexikon wird für das Programm, nicht im Dokument gesichert. Das kann zu veränderten Trennungen beim Öffnen des Dokumentes auf anderen Rechnern führen.

Steuerzeichen zeigen

Unsichtbare Zeichen zeigen Sie mit dem Befehl *Text ➛ Verborgene Zeichen einblenden* an. Das ist stets die wichtigste Maßnahme, um unerklärlichen Phänomenen im Textfluss auf die Spur zu kommen.

Leerzeichen	·
Zeilenumbruch	↲
Absatzende	¶
Tabulator	→
Textende	∞

Satz- und Sonderzeichen-Optionen

Mit diesem Dialog können Sie Zeichen im Text suchen und in typografisch korrekte Alternativen tauschen lassen. Rufen Sie den Dialog mit dem Befehl *Text ➛ Satz-/Sonderzeichen...* auf.

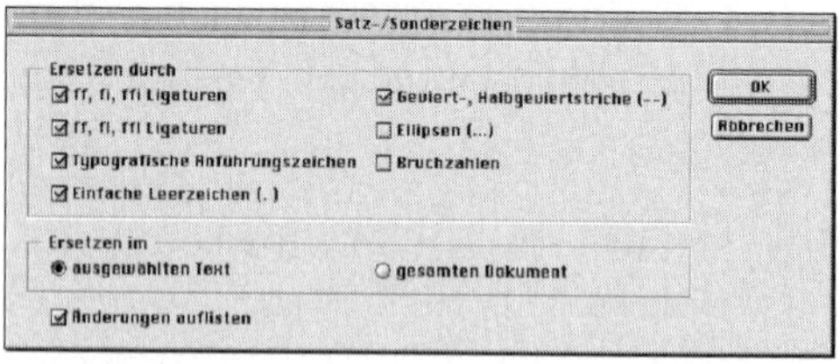

Ligatur: Ein Zeichen, das aus zwei oder drei zusammengesetzt wurde. Damit werden problematische Berührungsstellen spezieller Zeichen gestaltet.

ffi ﬃ

Zwei Optionen bieten den Tausch problematischer Zeichenfolgen in **Ligaturen** an. Dazu muss die eingesetzte Schrift Ligaturen enthalten (Expert-Font).

Gerade Anführungszeichen werden durch geschwungene ersetzt ("" in „“ sowie '' in ‚‘).

Mehrere Leerzeichen nach einem Punkt werden durch ein einfaches ersetzt.

Zwei Bindestriche (--) werden durch einen Gedankenstrich (–) und drei Bindestriche (---) durch einen langen Strich (—) ersetzt.

Die Option „Ellipsen“ ersetzt drei aufeinander folgende Punkte . . . durch ... (Auslassungszeichen mit enger angeordneten Punkten).

Sie können gesetzte Bruchzahlen durch Bruchzeichen ersetzen lassen. Das setzt Zeichensätze voraus, die Bruchzahlen enthalten (Expert-Fonts).

Wählen Sie die Textmenge, in der Sie den Tausch der Schriftzeichen vornehmen möchten (mittels Textmarkierung lässt sich der Vorgang auf bestimmte Texte einschränken).

Wenn Sie die Änderungen auflisten lassen, zeigt das Programm die Häufigkeit des erfolgten Tausches nach den speziellen Vorgängen gelistet an.

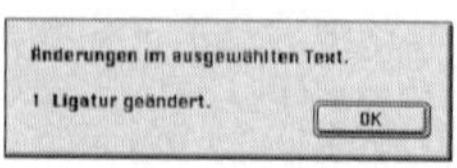

Textattribute übertragen

Textformate lassen sich – ebenso wie grafische Attribute – mit einem Klick auf andere Texte übertragen. Zum Aufnehmen dient das **Pipetten-Werkzeug**, zum Übertragen das **Füll-Werkzeug**.

Sie benötigen keine Markierung. Die Attribute werden zwischen den angeklickten Texten übertragen, auch wenn sich diese in verschiedenen Dokumenten befinden.

- Wählen Sie das **Pipetten-Werkzeug**. Fahren Sie auf den Text, dessen Formate Sie aufnehmen möchten. Der Cursor zeigt mit einem kleinen T, dass er jetzt Textformate aufnimmt.
- Wählen Sie das **Füll-Werkzeug**. Klicken Sie auf den Text, der die aufgenommenen Attribute erhalten soll. Auch das **Füll-Werkzeug** zeigt zur Kontrolle ein kleines T.

Gemäß der Voreinstellung werden alle Formate (Zeichen- und Absatzformate) übertragen.

Zum schnellen Wechsel der Werkzeuge halten Sie die [⌥]-Taste (Mac OS) oder die [Alt]-Taste (Windows) gedrückt. So brauchen Sie für diesen Vorgang nur ein Werkzeug, egal welches von beiden.

Das **Pipetten-Werkzeug** können Sie mit der Buchstabentaste I aktivieren.

Das **Füll-Werkzeug** lässt sich mit der Buchstabentaste K aktivieren.

Wählen Sie die übertragenen Formate nach einem Doppelklick auf **Pipetten-** oder **Füll-Werkzeug**!

Text als Blindtext anzeigen

Beim Arbeiten mit Text kann die Darstellung als Blindtext hilfreich sein, bei der Einrichtung von Absatzformaten etwa. Zeilen werden als graue Balken gezeigt.

Unterhalb einer bestimmten Größe nutzt Illustrator immer die Blindtext-Darstellung, da sehr klein angezeigter Text ohnehin unlesbar ist.

Sie finden die Einstellung in *Bearbeiten* ➛ *Voreinstellungen* ➛ *Text und Pausstift...* ➛ *Blindtext*. Die Angabe bezieht sich auf Bildschirm-

Maileni Ipsframepte worqim vou Bipfsty fenaut, deu Wespciastumsikela suhr bplyibit worsin.

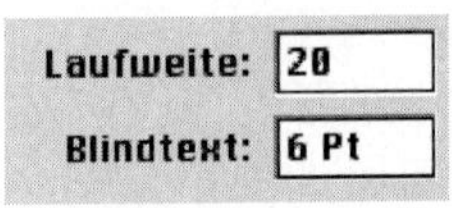

pixel; unterhalb dieser Größe wird er als Blindtext dargestellt.

Text in Pfade umwandeln

Die Umwandlung von Text in zusammengesetzte Pfade bietet Möglichkeiten, Text als grafische Objekte zu nutzen. Er verliert dabei den Status Text, kann also nicht mehr mit typografischen Formaten bearbeitet werden.

Pfade können nicht in Text gewandelt werden. Der Vorgang lässt sich später also nicht umkehren (es sei denn, Sie machen bereits erfolgte Arbeitsschritte rückgängig).

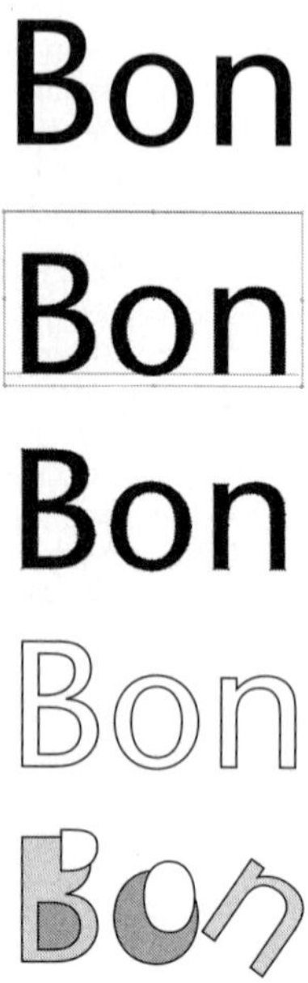

Beim Umwandeln können Ungenauigkeiten auftreten. Der Vorgang ist für größere Zeichen gedacht, nicht für die Umwandlung von Fließtexten. Bei geringen Textmengen wird diese Möglichkeit gern dazu genutzt, beim Sichern von Illustrationen als EPS von Zeichensätzen unabhängig zu sein. Das betrifft den Einsatz des EPS in anderen Programmen und besonders auf anderen Rechnern und Belichtern.

Markieren Sie das Textfeld mit einem **Auswahl-Werkzeug**. Klicken Sie dabei in das Feld, sodass die Schriftgrundlinien gezeigt werden. Rufen Sie den Befehl *Text* ➛ *In Pfade umwandeln* auf.

Alle gewandelten Pfade bilden eine gemeinsame Gruppe. Lösen Sie diese bei Bedarf mit dem Befehl *Objekt* ➛ *Gruppierung aufheben.* Die Schriftzeichen bestehen nun aus Pfaden, die einzeln zu bearbeiten sind. Zeichen mit Hohlräumen bestehen aus zwei zusammengesetzten Pfaden, um das Loch zu bilden. Zur Trennung benutzen Sie den Befehl *Objekt* ➛ *Zusammengesetzter Pfad* ➛ *Ablösen.*

Import/Export

Um Illustrationen in Text- oder Layoutprogramme einzubinden oder in einem anderen Programm bearbeiten und ausgeben zu können, muss in Adobe Illustrator das entsprechende Dateiformat ausgewählt werden, in dem gespeichert werden soll.

Damit das Programm spezielle Daten importieren bzw. exportieren kann, besitzt Adobe Illustrator unterschiedliche Zusatzmodule, die eine entsprechende Schnittstelle zu den Erstellungsprogrammen der einzelnen Dateien darstellen. Diese sogenannten **PlugIns** befinden sich alle im Programmordner *Adobe Illustrator 10 ➛ Zusatzmodule* und sind dort in entsprechenden Unterordnern, z. B. **Photoshop-Formate** oder **Illustrator-Formate-Andere**, untergebracht. Hier ist auch die Programmschnittstelle, um Filter anderer Hersteller in das Programm integrieren zu können, um es zu erweitern. Viele Filter und Effekte sind überhaupt erst möglich, weil der Hersteller über diese Schnittstelle die Anbindung an das Programm Photoshop geschaffen hat. Durch die Zusatzmodule Photoshop-Effekte und Photoshop-Filter wird die Arbeit der beiden Menüs Filter und Effekt erst möglich. Wird im Menü *Bearbeiten ➛ Voreinstellungen ➛ Zusatzmodule und virtueller Speicher...* ein falscher Pfad angegeben, kann das dazu führen, dass Adobe Illustrator nicht das normale Leistungsspektrum besitzt oder sogar die Arbeit verweigert. Im schlimmsten

Die Zusatzmodule, auch PlugIns genannt, stellen die Schnittstelle zu anderen Programmen, bzw. Programmherstellern dar.

Fall führt das sogar dazu, dass das Programm den Computer durch die Unfähigkeit, notwendige Dateien zu finden, zum Absturz bringt. Der korrekte Pfad muss lauten: Programmordner *Adobe Illustrator 10 ➛ Zusatzmodule.*

Importieren

Sollen in das Programm Daten importiert werden, gibt es hierzu drei prinzipielle Möglichkeiten. Der Import ist jederzeit über die Zwischenablage (schließt Drag & Drop ein) möglich. Es kann hierfür aber auch der Befehl **Platzieren...** aus dem Menü *Ablage* benutzt werden. Zudem ist bei manchen Dateiformaten auch ein Öffnen möglich. Von dieser Möglichkeit ist jedoch eher abzuraten, da durch das Öffnen der Daten Originale schnell zerstört werden können. Möglicherweise können dann selbst die Erstellungsprogramme diese Dateien nicht mehr interpretieren.

Unproblematisch können Vektordaten aus Illustrationsprogrammen wie Macromedia FreeHand oder CorelDRAW geöffnet werden. Zudem kann das Programm EPS-Dateien dieser Programme öffnen. Beim Öffnen dieser Dateien ist jedoch zu beachten, dass Adobe Illustrator bei speziellen Effekten dieser Programme eine andere Interpretationsweise nutzen wird, um die Effekte zu erzeugen.

Beim Öffnen von Pixelbildern wird Adobe Illustrator diese Pixelinformationen als **eingebettete Grafik** im Dokument verwalten und zum Bestandteil der Datei machen.

Adobe Illustrator kann folgende Dateiformate importieren bzw. platzieren oder öffnen:

- Pixelgrafiken aus Bildbearbeitungsprogrammen oder Programmen, die diese speziellen Dateiformate erzeugen können, das sind TIFF-, PSD-, SVG/SVGZ-, PICT-, EPS-Formate und alle von Photoshop unterstützten Pixelformate. Dazu zählen JPEG- und GIF-, PNG-, Kodak-Photo-CD-Formate und weitere aus dem Hand-buch zu entnehmende Formate.

- Vektorgrafiken aus Illustrationsprogrammen werden aus den Programmen FreeHand und CorelDRAW unterstützt. Diese Dateiformate können auch direkt geöffnet werden. Auch deren Vektor-EPS-Dateien können sowohl platziert als auch geöffnet werden.
- PDF-Dateien können platziert und geöffnet werden, sofern sie nicht geschützt bzw. verschlüsselt sind.
- Es können auch unterschiedliche Textformate platziert oder geöffnet werden. Unterstützt werden reine Textdateien (.txt), MS RTF, Word (97, 98 und 2000). Vertikaler japanischer Text in RTF- und Word-Dateien wird als horizontaler Text importiert.

Gängige Dateiformate

FreeHand-Formate

- Das FreeHand-Dateiformat wird bis zur Version 9.0 unterstützt und stellt ein dem Adobe Illustrator ähnliches Vektorgrafik-Format dar.

Version 4.0. 5.0, 5.5, 7.0, 8.0 und 9.0

CorelDRAW-Formate

- CorelDRAW-Dateiformat wird bis zur Version 10.0 (Windows) und 8.0 (Macintosh) unterstützt und stellt ebenfalls ein dem Adobe Illustrator ähnliches Vektorgrafik-Format dar.

Windows: Version 5.0, 6.0, 7.0, 8.0, 9.0, 10.0
Macintosh: Version 5.0, 6.0, 7.0, 8.0

DXF-/DWG-Format

- Das DXF-Format (AutoCAD Interchange File) ist ein Vektorformat, das aus CAD-

Programmen wie AutoCAD exportiert werden kann, um Zeichnungen dieser Programme anderen Programmen zugänglich zu machen. DXF ist in der CAD-Welt ein gängiges Datenaustausch-Format. Das **DWG-Format** (AutoCAD Drawing) hingegen ist das AutoCAD-eigene Zeichnungsformat.

Duplex: Ein Graustufenbild, das zusätzlich zu den im Bild benutzten Graustufen auch weitere, bis zu drei zusätzliche Farben besitzen kann. Es wird häufig in Verbindung mit Sonderfarben benutzt.
DCS: Steht für **D**esktop **C**olor **S**eparation. Dieses spezielle Dateiformat liegt in der Version 1.0 und 2.0 vor und ermöglicht eine Vorseparation der Vierfarbdatei. Es wird nur in Verbindung mit CMYK-Bildern für den Printbereich benötigt.

RIP: Der **R**aster **I**mage **P**rocessor zerlegt Vierfarbinformationen auf die einzelnen Druckfarben Cyan, Magenta, Yellow und Schwarz.

TIFF: Das **T**agged **I**mage **F**ile **F**ormat ist ein reines Pixel-Format, das dem Austausch von Pixeldaten mit anders orientierten Programmen dient.

EPS-Formate

- Es gibt unterschiedliche EPS-Formate (Encapsulated-PostScript-File Format): Solche aus Grafikprogrammen und aus Bildbearbeitungsprogrammen (Pixel-EPS). Grafik-EPS-Dateien lassen sich ohne Verlust beliebig skalieren, da sie aus Vektoren bestehen. Pixel-EPS-Dateien unterliegen genauso den auflösungsbedingten Rahmenbedingungen wie andere Pixelbilder und lassen sich damit nicht wie Grafik-EPS-Dateien beliebig skalieren. Sie können jedoch zusätzlich zu den Pixeln auch noch weitere Informationen, wie z.B. Duplex- oder Separations-Informationen (DCS-EPS) beinhalten. EPS-Dateien basieren auf der Sprache PostScript, einer Seitenbeschreibungssprache für Ausgabegeräte. Ist ein Ausgabegerät wie z. B. ein Drucker nicht PostScript-fähig, können EPS-Dateien auf diesem Gerät nicht oder nur mit einer 72dpi-Vorschau-Qualität ausgegeben werden. Tintenstrahldrucker sind im Allgemeinen nicht PostScript-fähig, außer sie werden über eine RIP-Software- oder Hardware-Lösung gesteuert.

TIFF-Format

- Dieses Format ist eines der gängigsten Pixel-Dateiformate für den Printbereich. Es unterstützt sowohl RGB- als auch CMYK-

Farbinformationen und stellt damit ein sehr vielseitig anwendbares Format dar. Das Format unterstützt eine verlustfreie Kompressionsmethode, das LZW-Verfahren (Lempel, Zif und Welsch).

PSD-Format

- Dieses Photoshop-eigene Pixel-Format unterstützt sämtliche im Programm Photoshop möglichen Arbeitsweisen. Dazu zählen Ebenen ebenso wie Kanäle. Leider wird es in seiner Komplexität nicht von allen Programmen unterstützt. Adobe Illustrator ist eines der wenigen Programme, die mit dem Photoshop- Format umgehen können. Im Bild enthaltene Ebenen werden von Adobe Illustrator nach Abfrage auf einzelne Bilddateien aufgeteilt, die dann in die Illustration eingebettet werden und auf einzelne Unterebenen in der Illustration platziert werden. Die Transparenz der einzelnen Ebenen bleibt dabei erhalten. Wird im Platzierungsdialog die Option benutzt, Photoshop-Ebenen zu einem einzelnen Bild zu reduzieren, werden die Ebenen automatisch auf eine Hintergrundebene reduziert.

PSD: Steht für **P**hoto**S**hop **D**okument-Format und ist das umfangreichste Pixel-Format

PDF-Format

- Das von Adobe Systems entwickelte **P**ortable **D**ocument **F**ile Format dient dem plattformübergreifenden Datenaustausch. Es basiert im Wesentlichen ebenso wie das EPS-Format auf PostScript. Sofern auf den Rechnersystemen der Adobe Acrobat Reader installiert ist, lassen sich solche Dokumente auf jedem Rechnersystem zum Lesen und Ausdrucken öffnen. Soll es auf einem Druckgerät ausgedruckt werden, so muss dieses PostScript-fähig sein. Wenn nicht, werden im Dokument enthaltene

PDF: Die Abkürzung steht für **P**ortable **D**ocument **F**ile und stellt ein plattformübergreifendes Dateiformat dar.

Bild- und Schriftdaten nicht oder nur mit einer 72dpi-Vorschau-Qualität ausgegeben.
Adobe Illustrator ist eines der wenigen Programme, die solche Dateien auch bearbeiten können. Vorausgesetzt, es liegen im PDF-Dokument keine Sicherheitsverschlüsselungen vor und die im Dokument enthaltenen Schriften stehen dem Rechnersystem zur Verfügung oder wurden in das Dokument eingebettet. Zudem ist das Format das Hauptaustausch- und Berechnungsformat für Adobe Illustrator. Sollen Transparenzen über die Zwischenablage weitergegeben werden, kann das nur im PDF-Format geschehen. Die entsprechende Voreinstellung befindet sich im Menü *Bearbeiten* ➛ *Voreinstellungen* ➛ *Dateien und Zwischenablage...*

SVG-/SVGZ-Format

SVG: **S**calable **V**ector **G**raphics
SVGZ: **S**calable **V**ector **G**raphics Compressed
Die SVG-Formate sind Spezifikationen des World Wide Web Consortiums (W3C) für eine Standardsprache für zweidimensionale Vektorgrafiken für das Internet.

Das Dateiformat ist ein von Adobe Systems entwickeltes, dem **Flash-Format** ähnliches Vektorformat, das Bilder als Formen, Pfade, Text und Filtereffekte beschreibt. Dadurch entstehen kompakte und professionelle Grafiken für das Web und sogar für mobile Geräte, deren Ressourcen beschränkt sind. SVG-Bilder können ohne jeden Schärfe- und Detailverlust auf dem Bildschirm vergrößert werden. Außerdem bietet SVG hervorragende Unterstützung für Text und Farben, wodurch sichergestellt wird, dass die Bilder auch beim Besucher der Website genau so angezeigt werden, wie sie auf der Adobe-Illustrator-Zeichenfläche erstellt wurden. Das SVG-Format basiert komplett auf XML und bietet Entwicklern und Besuchern der Website eine Reihe von Vorteilen. SVG ermöglicht die Nutzung von XML und JavaScript zur Erstellung von Webgrafiken, die auf Benutzeraktionen mit komplexen Effekten wie Hervorhebung, QuickInfos, Audiowiedergabe und Animation reagieren. SVGZ ist die komprimierte Version des Formates. Im SVGZ-Format werden Dateigrößen um 50 % bis 80 % reduziert. Dateien in diesem Format können jedoch nicht mit einem Texteditor bearbeitet werden.

PICT-Format

- Das Macintosh-übliche Zwischenablagen-Format. Es wird meist zum Austausch zwischen Macintosh-Grafikprogrammen benutzt. Durch eine verlustfreie Kompression, die erst in Kraft tritt, wenn große Farbflächen im Bild enthalten sind, lassen sich die Dateigrößen stark reduzieren.

PICT: **Pic**ture File

JPEG-Format

- Eins der wichtigsten Pixelformate für die Darstellung von fotografischen Bildinformationen im Internet und in Multimedia-Anwendungen. Das Format besitzt **verlustreiche** Kompressionsalgorithmen, durch die die Datenmenge extrem niedrig gehalten wird.

JPEG: Steht für **J**oint **P**hotographic **E**xpert **G**roup und ist ein komprimierbares Dateiformat, wobei die Kompression immer verlustreich ist.

GIF-Format

- Das zweitwichtigste Pixelformat für Internet- und Multimedia-Anwendungen. Auch dieses Format ist komprimierbar. Die Kompression basiert wie das Kompressionsverfahren beim **TIFF-Format** auf dem **LZW-Verfahren** (Lempel, Zif und Welsch). Die Kompression ist zwar verlustfrei, aber da das GIF nicht den vollen Farbumfang des RGB-Modells benutzen kann, sondern nur auf höchstens 256 frei wählbare Farben angewiesen ist, stellt es damit ein sehr verlustreiches Format dar. Es bietet

GIF: Ein durch Farbreduktion verlustreiches Pixelformat, das höchstens 256 Farben beinhalten kann. GIF steht für **G**raphics **I**nterchange **F**ormat.

GIF89a: Eine spezielle Abart des GIF-Formates, das bestimmte, zu definierende Farben transparent machen kann.

jedoch dem JPEG gegenüber den großen Vorteil, dass es in der Sonderform des GIF, dem **GIF 89a**, transparente Austauschfarben beinhalten kann, was es in einem Web-Browser vor dessen Hintergrund in entsprechenden Bereichen durchsichtig erscheinen lässt. Damit eignet es sich hervorragend zum Einbinden von Schaltflächen und Logografiken in eine Website, in denen nur wenig unterschiedliche Farben enthalten sind, aber möglicherweise die Form der Objekte nicht rechteckig, sondern unregelmäßig oder rund sein soll.

PNG-Format

PNG: **P**ortable **N**etwork **G**raphics.

- Das Format, das als patentfreie Alternative zum GIF-Format entwickelt wurde, wird für die verlustfreie (lossless) Komprimierung und die Anzeige von Bildern im Internet verwendet. Im Unterschied zum GIF-Format unterstützt das PNG-Format 24-Bit-Bilder und produziert Hintergrundtransparenz ohne gezackte Ränder. Das Format wird jedoch nicht von allen Web-Browsern unterstützt. Zudem ist die resultierende Dateigröße für eine Standard-Internetverbindung (56k Modem) noch zu groß.

Flash SWF

SWF: **S**hock**W**ave **F**lash. Das von Macromedia entwickelte Format ist eines der verbreitetsten Formate für interaktive animierte Webgrafiken.

- Dem SVG-Format ähnliches, von Macromedia entwickeltes Dateiformat zur Darstellung von bewegten, interaktiven Bildern. Das Format kann gleichermaßen Vektor- wie Pixelinformationen enthalten und diese animieren.

Kodak-Photo-CD-Formate

- Kodak stellt mit diesem Format eine sehr preiswerte Möglichkeit bereit, digitalisierte Diapositive und Dianegative auf CD zu archivieren. Die entsprechenden Bilddaten liegen auf der Archivierungs-CD meist in bis zu fünf unterschiedlichen Auflösungen vor. Eine sechste kommt für die Miniaturdarstellung der Bilddaten hinzu. Durch ein von Kodak entwickeltes Kompressionsverfahren nehmen die Bilder auf der CD nur wenig Platz ein, sodass bis zu 100 Bilder auf einer CD Platz finden.

Platzieren von Grafikformaten

Sollen Grafikformate aus Programmen wie FreeHand oder CorelDRAW in einer Illustration platziert werden, geschieht das wie bei allen anderen Daten mit dem Befehl **Platzieren...** aus dem Menü *Ablage*. Leider gibt es hierfür keinen Kurzbefehl. Es lässt sich jedoch ein eigener Kurzbefehl im Menü *Bearbeiten ➛ Tastaturbefehle...* anlegen (siehe auch Seite 66ff). Die Dateien können entweder als frei veränderbare Grafik oder als festgesetzte Vorlage platziert werden. Veränderbare Grafiken werden nach dem Platzieren entsprechende Pfadstrukturen aufweisen und lassen sich somit sofort bearbeiten. Die Grafiken werden vollständig in die Illustrationsdatei aufgenommen, ohne dass im Nachhinein ein Verweis darauf hinweist, dass die Pfade platziert wurden. Sollten die Grafiken jedoch zusätzlich Bildmaterialien enthalten, werden diese in die Verknüpfungspalette als eingebettete Bilddaten aufgenommen und somit mit einem Verwaltungsverweis versehen. Bei Grafik-EPS-Dateien sieht die Situation nicht viel anders aus. Diese Dateien werden im Allgemeinen auch nicht mit einem Verweis versehen, sondern als veränderbare Pfadstrukturen in die Illustration aufgenommen. Aber auch hier gilt: Sollten die Dateien zusätzlich Bildmaterialien enthalten, werden diese in die Verknüpfungspalette als eingebettete Bilddaten aufgenommen und somit mit einem Verwaltungsverweis versehen.

Platzieren von Bildformaten

Beim Platzieren dieses Dateityps sieht der Verwaltungsaufwand schon anders aus. Bilddaten werden prinzipiell in die Verknüpfungspalette aufgenommen. Ein entsprechender Eintrag dokumentiert den Status. Werden solche Bilddaten auch noch mit einem Filter oder Effekt verändert, werden sie automatisch in das Dokument eingebettet. Anders als bei verketteten Bilddaten benötigt man dann bei einer Ausgabe der Datei auf einem anderen Rechnersystem keine zusätzlichen Dateien. Alle Informationen, die das Bild betreffen, sind in der Illustration vorhanden. Um Bilddaten im Dokument zu platzieren, gehen Sie folgendermaßen vor:

- Wählen Sie im Menü *Ablage ➛ Platzieren...* Im aufspringenden Dialogfeld kann die entsprechende Datei in der Verzeichnisstruktur ausgewählt werden.

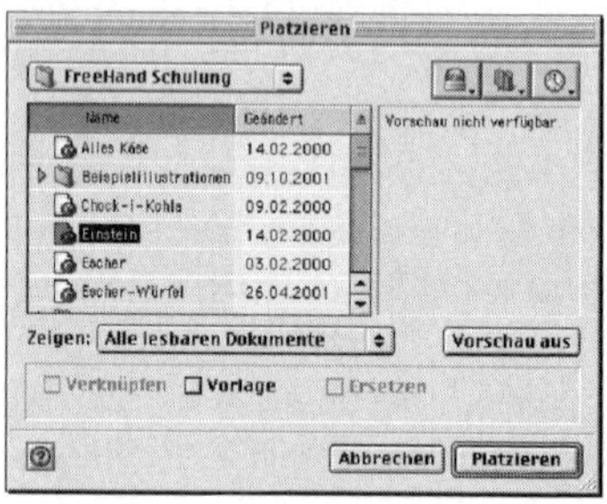

- Soll die Bilddatei als Vorlage für eine Grafik dienen, ist es sicher sinnvoll, sie als **Vorlage** zu platzieren. Sie wird dann automatisch auf einer Vorlage-Ebene positioniert.

Solche Ebenen sind automatisch gesperrt.

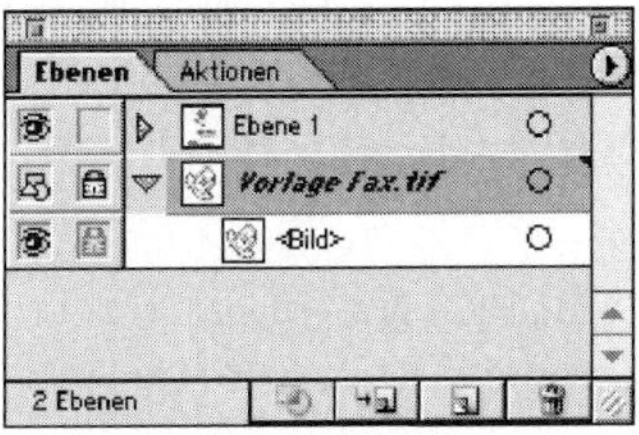

Man kann sie jedoch über die **Ebenen-Palette** wieder freigeben.

- Im Normalfall werden Bilddaten als Verknüpfungen in eine Illustration aufgenommen. Solche Bilddaten werden in der Verknüpfungs-Palette ohne Symbol dargestellt. Werden Bilddaten, ohne dass die Option Verknüpfung angekreuzt wird, platziert, werden sie auch entsprechend mit einem kleinen Grafiksymbol gekennzeichnet.

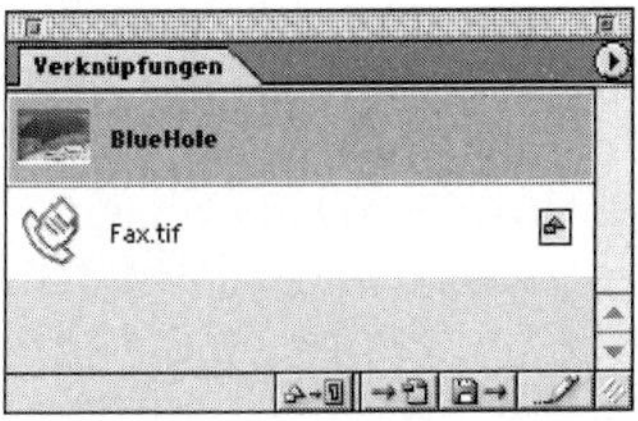

Verknüpfungen-Palette

Die Palette bietet einige Funktionen, die die Verwaltung von Bilddaten vereinfacht. In der Symbolleiste der Palette finden sich vier Symbole, die Bilddaten aufspüren oder auch ersetzen können.

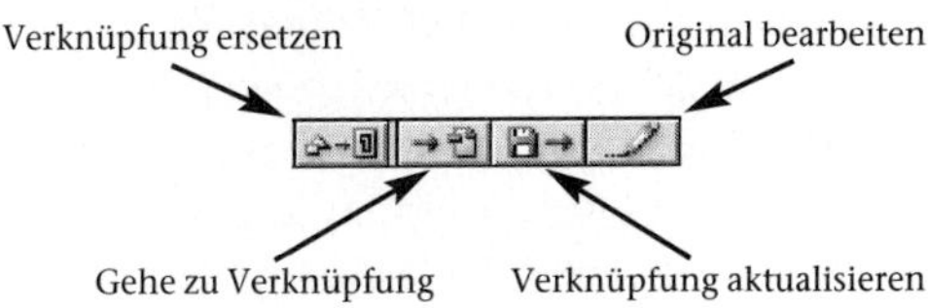

Weitere Funktionen, wie z. B. das nachträgliche **Einbetten** von Bilddaten, werden im Paletten-Menü zur Verfügung gestellt.

Platzieren von Textformaten

Textdateien werden von Adobe Illustrator prinzipiell in das Dokument eingebettet. Der Vorgang des Platzierens ist der gleiche wie der von Bilddaten. Wie zuvor schon beschrieben, werden Word-Formate bis Word 2000, RTF- und TXT-Formate unterstützt. Die Texte werden automatisch in der Mitte der Zeichenfläche platziert.

Exportieren

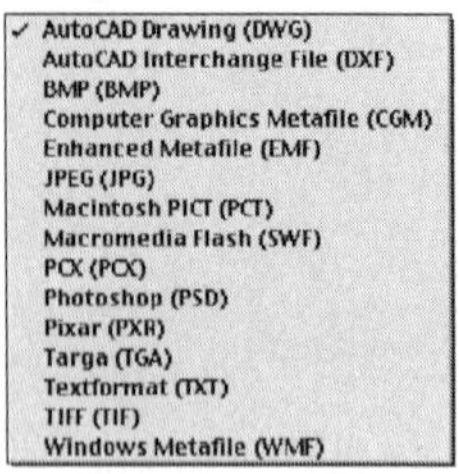

Adobe Illustrator stellt mehrere unterschiedliche Dateiformate für spezielle Anwendungen zur Auswahl, die aus dem Programm exportiert werden können:

- Für Grafik- und Layoutprogramme des Printbereichs stellen das **EPS**-, **PDF**- und **TIFF-Format** gängige Dateiformate dar.
- Um Daten an Bildbearbeitungsprogramme zu übergeben, werden zusätzlich **Photoshop-**, **PICT**- (für Macintosh-Computersysteme), **BMP**- (für Windows-Computersysteme), **PCX**- (für Windows-Computersysteme) und **TGA-Formate** (für Computersysteme mit TrueVision®-Videokarte) bereitgestellt.
- Auch für Internet- und Multimedia-Anwendungen lassen sich bestimmte Formate erzeugen. Standardformate stellen hier die **JPEG-**, **Flash-** und **SVG-Formate** dar. Gerade für diesen Bereich existiert in Adobe Illustrator jedoch eine spezielle Befehlsstruktur, die weitere Möglichkeiten bietet: der Befehl **Für Web sichern**. Das

Dialogfeld stellt mehrere Vorschaubereiche zur Auswahl, die unterschiedliche Speicherverhalten von Dateiformaten schon vor dem Abspeichern simulieren. Aus diesem Dialogfeld heraus sind dann auch die Pixel-Formate **GIF** und **PNG** abspeicherbar.

- Für die CAD-Anbindung besitzt Adobe Illustrator zusätzliche **AutoCad-** und **CMG-Formate**, die für den Austausch mit CAD-Systemen optimiert sind.
- Speziell für Windows-Systeme werden die Dateiformate **EMF** und **WMF** angeboten.
- Texte können mit speziellen Textfiltern per **Exportieren...** abgespeichert werden. Standardmäßig stellt Adobe Illustrator das Textformat **TXT** bereit.

Einzelne Formate lassen sich beim Exportieren durch spezielle Optionen noch optimieren.

JPEG-Format

JPEG-Format

- Da das JPEG-Format (siehe auch Seite 435) erst durch spezielle Kompressionen für Screen-Design in unterschiedlichster Art interessant wird, ist es notwendig, die Beschaffenheit dieses Formates vor dem Abspeichern einzustellen. Nach Vergabe des Namens im Exportieren-Dialog (*Ablage ➛ Exportieren...*) und Betätigen der Schaltfläche **Exportieren...** gelangt man in die Optionen des Formates.

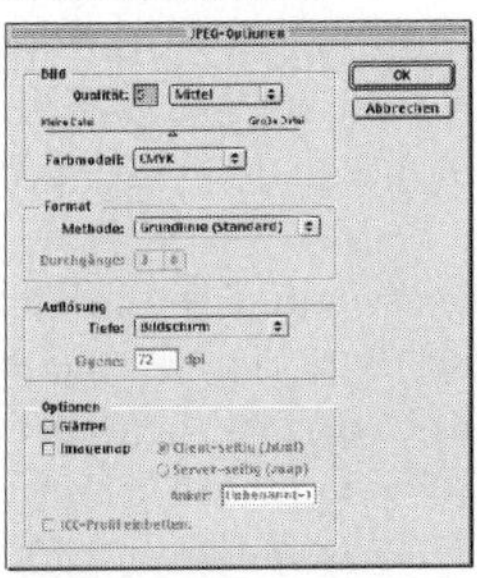

Das Dialogfeld ist in vier Bereiche unterteilt, die spezielle Einstellungen ermöglichen.

Bild

- Hier wird die Qualität bzw. Kompression eingestelllt. Je höher der Wert für Qualität, desto niedriger die Kompressionsrate und desto größer die Datei. Je kleiner der Wert für Qualität, desto kleiner die Datei und niedriger die Qualität. Das Farbmodell regelt letztlich das Einsatzgebiet des Bildes. Für den Printbereich wäre z.B. die Option **CMYK** anzugeben. Allerdings besitzt das JPEG-Format durch seine verlustreiche Kompression keinerlei Relevanz im Printbereich. Einsatzgebiete sind eher Web und Multimedia. Hier wäre **RGB** einzustellen.

Format

- Hier wird das Verhalten der Datei im Browser definiert. Standardmäßig ist Grundlinie (Standard) eingestellt. Hierbei wird das Bild erst im Browser angezeigt, wenn es vollständig übertragen wurde. **Mehrere Durchgänge** lädt das Bild in bis zu 5 Durchgängen. Der Vorteil ist, dass das Bild schon sehr früh im Browser dargestellt wird, jedoch in einer niedrigen Auflösung.

Auflösung

- Das PopUp-Menü lässt neben den vordefinierten Auflösungswerten Bildschirm, Mittel und Hoch auch eigene Auflösungswerte zu, um die Qualität zu steuern.

Optionen

- Der Bereich lässt zusätzliche Optimierungen (**Glätten** und **ICC-Profile einbetten**) und Verwaltungseinstellungen (**Imagemap**) zu. ICC-Profile lassen sich nur einbetten, wenn für die Datei ein entsprechendes Profil ausgewählt wurde.

TIFF-Format

TIF-Format

Dieses Format ist wohl das gebräuchlichste Format im Printbereich (siehe auch Seite 432). Der Optionen-Dialog ist wie beim JPEG in einzelne Bereiche unterteilt.

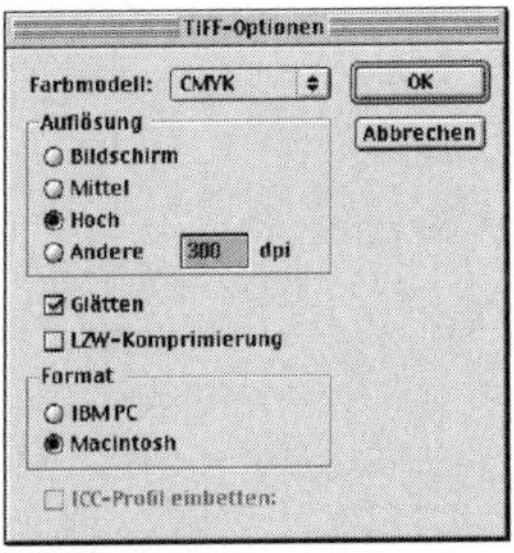

- Das Farbmodell gibt den Zieleinsatzbereich der Datei an. Zur Auswahl stehen CMYK, RGB und Graustufen. Farbmodell
- Die Auflösung regelt die spätere Qualität der Grafik. Für den Standard-Offsetdruck z. B. ist eine Auflösung von 300 dpi notwendigerweise einzustellen. Auflösung
- Das **Glätten** bewirkt eine Art Antialiasing der Pixelkanten in starken Kontrastbereichen (Achtung: Weichzeichnungseffekt). Die **LZW-Komprimierung** stellt eine verlustfreie Kompressionsmethode dar. **ICC-Profile** lassen sich nur einbetten, wenn für die Datei ein entsprechendes Profil ausgewählt wurde.
- Hier kann die Plattform eingestellt werden, auf der Grafiken eingesetzt werden sollen. Format

Photoshop-Format

Dieses Format ist wohl das umfangreichste Format von allen angebotenen. Aus dem Grund ist der entsprechende Optionen-Dialog auch sehr umfangreich. Adobe Illustrator kann neben den Auflösungswerten und dem Farbmodell auch weitere umfangreiche Ebeneninformationen für die Illustration und spätere Bilddatei mit abspeichern. Die kompletten Einstelloptionen sind jedoch nur einstellbar, wenn in der Illustration entsprechende Informationen vorliegen.

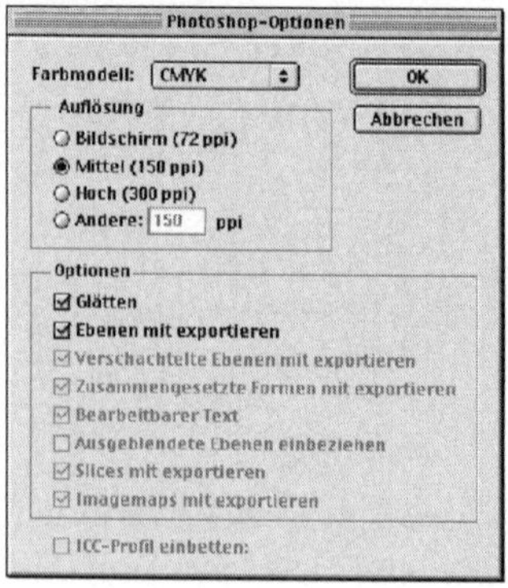

Optionen

- Im Bereich Optionen verbergen sich diverse Einstellungen hinsichtlich der in Adobe Illustrator nutzbaren Ebenenstrukturen. Zusätzlich lässt sich einstellen, ob eine Textinformation in Adobe Photoshop weiterhin bearbeitbar bleiben soll oder nicht (**Bearbeitbarer Text**).
  Der Bereich lässt auch zusätzliche Optimierungen (**Glätten** und **ICC-Profile einbetten**) und Verwaltungseinstellungen (**Imagemaps mit exportieren**) zu. ICC-Profile lassen sich nur einbetten, wenn für die Datei ein entsprechendes Profil ausgewählt wurde. Wurden im Dokument Slices definiert, können diese auch mit abgespeichert werden, da Adobe Photoshop diese Technologie ebenfalls unterstützt.

Sehr viel sinnvollere Einstellungsmöglichkeiten als die Exportdialoge bietet hinsichtlich Webpublishing der Befehl **für Web sichern...** mit einem umfangreichen Dialog.

Für Web sichern

Für Web sichern...
⇧⌥⌘S

Der Befehl steuert eine Reihe von Optimierungsalgorithmen, mit denen man Illustrationen webfertig machen kann. Hier wird nicht wie in anderen Befehlsstrukturen in ein einfach strukturiertes Dialogfeld verzweigt, sondern es öffnet sich nach Aktivieren des Befehls über das Menü *Ablage ➛ Für Web sichern...* ⇧⌥⌘S ein sehr komplexes Dialogfeld mit Vorschaubereichen.

! Möchte man Dateien für den Web-Bereich herstellen, sollte man sich angewöhnen, für die Illustration von Anfang an den Farbmodus zu nutzen und einzustellen, in dem man sich bewegen möchte. Für Screen-Design jeglicher Art wäre das erst einmal der **RGB-Modus**, der beim Erstellen der neuen Datei eingestellt werden sollte.

! Achtung, richtigen Farbmodus wählen

Das Dialogfeld ist in mehrere, klar abgegrenzte Bereiche aufgeteilt.

Im oberen Bereich existieren Register, mit denen man sich unterschiedliche Vorschausituationen im Dialogfeld generieren kann.

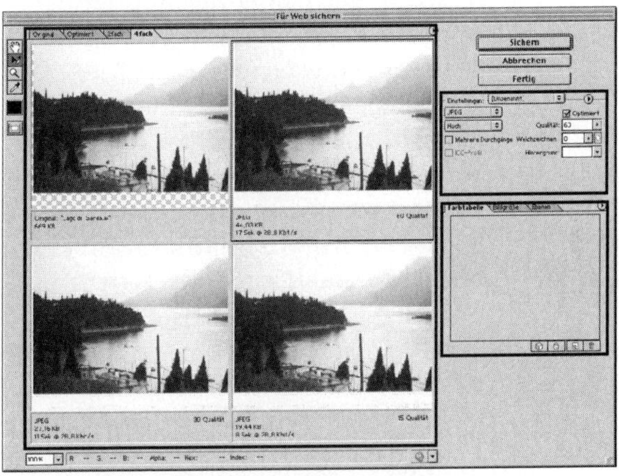

Einstellungsbereich

Farb-, Bildgrößen- und Ebeneneinstellungen

Das Register **Original** zeigt die Grafik, wie sie in Adobe Illlustrator definiert wurde. Existieren auf der Zeichenfläche Bereiche, in denen keine deckende Füllung definiert wurde, wird das durch ein Transparenzraster angedeutet.

Werkzeuge zum Navigieren und zum nachträglichen Bearbeiten von Farben und Slices

Das Register **Optimiert** zeigt den bestmöglichen Zustand an, den die Einstellungen im rechten Bereich des Dialogfeldes generieren können.

2fach und **4fach** erzeugt Vorschaufelder, in denen man sich unterschiedliche Optimierungsversionen der Grafik anzeigen lassen kann, durchaus auch hinsichtlich unterschiedlicher Dateiformate. In einem Feld lässt man sich beispielsweise eine GIF-Berechnung anzeigen, im anderen ein JPEG und im dritten vielleicht ein JPEG mit mehreren Durchgängen und verminderter Qualität. Damit hat man die Möglichkeit, die bestmögliche Version der Illustration für das Web abzuspeichern. Das Resultat ist immer ein **Pixelbild.**

Einstellungen

Dateiformate

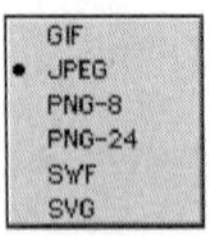

Qualitätseinstellungen

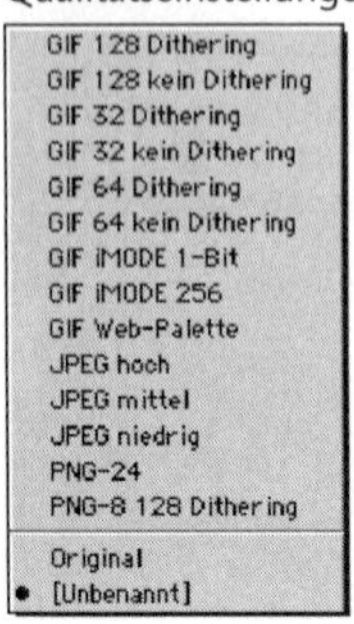

- In diesem Bereich werden Einstellungen hinsichtlich des gewünschten **Dateiformates**, der **Qualitätseinstellung** und der **Optimierungsmethode** vorgenommen.
- Die Register im unteren rechten Bereich können weiterreichende Einstellungen hinsichtlich des gewünschten Dateiformates vornehmen. Die Registerkarte **Farbtabelle** beispielsweise kann beim **GIF-Format** die im Bild vorkommenden Farben darstellen, gezielt durch neue ersetzen (z. B. Websichere Farben) oder sogar auf weniger Farben reduzieren.

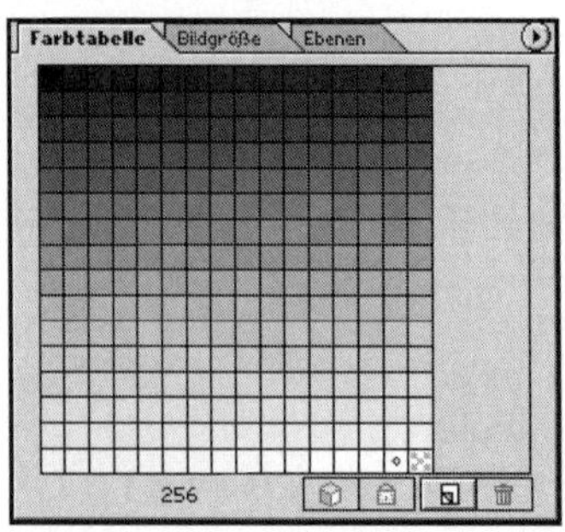

Aktionen

Illustrator bietet die Möglichkeit, Befehlsfolgen aufzuzeichnen und beliebig oft abzurufen: Aktionen. So können Sie sich Befehlsroutinen erstellen, die Arbeitsabläufe standardisieren, um stets gleiche Ergebnisse zu erzielen. Während der Ausführung lässt sich jeder Befehl modifizieren, sodass Ihre Arbeitsroutinen der konkreten Aufgabe anzupassen sind. Aktionen lassen sich speichern, um sie zum Beispiel per Diskette an einem anderen Arbeitsplatz zu nutzen.

Lohnende Arbeitsbereiche sind Korrekturen, Farbanpassungen, Vorbereitung für den Druck und Bereiche mit stets den gleichen Befehlsabläufen.

Die Steuerung von Aufzeichnung, Bearbeitung und Abspielen erfolgt mit einer eigenen Palette: *Fenster* ➛ *Aktionen.*

Mit der Stapelverarbeitung lassen sich Ordner-Inhalte automatisch bearbeiten. Die Dateien werden geöffnet, die Aktion ausgeführt und geschlossen (**Öffnen** und **Schließen** müssen erster und letzter Befehl der Aktion sein). Die bearbeiteten Dateien können die gespeicherten überschreiben oder als neue Kopien abgelegt werden (Paletten-Menü ➛ Stapelverarbeitung)

A Set (Ordner)
B Befehl ausführen/übergehen
C Menü zeigen
D Aktion
E Befehl
F Stopp
G Aufzeichnung starten
H Ausführen
I Neues Set (Neuer Ordner)
K Neue Aktion; Set/Aktion/Befehl duplizieren
L Set/Aktion/Befehl löschen

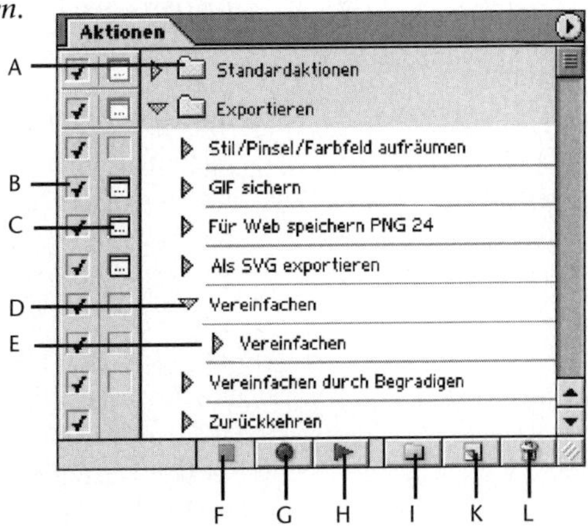

Illustrator liefert einige Aktionen, die Sie nach der Programminstallation vorfinden.

Mit den Dreieck-Symbolen lässt sich der Inhalt der Paletten-Elemente zeigen: Sets sind Ordner, mit denen Sie Aktionen zusammenfassen können. Sie bilden die jeweils speicherbaren Einheiten und enthalten Aktionen. Aktionen enthalten Befehle (in der Folge ihrer Ausführung). Die Befehle wiederum enthalten Einstellungen.

Aktionen erstellen

Aktionen entstehen durch Aufzeichnen von Befehlsabläufen. Sie starten eine Aufzeichnung, führen die Befehle aus und stoppen die Aufzeichnung. Anschließend können die Aktionen korrigiert werden.

Bevor Sie beginnen, gilt es einiges zu bedenken:

- Zunächst müssen Sie eine Situation herstellen, die dem geplanten Einsatz der Aktion entspricht (wenn Sie ein Bild farbkorrigieren wollen, muss auch ein Bild auf der Arbeitsfläche liegen, denn Sie müssen die aufzuzeichnenden Befehle einmal exemplarisch ausführen). Benutzen Sie eine Kopie des Materials. Eventuell müssen Sie den Vorgang mehrfach wiederholen, bis die Aktion im Kasten ist.
- Halten Sie eine Aktion allgemein, wenn Sie unterschiedliches Material damit bearbeiten möchten, welches variable Parameter enthält (zum Beispiel unterschiedliche Füllungen, Konturstärken).

Einige Befehle und Werkzeugeinsätze lassen sich nicht aufzeichnen. Ignorieren Sie deren Fehlen zunächst und zeichnen Sie die Aktion weiter auf. Die Befehle lassen sich nachträglich einfügen. Das betrifft Bildschirmansichten, Einblenden von Paletten, das Effekt-Menü, **Verlaufs-**, **Gitter-**, **Scheren-**, **Pipetten-** und **Füll-Werkzeug**.

- Legen Sie eine neue Aktion an und vergeben Sie einen Namen: Klick auf den Schalter der Palette oder der Befehl **Neue Aktion** im Paletten-Menü. Sie können eine

Neue Aktion erstellen

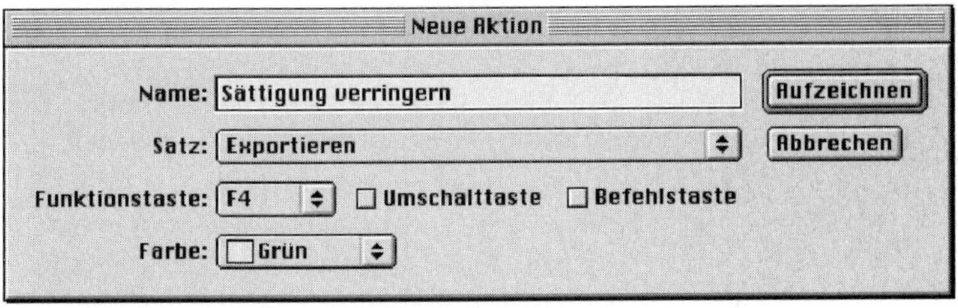

  Funktionstaste für die komfortable Ausführung und eine Schalter-Farbe bestimmen (für die Anzeige der Palette im Schaltermodus).
- Klicken Sie auf den Schalter **Aufzeichnen**. Der Aufzeichnen-Schalter wird rot gezeigt: Aufnahme läuft. Führen Sie die Befehle aus und übergehen Sie zunächst falsche Einstellungen, diese korrigieren Sie später. Beim Schließen eines Dialogs mit **OK** wird der Befehl aufgezeichnet, beim Verlassen mit **Abbrechen** nicht.

Aufzeichnen-Schalter

Stopp-Schalter

- Stoppen Sie die Aufnahme.

Aktionen werden beim ordentlichen Beenden des Programms (nicht beim Absturz) in den Progamm-Voreinstellungen gesichert. Wenn ein Set markiert ist, können Sie es an beliebiger Stelle sichern.

Wenn Sie in der Aktion einen Pfad erzeugen möchten, wählen Sie während der Aufzeichnung den Befehl **Pfadauswahl einsetzen / einfügen** aus dem Paletten-Menü. Die Aktion wird bei jeder Ausführung genau diesen Pfad erzeugen.

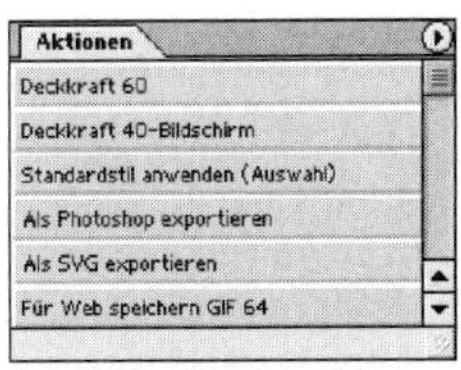

Palette im Schalter-Modus: Aktionen lassen sich ausführen, nicht bearbeiten. (Paletten-Menü ➛ Schaltermodus)

Die Auswahl von Objekten erfolgt über angefügte Notizen (**Attribute-Palette**). Daran identifiziert Illustrator Objekte bei der Ausführung von Aktionen. Während der Aufzeichnung: Befehl **Objekt auswählen** (Paletten-Menü), Notiz eingeben (auf korrekte Schreibweise achten).

Ausführen-Schalter

A
B
C

A Ohne Unterbrechung mit aufgezeichneten Werten ausführen
B Ausführung unterbrechen, Menü zeigen
C Befehl ignorieren

Im Paletten-Menü finden Sie die Abspielen-Optionen: drei Geschwindigkeiten, um die Abarbeitung der Befehle besser verfolgen zu können. Das ist bei der Fehlersuche hilfreich.

Aktionen ausführen

Wählen Sie die Aktion (oder ein Set) in der Palette. Klicken Sie auf den Ausführen-Schalter. Aktive Befehle werden ausgeführt, inaktive übergangen. Soll ein Menü gezeigt werden, unterbricht die Ausführung bis zum Schließen des Dialogs.

Die Ausführung kann mit dem Stopp-Schalter unterbrochen werden. Stoppt die Ausführung, bedeutet dies: Die aktuelle Situation stimmt nicht mit der Situation während der Aufzeichnung überein (Objekte fehlen, Einstellungen sind anders, Werte liegen außerhalb momentaner Möglichkeiten und so weiter: das eigentliche Problem, eine Aktion für flexiblen Einsatz fehlerfrei zu gestalten). Sie können die Ausführung abbrechen oder den Befehl überspringen.

Aktionen bearbeiten

Befehle ergänzen Sie mit **Menübefehl einfügen / einsetzen**. Sie werden nach markierten Zeilen oder am Ende gelistet.

Mit dem Befehl **Unterbrechung einfügen/ einsetzen** können Sie die Ausführung von Aktionen durch das Einblenden von Nachrichten unterbrechen lassen.

Sie können Aufzeichnungen wiederholen und ergänzen (Aktion markieren, **Erneut aufzeichnen**) oder die Aufzeichnung per Schalter starten (nach markierter Zeile).

Drucken

Illustrationen werden normalerweise für unterschiedliche Ausgabemedien produziert. Hauptausgabemedien stellen Monitore und Belichter dar. Monitore sind die Ausgabemedien, wenn es um Multimedia- und Internet-Gestaltung geht. Hierbei müssen lediglich die Farbinformationen der Monitore vereinheitlicht werden, was für das Internet beispielsweise mit einheitlichen HTML-Farben geschieht.

Bei Ausgabegeräten wie Laserdruckern, Belichtern und natürlich auch Tintenstrahldruckern müssen andere Richtlinien beachtet werden. Solche Drucker unterliegen den Möglichkeiten der Druckdüsen bzw. dem Druckrasterverhalten. Um eine Illustration an diese Ausgabemedien anzupassen, muss sie für das entsprechende Druckmedium eingerichtet werden.

Tintenstrahldrucker unterscheiden sich hier von PostScript-fähigen Laserdruckern oder entsprechenden PostScript-fähigen Belichtern. Bei PostScript-fähigen Druckern muss der Druckertreiber konfiguriert werden. Er muss mit Hilfe einer Einstellungsdatei, der sogenannten **PPD-Datei** (PostScript Printer Description), konfiguriert werden. Auf einem Apple Macintosh geschieht das im Dialogfeld Papierformat, das mit dem Befehl *Ablage ➛ Papierformat...* ⇧⌘P (Windows *Datei ➛ Drucker einrichten ...*) geöffnet wird. Zuvor sollte jedoch systembedingt der Drucker selbst

Ablage ➛ Papierformat...
⇧⌘P

systemseitig konfiguriert werden. Das geschieht im Dialogfeld **Auswahl** bzw. in den Windows-Systemeinstellungen. Auf einem Apple Macintosh ist dieser Befehl im **Apfel-Menü** auswählbar.

Papierformat

Die verwendete Version des Druckertreibers ist der Adobe-PostScript-Treiber in der Version 8.7.3 unter Mac OS 9.2.2.

Wird das Dialogfeld Papierformat geöffnet, stehen mehrere Bereiche zur Verfügung, in denen entsprechende Konfigurationen vorgenommen werden können. Ein Klick auf das kleine **„a"-Symbol** (Der original Apple-Laserdruckertreiber besitzt einen kleinen Hund als Symbol) im Seitenbereich zeigt die Größen des eingestellten Ausgabeformates in **Zentimeter** an. Ein zweiter Klick zeigt die Maße in **Inch**.

Wird ein Format, das den Zusatz **(größere Druckfläche)** besitzt, ausgewählt, wird der nicht druckende Rand des Druckers schmaler, dies erfordert aber auch mehr Druckerspeicher.

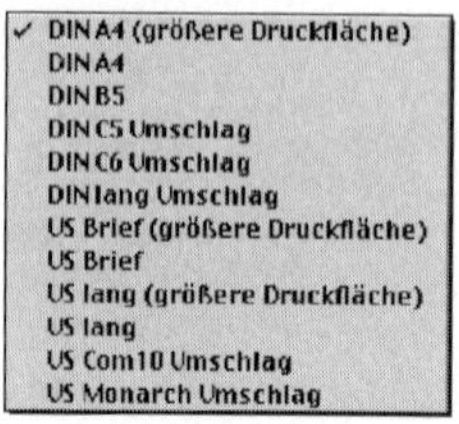

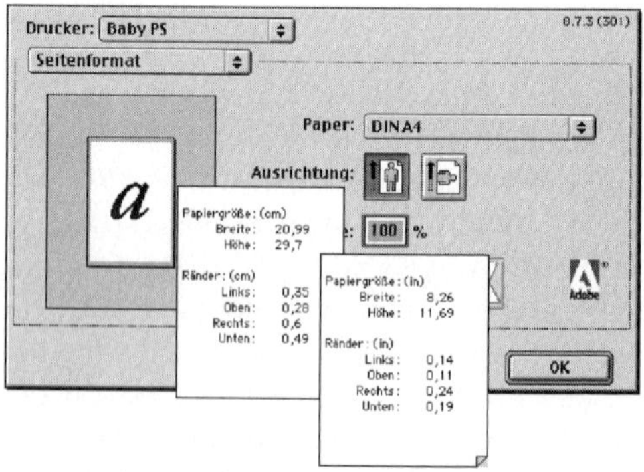

Die Ankreuzoptionen der Rubrik **Text und Grafik** in den PostScript-Optionen des Dialoges **Seite einrichten** sollten ausgeschaltet werden, da die Möglichkeit eines PostScript-Fehlers bei eingeschalteten Optionen sehr hoch ist.

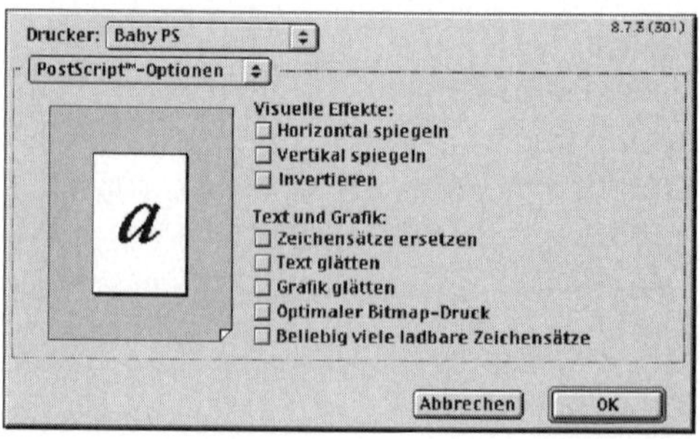

Nachdem die Einstellungen im Papierformat vorgenommen wurden, sollte man unbedingt das Dokument hinsichtlich der Seitenaufteilung überprüfen. Lesen Sie dazu auch den Abschnitt **Druckbereich** ab Seite 35ff. Danach kann in den Drucken-Dialog gewechselt werden.

Drucken-Dialog

Drucken ⌘P

Der Drucken-Dialog ist wie das **Papierformat** in mehrere Bereiche aufgeteilt. Hier soll jedoch nur der Adobe-Illustrator-relevante Teil besprochen werden. Prinzipiell muss erst einmal entschieden werden, ob die Illustration als sogenannter Probeausdruck oder als Farbauszug gedruckt werden soll. Auf Tintenstrahl- und Laserdruckern wird im Allgemeinen ein Probe- oder Composite-Druck ausgegeben. Dieser Druck zeigt die Illustration so, wie sie am Monitor zu sehen ist. Bei einem Tintenstrahldrucker hängt die Darstellung der Farben jedoch sehr stark davon ab, ob der Drucker kalibriert wurde oder nicht. Ein Laserdrucker, sofern er kein Farblaserdrucker ist, erstellt im Gegensatz dazu einen Graustufenausdruck. Diese Drucke sind meist sehr gut dafür geeignet, einen guten Eindruck von der Illustration zu bekommen. Soll die Illustration jedoch für den Offsetdruck in die Belichtung gehen, sollten **Probe-Farbauszüge** gedruckt werden, um **Überfüllungen-** und **Überdrucken-**Einstellungen überprüfen zu können. Werden Farbauszüge gedruckt, werden die einzelnen Farbbestandteile auf die vier Druckfarben aufgerastert. Das heißt, dass sie auf die einzelnen, in der angemischten Farbe enthaltenen Farbkomponenten aufgeteilt werden. Ein Grünton zum Beispiel besteht aus den Farbkomponenten **Cyan**, **Yellow** (Gelb) und vielleicht auch in geringen Mengen **Magenta** und **Schwarz**. Besteht die Illustration zusätzlich aus Sonderfarben z.B. der Farbkataloge Pantone® oder HKS, so würden auch diese als extra Farbauszüge gedruckt werden. Bei den Sonderfarben ist es unbedingt nötig, **Überfüllungen-** und **Überdrucken-** Situationen zu kontrollieren, da bei fehlenden Überfüllungen Blitzer entstehen können. Um Farbauszüge drucken zu können, müssen im Dialogfeld **Separationen** zuvor entsprechende Einstellungen vorgenommen werden. Zusätzlich wird hierbei möglicherweise die Nutzung einer **Riders-Datei** notwendig. **Riders-Dateien** können Informationen zu Rasterweite, -winkel, -form und Kurvennäherungen beinhalten. Mehr Informationen hierzu finden Sie im Kapitel **Separationen**. Um in den Drucken-Dialog zu gelangen, wählen Sie im Menü *Ablage* ➛ *Drucken* ⌘P.

Zu **Überfüllungen** und **Überdrucken** siehe auch im Farbteil des Buches.

Blitzer sind Passerungenauigkeiten, die im Offsetdruck auftreten können.

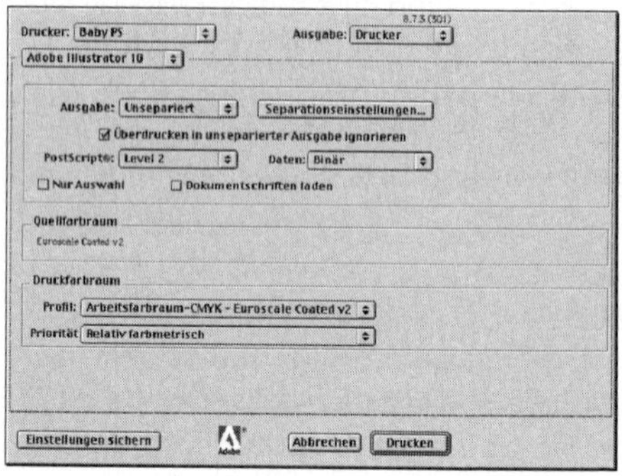

Drucker

- Das PopUp-Menü **Drucker** bestimmt, auf welchem Druckgerät die Illustration ausgegeben werden soll. Die Einstellung ist wichtig, wenn mehrere Druckgeräte zur Verfügung stehen.

Einstellungsrubriken

- Das darunter liegende PopUp-Menü verzweigt in die weiteren Einstellrubriken des Druckertreibers. In der Rubrik **Allgemeine** wäre z. B. wichtig, dass die Anzahl der Ausdrucke und Seiten (falls mit der Einstellung **Fläche besteht aus ganzen Seiten** im Dokumentformat gearbeitet wurde) angegeben wird. Die weiteren Rubriken steuern beispielsweise das Verhalten bei Fehlern, die Fähigkeiten des Druckers oder Informationen, die einer PostScript-Datei mitgegeben werden, wie z. B. Schriften. Im weiteren Verlauf der Beschreibung wird jedoch nur auf die Adobe-Illustrator-eigenen Einstellungen eingegangen.

- Gegenüberliegend steuert das PopUp-Menü **Ausgabe**, ob der Druckbefehl an das gewählte Druckgerät (**Drucker**) geschickt werden oder in einer PostScript-Datei (**Datei**) gespeichert werden soll. Diese Funktion ist wichtig, wenn man von der Illustration mit dem Programm Adobe Acrobat Distiller eine PDF-Datei erzeugen möchte. Das Erzeugen von PDF-Dateien mit Hilfe von PostScript-Dateien zählt zu den qualitativ hochwertigsten Lösungen. Diese Einstellmöglichkeit ist bei Druckern, die nicht PostScript-fähig sind, leider nicht gegeben. Ein PostScript RIP kann das ändern.

Ausgabe

Rubrik Adobe Illustrator 10

- Der obere Bereich dieser Rubrik steuert zum Beispiel, ob **Farbauszüge** oder **unsepariert** (Composite- bzw. Probedruck) ausgegeben werden sollen. **Farbauszüge** können nur angegeben werden, wenn mit der nebenstehenden Schaltfläche **Separationseinstellungen…** im sich öffnenden Dialogfeld entsprechende Angaben gemacht werden. Hat man vor, Farbauszüge zu drucken, ist es jedoch ratsam, diese Einstellungen vorher vorzunehmen. Das Dialogfeld ist im Menü *Ablage ➤ Separationseinstellungen...* auswählbar und wird im nächsten Abschnitt erklärt.

Überdrucken in unseparierter Ausgabe ignorieren

Die Option kann den Effekt des Überdruckens, der auftreten kann, wenn sich Flächen überlappen, bei einem Probedruck ausschalten. Im Offsetdruck würden solche Überlappungsflächen Mischfarben ergeben. Insofern ist ein Überdrucken bei Farbauszügen natürlich wichtig. Zu diesem Thema wird auf den Farbseiten im Innenteil des Buches eingegangen.

PostScript®

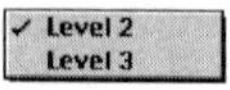

Falls Ihr Drucker das PostScript-Level 2 oder 3 unterstützt, sollten Sie die Option Level 2 oder 3 wählen, um das Ausdrucken von Gitterobjekten oder anderen komplexen Bildmaterialien zu optimieren.

Daten

Die Einstellung **Binär** ist auf einem Apple Macintosh die Standard-Übertragungsform für Druck und Bilddaten. Die Daten werden dazu codiert. Der Datensatz wird dadurch kleiner und kann schneller übertragen werden. Dadurch ist jedoch die Möglichkeit von Fehlern beim Decodieren gegeben. Auf einem Windows-System ist die Übertragungsform ASCII Standard. Hier werden die Daten Byte für Byte an die entsprechenden Geräte geschickt. Diese Form der Übertragung ist zwar die langsamere, dafür aber sicherer.

Nur Auswahl

Die Option ermöglicht, dass nur die im Programm ausgewählten Objekte gedruckt werden. Alle anderen Objekte werden ignoriert. Die Option bietet sich besonders für Überprüfungsdrucke an.

Dokumentschriften laden

Es werden nur die im Dokument benutzten Schriften in den Druckerarbeitsspeicher geladen. Eine ressourcenschonende Art zu drucken.

- Wurde dem Dokument ein Farbmanagement-Profil zugewiesen, wird dieses im Bereich **Quellfarbraum** benannt.
- Unter **Druckfarbraum** sollte das Farbprofil eingestellt werden, das für das Ausgabegerät optimiert wurde. Die Einstellung für **Priorität** gibt an, wie die Farben des Quellfarbraumes in die des Druckfarbraumes übertragen werden sollen.

Quellfarbraum

Druckfarbraum

Profil

Priorität

Separationen

Separationseinstellungen...

Um für den Offsetdruck Druckplatten herzustellen, ist es wichtig, zuvor Filme zu erzeugen, mit denen danach die Druckplatten belichtet werden können. Heutzutage gibt es für die Belichtung von Druckplatten zwei unterschiedliche Vorgehensweisen. Die eine ist die herkömmliche Art mit Filmen. Die andere bezeichnet man als **CtP-Verfahren**, (Computer to Plate). Die Druckplatten werden hierbei innerhalb einer Maschine direkt aus dem Computer heraus belichtet. Es entfällt also der Weg über die Filmbelichtung.

Damit mit der einen oder anderen Belichtungsmethode korrekte Druckplatten entstehen können, ist es notwendig, zuvor sogenannte Separationen (Farbauszüge) vorzunehmen. Darunter versteht man das Aufrastern der einzelnen benutzten Farben im Dokument auf die vier Druckfarben **Cyan**, **Magenta Yellow** und **Schwarz**. Das ist notwendig, da Druckmaschinen, anders als Laserdrucker, das Druckerzeugnis nicht in einem Durchgang drucken, sondern der entsprechende Bedruckstoff mehrere Druckdurchgänge durchläuft. Es werden je nach Druckmaschine vier bis sechs Druckfarben nacheinander gedruckt.

Sollen nun aus Adobe Illustrator Farbauszüge gedruckt werden, müssen zuerst die entsprechenden Separationseinstellungen vorgenommen werden. Zu den wichtigen Angaben in diesem Bereich gehören die richtige **PPD-Datei** ebenso wie die Platzierung von **Druckzeichen** wie Schnittmarken, Passkreuze und ähnliches. Auch die Wahl des richtigen **Formates** oder die **Art der Belichtung**, ob **seitenrichtig** oder **negativ**, spielen eine wichtige Rolle für die korrekte Erzeugung von druckfertigen Filmen, aus denen später Druckplatten gemacht werden sollen. Wird im Menü *Ablage* ➛ *Separationseinstellungen...* ausgewählt, öffnet sich folgendes Dialogfeld:

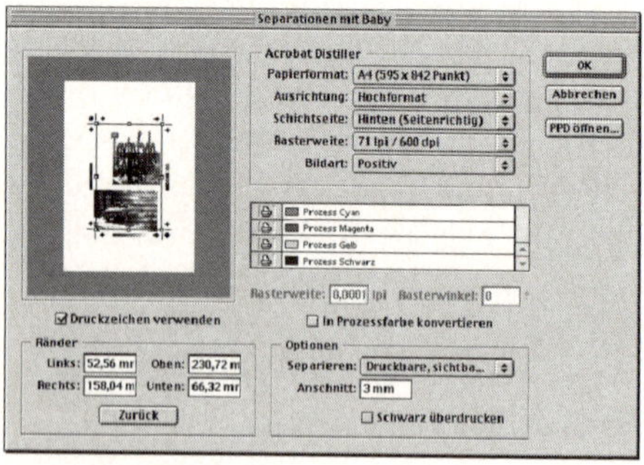

PPD-Datei: Die **P**ostScript-**P**rinter-**D**escription-Datei (Druckerbeschreibungs-Datei) enthält gerätespezifische Informationen, wie Auflösung und Rasterungen, mögliche Papierformate und zusätzliche Optionen.

Wurde dem Dokument noch keine PPD-Datei zugewiesen, erscheint das Dialogfeld Grau und es sind keine Eingaben möglich. Im rechten Bereich des Dialogfeldes befindet sich eine kleine Schaltfläche mit der Bezeichnung **PPD öffnen...** Diese Schaltfläche muss betätigt werden, damit auf dem Datenträger nach einer entsprechenden Druckerbeschreibungsdatei gesucht werden kann. Meist sind diese Dateien im *Systemordner* ➛ *Systemerweiterungen* ➛ *Druckerbeschreibungen* untergebracht. Möglicherweise ist Ihnen aber auch von Ihrer

Druckerei eine entsprechende PPD-Datei übermittelt worden. Wurde diese ausgewählt, sind alle Optionen des Separationsdialoges auswählbar. Im linken Bereich fällt zunächst das große Vorschaufeld auf. Hier lässt sich neben den Papierformat-Einstellungen im rechten Bereich des Dialogfeldes eine manuelle Platzierung des Druckbereiches auf dem Ausgabeformat vornehmen. Standardmäßig werden hier die auf der Zeichenfläche angeordneten Objekte in einen Positionierungsrahmen gesetzt, der die Ausmaße aller Objekte besitzt. Im rechten Bereich nun sind alle notwendigen Separationsoptionen untergebracht.

- **Papierformat** Hier wird das gewünschte Ausgabeformat festgelegt. Die zur Verfügung stehenden Formate sind von Gerät zu Gerät unterschiedlich.
- **Ausrichtung** Zur Verfügung stehen hier **Hoch-** und **Querformat**. Die Einstellung steuert die Lage des Formates.
- **Schichtseite** Filme, die zum Belichten einer Druckplatte benutzt werden, liegen bei diesem Vorgang auf einer beschichteten Platte (meist Aluminium) auf. Damit bei dem späteren Belichtungsvorgang kein Streulicht eine korrekte Belichtung der Platte vereitelt, sollte der Film plan mit der Schichtseite nach unten auf der Platte aufliegen. Ob **Seitenrichtig** oder nicht, richtet sich ganz nach dem Druckprozess, in dem gedruckt wird (Belichter oder Drucker fragen).
- **Rasterweite** Je nach Druckprozess und Papierart ist es notwendig, mit einer engeren oder weiteren Rasterung zu drucken. Die **Rasterweite** wird im Allgemeinen in **Linien/cm** angegeben (**lpc**). Der Standard-Offsetdruck arbeitet beispielsweise mit

einer 60er Rasterweite (60 lpc). Das entspricht einer Geräterasterweite von 152,4 Linien/inch. Um von Druckraster auf Geräteraster umzurechnen, benötigt man einen Umrechnungsfaktor. Der beträgt bei Zentimeter zu Inch 2,54. Um jetzt im entsprechenden Druck genügend Grau- bzw. Tonwerte zu erlangen, benötigt man Geräte, die in diesen Rastern auch die entsprechende Anzahl Druckpunkte generieren können. Die Feinheit dieser Druckpunkte entspricht der Auflösung des Gerätes und wird in **dpi** (dots per inch) gemessen.
Die Formel, mit der die maximal möglichen Graustufen zu errechnen sind, lautet:

$$\left(\frac{\text{Ausgabeauflösung in dpi}}{\text{Rasterweite in lpi}}\right)^2 +1 = \text{mögl. Graustufen}$$

Nicht jedes Ausgabegerät kann also beliebig viele Graustufen bei jeder Rasterweite erzeugen. Standardbelichter belichten für den Offsetdruck mit einer Auflösung von 2540 dpi bei 150 lpi. Damit lassen sich theoretisch über 256 Tonwerte erzeugen. PostScript kann jedoch nur höchstens 256 Tonwerte berechnen. Damit ist diese Auflösung also ausreichend. Im PopUp-Menü lassen sich die für das ausgewählte Druckgerät möglichen Rasterungen einstellen.

Bildart

Wie bei der Schichtseite ist auch hier die Einstellung abhängig vom Druckprozess. **Positiv** ist meistens für den Offsetdruck notwendig, wogegen **Negativ** eher für Siebdruck gebraucht wird.

Liste der Druckfarben

Die Auflistung der Druckfarben ermöglicht eine Beurteilung der im Dokument druckbaren benutzten Farben.

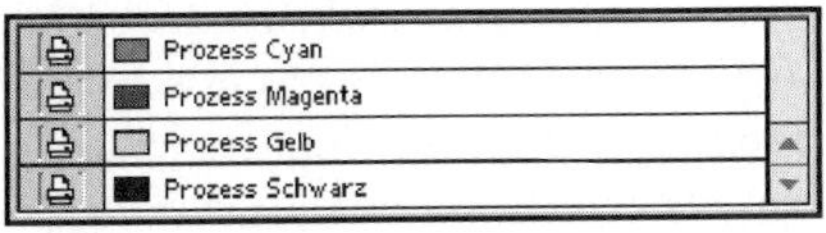

Wird hier das kleine Druckersymbol vor der Farbe angeklickt, definiert man damit, dass die Farbe nicht gedruckt werden soll. Ein erneutes Anklicken definiert sie wieder als druckbar. Die Standardfarben **Cyan**, **Magenta**, **Yellow** und **Schwarz** besitzen die in der Grafik gezeigten Standardwinkelungen. Hier wird auch erkennbar, was das Übereinanderdrucken der einzelnen Farben bewirkt.

Raster

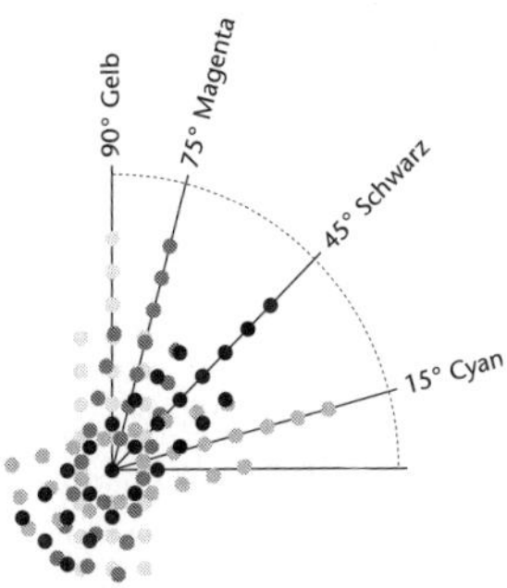

Wird auf einen Farbnamen in der Liste geklickt, kann man in den unter der Farbenliste angesiedelten Eingabefeldern für **Rasterweite** und **-winkel** die Separationseinstellung für diese Farbe verändern.

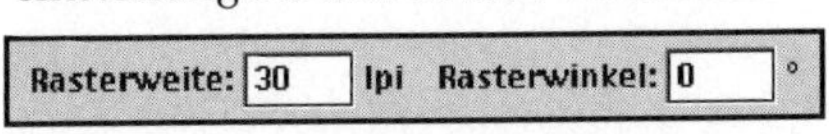

Ein Ändern der Standardwerte sollte nur von erfahrenen Experten vorgenommen werden und eigentlich nur für bestimmte Farben, zum Beispiel für Sonderfarben.

Sollen Sonderfarben möglicherweise doch nicht als Sonderfarben gedruckt werden, steht die Option **In Prozessfarbe konvertieren** zur Verfügung, womit man die im Dokument verwendeten Sonderfarben zu Vierfarb-Prozessfarben für den Druck umwandeln kann.

Optionen

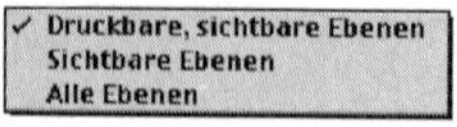

- Die **Optionen** regeln z. B., welche Objektstrukturen tatsächlich gedruckt werden sollen. Zur Auswahl stehen **Druckbare, sichtbare Ebenen**, **Sichtbare Ebenen** und **Alle Ebenen**. Zudem lässt sich hier der Anschnittbereich festlegen. Wenn Objekte über den Papierrand hinausgehen, ist es notwendig, eine Druckerweiterung, auch **Anschnitt** genannt, zu definieren, um sogenannte Anschnittblitzer zu vermeiden, die durch Ungenauigkeiten im Beschnitt der Drucksache auftreten können. Ein Standardwert liegt hier bei 5 mm.

Schwarz überdrucken

- Wird viel mit schwarzem Text auf farbigen Flächen gearbeitet, vor allem wenn es kleiner Text ist, ist diese Einstellung durchaus sinnvoll.

Druckzeichen verwenden

- Für Farbauszüge benötigt man Formatbegrenzungszeichen, damit in der Montage der Filme zur Druckplattenbelichtung und beim Schnitt des späteren Druckerzeugnisses keine Ungenauigkeiten auftreten können.

EPSF-Riders-Datei

Die EPSF-Riders-Datei wird verwendet, um **Rasterweite**, **Rasterwinkel**, **Rasterform** und **Kurvennäherung** für alle Dateien einzustellen oder eine Anmerkung oder Fehleranzeigen in alle Dateien einzufügen. Die EPSF-Riders-Datei überschreibt sämtliche Einstellungen, die Sie im Dialogfeld für die Separationseinstellungen vorgenommen haben.

Die EPSF-Riders-Datei enthält PostScript-Code, der die Ausgabeeinstellungen des Druckers überschreibt, wenn die Datei einer Datei aus Adobe Illustrator hinzugefügt wird. Sie können nur eine Datei erstellen und dürfen den Namen der Datei nicht ändern. Um eine EPSF-Riders-Datei erstellen zu können, müssen Sie das **EPSF-Riders-Zusatzmodul** in den Ordner *Adobe Illustrator 10 ➤ Zusatzmodule-Ordner* verschieben. Nach einem Neustart des Programms stehen Ihnen im Menü *Filter ➤ Andere* die Befehle **Riders-Datei erstellen...** und **Riders-Datei löschen...** zur Verfügung.

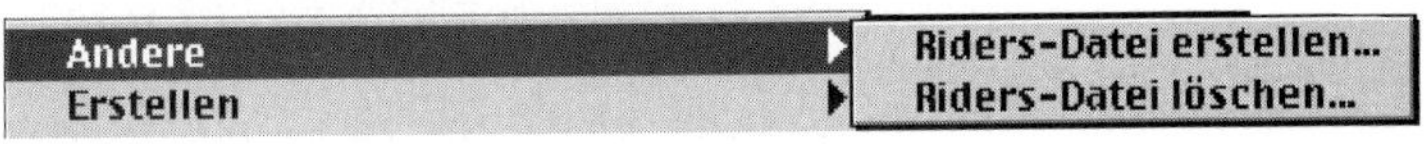

Riders-Datei erstellen

- Wählen Sie hier **Riders-Datei erstellen...**, um in ein Dialogfeld zu gelangen, in dem Sie unterschiedlichste Einstellungen zu **Rasterwinkel**, **Rasterweite**, **Rasterform**, **Kurvennäherung** etc. angeben können. Die gemachten Einstellungen werden anschließend, nach Betätigen der Schaltfläche **Erstellen**, in einem von Ihnen angegebenen Ordner gespeichert.

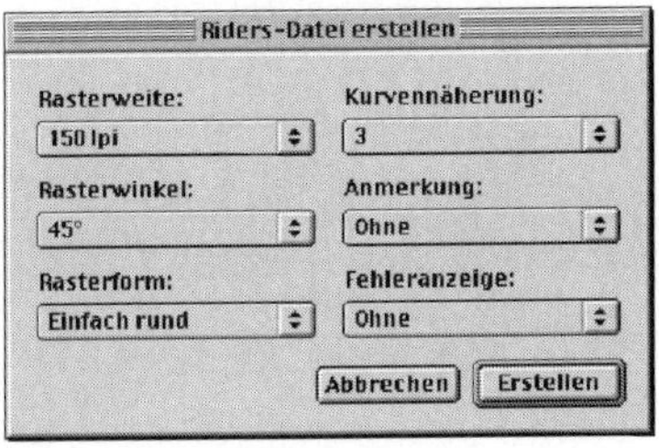

Danach gelten diese Einstellungen für alle anschließend in Adobe Illustrator zu erstellenden Dateien.

Riders-Datei verschieben

Da man nur eine Riders-Datei benutzen kann, wird es möglicherweise manchmal notwendig, die zur Zeit benutzte EPSF-Riders-Datei zu löschen oder zu verschieben.

- Soll die Datei verschoben werden, gehen Sie auf der Betriebssystem-Oberfläche in den Ordner *Adobe Illustrator ➛ Zusatzmodule* und verschieben Sie die alte EPSF-Riders-Datei an einen anderen Ort des Datenträgers. Anschließend können Sie mit dem Filter **Riders-Datei erstellen...** eine neue Voreinstellungsdatei definieren.

Riders-Datei löschen

In seltenen Fällen kann es vorkommen, dass die EPSF-Riders-Datei nicht mehr benötigt wird. In diesem Fall kann sie auf einfache Weise aus dem Programm heraus entfernt werden..

- Der Filter *Andere ➛ Riders-Datei löschen...* wird die EPSF-Riders-Datei vom Computer vollständig entfernen.

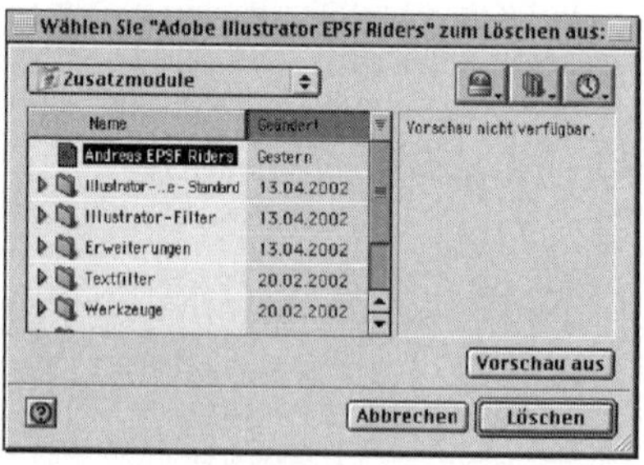

Die Schaltfläche **Löschen** führt den Vorgang dann endgültig aus.

Stichwortverzeichnis

In der Kurzbeschreibung der Menübefehle ab Seite 143ff wird auf die Seiten verwiesen, auf denen eine ausführliche Behandlung zu finden ist.

A

Q

R

S

V

W

Z

3433/11

Grundkurs Computerpraxis

Grundkurs Computerpraxis bietet Schulungskurse im Taschenbuchformat, die systematisch die Grundlagen für gängige Anwendungsprogramme vermitteln. Von erfahrenen Didaktikern in der Ausbildungspraxis erprobt, bieten sie einen effektiven Zugang zu Standardsoftware, Betriebssystemen und Programmiersprachen.

Benno Brudermanns /
Gregor Kuhlmann /
Lutz Seemann
Office 97: Lösungen mit Access
(rororo computer 19870)

Benno Brudermanns /
Gregor Kuhlmann /
Access programmieren
(rororo computer 60067)

Reiner Backer
Assembler
(rororo computer 19249)

Helmut Erlenkötter
C *Programmieren von Anfang an*
(rororo computer 60074)
C++ *Objektorientiertes Programmieren von Anfang an*
(rororo computer 60077)
C++ *Objektorientiertes Programmieren für Windows*
(rororo computer 61205)

Helmut Erlenkötter /
Volker Reher
C++ für Windows 95 / NT
32-Bit-Programmierung mit MFC
(rororo computer 19866)

rororo computer

Gregor Kuhlmann /
Alexander Parkmann /
Joachim Röhl /
Johannes Verhuven
Computerwissen *für effiziente Nutzer*
(rororo computer 19896)

Paul Klimsa
Desktop Video *Videos digital bearbeiten (mit CD-ROM)*
(rororo computer 19885)

Benno Brudermanns
Office 97: Lösungen mit Excel
(rororo computer 19868)

Benno Brudermanns /
Ernst Tiemeyer
Exel 2000 für Profis
Programmieren mit VBA
(rororo computer 60068)
Excel für Profis *Programmieren mit VBA*
(rororo computer 19257)

Weitere Informationen in der **Rowohlt Revue**, kostenlos im Buchhandel, und im **Internet: www.rororo.de**

3434/11

Online

Die Welt geht online: Ob Telebanking oder computergestütztes Verkaufen, Austausch über Mailboxen oder das Nutzen des World Wide Web im Internet – mit den Online-Büchern bei *rororo computer* gehen Sie auf spannende und unterhaltsame Datenreisen.

Ingo Steinhaus
Bank und Börse online
Geldanlage per Internet
(rororo computer 60089)

Petra Vogt
Bekanntwerden im Internet
Wege zur optimalen Webpräsenz
(rororo computer 60088)

Jason Cranford Teague
DHTML *in 500 Bildschritten*
(rororo computer 60071)

Phyllis Davis / Deborah Craig
FrontPage *in 800 Bildschritten*
(rororo computer 19899)

Elisabeth Castro
HTML für das Web *in 500 Bildschritten*
(rororo computer 19894)

Helmut Erlenkötter
HTML *Von der Baustelle bis Javascript*
(rororo computer 60085)

Steve Haite / Felix Bossart
Internet für Unternehmen *Das 5x5 Erfolgsrezept*
(rororo computer 60087)

Gabriele Hooffacker
Informationen gewinnen im Internet *Zielgenau suchen und auswerten*
(rororo computer 60070)

rororo computer

Ingo Steinhaus
Keine Panik! Internet!
Sicher nutzen
(rororo computer 60081)

Weitere Informationen in der **Rowohlt Revue**, kostenlos im Buchhandel, und im **Internet: www.rororo.de**